絲瓷之路

——古代中外關係史研究

Ⅲ

余太山　李錦繡 主編

商務印書館
创于1897 The Commercial Press
2013年·北京

圖書在版編目(CIP)數據

絲瓷之路III：古代中外關係史研究/余太山，李錦繡主編. —北京：商務印書館，2013
ISBN 978-7-100-09902-8

I. ①絲… II. ①余… ②李… III. ①中外關係—國際關係史—文集 IV. ①D829-53

中國版本圖書館CIP資料核字(2013)第072166號

絲瓷之路III
——古代中外關係史研究

余太山 李錦繡 主編

商 務 印 書 館 出 版
(北京王府井大街36號 郵遞區號 100710)
商 務 印 書 館 發 行
三河市尚藝印裝有限公司印刷
ISBN 978-7-100-09902-8

2013年6月第1版 開本 880×1230 1/32
2013年6月北京第1次印刷 印張13 3/4
定價：45.00圓

本學刊出版得到中國社會科學院重點學科建設項目經費資助

目録

內陸歐亞史

地中海和中國關係史

内陸歐亞史

關於“閻膏珍”

余太山

一

據《後漢書·西域傳》，貴霜王朝的創始人丘就卻的王位是由其子閻膏珍繼承的：

> 丘就卻年八十餘死，子閻膏珍代爲王。復滅天竺，置將一人監領之。月氏自此之後，最爲富盛，諸國稱之皆曰貴霜王，漢本其故號，言大月氏云。

據此可知，正是閻膏珍在位期間，貴霜“復滅天竺”，王朝因而臻於極盛。

一般認爲，“閻膏珍”應即 Kushāṇa 錢銘所見 Wima Kadphises。[1] 一說“閻膏珍”其實應作“閻膏彌”，蓋“珍”、“彌”之俗寫爲“弥”，容易混淆。[2] 今案：改“珍”爲“弥”[miai] 並無版本依據，而“閻膏珍”[jiam-kə-tiən] 完全可以視作 Wima Kad[phises] 之對譯。不管怎樣，“閻膏珍”應即丘就卻王位的繼承人 Wima Kadphises。

但是，1993 年發現的臘跋闥柯銘文使我們對丘就卻王位的繼承人有了新的認識。

臘跋闥柯銘文以希臘字母書寫，凡23行，每行有字母50多個，刻於一块90釐米寬、50釐米高、25釐米厚的白色石灰石上。

帶有銘文的刻石是與一個獅雕的若干殘片（四個爪子和部分鬃毛）一起被發現的，地點是阿富汗Baghlan省、Pul-i Khumri以北25英里的Rabatak區、被當地人稱爲Kafirs堡的一座小山，時間是1993年3月。

銘文已由英國學者解讀。[3] 在此，擬利用這篇銘文提供的有關信息，就《後漢書·西域傳》所載閻膏珍的問題略述己見。

與閻膏珍年代有關的信息主要見載於臘跋闥柯銘文第12—14行。這三行明確記載，Kujula Kadphises之子爲Vima Tak[to]，Vima Tak[to]之子爲Vima Kadphises。著名的Kanishka王則爲Vima Kadphises之子。

過去的研究指閻膏珍爲Kushāṇa錢幣、銘文所見Vima Kadphises，若相信《後漢書·西域傳》閻膏珍爲丘就卻之子的記載，則Vima Kadphises就是丘就卻之子。而據Rabatak銘文，Kujula Kadphises（丘就卻）之子其實是Vima Tak[to]，Vima Tak[to]之子才是Vima Kadphises。因此，《後漢書》所見閻膏珍似乎必須與Vima Tak[to]勘同。換言之，肯定《後漢書·西域傳》的全部記載，則繼承丘就卻王位的閻膏珍乃指Vima Tak[to]，“復滅天竺”的正是這位Vima Tak[to]。

今案：《後漢書》所載閻膏珍應該是丘就卻之孫Vima Kadphises，而被《後漢書》誤以爲丘就卻之子了。這是因爲“閻膏珍”只能視爲Vima Kadphises之對譯，很難指爲Vima Tak[to]的對譯。

二

《後漢書·西域傳》載閻膏珍即位後“復滅天竺”。所謂“天竺”，同傳有載：

> 天竺國，一名身毒，在月氏之東南數千里。俗與月氏同，而卑溼暑熱。其國臨大水。乘象而戰。其人弱於月氏，脩浮圖道，不殺伐，遂以成俗。從月氏、高附國以西，南至西海，東至磐起國，皆身毒之地。身毒有别城數百，城置長。别國數十，國置王。雖各小異，而俱以身毒爲名，其時皆屬月氏。月氏殺其王而置將，令統其人。土出象、犀、瑇瑁、金、銀、銅、鐵、鉛、錫，西與大秦通，有大秦珍物。又有細布、好毾㲪、諸香、石蜜、胡椒、薑、黑鹽。

對此，應予説明的有以下幾點：

1.“天竺”[thyen-tuk] 或“身毒”[sjien-duk] 之原語應爲 Sindhu 或 Hindhu。[4] 因此，“天竺國”的中心地區應爲印度河流域，所臨“大水”即印度河無疑。

2. 傳文既稱天竺國“在月氏之東南數千里”，又説“從月氏、高附國以西，南至西海（印度洋）……皆身毒之地”，顯然是矛盾的。産生這一矛盾的原因，我認爲，前一句其實是承襲《史記·大宛列傳》如下記載：

> 身毒在大夏東南可數千里。其俗土著，大與大夏同，而卑

溼暑熱云。其人民乘象以戰。其國臨大水焉。

而不是《後漢書·西域傳》所描述時代的實際情況。其中所謂“月氏”指征服大夏的大月氏，其都城藍市（監氏）即 Bactra，[5] 位於印度河流域的東北，故云。第二句中的“月氏”應指丘就卻和閻膏珍創建的第一貴霜王朝。貴霜王朝雖然也佔有原大夏國之地，但很可能在丘就卻滅罽賓後已建都於 Taxila，Taxila 位於印度河流域之西北，故云。[6]

3.“天竺”即“身毒”雖然主要包括印度河流域，但傳文既稱其地有“別國數十，國置王。雖各小異，而俱以身毒爲名”，則不妨認爲“天竺”即“身毒”一名有時用來特指“身毒之地”的某一個或幾個“別國”。前節所引《後漢書·西域傳》“天竺、罽賓、安息三國強則得之，弱則失之”一句中的“天竺”顯然是指一度佔領印度河流域某些地區的希臘人王國。

4. 天竺即身毒主要指印度河流域殆無疑義。但是，傳文又稱天竺之地“東至磐起國”。而所謂“磐起國”應即見諸《魏略·西戎傳》的“盤越國”，[7] 據載：

盤越國，一名漢越王，在天竺東南數千里，與益部相近，其人小與中國人等，蜀人賈似至焉。

《魏略》所謂“天竺”亦指印度河流域。盤越即磐起位於印度河流域“東南數千里”，《後漢書·西域傳》又稱天竺之地直抵磐起即盤越國，其範圍遠遠越出印度河流域可知。故不妨認爲,《後漢書·西域傳》的“天竺”有時又取其廣義。

“盤越”，一説指南印度 Pāṇdya 國；[8] 一説即剽越（Pyū、Prū 或 Promo 之音譯），. 指緬甸。[9] 今案：後説至爲妥帖。又，“益部”或以爲“益郡”之訛。[10] 今案：“益部”指益州刺史部，不必改爲“益郡”。至於“漢越”應即《史記·大宛列傳》所見“滇越”，因形似而致訛。[11]

5.《後漢書·西域傳》又載：

> 東離國，居沙奇城，在天竺東南三千餘里，大國也。其土氣、物類與天竺同。列城數十，皆稱王。大月氏伐之，遂臣服焉。男女皆長八尺，而怯弱。乘象、駱駝，往來鄰國。有寇，乘象以戰。

東離國，一説即《法顯傳》之多摩梨帝國；亦即《大唐西域記》卷一〇之耽摩栗底國（Tāmraliptī）。[12] 一説指 Madhyadeśa（中印度）。[13] 然而，“東離”更可能是“車離”之訛。蓋據《魏略·西戎傳》：

> 車離國一名禮惟特，一名沛隸王，在天竺東南三千餘里，其地卑溼暑熱。其王治沙奇城，有別城數十，人民怯弱，月氏，天竺擊服之。其地東南西北數千里，人民男女皆長一丈八尺，乘象、橐駞以戰，今月氏役稅之。

“車離”[kia-liai]，一説即南印度古國 Chola，而“沙奇”[sai-kiai] 應即 Kāñchī，亦即《大唐西域記》卷一〇所見達羅毗荼國（Dravḍa）

之都城建志補羅（Kāñcipura）。[14] 今案：此說甚是。蓋 Kāñchī 位於 Palār 河畔，曾爲 Chola 或 Draviḍa 都城。[15] 至於“禮惟特”[lyei-jiuəi-dək] 和“沛隸”[phat-let]，很可能是 Drāviḍa 和 Palār 的對譯。[16]

“月氏”即貴霜既“役稅”車離國（即 Chola），知貴霜勢力曾一度伸向南印度。考慮到東離即車離“臣服”於貴霜已見載於《後漢書·西域傳》，則貴霜勢力向南印度的擴張很可能在丘就卻去世之後。因此，傳文所謂閻膏珍“復滅天竺，置將一人監領之”，可能主要指貴霜對印度河流域之征服。而“身毒有別城數百”至“月氏殺其王而置將，令統其人”一段，可能指此後貴霜對廣義的天竺之征服。[17]

雖然如前所述，《後漢書·西域傳》所載閻膏珍應該是 Vima Kadphises，但“復滅天竺”者究竟是 Vima Tak[to] 還是 Vima Kadphises，則有以下幾種可能：

1. 閻膏珍既是 Vima Kadphises，“復滅天竺”也就是 Vima Kadphises。《後漢書》誤將丘就卻之孫的功績歸諸丘就卻之子了。

2. 閻膏珍雖是 Vima Kadphises，“復滅天竺”卻可能是 Vima Tak[to]。因爲《後漢書》明載“復滅天竺”是丘就卻之子所爲。《後漢書》誤將丘就卻之子的功績歸諸丘就卻之孫了。

3. “復滅天竺”是父子兩代人的功績，既有作爲丘就卻之子 Vima Tak[to] 的功績，也有作爲丘就卻之孫閻膏珍（Vima Kadphises）的功績。《後漢書》混淆了事實。

今案：第三種可能性最大。天竺並非小國，“滅天竺”绝非易事。傳文且稱“月氏自此之後，最爲富盛”，可見“滅天竺”對於貴霜的興盛至關重要。揆情度理，征服之後尚需治理，也許不是一代君主能夠完成的。關鍵還在於，這樣理解可以解釋《後漢書·西域傳》敘事產生混亂的原因：兩代君王從事同一事業，肇始於父，畢其功於子，以致難分彼此。

果然，則《後漢書·西域傳》所載"閻膏珍"雖然是Vima Kadphises的對譯，但"閻膏珍"名下的事業卻可能屬於Vima Tak[to]和Vima Kadphises兩者。在某種意義上，不妨認爲《後漢書·西域傳》所見"閻膏珍"乃指Vima父子。

三

或以爲，《後漢書·西域傳》所謂"復滅天竺"應讀作"又一次征服天竺"，因而指貴霜"復滅天竺"爲Sakā人對西印度的第二次征服。[18] 今案：其說未安。

一則，按之《後漢書·西域傳》原文，"復滅天竺"承上"滅濮達、罽賓"而言，意謂繼滅亡濮達、罽賓之後，貴霜又滅亡了天竺。在此，"復"字修飾的是"滅"，而不是"滅天竺"。因此，不能將"復滅天竺"理解爲"又一次征服天竺"或"重新征服天竺"。

二則，班勇或《後漢書·西域傳》的編者並不知道Saka人對西印度的第一次征服，不可能稱閻膏珍的征服爲第二次征服。

所謂Sakā人對西印度的第二次征服，主要見諸Kālakachāryakathānaka。據云：Balamitra和Bhānumitra聯合統治Ujjayinī凡60年，Nabhavāhana統治凡40年。嗣後，Gardabhilla王朝執政凡152年，而在Gardabhilla統治13年後被Sakā諸王驅逐。

Sakā 諸王統治凡 4 年。嗣後，Vikramāditya（Gardabhilla 之子）奪回了 Ujjayinī，開創了 Vikrama 紀元，並統治了 60 年。他的四位繼承人分別統治了 40、11、14 和 10 年。接着便是 Sakā 人的第二次征服，塞種紀元於是創始。[19]

第二次征服西印度的 Sakā 留下的銘文分屬兩個家族：Nahapāna 和 Chashaṭna。[20] 前者包括 Nahapāna 及其女婿 Ushavadāta，後者被稱爲 Sakā，他的銘文和錢幣均用塞種紀元紀年。[21]Chashaṭna 的銘文和錢幣多不標明年代，他的紀年記錄已發現的僅一篇年代爲 52 年的 Andhau 銘文。[22] 他的錢幣表明他最初是 Kshatrapa（州長），後來變爲 Mahākshatrapa（大州長）；[23] 其子 Jayadāman 則僅僅是一個州長，而且似乎去世在其父之前。[24]Chashaṭna 由其孫 Rudradāman 繼位。[25]

在 Nahapāna 的一篇記錄中，有 Kuśaṇamūla 和 suvarṇa 這兩個詞引起了人們的注意。[26] 前者可以認爲是 Nahapāna 銀幣的名稱，而這種銀幣是按照一個 Kuśaṇa 即 Kushāṇa 家族的指令特地頒行的。[27] 這篇記錄提到 35 個 kārshāpana（銀幣）等於 1 個 suvarṇa（金幣）。這表明在該地區金銀幣都是流通的，而 suvarṇa 是由 Vima Kadphises 首先引進的。[28] 因此，Nahapāna 很可能是貴霜王的一個藩臣。他擁有以自己的名義頒行銀幣的權力。而在 Ushavadāta 的 Nāsik 記錄上，提到他準備按照君王（Bhaṭṭāraka）的命令去征服 Mālavas。[29]Bhaṭṭāraka 一詞在此不可能用來指稱 Nahapāna，因爲在同一篇記錄中他被稱作 Kshatrapa，故此詞只能是指 Nahapāna 的君主。[30]Nahapāna 和 Chashaṭna 是同時代人，兩人最初都是州長，後來又都是大州長。因而似乎也不存在他們中的一人是另一人的君主的可能性。換言之，他們應該有一個共同的君主。[31]

一些學者認爲，Nahapāna 和 Chashaṭna 的共主便是 Vima Kadphises。[32] 今案：如前所述，既然 Wima 父子征服的“天竺”應該包括西印度（今信德、卡提阿瓦和馬爾瓦等地），Nahapāna 和 Chashaṭna 的共主很可能是丘就卻以後的貴霜王。只是按照臘跛闥柯銘文，這位貴霜王不一定是 Vima Kadphises，也可能是 Vima Tak[to]。

有人進而認爲 Vima Kadphises 便是始於公元 78 年的塞種紀元的創始人。[33] 今案：此說未安。且不說丘就卻的直接繼承人是 Vima Tak[to]，而不是 Vima Kadphises，即使指爲 Vima Tak[to] 也是不可能的。

一則，年代爲 136 年的 Taxila 銀冊銘文應該歸諸丘就卻。這意味着直至公元 78 年丘就卻依舊在位。[34] 而據《後漢書·西域傳》，貴霜是在丘就卻去世後，才“滅天竺”的，因此並不存在 Vima Tak[to] 在丘就卻在位期間出兵征服天竺的可能。即使丘就卻於公元 78 年去世，Vima Tak[to] 於同年登基，也不可能在這一年征服西印度，並創建了一個元年爲公元 78 年的新紀元。

二則，如果說年代爲 136 年的 Taxila 銘文應該歸諸 Vima Tak[to]，那末就很難解釋爲什麽由 Vima Tak[to] 開創的新紀元僅僅流行於西印度。不僅年代爲 136 年的 Taxila 銘文依舊使用老紀元紀年，年代爲 187 年的 Khalatse 銘文和年代爲 191 年的 Jihoṇika 銘文也都是沿用老紀元。[35]

要之，元年爲公元 78 年的塞種紀元並非丘就卻的繼承人創建，而是第二次征服西印度的 Sakā 人自己創建的。[36] Vima 父子所滅“天竺”既可能包括西印度在内，所“滅”者便應該是第二次征服西印度的 Sakā。當然，事實上該處的 Sakā 人或其政權並未被消滅，只是向貴霜表示臣服，尊之爲共主。貴霜人則允許這些西印度的 Sakā 酋長們擁有自治權，包括繼續使用他們自己創建的紀元。[37]

四

以往一直認爲屬於 Vima Kadphises 的銘文最主要的是年代爲 187（或 184）年的 Khalatse 銘文。銘文發現於 Ladakh 的一個叫 Khalatse 的村莊，位於去 Leh 25 英里的商道上。[38] 銘文提到了 Maharajasa Uvima Kavthisa。如果按所謂 Vikrama 紀元計算，則銘文的實際年份是公元 129（或 126）年。這一年可以看作閻膏珍去位年代的上限。既然 136 年的 Taxila 銀冊銘文應歸諸丘就卻，丘就卻去位年代的上限應是公元 78 年，這一年亦即閻膏珍即位年代的上限。這樣，閻膏珍在位約 50 年。

有人認爲，丘就卻死於 80 歲以上高齡，其子閻膏珍即位時已不會年輕，因而懷疑他有如此長的治期。[39] 應該承認這一推測不無合理性，然而在當時這終究不過是推測而已，丘就卻晚年得子客觀上不無可能。設閻膏珍即位時已屆而立，在位半個世紀也不是難以想像的。[40]

現在臘跋闥柯銘文告訴我們閻膏珍（Vima Kadphises）並未直接繼承丘就卻的王位，在兩者之間，還有一位貴霜王，亦即 Vima Tak[to]。這樣，閻膏珍治期過長的疑問就不復存在了。

《後漢書·西域傳》沒有提及閻膏珍之死，很可能表明他活到了 125 年之後。Khalatse 銘文既然清楚地表明他的去位不會晚於公元 126

（或 129）年，則《後漢書·西域傳》不載閻膏珍去世看來或非偶然。

還有人對 Khalatse 銘文應該歸諸閻膏珍表示懷疑。主要理由是閻膏珍的銘文不可能出現在這樣一個荒涼的地區。[41] 今案：此說也有欠考慮。由於資料奇缺，我們今天對閻膏珍時期貴霜帝國的疆域和勢力範圍的認識是遠不夠全面和具體的，但沒有理由否定閻膏珍的銘文在克什米爾地區出現的可能性，不能僅僅因爲發現地點人跡罕至便否認該銘文與閻膏珍有關。銘文中的 Uvima Kavthisa 既能與 Vima Kadphises 勘同，[42] 這篇銘文便無妨歸諸閻膏珍。

五

1967 年、在喀布爾西南的 Dash-i Nāvur 附近發現的貴霜三語銘文，過去也被認爲與閻膏珍有關。所謂三語，一是用希臘文拼寫的巴克特里亞語，二是佉盧文，三是用一種與佉盧文有親緣關係的字體書寫的一種迄今完全未能認識的語言。銘文漫漶已甚，僅能從上述前兩種文本辨識："在第 279 年的 Gorpiaios 月"，在位的是一位"王中之王、貴霜大王"，其名字希臘文作 Ooemo，佉盧文作 Vhama。一般認爲，Ooemo 和 Vhama 即 Wima，這位貴霜統治者便是閻膏珍。[43] 銘文的"279 年"，一說應按元年爲 155 年的老塞種紀元計算，實際年份是公元 124 年。[44] 另說應按元年爲公元前 247 年的 Arsacid 紀元計算，實際年份爲公元 32 年。[45] 第三說認爲應按元年爲公元前 170 年的 Eucratide 計算。[46]

今案：如果承認 Ooemo（Vhama）即 Wima Kadphises，而本文

以上有關丘就卻、閻膏珍的考證又可以接受的話，則後說未安。但若按前說，則銘文的年代正在閻膏珍的治期。喀布爾一帶既在丘就卻時期已并入貴霜版圖，Dash-i Nāvur 出現閻膏珍的銘文亦在情理之中。問題在於指銘文所採用的紀元爲公元前 155 年的老塞種紀元並無充分依據。

一則，所謂老塞種紀元是指最早進入西北次大陸的 Sakā 人使用的紀元。關於這一紀元的起源和元年可謂衆說紛紜。公元前 155 年說不過其中之一。按照這種説法，這一紀元是定居或被安息王 Mithridates 一世（前 171—前 139/138）安置在塞斯坦的塞人所創。[47] 但其實並沒有足夠的證據表明 Mithridates 一世時期塞斯坦已有塞人居住，更沒有證據表明在西北次大陸採用這一紀元的塞人來自塞斯坦。西北次大陸最早的塞王 Maues 的年代爲 78 年的 Taxila 銅板銘文被認爲是按照這一紀元紀年的。但按之《漢書·西域傳》的有關記載，Maues 系統的塞人顯然並不是來自塞斯坦，而是從伊犂河、楚河地區南下，經由帕米爾，進入罽賓即 Gandhāra 和 Taxila 的。因此，如果 78 年的 Taxila 銅板銘文採用的紀元是 Maues 系統的塞人所創，便沒有理由認爲它的元年是公元前 155 年，而只能說它的元年的上限是公元前 177/176 年。正是在這一年，這批塞人被西遷的大月氏人逐出伊犂河、楚河流域，被迫南下帕米爾。[48]

二則，Maues 系統的塞人是否佔領過 Paropamisadae 不得而知，很可能是沒有佔領過。[49] 因此，在這個地區是否長期流行過這個所謂老塞種紀元也是值得懷疑的。總之，很難認爲喀布爾一帶貴霜時期的銘文會使用這一主要由 Maues 系統的塞人使用的紀元。

三則，之所以認爲上述三語銘文使用的紀元是老塞種紀元，主要是因爲銘文使用了馬其頓曆法（Gorpiaios 月），而 78 年的 Taxila 銅板銘文使用的也是馬其頓曆法。但是採用同樣的曆法不等於採用同樣紀元。也就是說，不能僅僅據此認爲三語銘文使用的也是老塞種紀元。而如果說 Dash-i Nāvur 三語銘文和 78 年的 Taxila 銅板銘文使用同樣的曆法——馬其頓曆法表明兩者有可能使用同樣的紀元，則不如認爲後者使用的並不是一個塞人自己創建的紀元，而和前者一樣，都是採用了一個希臘的紀元。Paropamisadae 和 Gandhāra、Taxila 都曾經是希臘人的勢力範圍，在這些地區流行一個希臘人的紀元是完全可能的。

有鑒於此，Dash-i Nāvur 銘文所用的紀元很可能是 Eucratide 紀元，其元年或在 170 年左右。另一篇屬於閻膏珍的年代爲 299 年的 Surkh Kotal 銘名，亦採用同一個紀元。[50] 果然，Surkh Kotal 銘文的絕對年代和前述 Khalatse 銘文相同或接近。

六

從 Bactria 到 Mathura，包括 Panjab、Kandahar、Kabul，均曾發現一種特殊的貴霜錢幣。這種錢幣的錢銘有希臘文：Besileus Besileuou Söter Mêgas（王中之王、偉大的救世主）；亦有佉盧文：Maharajasa rajatirajasa mahatasa tradatasa（大王、王中之王、偉大的救世主）。[51] 由於錢銘沒有提到王名，一些學者稱這些錢幣的頒行者爲“無名王”或 Söter Mêgas。對於這些錢幣究竟是誰發行的，學界歷來有不同意見。

一說“無名王”就是 Kujula Kadphises，有關錢幣是 Kujula Kadphises 頒行的；[52] 二說“無名王”就是 Vima Kadphises，有關錢幣是 Vima Kadphises 早期頒行的；[53] 三說“無名王”是 Vima Kadphises 的副王或總督；[54] 四說“無名王”是一位貴霜君主，時在 Kujula Kadphises 之後，Vima Kadphises 之前。[55]

現在結合臘跋闥柯銘文的記載，可以認爲第四說近是。質言之，“無名王”很可能便是 Vima Tak[to]。

首先，既然“無名王”的錢幣上使用“王中之王”這一類最高級稱號，就很難認爲 Söter Mêgas 是副王或總督，故第三說難以成立。

其次，第一說的主要依據是“無名王”的錢幣有某些 Kujula Kadphises 的錢幣相類似的特徵。但是錢幣可以摹倣，不能據以爲 Söter Mêgas 便是 Kujula Kadphises。[56]

再次，雖然 Söter Mêgas 的錢幣同 Vima Kadphises 的錢幣有許多類似的特徵，[57] 而且在一些錢幣上還似乎有代表 Vima Kadphises 姓氏的符號；[58] 最明顯的是一枚 Prakrit 銘文：maharajasa rajatirajasa tratarsa vamasa，其中 vamasa 可以認爲是 Vima [Kadphises] 的轉寫；[59] 但是，如果說 Söter Mêgas 便是 Vima Kadphises 本人，有關錢幣都是 Vima Kadphises 頒行的，也有若干處扞格難通。

1. Söter Mêgas 的錢幣一律使用獨特的花押，Vima Kadphises 的錢幣也是如此，但兩者所用不同。[60]

2. Söter Mêgas 和 Kujula Kadphises 一樣，既使用方形的又使用圓形的字母，而 Vima Kadphises 的錢幣僅見草寫的新月形字母。[61]

3. 有一枚 Söter Mêgas 的錢幣被 Pakores 重新打印。這似乎表明 Söter Mêgas 與 Pakores 同時代或稍前。而一般認爲 Pakores 的年代早於 Vima Kadphises。[62]

4. Söter Mêgas 的錢幣發現數量較多，以及多種具有地方色彩的模式似乎表明這些錢幣的頒行者不止一人。[63] 因此，以下可能性必須考慮：所謂 Söter Mêgas 或“無名王”的錢幣實際上是貴霜帝國各地的封疆大臣代表中央政府打鑄、頒行的。錢銘所見“王中之王、偉大的救世主”並非這些封疆大臣的自稱，而是指貴霜君主。這些錢幣不著王名、採用獨特的花押，則是爲了區别於那些由中央政府打鑄、頒行的錢幣。也就是説，“無名王”錢幣可以區别對待，其中一些可能頒行於 Vima Tak[to] 即位之前。這些錢幣上的 Söter Mêgas 之類稱號，其實是代表丘就卻。而那些有 vi 記號的則可能頒行於 Vima Tak[to] 即位之後。這樣，Söter Mêgas 錢幣的模式、風格既與丘就卻、Vima Tak[to] 有别，又與兩者均有聯繫也就可以理解了。至於後來多種風格和模式趨向一致，所謂“地方錢幣”逐漸被“通用錢幣”取代，[64] 可能是爲了便於流通，也表明了帝國内部統一的加强。這種由封疆大臣打鑄、頒行所謂 Söter Mêgas 錢幣的做法大概直至 Vima Tak[to] 去位尚未完全絶跡。因此，業已發現被 Söter Mêgas 重新打印的 Vima Kadphises 的錢幣 [65] 也就不能否定以上的推論，蓋不能完全排除在 Vima Kadphises 亦即閻膏珍之後繼續流行的另一種 Söter Mêgas 錢幣的可能性。

《後漢書·西域傳》明載，丘就卻死，“子閻膏珍代爲王”。似乎表明 Kujula Kadphises 與 Vima Kadphises 之間並不存在另一位貴霜王。如果考慮到東漢與西域的關係時斷時續，所謂“三絶三通”，於西域事情的記載有所疏漏是在所難免的。而 Vima Tak[to] 一度匿名發行貨幣，不妨認爲是這種誤會形成的重要原因。

《後漢書·西域傳》所載閻膏珍如此漫長的治世實際上包括了Vima Tak[to] 和 Vima Kadphises 兩人的統治時期。

既然 Vima Tak[to] 的治期被并入閻膏珍的治期，他的事蹟也許會被歸於閻膏珍亦即 Vima Kadphises 名下。換言之，《後漢書·西域傳》所載閻膏珍事蹟究竟是 Vima Tak[to] 還是 Vima Kadphises 已經很難分清。

七

最後說說丘就卻的繼承人與東漢的關係。據《後漢書·班超傳》記載：

> 初，月氏嘗助漢擊車師有功，是歲（章和元年，公元 87 年）[66] 貢奉珍寶、符拔、師子，因求漢公主。超拒，還其使，[67] 由是怨恨。永元二年（公元 90 年），月氏遣其副王謝將兵七萬攻超。超衆少，皆大恐。超譬軍士曰：月氏兵雖多，然數千里踰葱領來，非有運輸，何足憂邪？但當收穀堅守，彼飢窮自降，不過數十日決矣。謝遂前攻超，不下，又鈔掠無所得。超度其糧將盡，必從龜茲求救，乃遣兵數百於東界要之。謝果遣騎齎金銀珠玉以賂龜茲。超伏兵遮擊，盡殺之，持其使首以示謝。謝大驚，即遣使請罪，願得生歸。超縱遣之。月氏由是大震，歲奉貢獻。[68]

按之年代，逾葱嶺東來攻超之副王謝當係 Wima 父子所遣。然而此事袁宏《後漢紀·和帝紀》“永元二年”條載作：

> 是夏，月氏王謝將七萬騎攻班超，超衆大恐。超曰：月氏兵雖多，千里逾葱嶺，何足憂哉！但當收穀堅守，饑窮自降，不過數十日決矣！謝攻超，不能下，抄掠無所得。超度其糧盡，必從龜茲求食，乃遣數千兵伏東界要之。謝果遣騎齎金銀珠玉往龜茲，伏兵遮擊，盡殺之。遣持所斬以示謝。謝大驚，即遣使請罪，願得生歸。超縱遣之。月氏震怖，歲歲奉貢。[69]

據此，則率兵七萬逾葱嶺攻超者係“月氏王謝”。有人於是認爲，“謝”[ziak] 可視作 Kaniṣka、Vāsiṣka、Huviska 詞尾 -iṣka 之對譯，亦即謝可能是以上三人中之一人。質言之，不能排除公元 90 年已進入所謂第二貴霜王朝時代之可能性。[70] 今案：此說未安。

一則，袁宏《後漢紀》成書雖早於范曄《後漢書》，但早在宋代，其刻本已“衍文助語，亂布錯置，往往不可句讀”（清宋犖序）。知今本文字脫訛，不可盡信。

二則，前引袁紀與范書，文字大同小異，知兩者所據資料同出一源。然細核文字，范書於義見長者不止一端。例如：袁紀稱班超遣“數千兵伏東界要之”；伏擊月氏使者其實无須“數千兵”。這表明袁紀這則記載亦有奪訛。

三則，范書不僅稱謝爲“副王”，而且明言其人係月氏王所“遣”，知袁紀於此實奪“遣”字。

四則，漢譯人名僅取末尾音節似無前例。[71]

由此可見，公元90年來攻班超者不可能是Kaniṣka、Vāsiṣka、Huviska三人中的任何一人，不能根據袁紀認爲公元90年已進入第二貴霜時代。

論者又說，如果范書所記是正確的，即謝是副王，就有兩種可能性：其一，“副王”意味着兩王並立（Drairājya）之一方，也就是Vāsiṣka和Huviska兩者中的一個。這也表明公元90年已是第二貴霜時代。其二，“副王”意指viceroy，則當時的大王既可能是第一貴霜王朝的，也可能是第二貴霜王朝的。若係前者，由於“謝”可能是-iṣka之轉寫，其人可能與第二王朝諸王出自同一家族，而在當時出仕第一貴霜王朝。這表明第一貴霜王朝和第二貴霜王朝的交替在公元90年或以後。

今案：此說亦未安。《後漢書》既明載謝係月氏王所遣，則謝不可能是兩王並立之一方。即使“謝”係-iṣka之音寫，其人確與Kaniṣka等屬於同一家族，也至多表明公元90年該家族已有人踏上仕途，絲毫無助於推斷第二貴霜王朝的年代。

值得注意的是，前引《後漢書·班超傳》提到“月氏嘗助漢擊車師”。按之《後漢書·和帝紀》永元二年五月，“車師前後王並遣子入侍”，而前此東漢擊車師凡二次。第一次在明帝永平十七年（公元74年）冬十一月，同書《明帝紀》載：

> 冬十一月，遣奉車都尉竇固、駙馬都尉耿秉、騎都尉劉張出敦煌昆侖塞，擊破白山虜於蒲類海上，遂入車師。初置西域都護、戊己校尉。[72]

第二次在章帝建初元年（公元 76 年），據同書《章帝紀》，是年春正月“酒泉太守段彭討擊車師，大破之”。同書《耿恭傳》則載：

> 乃遣征西將軍耿秉屯酒泉，行太守事；遣秦彭與謁者王蒙、皇甫援發張掖、酒泉、敦煌三郡及鄯善兵，合七千餘人，建初元年正月，會柳中擊車師，攻交河城，斬首三千八百級，獲生口三千餘人，駝驢馬牛羊三萬七千頭。北虜驚走，車師復降。[73]

月氏果嘗助漢擊車師，似應在建初元年。由此可知，早在丘就卻在位時期，貴霜與東漢已有所接觸。[74]

另外，據《後漢書·西域傳》：

> 安帝元初中，疏勒王安國以舅臣磐有罪，徙於月氏，月氏王親愛之。後安國死，無子，母持國政，與國人共立臣磐同產弟子遺腹爲疏勒王。臣磐聞之，請月氏王曰：安國無子，種人微弱，若立母氏，我乃遺腹叔父也，我當爲王。月氏乃遣兵送還疏勒。國人素敬愛臣磐，又畏憚月氏，即共奪遺腹印綬，迎臣磐立爲王，更以遺腹爲磐稾城侯。

按之年代，此事應發生在閻膏珍在位期間。由此亦可見當時貴霜與塔里木盆地綠洲諸國關係之一斑。

有人認爲親愛臣磐、並遣兵送還疏勒的月氏王應是迦膩色迦一世。換言之，安帝元初中，在中亞和印度已是第二貴霜王朝時代。蓋據《大唐西域記》卷一：

大城東三四里，北山下有大伽藍，僧徒三百餘人，並學小乘法教。聞諸先志曰：昔健馱邏國迦膩色迦王威被鄰國，化洽遠方，治兵廣地，至葱嶺東，河西蕃維，畏威送質。迦膩色迦王既得質子，特加禮命，寒暑改館，冬居印度諸國，夏還迦畢試國，春秋止健馱邏國。故質子三時住處，各建伽藍。今此伽藍，即夏居之所建也。故諸屋壁圖畫質子，容貌服飾，頗同中夏。其後得還本國，心存故居，雖阻山川，不替供養。故今僧衆每至入安居、解安居，大興法會，爲諸質子祈福樹善，相繼不絕，以至於今。

又，同書卷四：

昔迦膩色迦王之御宇也，聲振鄰國，威被殊俗，河西蕃維，畏威送質。迦膩色迦王既得質子，賞遇隆厚，三時易館，四兵警衛。此國則冬所居也，故曰至那僕底（唐言漢封）。質子所居，因爲國號。

又，《大慈恩寺三藏法師傳》卷二載伽畢試國：

有一小乘寺名沙落迦，相傳云是昔漢天子子質於此時作也。

說者以爲，所言“質子”即臣磐，“沙落迦”即“疏勒”之異譯。[75] 今案：其說未安。[76]

一則，臣磐因有罪爲疏勒王安國所徙，並非質子。

二則，“疏勒”，《大唐西域記》作“佉沙”，知“沙落迦”並非疏勒。

三則，“沙落迦”應即《梵語千字文》所見“娑羅誐”，亦即《大秦景教流行中國碑》之 Sarag，意指洛陽。

要之，不得以臣磐之事否定前文有關閻膏珍年代之考訂。

除了和塔里木盆地諸綠洲國發生較密切的聯繫外，閻膏珍時期的貴霜和以錫爾河北岸爲本土的康居亦過從甚密。《後漢書·班超傳》的一則記載可以爲證：元和元年（公元 84 年），超攻疏勒王忠，“積半歲，而康居遣精兵救之，超不能下。是時月氏新與康居婚，相親，超乃使使多齎錦帛遺月氏王，令曉示康居王，康居王乃罷兵，執忠以歸其國”。又，《後漢書·西域傳》稱“粟弋國屬康居”，粟弋即 Sogdiana，知在傳文描述時代，貴霜與康居勢力大致以阿姆河爲界。

■ 注釋

[1] J. Marquart, *Ērānšahr*, Berlin 1901, p.208.

[2] P. Pelliot, “Neuf notes sur des questions d’Asie centrale”, *T’oung Pao* 26(1928-1929), pp.201-203. 馮承鈞漢譯，見《西域南海史地考證譯叢五編》，中華書局 1956 年版，第 110—113 頁。

[3] N. Sims-Williams and J. Cribb, “A New Bactrian Inscription of Kanishka the Great”, *Silk Road Art and Archaeology*, 1995/1996, Kamakura, pp.75-142.

[4] 參看吳其昌《印度釋名》，《燕京學報》1：4（1928），第 713—743 頁；P. C. Bagchi, “Ancient Chinese Names of India”, *Monument Serica* 13 (1948), pp.366-375; B.

C. Law, *Historical Geography of Ancient India,* Paris, 1954, pp.8-11; 堀謙德《解說西域記》，國書刊行會 1972 年版，第 107—112 頁，等。

[5] 參看余太山《塞種史研究》，中國社會科學出版社 1992 年版，第 61—63 頁。

[6] H. C. Raychaudhuri, *Political History of Ancient India*, University of Calcutta, 1953, p.463, 以爲"天竺"乃指印度本土，很可能是 Taxila。今案：其說非是。Taxila 漢代應包括在罽賓範圍之內。

[7]《梁書·諸夷傳》文字略同,而"磐起"正作"槃越"。張星烺《中西交通史料彙編》第 6 冊，中華書局 1979 年版，第 22 頁，以爲"磐起"即 Bengal；未安。參見饒宗頤《蜀布與 Cinapaṭṭa——論早期中、印、緬之交通》,《中央研究院歷史語言研究所集刊》45：4（1974），第 561—584 頁。

[8] 楊憲益：《盤越與車離》,《譯餘偶拾》，三聯書店 1983 年版，第 362—363 頁。

[9] 注 7 所引饒宗頤文。

[10] E. Chavannes, "Les pays d'Occident d'après le *Wei lio*", *T'oung Pao* Series II, 6(1905), pp.519-571. 馮承鈞漢譯，見《西域南海史地考證譯叢七編》，中華書局 1957 年版，第 41—57 頁。

[11] 注 7 所引饒宗頤文。

[12] 丁謙《〈後漢書·西域傳〉地理考證》,《二十五史三編》第 4 集,嶽麓書社 1994 年版，第 593—594 頁。

[13] F. W. Thomas, "Sandanes, Nahapāna and Kaniṣka, Tung-li, Pán-ch'i and Chinese Turkestan", *New Indian Antiquary* 7(1944), pp.79-100.

[14] 注 8 所引楊憲益文。

[15] 注 4 所引 B. C. Law 書，pp.161-162。

[16] 注 13 所引 F. W. Thomas 文以爲沒有證據表明貴霜統治過南印度。今案：《後漢書·西域傳》有關車離國的記載表明貴霜勢力曾一度伸向南印度。車離國遠離貴霜統治

的中心地區，故被貴霜“擊服”後，很可能不過按時進貢方物而已，即所謂“月氏役稅之”。

[17] 閻膏珍的錢幣很多，出土地點分佈很廣，在 Basarh、Bhita 和 Kasia 等地均有發現。這至少表明閻膏珍曾征服 Madhyadesa。參看 B. N. Puri, *India under the Kushāṇas,* Bombay, 1965, p.24。

[18] S. Konow, *Corpus Inscriptionum Indicarum*, II, Part I, Kandūd Kharoṣṭhī Inscriptions, Calcutta, 1929, p.lxvii; S. Konow, “Notes on Indo-Scythian Chronology”, *Journal of Indian History* 12(1933), pp.1-46. 又，J. E. van Lohuizen-de Leeuw, *The Scythian Period,* Leiden, 1949, pp.373-376, 以爲曾被丘就卻佔領的 Taxila 地區在丘就卻死後一度喪失，後來被閻膏珍重新征服。今案：即使此說不誤，也不能據此將“復滅天竺”理解爲重新征服天竺。Gandhāra 和 Taxila 等地雖在客觀上也屬於天竺，但既然《後漢書·西域傳》已賦予這些地區特定的名稱，就不能認爲閻膏珍“復滅天竺”乃指貴霜再次奪取罽賓等地。

[19] H. Jacobi, “Das Kālakācārya-Kathānakam”, *Zeitschrift der Deutschen Morgenlandischen Gesellschaft* 34(1880), pp.247-318; Bhau Daji, “The Inroads of the Scythians into India, and the Story of the Kālakāchārya”, *Journal of the Bombay Branch of the Royal Asiatic Society* 9(1867), pp.139-146; K. P.Jayaswal, “Problems of Saka-Satavahana History”, *Journal of the Bihar and Orissa Research Society* 16(1930), pp.227-316; R. C. Majumdar, ed. *The Age of Imperial Unity*, Bombay, 1953, pp.154-158.

[20] 注 18 所引 S. Konow 文。

[21] E. Senart, “The Inscriptions in the Caves at Nasik”, (No. 13) *Epigraphia India* 8(1905-1906), pp.85-87.

[22] R. D. Banerji, “The Andhau Inscriptions of the Time of Rudradaman”, *Epigraphia India* 16(1921-1922), pp.19-25，以爲年代爲 52 即公元 130 年的 Andhau 銘文並提

Caṣṭana 及其孫之名，均採用 rājan 之稱號，而不稱“州長”（kṣatrapa）。

[23] E. J. Rapson, *Catalogue of Coins of the Andhra Dynasty, the Western, The Dynasty and the "Bodhi" Dynasty,* London, 1908, pp.65, 72, 73; H. Lüders, "A List of Brāhmī Inscriptions from the earliest Times to about A. D. 400, with the Exception of those of Aśoka", *Appendix to Epigraphia India and Record of the Archaeological Survey of India*, X(1912), Nos. 1099, 1131, 1132, 1134, 1135, 1174. 其中，Nahapāna 被稱爲 Mahākshatrapa（Rājan mahākhatapa）sāmī（svāmi）Nahapāna; 在 H. Lüders 表 Nos. 963, 966, 967 中，Chashṭana 被稱爲 Mahākshatrapa，而在 Andhau 銘文中，他的稱號是 rajan。

[24] 注 22 所引 R. D. Banerji 文。

[25] 注 23 所引 E. J. Rapson 書，p.76；注 23 所引 H. Lüders 表 Nos. 963, 964, 965, 967；F. Kielhorn, "Junagadh Rock Inscription of Rudradaman; the Year 72", *Epigraphia India* 13(1905-1906), pp.36-49。

[26] 注 21 所引 E. Senart 文（No. 12）。

[27] D. R. Bhandarkar, "Dekkan of the Satavahana Period", *The Indian Antiquary* 47(1918), pp.69-78, 以爲 kuśana 一詞應即 Taxila 銀冊銘文所見 Khushanasa; Nahapāna 最初是丘就卻的副王，後來是閻膏珍的副王。注 17 所引 B. N. Puri 書，p.33，以爲 Nahapāna 不可能是丘就卻的副王，因爲丘就卻在位時期貴霜的勢力並未達到西天竺。

[28] R. B. Whitehead, *Catalogue of the Coins in the Punjab Museum*, I, Lohore, 1914, p.183.

[29] 同注 21。

[30] 注 17 所引 B. N. Puri 書，pp.22-23, 33。

[31] 注 17 所引 B. N. Puri 書，p.23。

[32] V. A. Smith, *The Early History of India,* Oxford, 1904, p.222, 和注 23 所引 E. J. Rapson

書均以爲 Chashṭana 和 Nahapāna 臣服於貴霜。E. J. Rapson 以爲西印度州長的錢銘使用佉盧文，而該地一般不用佉盧文，亦表明他們與貴霜有關。注 17 所引 B. N. Puri 書，p.23，則指出他們的共主是 Vima Kadphises。

[33] B. N. Puri, "The Dates of the Kadphises Kings and their Relations with Śaka Kshatrapas of Western India", *Journal of Indian History* 20(1941), pp.275-287, 以及注 17 所引 B. N. Puri 書，pp.20-24，以爲閻膏珍是塞種紀元的創始人。D. R. Bhandarkar, "Indo-Parthian Dynasty of Vonones", *Indian Culture* 7(1940-1941), pp.133-142, 亦以爲閻膏珍開創了始於公元 78 年的塞種紀元。另外，注 18 所引 S. Konow 書，p.lxvii; J. Marshall, *Taxila*, I, Cambridge, 1922, p.67，亦主閻膏珍創建塞種紀元說。

[34] 注 18 所引 S. Konow 文以爲閻膏珍"滅天竺"時丘就卻尚未去世。今案：此說與《後漢書·西域傳》的記載不符，茲不取。

[35] 注 19 所引 K. P.Jayaswal 文，以及 Sastri, A. Banerji, "Śakas and in the First and Second Century", *Indian Historical Quarterly* 13(1937), pp.199-217。又，注 17 所引 B. N. Puri 書，p.21，則以爲閻膏珍創建新紀元和繼續使用舊紀元並不矛盾。Kumāragupta 時代的 Mandsor 銘文並不使用笈多紀元，而按 Vikrama 紀元紀年，可供參考。今案：B. N. Puri 說未安。一則，Kumāragupta 並非笈多紀元的創始人，與此相對，閻膏珍作爲塞種紀元的創始人，自己卻不使用這一紀元，實難解釋。二則，Kumāragupta 其他銘文全按照笈多紀元紀年。與此相對，迄今沒有發現閻膏珍有以塞種紀元紀年的記錄。

[36] 凡主迦膩色迦爲塞種紀元創建者的學者，均否定 Chashṭana 和 Nahapāna 是塞種紀元的創始人，見注 6 所引 H. C. Raychaudhuri 書，p.469, n. 4；今案：誠如說者所言，Chashṭana 和 Nahapāna 兩者均不可能是塞種紀元的創始者，但這並不排除兩者的先人創建了這一紀元。蓋沒有證據表明在 78 年或以前西印度已經歸屬貴霜。

[37] S. Konow, "Some New Facts about the Eras of the Kandūd Kharoṣṭhī Inscriptions",

Acta Orientalia 5(1927), pp.28-38, 以爲 Bhūmaka 是 Chashṭana 之父，他應該是西印度最早的州長，係閻膏珍所封。又，已知 Chashṭana 和 Nahapāna 的記錄有 41、46 和 52 等紀年數，如按塞種紀元計算，應爲公元 119、124 和 130 年，正值閻膏珍治期，知 Nahapāna、Chashṭana 和閻膏珍同時代。

[38] 注 18 所引 S. Konow 書，pp.79-81。

[39] 此說引自注 17 所引 B. N. Puri 書，p.20。又見注 6 所引 H. C. Raychaudhuri 書，p.470。

[40] 參看注 17 所引 B. N. Puri 書，pp.23-24。

[41] 見 E. I. Rapson 對注 18 所引 S. Konow 書的評論（*Journal of the Royal Asiatic Society* 1930, pp.186-202）。D. C. Sircar, "The Kushāṇas", In R. C. Majumdar, ed. *The Histrory and Culture of the Indian People, The Age of Imperial Unity*, Bombay, 1953, pp.136-153, esp.139, n. 1, 以爲 Khalatse 銘文提到的 Maharaja 似爲迦膩色迦治下貴霜王朝的一名總督。今案：其說未安，果如所言便不應用舊紀元。

[42] 注 18 所引 S. Konow 書，pp.80-81。

[43] G. Fussman, "Documents épigraphiques Kouchans", *Bulletin de l'Ecole Française d'Extrême-Orient* 61(1974), pp.1-66.

[44] A. D. H. Bivar, "The Kaniṣka Dating from Surkh Kotal", *Bulletin of the School of Oriental & African Studies* 24(1963), pp.498-502; A. D. H. Bivar, "The History of Eastern Iran", *The Cambridge History of Iran* 3(1), CUP, 1983, pp.181-231, esp.201-202.

[45] 同注 43。

[46] J. Harmatta, "Languages and Literature in the Kushan Empire", in *History of Civilizations of Central Asia*, Vol. II.

[47] W. W. Tarn, *The Greeks in Bactria and India*, Cambridge, 1951, p.501.

[48] 注 5 所引余太山書，第 28—29, 56—57, 146—147 頁。

[49] 注 5 所引余太山書，第 151—154 頁。

[50] 同注 [46]。

[51] A. Cunningham, "Coins of the Sakas", *Numismatic Chronicle* 3 Series 10(1890), pp.103-172; E. J. Rapson, *Indian Coins,* Grundriss der Indo-Arischen Philologie und Altertumskunde, Strassburg, 1898, p.16.

[52] M. E. Masson, "The Oringin of the Nameless King of Kings, the Great the Soviour", *Procedings of the Central Asian State University*, Tashkent, 1950, pp.30-33; A. K. Narain, "The Date of Kaniṣka" , In A. L. Basham, ed. *Papers on the Date of Kaniṣka*, Leiden, 1968, pp.206-239, 亦主無名王即丘就卻說。

[53] L. Bachhofer, "Die Āra Kanishkas", *Ostasiatische Zsitschrift* 14(1927-1928), pp.21-43; B. N. Mukherjee, *The Kushana Genealogy,* Calcutta, 1967, p.54.

[54] V. A. Smith, *The Early History of India,* Oxford, 1904, pp.222, 242, 243, 268, 首創此說。J. Marshall, "Excavations at Taxila, 1912-1913", *Archaeology Survey of India, Annual Report,* Calcutta, 1916, pp.1-52, 說略同。注 18 所引 S. Konow 書，p.lxix，以爲 Söter Mêgas 是閻膏珍"滅天竺"後所置之"將"。注 18 所引 J. E. van Lohuizen-de Leew 書說同。注 17 所引 B. N. Puri 書，pp.24-26，以爲 Söter MLgas 是閻膏珍的藩臣，受閻膏珍委任，統治北印度。又，R. Göbl, "Zwei neue Termini für ein zentrals Datum der Alten Geschichte Mittelasiens das Jahr 1 des Kušānkönigs Kaniška", *Anzeiger der phil-. -hıst. Klasse der Öster, Akad. der Wiss*, Wien, 1964, pp.137-151, 以爲貴霜帝國可能存在雙重統治系統。又,注 41 所引 D. C. Sircar 文，pp.140-141，以爲 Söter Mêgas 錢幣的發行者是閻膏珍設在印度佔領區半獨立的總督，亦即年代爲 122 年的 Panjtar 銘文提到的貴霜統治者，在閻膏珍死後一個短時期內曾獨立統治。今案：此說旨在證成迦膩色迦即位建元於 78 年說，茲不取。

[55] D. MacDowall, "Implications for Kushan Chronology of the Numismatic Context of the

Nameless King", *Journal of the Numismatic Society of India* 37(1975), pp.44-71, 根據錢幣的模式和重量標準論證 Söter Mêgas 應在丘就卻之後，閻膏珍之前。

[56] D. MacDowall, "Soter Megas, The King of Kings", *Journal of the Numismatic Society of India* 30(1968), pp.28-48.

[57] A. Cunningham, "Coins of the Kushāns, or Great Yue-tī", *Numismatic Chronicle* 3 Serie 12(1892), pp.40-82; A. Cunningham, "Coins of the Sakas", *Numismatic Chronicle* 3 Series 10(1890), pp.103-172.

[58] 注 18 所引 S. Konow 書，p.lxix，指出，在一些 Söter Mêgas 錢幣上出現的字母 vi，意指閻膏珍一名的首字母（Vima 或 Vima）。

[59] B. N. Mukherjee, *The Kushana Genealogy,* Calcutta, 1967, p.54.

[60] 注 55 所引 D. MacDowall 文。

[61] 同注 60。

[62] A. Simonetta, "An Essay on the So-called 'Indo-Greek' Coinage", *East and West* n. s. 8(1957-1958), pp.44-66 (plate 3, no. 1). 今案：Pacores 的錢幣與 Gondophares、Kujula Kadphises 的錢幣一起在 Sirkap 出土（參見注 33 所引 J. Marshall 書，p.64），這表明他的在位年代有可能與丘就卻的部分重合。也就是說，當 Kujula Kadphises 統治喀布爾河流域時，他控制着東伊朗。

[63] 注 55 和 56 所引 D. MacDowall 文將這類錢幣分成三類：1. 西乾陀羅的；2. 馬土臘和東南旁遮普的；3. 伽畢試或巴克特里亞的。這三類他稱之爲地方通貨。

[64] 注 55 和 56 所引文 D. MacDowall 將上述三類以外的錢幣稱爲通用錢幣。這些錢幣和上述三類一樣，都是銅幣，分爲二德拉克瑪（didrachms）和半德拉克瑪（hemidrachms）兩級。

[65] A. Simonetta, "A New Essay on the Indo-Greeks, the Śakas and the Pahlavas", *East and West*, n.s. 9(1958), pp.154-183.

[66]《後漢書·章帝紀》章和元年（公元87年）條:“是歲西域長史班超擊莎車,大破之。月氏國遣使獻扶拔、師子。”知《後漢書·班超傳》所謂“是歲”指章和元年。同傳載班超於是年降莎車,威振西域。錢大昭《後漢書辨疑》卷二以爲上引《後漢書·章帝紀》一條中“月氏”應爲“安息”之誤，稱:“案西域傳，安息國章和元年遣使獻師子、扶拔，大月氏國不載其事。”今案：錢說未安。月氏於章和元年入貢一事不載《後漢書·西域傳》“月氏國”條是因爲已見於《後漢書·班超傳》而省略。《後漢書·西域傳》“安息國”條所載“章帝章和元年,遣使獻師子、符拔”一則中,“元年”應爲“二年”之誤。蓋據同書《後漢書·和帝紀》，章和二年“安息國遣使獻師子、扶拔”。如果說《後漢書·章帝紀》所載月氏於章和元年入獻一事亦不見於《後漢書·西域傳》，難道也不足憑信？又，榎一雄《月氏の副王謝——クシャン王朝年代論に關する一臆說——》，《オリエント》10：3/4（1968年），第1—15頁，認爲：按之《後漢書·班超傳》，傳文所謂“是歲”應爲元和三年（86年），亦誤。

[67] 中華書局標點本《後漢書·班超傳》作：“超拒還其使。”

[68] 此後，貴霜奉獻之事未見《後漢書》本紀。

[69] 張烈點校本，中華書局1987年版，第255頁。

[70] 見注66所引榎一雄文。

[71] S. Lévi, “Le ‘Tokharien B’, Langue de Koutcha”, *Journal Asiatique* 1913 II, p.330, 以爲“謝”應爲shāh（šāh），意爲“王”。今案：《後漢書·西域傳》明載“謝”係人名，S. Lévi 說似未安。

[72] 又見《後漢書·耿秉傳、耿恭傳》。

[73] 又見《後漢書·西域傳》序。

[74] 馮承鈞：《迦膩色迦時代之漢質子》，《西域南海史地考證論著彙輯》，中華書局香港分局1976年版，第96—101頁，疑此處“車師”係“莎車”之誤。

[75] 羽溪了諦：《西域の佛教》，法林館1914年版，第119、393頁；高田修：《國譯

慈恩傳》，大東出版社 1940 年版，第 46 頁；注 73 所引馮承鈞文。

[76] 向達說，見夏鼐《中巴友誼的歷史》，《考古》1965 年第 7 期，第 357—364 頁。另請參看桑山正進《大乘佛典·大唐西域記》，東京：中央公論社 1987 年版，第 73 頁。

羅布泊地區的自然環境變遷與經濟開發述論

李豔玲

羅布泊地區在塔里木盆地的東部，是盆地的最低處及衆河流的彙聚地帶；南面鄰接阿爾金山和庫姆塔格沙漠，北、東面均以大斷裂與庫魯克塔格山及北山分界，西面與塔克拉瑪干沙漠犬牙交錯，位於88°—92° E，39°—41° N 範圍内（圖 1）。[1] 這一地區是古代東西交通樞紐之一，擁有豐富的考古文化遺存，如今其輝煌不再，廣闊的羅布泊湖消失，古今環境發生巨變。這裏堪稱新疆綠洲社會歷史與自然環境變遷研究的一個典型區域，一向被學界所關注。自 19 世紀 70 年代，俄國探險家普爾熱瓦爾斯基提出羅布泊湖的位置，從而引發國際學術界爭論以來，有關該地區的研究方興未艾。羅布泊地區自然環境演變（包括氣候變化、羅布泊湖位置的變遷與河流改道等問題）及其與古代人類文明興衰的關係成爲重要論題。目前，學界僅在其中的氣候問題上，多認同這裏早在第四紀已經處於乾旱氣候中，特別是在歷史時期，並未發生氣候明顯持續轉乾現象，只是曾出現多次氣候的乾濕波動。而對於該論題其他問題，各種觀點，不一而足。本文試藉助已有的成果，對史前時期至 20 世紀初該地區的自然環境變遷與當地的經濟開發（主要着眼於農業生産），以及兩者的關係，提出一些個人淺見。不妥之處，敬請方家批評。

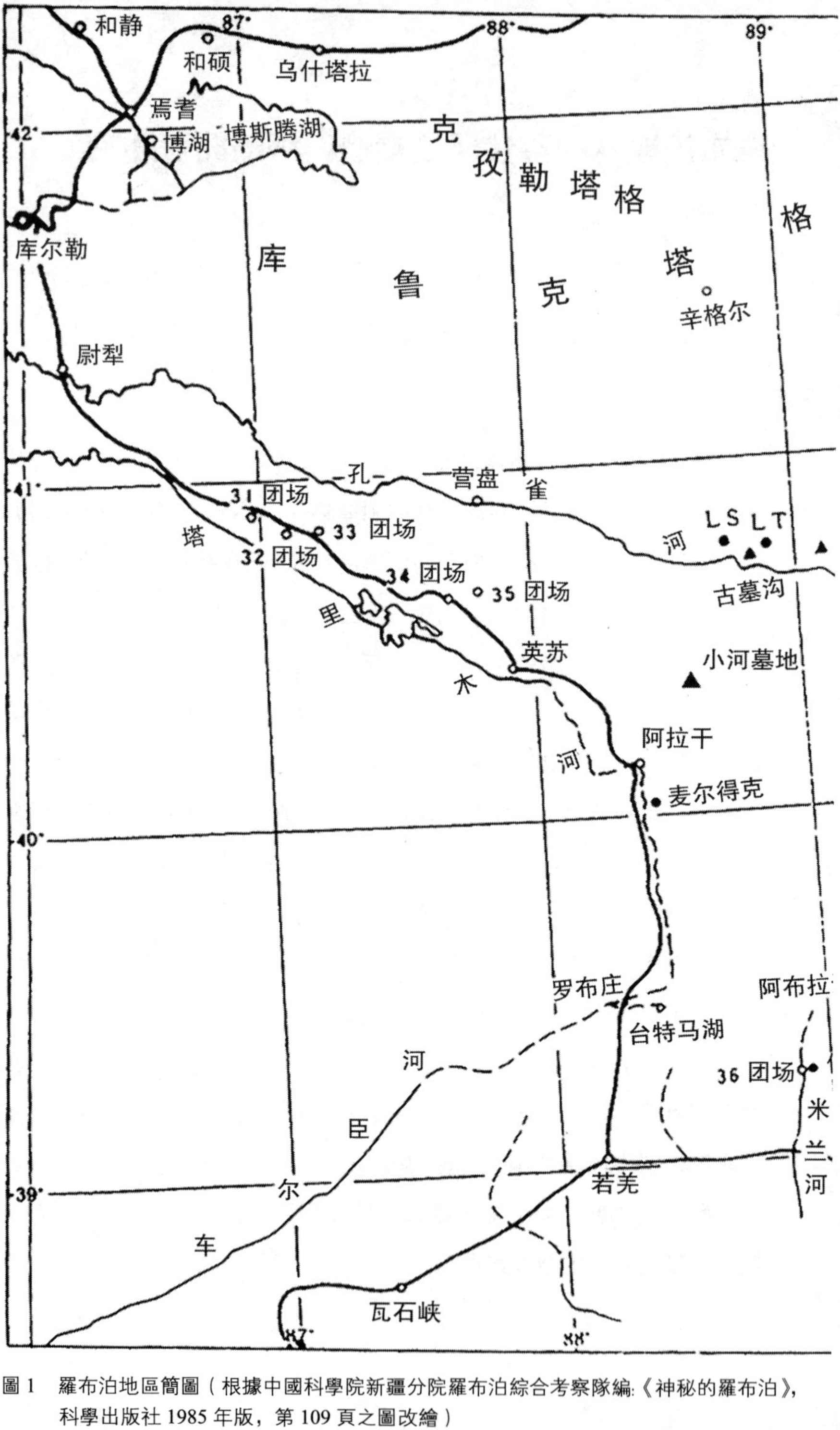

圖 1　羅布泊地區簡圖（根據中國科學院新疆分院羅布泊綜合考察隊編:《神秘的羅布泊》，科學出版社 1985 年版，第 109 頁之圖改繪）

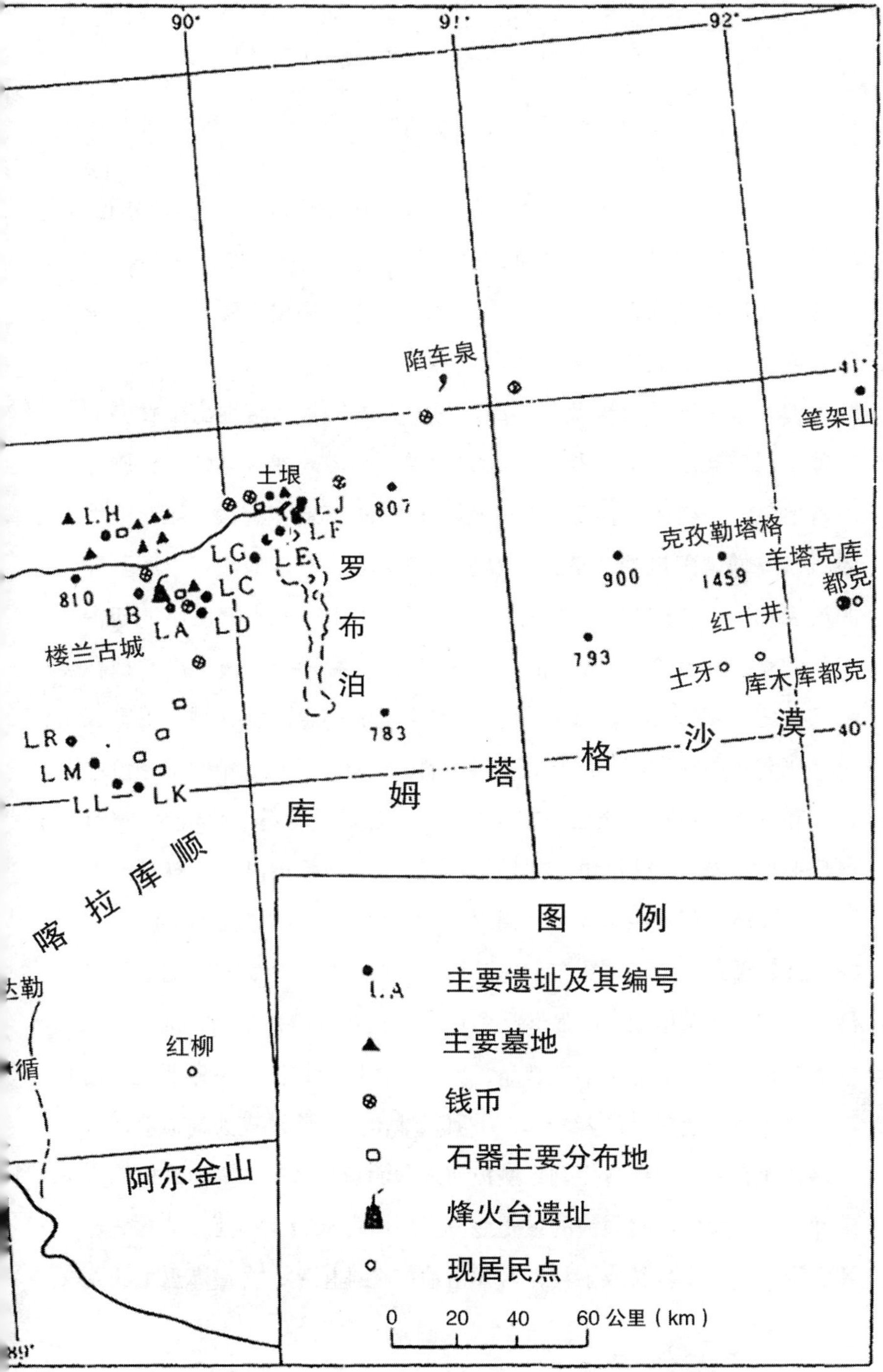

90°
91°
92°
41°
40°
89°
陷车泉
笔架山
土垠
L.H
LJ
807
LF
LG
LE
罗
布
泊
LC
LD
810
LB
LA
楼兰古城
克孜勒塔格
羊塔克库
都克
900
1459
红十井
793
土牙
库木库都克
783
LR
LM
LL
LK
库
姆
塔
格
沙
漠
喀
拉
库
顺
红柳
阿尔金山
图 例
主要遗址及其编号
主要墓地
钱币
石器主要分布地
烽火台遗址
现居民点
0 20 40 60 公里（km）

一

現有考古資料證實，距今 3800 年左右羅布泊地區已有人類的經濟活動，[2] 其中以古墓溝遺址、鐵板河墓地與小河墓地爲代表。[3] 三座墓葬遺址分佈在孔雀河下游流域，墓葬中均出土乾屍，隨葬香蒲草或芨芨草編制的草簍，並多見麻黄、紅柳枝、蘆葦、胡楊木等荒漠與半荒漠類型植被及其製品。另外，對鐵板河墓地出土女屍的病理學研究顯示，女屍頭髮內矽的含量與肺內矽塵含量較高，應是由當地風沙環境所致。[4] 從而可判斷距今約 3800 年前後，羅布泊地區氣候乾燥，多風沙，屬於荒漠半荒漠環境。但古墓溝有六座墓葬的地表都環列 7 圈規整的木樁；小河墓地沙山表面密密匝匝的胡楊立木的直徑多在 20 釐米以上，甚至有達 50 釐米者，透露出當地在較長時間内水源相對充足穩定、林木茂密的信息。夏訓誠、王富葆等人研究羅布泊湖沉積物剖面發現，距今 3400—5900 年的沉積段中粉砂和黏土含量平均達 93.675%，有機質含量平均爲 2.83g/kg，沒有出現明顯的黄、灰相間的風塵層理。他們也據此指出當時羅布泊地區雖有風沙，但較少出現強烈風暴，湖水較深大，爲微鹹水湖。[5]

持續穩定的水源爲羅布泊地區經濟開發提供了相對優越的自然條件。上述墓葬遺址出土的隨葬品多見牛羊角及骨骼，羊毛（絨）製成的毛織物與氈製品、牛羊皮製品，突顯了畜牧業經濟的主導地位。死者衣物、箭杆上多裝飾着鳥羽；小河墓地出土的伶鼬皮與狗獾皮，以及多位死者帽子上綴着伶鼬；鐵板河墓地的魚骨骸、古墓溝墓地的殘破漁網，反映了漁獵經濟的重要地位。另由古墓溝、小河墓地常見隨葬數量不多的小麥粒或黍粒，可知當地存在種植業。古墓溝出土的人骨微量元素含量的分析結果顯示居民以肉類食物爲主，植物類食物所佔比重較小，[6] 也證實羅布泊地區的經濟開發以畜牧業爲主、漁獵爲輔、種植業爲補充。墓葬出土的古屍爲歐洲人種，[7] 有學者通過對小河墓地生物遺骸進行分子遺傳學分析，進一步指出北部歐亞草原的畜牧業民族是最早到達塔里木盆地東端的居民，且其是一個東西方混合人群，晚期又受到中亞和南亞人群的影響；當地發達的畜牧業文化與種植業文化正是東西方人群擴張的結果。[8]

二

自古墓溝遺址等文化遺存之後，直到張騫通西域，羅布泊地區不僅缺乏相應的文獻記載，而且未發現相關的人類遺跡。夏訓誠、王富葆等人測定對應於距今2200—3400年的湖泊沉積層以粉砂爲主，含較多中、粗砂、白色石鹽斑塊，粗砂含量最大值達 34.54%，有機質含量平均爲 5.31g/kg，黏土含量不多，由此判斷當時該地區多強風暴，湖水變成鹹水湖，並一度乾涸或幾近乾涸。鍾巍等人通過研究博斯騰湖湖相沉積記錄、策勒與尼雅等地區沉積地層的地化元素含量、孢粉濃度，也認爲整個南疆的氣候在距今 3000 年時突變轉乾。[9]

但嚴富華等人對羅布泊湖盆中心南端最低處的羅 4 井湖相沉積物的孢粉分析顯示，距今 3610 ± 90 年以來的沉積層厚度是 1.5 米，年平均沉積厚度約 0.42 毫米，與整個剖面的年沉積速度相似，並且沉積物中含有香蒲、莎草等水生植物花粉，說明該湖泊的沉積作用一直進行。[10] 閆順等人根據湖盆中部的 K1 孔剖面從下到上有許多香蒲花粉，認爲羅布泊湖相沉積具有連續性。[11] 吳玉書通過分析羅布泊 F_4 淺坑的孢粉組合特徵，推測從晚更新世晚期至晚全新世當地的河流兩岸與入湖口地帶，始終存在沼澤草甸與河谷林。[12] 另外，《山海經》中的《北山經》和《西山經》分别提到“敦薨之山……敦薨之水出焉，而西流注于泑澤。出于昆侖之東北隅，實惟河原”；“不周之山……東望泑澤，河水所潛也，其原渾渾泡泡”。按郭璞注云：“（泑）音黝，水色黑也。”“渾渾泡泡，水濆湧之聲也。”[13] 學界認爲其中的“泑澤”即爲後來的羅布泊湖，並一般認爲《山海經》的“山經”部分成書於戰國時期。[14] 如是，可證公元前 5 世紀—前 3 世紀羅布泊湖的存在。由泑澤“渾渾泡泡”，可以想見在風力作用下，廣闊湖面的激蕩之勢。

因而，不排除在古墓溝等文化遺存之後羅布泊湖水未曾乾涸的可能。在乾旱化加劇、風塵作用增強的氣候條件下，羅布泊地區或只是水域面積有一定縮小。當地缺乏相關的人類活動遺跡，或仍有待於考古發掘工作的深入，或是其他原因致使原來的人群離開此地，尚不能簡單得出氣候變乾導致文明斷層的結論。

三

公元前 2 世紀，西漢與匈奴展開對西域的爭奪，西漢最終在神爵年間確立對西域的統治。直到公元 5 世紀前中期，西域先後歷經中原王莽新朝、東漢、曹魏、西晉、前涼、前秦、北魏等政權的經營，其間還曾受到貴霜勢力的影響。有關這一時段羅布泊地區的文獻記載及考古資料較爲豐富。

《漢書》記載“鄯善國，本名樓蘭，王治扜泥城，去陽關千六百里……地沙鹵，少田，寄田仰穀旁國。國出玉，多葭葦、檉柳、胡桐、白草。民隨畜牧逐水草，有驢馬，多橐它”；“樓蘭國最在東垂，近漢，當白龍堆，乏水草”。[15] 由此不難判斷羅布泊地區仍是荒漠半荒漠環境，這在考古資料中也得到反映。

羅布泊地區分佈着建於西漢時期的土垠遺址，[16] 建築年代早至漢代的麥爾得克（Merdek）圓形堡壘遺址與漢晉時期的樓蘭 L. A. 遺址、L.B.、L.D.、L.E.、L.K.、L.L.、L.M.、L.R. 等遺址及 L.J. 烽燧遺址。[17] 遺址中多見大量蘆葦，殘存的牆壁、屋頂等是用紅柳和胡楊木或間以葦草、土層及鹼塊製成。若羌河流域或爲扜泥城的且爾乞都克遺址也有葦草堆積。[18] 米蘭河流域，始建於公元 2 世紀的米蘭寺院有蘆葦草出土，佛寺的壁畫底襯灰泥中則摻有短蘆葦草稈。[19] 分別相當於西漢晚期至東漢初期、東漢時期的平臺墓地與孤臺墓地，也出土了蘆葦或其編織品。孤臺墓葬中的沙質填土含鹼，底部架木木質有胡楊、榆樹、沙棗等。[20] 小河流域屬於漢晉時期的墓葬的葬具也都是用胡楊木製成。[21] 這些居址、墓葬、烽燧等遺址的建築用材證實羅布泊地區土地沙化與鹽鹼化現象嚴重，以荒漠、半荒漠植被爲主。

斯坦因曾指出 L.C. 墓地（即“孤臺墓地”）乃至整個塔里木盆地存在用葦草覆蓋墓口的現象，這是爲保護墓葬不受風蝕；L.A.、L.K. 等遺址中的方形城及單個建築物的圍牆角落都朝向東，與當地盛行的東北風風向相同，也是爲躲避盛行風。樓蘭 L.A. 古城址及附近烽火臺的建築物中使用的植物，有不對稱年輪出現，也是緣於當地的風沙作用，[22] 顯示出羅布泊地區暴風之強勁。

關於當地的水資源環境，根據上述遺址的分佈情況看，這一時期孔雀河下游河道較古墓溝文化時期應無大的變化。《漢書》稱“其（于闐）河北流，與葱嶺河合，東注蒲昌海。蒲昌海，一名鹽澤者也，去玉門、陽關三百餘里，廣袤三百里。其水亭居，冬夏不增減”。[23] 鹽澤、蒲昌海，作爲于闐河、葱嶺河水系的終端湖，即指羅布泊湖。可知當時湖水含鹽量較高，湖面廣袤三百漢里，水量穩定。航拍資料顯示孔雀河至樓蘭 L.A. 古城有四條乾涸的大河床，河床兩岸密佈乾涸的河汊和水塘，L.A. 古城就坐落在第四條大河床的兩條分汊之間。20 世紀 80 年代調查發現，樓蘭城郊西北至西南二至三公里處仍有大片枯朽的胡楊林，有的枯幹合圍粗達兩米多，城址東北部也有成片乾枯樹林；穿城而過的古水道的褶皺帶上還殘留許多小水螺殼。斯坦因也曾在距離 L.K. 古城堡遺址約一英里處的古河道乾河床上發現幾排粗胡楊。從而，不難想見羅布泊地區較爲穩定的淡水河道滋潤蔥蘢綠洲的景象。

夏訓誠、王富葆等人發現對應於距今 2200—1150 年的湖心剖面層中粗砂含量是 8.347%，平均黏土含量爲 34.76%，有機質含量平均達 8.51g/kg，對氣候溫暖濕潤具有指示意義的鍶（Sr）含量較高，沉積物中還見有植物碎屑和蘆葦根。他們指出，這一時期氣候較爲溫暖濕潤，水生植物繁茂，整體自然環境較好；本層粒度由下向上具有粗—細—粗的變化特點，反映早、晚期的風暴作用強烈，中期（距今 1850 年前後，中原東漢政權時期）風暴作用弱，自然環境尤佳。

《史記》載匈奴冒頓單于曾致信漢文帝，稱匈奴已“定樓蘭、烏孫、呼揭及其旁二十六國……諸引弓之民，并爲一家”，“樓蘭、姑師邑有城郭，臨鹽澤”。[24] 這證明西漢勢力進入西域之前，臨鹽澤而居的樓蘭、姑師等政權，與匈奴一樣以遊牧爲生，輔以狩獵業。經西漢征伐，樓蘭更名鄯善，姑師餘衆遷至博格達山南北。[25] 因北方遊牧勢力的牽制，在前涼設高昌郡之前羅布泊地區一直是中原政權交通西域及其以遠的戰略要地，[26] 也是中原政權與鄯善國共同開發之地。但隨着中原農耕勢力與北方遊牧勢力對比的變化，中原政權曾多次退出該地，羅布泊地區的開發亦有波動。

前引《漢書》載鄯善國："王治扜泥城……地沙鹵，少田，寄田仰穀旁國……民隨畜牧逐水草，有驢馬，多槖它。"表明畜牧業在立都於若羌河流域的鄯善國經濟中仍佔主導地位。樓蘭城址東郊平臺墓地與孤臺墓地中的死者以歐洲人種成份佔優勢，[27] 墓葬出土的大量毛皮衣物、弓箭、羊骨等，也顯示出當地非漢族居民以畜牧業經濟爲主，兼事狩獵。下文所引《法顯傳》內容，則反映了 5 世紀初期畜牧業在當地依然佔有重要地位。《漢書》另記婼羌"仰鄯善、且末穀"，[28] 樓蘭遺址群出土的佉盧文書有多件涉及土地耕種或買賣、穀物統計，可知羅布泊地區存在種植業。[29] 其在當地土著民經濟生產中的比重應較古墓溝文化時期加大。

中原政權爲穩固自身對西域的統治，保障戍卒軍需及過往使者的需要，在羅布泊地區的經濟開發主要以屯田形式展開。[30] 西漢應鄯善王請求，"遣司馬一人、吏士四十人，田伊循以填撫之"，使鄯善王"依其威重"。[31] 後司馬更設爲都尉，伊循屯田規模擴大。[32] 學界一般認爲米蘭遺址即伊循古址。該遺址中有相當大規模的古灌溉渠道，其使用年代始於西漢，[33] 爲當時種植業的發展提供了水利保障。另根據土垠遺址出土的漢簡，以及遺址附近的柳堤、葦壩等，可以判斷西漢時期，來自中原的移民屯田墾殖于此，形成一個漢族聚落。[34] 由東漢楊終上疏提到政府“遠屯伊吾、樓蘭”，[35] 可知東漢曾屯田樓蘭。L.A. 及 L.E.、L.K.、L.M. 等遺址出土的漢文簡牘表明曹魏、西晉在樓蘭設西域長史，樓蘭成爲兩政權在西域的屯田中心。屯田區以糧食生產爲主，同時飼養牲畜。[36] L.A. 遺址東十多公里，接近孔雀河處有大面積農耕遺跡，那裏有渠道、田塊。[37] L.A. 遺址出土了鐵鐮刀、木栓、刮梳等農具，糜、裸大麥等農作物，羊、馬、牛等骨骼；L.M. 遺址有穀類食物與毛織品，進一步證實樓蘭及周邊屯田區種植業和畜牧業並存。樓蘭遺址中發現用鉛和石製成的漁網墜、大量魚骨、帶有魚圖案的木雕，則反映當地居民還在一定程度上依賴漁獵經濟。[38]

在鄯善國和中原政權共同經營下，孔雀河下游、若羌河、米蘭河流域都有相應的經濟生產活動，羅布泊地區呈現全面開發的態勢。鄯善國勢力也不斷增強，早在西漢時期，其“戶千五百七十，口萬四千一百”，[39] 後經兼併周邊小國，成爲西域稱霸國之一。鄯善國人口在公元 5 世紀前中期達八千戶之多（詳見下文）。

四

自 5 世紀中期至 7 世紀前期唐朝統治西域之前，中原政權在羅布泊地區的勢力與以往不可同日而語。關於這一時段羅布泊地區的記載不多，加上相應的考古資料缺乏，研究當時的自然環境與經濟開發狀況存在較大困難。在此，只能作簡略考察。

《法顯傳》記述公元5世紀初，法顯從敦煌出發，“度沙河”，“沙河中多有惡鬼、熱風，遇則皆死，無一全者。上無飛鳥，下無走獸……行十七日，計可千五百里，得至鄯鄯國。其地崎嶇薄瘠。俗人衣服粗與漢地同，但以氈褐爲異”。[40] 有學者結合樓蘭等遺址出土漢文文書的下限，以该引文只描述道途荒沙瀰漫而未提及樓蘭，斷定樓蘭等古城已經淪爲荒漠。[41] 暫不論法顯是否經樓蘭城至鄯善都城，[42] 文中的“沙河”亦不能說明自然環境的惡化。《魏書》稱前往西域“出自玉門，渡流沙，西行二千里至鄯善爲一道”，[43] 參之《魏略·西戎傳》記載自敦煌玉門關入西域的中道“回三隴沙北頭……過龍堆，到故樓蘭”，新道則“辟三隴沙及龍堆，出五船北，到車師界戊己校尉所治高昌”。[44] 或可認爲北魏時期的“流沙”即曹魏時期的“三隴沙”（或還包括“龍堆”），法顯前往鄯善所渡“沙河”亦當指此，從而無法以之判斷當時樓蘭城是否已經荒漠化。另外，《水經注》記塔里木河水“東逕注賓城南，又東逕樓蘭城南而東注。蓋墢田士所屯，故城禪國名耳。河水又東注於泑澤，即《經》所謂蒲昌海也。水積鄯善之東北，龍城之西南”。[45]《隋書》載鄯善“有蒲昌海、鄯善水”。[46]“鄯善水”具體所指不明，或爲今若羌河。這些資料也未反映當地自然環境較以往發生顯著變化。

學界多根據樓蘭遺址的遺物，以及出土文書年號最晚是建興十八年（330），判定樓蘭城及樓蘭綠洲在 4 世紀中後期或 5 世紀左右消亡，並對衰亡原因進行了種種推斷。主要有氣候變乾說、河流改道說、農業開發說、自然因素與人爲因素共同作用說、社會因素說（包括政治環境與交通路線）等，研究者還對河流改道原因及新河道走向作出了不同解釋。[47] 不難發現，除社會因素說以外，其他觀點幾乎全都是從有水才有綠洲文明和綠洲這一預設前提出發，認爲水資源的減少導致樓蘭文明及綠洲衰廢，然後推演水資源減少的原因。但綠洲文明和綠洲本身不是同一事物，水資源不是綠洲文明存亡的充要條件，再者綠洲文明的衰廢不等於綠洲本身的消失。所以，上述立論依據存在問題。現有資料不能證明 4、5 世紀時羅布泊地區的河流是否改道，樓蘭等古城所在的綠洲是否已荒漠化，該地區整體自然環境是否惡化，我們也不能直接得出樓蘭文明衰廢緣於自然環境變化的結論。不過，根據前引夏訓誠、王富葆等人分析對應於距今 2200—1150 年的湖心剖面的上層粒度變粗，粗砂含量高達 20.64%，可推測當地的氣候較前一階段有所轉乾，風暴作用增強。

前引《法顯傳》內容反映了 5 世紀初期鄯善居民對畜牧業經濟的依賴。考慮到當地後來雖有隋朝農耕政權短暫入主並行屯田，但更長時段內是受柔然、高車、吐谷渾等遊牧勢力的侵襲、統治，畜牧業經濟在羅布泊地區的重要地位應沒有改變。

各勢力的角逐使該地區遭受頻繁戰亂，人口鋭減。《宋書》記載受北魏攻伐，北涼“（沮渠）無諱自率萬餘家棄敦煌，西就安周，未至而鄯善王比龍將四千餘家走，因據鄯善”。[48] 參之《魏書》：“鄯善王比龍避沮渠安周之難，率國人之半奔且末。”[49] 可知 5 世紀中期經北涼侵擾，鄯善國民由八千戶鋭減到四千餘戶。5 世紀末，南齊益州刺史遣使江景玄出使高車途經鄯善，發現“鄯善爲丁零所破，人民散盡”。[50] 6 世紀初，宋雲等行經鄯善，提到“其城自立王，爲土谷渾所吞，今城內主是土谷渾第二息寧西將軍，總部落三千以禦西胡”，[51] 即鄯善又被吐谷渾統轄。另有《周書》記大統八年（542），“鄯米率衆內附”；[52]《舊唐書》載伊吾地區在“後魏、後周，鄯善戎居之”，及至貞觀四年（630），唐朝“於鄯善胡所築之城置納職縣”。[53] 由此可見在北涼餘緒侵擾下及高車、吐谷渾等遊牧勢力統治下，鄯善民衆四散逃亡，多有遷居伊吾者。社會環境的動盪不安及人口數量銳減，無疑會嚴重影響羅布泊地區的經濟開發。

五

唐朝統治西域時，有粟特聚落生活在羅布泊地區，以石城鎮（今若羌）爲中心。武周時期的《沙州圖經卷第五》記載石城鎮的道路：

> 一道北路，其路東北去屯城一百八十里。從屯城取磧路，由西關向沙州一千四百里。總有泉七所，更無水草，其鎮去沙州一千五百八十里。一道南路，從鎮東去沙州一千五百里。其路由古陽關向沙州，多緣險隘，泉有八所，皆有草。道險，不得夜行；春秋二時，雪深，道閉不通。一道，從鎮西去新城二百卌里；從新城西出，取傍河向播仙鎮六百一十里；從石城至播仙八百五十里，有水草；從新城西南向蒲桃城二百卌里，中間三處有水草，每所相去七十餘里；從蒲桃城，西北去播仙鎮四百餘里，並磧，路不通。一道，南去山八十里。已南山險，即是吐谷渾及吐蕃境。一道，北去焉耆一千六百里，有水草。路當蒲昌海西，度計戍河。一道，東南去薩毗城四百八十里。[54]

文中幾乎每一道都明確述及沿途水草情況。另外，《元和郡縣圖志》記西州“南至樓蘭國一千二百里，并沙磧，難行”，[55] 反映羅布泊地區多沙磧少水草。米蘭古戍堡的圍牆由夯土層夾築紅柳枝條而成，屋頂由粗糙的胡楊木柱支撐的紅柳枝或蘆葦草構成，[56] 與以往的建築用材並無不同，顯示當地仍是荒漠半荒漠的自然環境。

撰於公元 10 世紀後期的《世界境域志》也描述了羅布泊地區的荒涼景觀，稱該地“胡圖姆（Khathum）城和瓦薩爾尼克（Vasarnik）城之間的一些沙漠，其寬爲三天路程”；又“胡特姆（Khutm，Jutm？），其地荒無人煙，僅發現一個興旺的佛寺。薩伏尼克（Savnik），爲一個村莊，周圍有沙漠”。[57]

雖然上引材料傾向反映當時自然環境之惡劣，但夏訓誠、王富葆等人研究發現，對應於距今 1150 至 350 年的湖心沉積物剖面段，以中部粒度最細，不見粗砂，中砂含量爲 0.11%，黏土含量爲 37.35%；上部中砂、粗砂含量平均爲 2.42%，黏土平均含量爲 27.85%；本段有機質含量爲全剖面最高，平均達 9.23g/kg，化學元素中的銣（Rb）、鍶（Sr）含量較高；本段還含有豐富的微體古生物化石及螺和植物種子等，尤以中部最豐富；下部見石膏單晶。他們據此指出羅布泊西湖及其西岸地區的自然環境在距今 1250 年以後開始好轉，至距今 900—700 年間環境最佳，與中世紀暖期相當，降水增多，湖水變成淡水或微鹹湖水，生物多樣性增加；後期（距今 700—350 年）風暴作用加強，環境開始變差。[58] 王弭力等根據羅布泊地區 ZK95—6 孔剖面中，距今 1.3—1.2ka（650—750 年）的岩段出現較多喬木花粉，其中主要是雲杉，香蒲也佔了一定比例，進而判斷當時該地區溫暖氣候，爲寒溫帶稀樹草原景觀。[59] 鍾巍等人對尼雅剖面沉積物進行碳酸鹽同位素、孢粉、粒度分析，認爲 9 世紀—14 世紀塔里木盆地南緣出現 4 次相對冷濕事件，分別發生於公元 930—1030 年前後、1070 年前後、1100—1130 年期間、1210 年前後；第一次冷濕程度最強，第三次最弱；1210 年之後轉入穩定暖乾特徵時期。[60] 可見學者們對羅布泊地區的氣候在 7 世紀中期至 13 世紀初是轉向暖濕還是冷濕以及轉變時間等問題存在分歧，但一致認爲對應於唐宋時期，當地的自然環境優於以往。《壽昌縣地境》記曰："蒲昌海，在石城鎮東北三百二十里。其海周廣四百里。"[61] 較《漢書》記載蒲昌海"廣袤三百里"的水域面積爲廣，或正是以氣候爲主導的自然環境好轉的結果。

李正宇根據上引《沙州圖經卷第五》與《壽昌縣地鏡》等記載，推算唐代蒲昌海距離玉門關 680 里，較《漢書》中兩地"三百餘里"的距離爲遠，進而認爲唐時羅布泊湖萎縮，東岸西退，西岸未變。[62] 但按照作者的計算方法，漢代扜泥城至蒲昌海的距離當是：1600 里（扜泥城至陽關）－ 300 里（陽關至蒲昌海）－ 300 里（蒲昌海）= 1000 里。即使唐里大於漢里，該里數仍遠大於唐代石城鎮至蒲昌海 320 唐里的距離。如此，或可推測當時蒲昌海積水面積增大的同時，已整體向西南方向偏移，塔里木河與孔雀河下游注入蒲昌海的河道亦當改變，即偏向東南或南方。雖然阜昌石刻《華夷圖》（圖 2）繪有西域水系，且其根據反映唐德宗時期地理狀況的《海內華夷圖》改製、縮繪而成，但從其中西域地名標注、龜茲和焉耆等地所在水系的分佈，足見該圖對西域地區縮繪粗略，不能以之判斷當時蒲昌海的真實情況。加之古代記里的模糊性，現在尚無法確定河流改道的具體走向和時間，以及擴展後的蒲昌海的確切位置。[63] 河道及蒲昌海積水面積的變化，自會影響羅布泊地區內部的自然環境。

《壽昌縣地境》記曰：

> 石城……自貞觀中，康國大首領康豔典東居此城，胡人隨之，因成聚落，名其城曰典谷（合）城。四面並是沙磧，上元二年改爲石城鎮，餘（隸）屬沙州……屯城，西去石城鎮一百八十里……漢遣司馬及吏士，屯田伊循以鎮之。即此地也……新城，康豔典之居善鄯〔鄯善〕，先修此城，因名新城。漢名弩支城。東去善鄯〔鄯善〕一百三十里也。蒲萄城，康豔典築，在石城北四里。種蒲萄於城中，甚美，因號蒲萄城也。薛〔薩〕毗城，在鎮城東南四百八十里。其城康豔置〔典〕築，近薛〔薩〕毗城，澤險，恒有土〔吐〕蕃、土谷〔渾〕賊往來……已前城鎮，並落土番〔吐蕃〕。亦是胡戎之地也。[64]

按文意，隨着粟特人康豔典在唐初貞觀年間的移居，羅布泊地區逐漸出現粟特聚落。唐朝統一西域將該地區劃歸沙州管轄，而未在此開展屯田。唐朝勢力退出後，這裏受吐蕃管轄，之後又成爲胡戎的居住地。上引文中的城鎮表明這一階段的經濟開發集中在南部米蘭河、若羌河流域。[65]

現有資料中，唐朝沙州以開元時戶數最多，達“六千四百六十六戶”。[66] 單純以戶來看，當時沙州下轄的石城鎮戶口應遠較 5 世紀前中期爲少。根據楊銘研究，吐蕃於 8 世紀初攻佔羅布泊地區，將當地民衆納入軍政合一的統治體制，在大鄯善（即今若羌）設有一個萬戶長，掌 3—5 個千戶。[67] 千戶即“千人之隊”，按盛行兵民合一體制的遊牧民族中兵卒約佔人口的 1/3，[68] 或即使按《漢書》中西域諸國平均約每 4 口中勝兵 1 人，[69] 可推算吐蕃在該地區最多轄治不過 2 萬人，亦當少於鄯善遭受北涼侵襲之前的人口數。

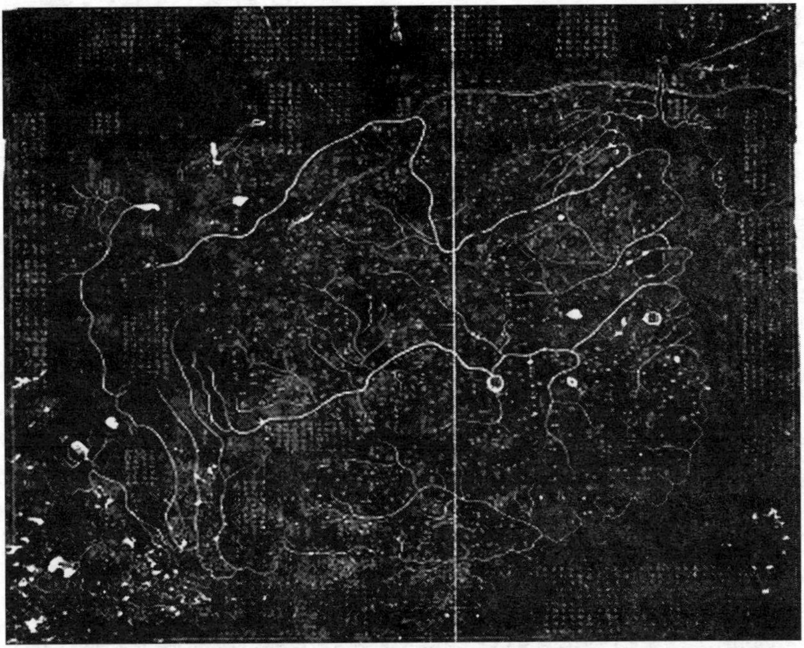

圖 2 《華夷圖》(拓片　美國國會圖書館藏，http:// bbs.gxsd.com.cnforum.phpmod=viewthread&tid=391300 &page=1#pid2913070)

吐蕃勢力撤出之後，羅布泊地區的戶口數無從探討，但應少於吐蕃統治時期。

上引文石城鎮蒲萄城的得名，反映了以康豔典爲首的粟特人在羅布泊地區發展種植業。考慮到粟特人具有以種植業、商業並重，兼營畜牧業的經濟傳統；羅布泊地區與粟特地區又都有綠洲環境，不難推知粟特人在該地區除主要經營種植業外，也兼營畜牧業。

羅布泊地區在吐蕃統治時期成爲吐蕃進出西域的戰略要地。米蘭古戍堡內出土大量的吐蕃文木簡，反映了吐蕃（包括其治下的吐谷渾）佔領當地的情況。簡文出現的地名有大羅布（即石城鎮）、小羅布（又稱七屯，即屯城）、弩支（或稱魯則）、薩毗等，與上引文獻中粟特人經營時的城鎮基本一一對應。由簡文可知，吐蕃在這一地區以部落制爲基礎，設置的軍政職官有遊牧民族中常見的萬戶長、千戶長等官名，另有負責種植業的"農田官"。木簡內容涉及小麥種植、徵收糧食、分佔耕地、開墾荒地、羊稅、用羊馱運羊毛和乳酪等問題。[70] 戍堡內也出土了麥草、小麥、青稞、穀類以及大量的牛、羊、狗骨骸，牛、馬、羊糞，還有相當數量的羊卜骨；出土織物中以毛織品最多；另出土大量結實的漁網。戍堡南部的吐蕃古墓葬中，屍體或屍骨用毛氈、毛布、麻布包裹，頭側置有山羊頭。這些資料說明吐蕃在羅布泊地區以畜牧業爲主，兼營種植業，輔以漁獵業。

吐蕃勢力衰弱之後，羅布泊地區成爲吐谷渾人的天下，並一度隸屬沙州。[71] 天福三年（938），後晉使者張匡鄴、高居誨等出使于闐，經沙州，"沙州西曰仲雲，其牙帳居胡盧磧。云仲雲者，小月支之遺種也……匡鄴等西行入仲雲界，至大屯城"。[72] 按大屯城在今米蘭附近，則當時仲雲已進據並主導羅布泊地區。[73] 仲雲有牙帳，說明其遊牧而生。[74]《宋會要輯稿》記宋元豐四年（1081）拂菻國使者經于闐，"次東至黃頭回紇，又東至達靼，次至種榅，又至董氈所居，次至林擒城，又東至青唐，乃至中國界"。[75] 黃盛璋指出其中的種榅即仲雲，11 世紀時該部族仍活動在（大）屯城一帶，種榅西面的黃頭回紇是遊牧部落，活動範圍東面可能達羅布泊地區。[76] 有學者認爲當時黃頭回紇已佔據羅布泊地區。[77] 但不論何種意見，遊牧民族佔據該地區當無疑義。西遼統治西域，對當地採取羈縻政策，[78] 或可推測直到 12 世紀，羅布泊地區的經濟開發仍是以畜牧業經濟爲主導。

六

13 世紀初，西域被納入蒙古統治勢力之下。馬可·波羅路經羅布泊地區，描述當地的情形，記曰："羅不是一大城，在名曰羅不沙漠之邊境，處東方及東北方間……凡行人渡此沙漠者，必息於此城一星期，以解人畜之渴。已而預備一月之糧秣，出此城後，進入沙漠。此沙漠甚長，騎行垂一年，尚不能自此端達彼端……沿途盡是沙山沙谷，無食可覓。"[79] 突顯 13 世紀後期羅布泊地區沙漠廣佈而水資源缺乏的景象。

《中亞蒙兀兒史——拉失德史》中關於 14 世紀禿黑魯帖木兒汗時期的傳說記述：真主對羅布怯台（Lob Katak）鎮降下一場巨災，天上降下沙土，淹沒全城。這座城鎮就一直被埋在沙土中，有時一陣大風吹過，會使一所房舍露出來。[80] 這一傳說與《大唐西域記》沙埋于闐國北曷勞落迦城的故事相類，或折射了當時羅布泊地區風沙危害嚴重，荒漠化加劇的境況。同書提到"（歪思）汗每年都要到土魯番、塔里木、羅布、怯台等地的周圍去打野駱駝"。[81] 作者在描寫自己生活的時代時還談到，"哈實哈兒和于闐的東部和南部是荒漠，其中除了大片流沙、無法穿行的叢林、荒地和鹽磧地以外，就沒有什麽別的東西了。古時候這些〈荒漠〉中有若干大城鎮，其中兩個的名稱一直保存至今，就是羅布和怯台，但其餘城鎮都已埋沒在沙下，蕩然無存，無人知曉了。到那裏去打野駱駝的獵戶們說，有時候可以看到某些城鎮的地基，他們曾見過城堡、尖塔、清真寺和經文學院等宏偉的建築物，但是過了不久以後當他們再去的時候，就絲毫痕跡都看不見了，因爲流沙又把這一切都吞噬了。這些城鎮的規模確實不小，可是如今卻已湮沒無聞”。[82] 可見晚至 16 世紀中期，羅布泊地區已是荒蕪之地，以往的城鎮消失在荒漠中，成爲獵人們經常光顧的地方。所謂的羅布、怯台城鎮的名稱保存至今，當與前述的傳說有關。野駱駝屬於亞洲中部極端乾旱區域的特有動物，生活在遠離人群活動區的荒漠戈壁地帶，主要採食紅柳、芨芨草、駱駝刺等荒漠植被。這進一步證實，羅布泊地區氣候極端乾旱，風沙嚴重，人煙稀少。

前引鍾巍等人的文章認爲南疆在 1210 年後轉入穩定的暖乾期，現代穩定的乾旱環境即奠定於此事件之後。前述夏訓誠、王富葆等人的研究也指出距今 700—350 年，羅布泊地區風暴作用加強，自然環境開始變差，進入現代環境的變遷；但與中世紀暖期沉積過渡的沉積段中，中、粗砂含量爲 4.34%，黏土含量爲 22.5%，有機質含量爲 8.68g/kg，則說明羅布泊地區自然環境即使較上一階段變差，湖泊水深依然較大，有一定的植物生長。

蒙古勢力統治西域，部分地區分封給諸王，部分地區直屬大汗。後來建立的元朝爲對抗西北叛王，積極經營西域，曾在至元二十三年（1286）設立“羅不（布）、怯台、闍鄽（且末）、斡端等驛”，[83] 又於至元二十四年在闍鄽屯田。但不見在羅布驛站及羅布泊其他地區屯田的相關記載。考慮到元朝經營西域“南道”時間較短，[84] 即使元朝曾在羅布泊地區屯田，對當地的經濟開發應不會有顯著影響。這一地區當仍以畜牧業經濟爲主。《明實錄》卷九〇洪武七年六月壬戌條記載：“撒里畏兀兒者，韃靼別部也。其地廣袤千里，去甘肅一千五百里，東抵罕東，西距天可里，北邇瓜沙州，南界吐蕃，居無城郭，以氈帳爲廬舍，產多駝馬牛羊。”[85] 可知在 14 世紀後期，該地區是撒里畏兀兒人聚居區。按撒里畏兀兒人源於黃頭回紇，[86]則羅布泊地區主體民族與11世紀時相比沒有大的變化，仍過着遊牧生活。明朝政府雖曾在撒里畏兀兒之地設立安定、阿端、曲先等衛，羈縻而治，但未派兵卒或屯田於此。在東察合台汗國及後來的葉兒羌汗國的攻襲下，該地域內亂外患不斷，兵連禍結，諸衛先後廢棄，部衆散亡。[87]《西域水道記》提到準噶爾統治時期，清政府本欲內徙羅布泊民衆，但“其人素習水居，不便陸徙，乃止。乾隆初……（羅布）淖爾衆仍爲準部屬，而被虐，多逃亡。向時口二千，存者僅六百餘”，[88]表明18世紀初期，蒙古勢力準噶爾汗國的侵擾致使當地民衆大量逃亡，人口鋭減。俄人普爾熱瓦爾斯基記述羅布人起源的兩個傳說都反映了羅布城因遭戰亂毀滅，居民四散，部分人藏身於羅布泊蘆葦叢和塔里木河下游的沼澤深處，並長期定居下來。[89]再結合下文所引他提到的若羌、米蘭的情況（詳見下文），可知羅布泊南部若羌、米蘭等綠洲已逐漸淪爲無人區，只剩下塔里木河、孔雀河的終端湖區及周邊沼澤地帶有居民以漁獵爲生。

七

隨着清朝平定大小和卓叛亂，羅布泊地區重新見於漢文記載，[90]此時的終端湖被稱爲羅布淖爾。《回疆志》稱“洛卜淖爾在闢展正南，其地荒沙瀰漫，又一大川爲回疆衆河流注之，水匯聚成一大湖，或名既普類海。沿湖有胡桐樹，湖之南荒沙無涯，升極高樹（處），遠望皆大小湖池，方圓不一，莫計其數，各不相連”；[91]清末修撰的

《新疆圖志》記若羌縣“其地沙鹵少田，多胡桐、檉柳、葭菼、野麻”。[92] 這些記載描述的羅布泊地區的整體自然環境似乎與以往並無明顯不同，荒漠中有較爲廣闊的水域面積，土壤鹽鹼化嚴重，多胡楊、紅柳、蘆葦等荒漠型植被。

19 世紀 70 年代至 20 世紀初，國外探險家在羅布泊地區考察時，記述了當地的自然環境特徵。普爾熱瓦爾斯基、斯文·赫定的報告中提到該地區空氣極度乾燥，暴風頻繁；雅丹、沙海、鹼灘、積水河灣與瀉湖並存，淡水水域面積較小；塔里木河與孔雀河的終端湖喀拉庫順湖水含鹽度從西到東逐漸增加，致使東端及南端湖岸幾乎寸草不生；當地以荒漠植物爲主。[93] 陳宗器詳細記錄了 1931—1934 年羅布泊地區的氣候狀況，指出當地溫度寒暑均甚劇烈；測得的最高風速爲每秒平均 13.7 米，每旬日至少有一次風暴，每次以二三日爲度，風暴來時，飛沙走石；平日多有雲籠罩；雨量絕少，氣候乾燥。[94] 夏訓誠、王富葆等人研究發現，約對應於 1780 年至 20 世紀 60 年代的湖心沉積爲黃褐色粉質黏土與薄層石鹽互層，沉積物中有機質含量是 3.15g/kg，表明當時蒸發量大，湖水面積縮小，湖心的湖水鹹化，已不適宜生物生長。參照其他地區，鍾巍等人分析南疆策勒綠洲塔格勒剖面的孢粉和化學元素，發現距今 200 年前後地層中反映滯水環境的泥炭層轉爲灰黃色風沙堆積，具有氣候環境指示意義的化學元素比值也由前期的較大起伏轉爲穩定，從而認爲距今 200 年前後策勒地區氣候的乾旱化程度進一步加劇。[95] 據此或可推測，18 世紀中期至 20 世紀初期羅布泊地區的自然環境變得更加嚴酷。

關於塔里木河與孔雀河的終端湖的位置，普爾熱瓦爾斯基認爲新發現的喀拉庫順湖即是羅布淖爾，漢文文獻對其位置記載有誤，並且《皇朝中外一統輿圖》（又名《大清一統輿圖》）等圖中標示的位置偏北。[96] 他沒有考慮到歷史時期終點湖位置的變化。斯文·赫定認爲中國地圖標示的緯度位置正確，只是經度偏西了1.5度；並根據當地人的説法，指出《皇朝中外一統輿圖》與《西域水道記》是依據1740年以前的材料繪製的羅布淖爾圖，圖中的羅布淖爾在喀拉庫順湖北邊，與樓蘭古城以南的窪地緯度相同；喀拉庫順湖是因羅布淖爾位置變遷而在1740年前後形成的。[97] 奚國金則認爲地圖繪製的位置正確，清朝的文獻和地圖證明當時羅布淖爾在英蘇—阿拉干一帶，其在18世紀後期才遷移至喀拉庫順湖。[98]

按乾隆二十一年（1756）、二十四年兩次對新疆進行輿圖測量，第二次於二十五年三四月結束。根據測繪結果，乾隆二十六年繪製完成了《西域圖志》，成爲後來一切新疆地圖的藍本。這兩次測繪結果也增入了同一年完成的《内府輿圖》（又名《大清一統輿圖》，見圖3），《皇朝中外一統輿圖》是以乾隆《内府輿圖》爲藍本繪製的。[99] 清朝在乾隆二十三年才重新發現羅布淖爾，可見《皇朝中外一統輿圖》反映的是1759—1760年羅布淖爾的情况。

需要注意的是，《内府輿圖》西域部分的經緯度與《西域圖志》的資料並不一致。[100] 依據《内府輿圖》增訂經緯度的《西域水道記》云：“（羅布淖爾）極四十度三十分至四十五分、西二十八度十分至二十九度十分……地當哈喇沙爾城東南五百里，吐魯番鎮城西南九百餘里。”[101]《西域圖志》沒有記載羅布淖爾的經緯度，只述其“周回五百里，旁有小洲數十”。[102] 稍晚成書的《水道提綱》記洛普鄂模（即羅布淖爾），“西二十五度，極出地四十二度三分……洛普池，渟而不流，東西長，南北狹，周百餘里”。[103]《河源紀略》稱羅

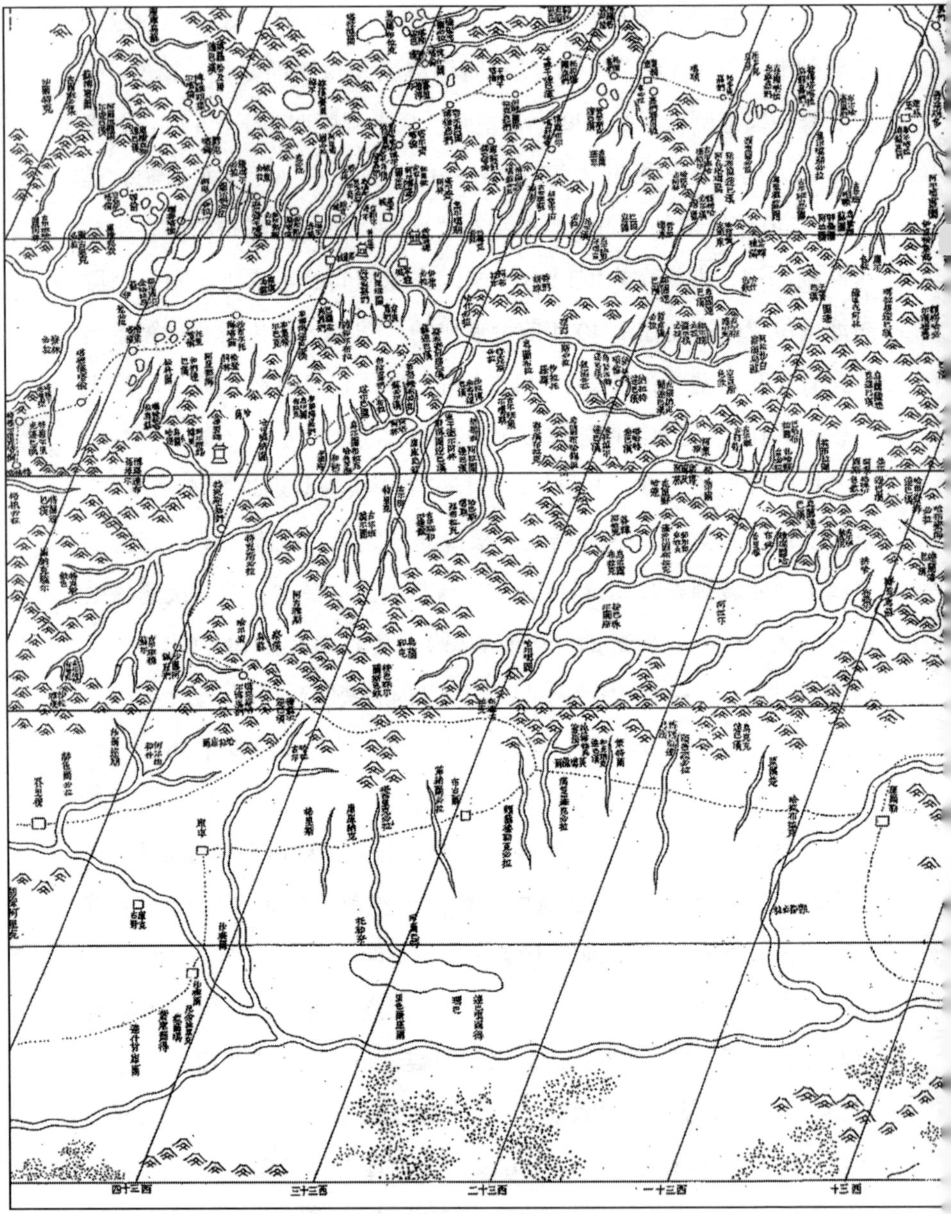

圖 3 《大清一統輿圖》中的羅布淖爾圖（根據清乾隆二十五年銅板印行《大清一統輿圖》，全國圖書館文獻縮微複製中心 2003 年版，第 109—110 頁拼接）

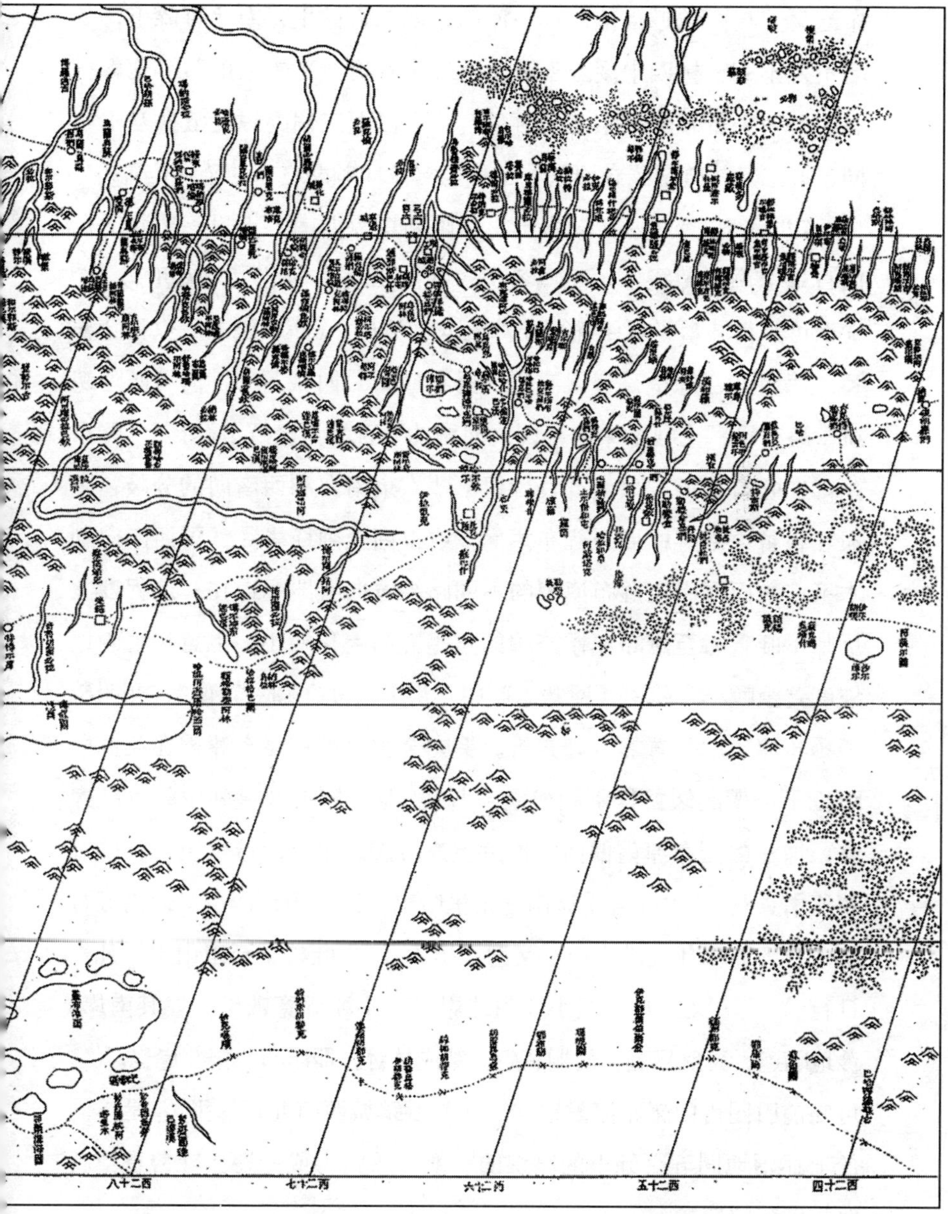
西二十八
西二十七
西二十六
西二十五
西二十四

布淖爾“在西域近東偏北……淖爾東西二百餘里，南北百餘里，冬夏不盈不縮，極四十度至五分，西二十八度至二十七度”；“土爾番和屯……去羅布淖爾東北五百里”。[104] 以上三個經緯度數據互不相同，據之無法確定羅布淖爾在遷移至喀拉庫順湖之前的確切位置。

《西域圖志》載，“勒木丕，在阿斯塔克西南二十里……西南行四百里至羅布淖爾”，“土爾番……在阿斯塔克西北五十八里”。[105] 從而可計得吐魯番城距離羅布淖爾 478 清里。《西域總志》也稱吐魯番“西南五百餘里爲賀卜諾爾（羅布淖爾）回城”。[106] 但《西陲總統事略》謂“土魯番東南經闢展回城約五百餘里至羅卜諾爾”，羅布淖爾在吐魯番城“東南五百餘里”。[107] 東南向和西南向的分歧，應與吐魯番東南經辟展至羅布淖爾，或東南至阿斯塔克，再西南向勒木丕，繼而西南至羅布淖爾的不同路線方向有關。這在一定程度上反映了吐魯番至羅布淖爾路線的整體方向變化較小，也意味着兩地經度差距較小。前引《回疆志》中“洛卜淖兒在闢展正南”，亦明確了羅布淖爾的位置靠近吐魯番。奚國金認爲清初羅布淖爾在英蘇—阿拉干一帶的觀點當不能成立，斯文·赫定關於《皇朝中外一統輿圖》標示的羅布淖爾偏西的推論更爲合理。由《西域水道記》載羅布淖爾貢路：“由吐魯番城南三十里哈喇二工屯田而南。又西南五百餘里，經庫穆什大澤東……又南，出山，（自吐魯番至出山處，凡六日行。）……又三日，至小淖爾北岸……小淖爾寬數里，達其南岸，沙地曠遠，海氣鬱蒸，胡桐叢生，結成林箐，即羅布淖爾北岸也。”[108] 可知前引同書中羅布淖爾地當“吐魯番鎮城西南九百餘里”，是不同於上述兩地間五百餘里的路線的距離，該路線或是連接吐魯番至新終端湖喀拉庫順湖。

前引有關羅布淖爾幅廣的記述並不一致。若按較明確的資料計算，如《河源紀略》中的“東西二百餘里，南北百餘里”，遠小於《漢書》的記載。因此，斯文·赫定所謂《皇朝中外一統輿圖》上的羅布淖爾與《漢書》記載的樓蘭附近的蒲昌海是一回事的結論，還有待進一步證實。

前述內容表明喀拉庫順湖應出現在1759—1760年之後。鑒於《西域水道記》的考察資料得自嘉慶二十至二十一年（1816—1817）徐松對天山南北兩路的踏查，[109]參之前引該書中羅布淖爾至吐魯番的貢路，可將喀拉庫順湖形成的最晚期定在1817年。普爾熱瓦爾斯基提到，“據當地居民說，三十年前的湖水比現在清得多，也深得多，但從那以後，塔里木河的水量逐漸減少，湖水也就漸漸變淺”，“現在的羅布泊（即喀拉庫順湖），西南至東北的長度有一百公里（或將近一百公里）……湖的中部最寬，有二十公里……那麼塔里木河水量減少的原因……一個是塔里木河的支流克尤克阿拉河從阿爾干渡口上游四十公里處就脫離了塔里木河而流向他處；另一個原因是天山和昆侖山山下農業得到發展，塔里木河上游的水越來越多地被用於灌溉的緣故”。[110]可知自19世紀40年代末，喀拉庫順湖水域面積已在縮小，到70年代，該湖已比改道前的羅布淖爾縮小很多。據研究，道光年間天山南路全面興墾，與大型水利工程相結合，農田面積至少擴展了近100萬畝，發展最快的道光二十四年（1844）至三十年的6年中增加的墾地畝數佔這一階段新墾總面積的3/4。中經戰亂，塔里木盆地水利及墾田受到嚴重影響，但光緒年間逐漸得到恢復，政府又修整舊河道渠系，興建新的水利工程。[111]塔里木河水系灌溉渠系的擴展及墾田面積的迅速增加，印證了當地人的說法，從而可以肯定塔里木盆地水利建設與農業的擴展直接影響了喀拉庫順湖的水量。謝彬於 1917 年過若羌境時，發現夜密蘇莊民在塔里木河下游的一個草湖區“泡凍水”，“泡凍水者，以春夏上遊農作群興，水不下流，須至秋間，水始上地，圍而蓄之，至冬成凍。來歲冰解，水皆入地。犂而種之。遂不灌水，坐待收穫”。[112] 這說明 20 世紀初上游農業灌溉用水依然影響着羅布泊地區的水量及其農業生產。

按陳宗器記述，據當地人稱 1921 年德門堡附近某鄉約開墾土地，鑿渠引水，使匯於塔里木河的孔雀河改道向東流，新河道水量漸增，孔雀河與塔里木河注入東南方的水量日漸減少，喀拉庫順湖逐漸乾涸。1930—1931 年，測得孔雀河與塔里木河東流而新形成的終端湖面積有 9500 方里；南北縱長 170 里，東西寬度北部較窄約 40 里，南部向東膨脹處有 90 里；湖之南岸爲北緯 39° 58′；湖與周邊的河洲合計周圍約 650 里，步行繞湖一周，至少須時旬日。[113] 斯文·赫定強調注入羅布泊的河流改道是自然原因造成的，但這次無疑人爲作用是直接原因。新的湖泊面積仍小於清朝初期的羅布淖爾。及至 20 世紀 50 年代，隨着塔里木河與孔雀河中上游大壩的修築，下游水量劇減，新羅布淖爾日趨縮小，[114] 羅布泊地區的水域面積較以往大爲減少，自然環境急劇惡化。

乾隆時期發現羅布淖爾之初，“設五品阿奇木伯克一員，管轄其人，爲闢展辦事大臣所屬”，[115] 即由額敏和卓管轄。當地的人口，按《河源紀略》記載“凡一百八十三戶，一千七十一口”。[116] 乾隆二十六年（1761）增設爲三伯克。至 19 世紀初期，“其族凡二百八戶，男女千二百六十餘口，五品伯克三人、六品伯克七人領之……每歲吐魯番郡王遣屬受其貢”。[117] 羅布淖爾仍屬吐魯番轄區，人口稍有增長，官員設置亦略有增加。當地居民主要以漁獵業爲生，即所謂“不種五穀，不知遊牧，以魚爲食，織野麻爲衣，收天鵝絨爲裘，臥藉水禽之羽”。[118] 據普爾熱瓦爾斯基記述，19 世紀 50 年代天花的肆虐使羅布淖爾湖區人口數量大爲減少，1877 年該地大約有 70 戶人家，共 300 餘人。倖存下來的人受落戶若羌的和田移民的影響，已會種植麥子，不再只依靠漁獵生活。若羌村莊是在 19 世紀初由和田、于田等地的流犯和流民建成的。作者考察時，若羌住着的 20 來戶人家與流犯主要從事種植業，也從事畜牧業與狩獵業。[119] 可見隨着移民的到來，羅布泊地區以漁獵經濟爲主導的單一開發方式得到改變。

清政府在平息同治年間的回民起義，擊敗阿古柏入侵勢力之後，改設新疆行省，廢除伯克制度，撫輯招徠，大力發展屯田墾荒。[120] 婼羌（即若羌）地區逐漸達到“四百餘戶，二千餘人”，設卡克里克縣丞。[121] 因戶口不斷增加，光緒二十九年（1903）改卡克里克縣丞爲婼羌縣。羅布淖爾湖區或此時也不再歸屬吐魯番轄區。[122] 按《新疆圖志》記載，婼羌全縣有“戶七百十二，口四千一百八十一”，其中以漁獵生活爲主的羅布淖爾居民“五六十家”。[123]1906 年，斯坦因考察若羌與米蘭，看到有來自湖區的居民過着漁獵生活的同時，也在這兩地進行種植業生産，[124] 表明當地單純依賴漁獵經濟的居民大爲減少。1917 年，謝彬至若羌時，發現該縣漢人“極少，而皆纏民所宅也”，“全縣人口，四千二百九十八人，戶六百八十四”；以魚爲食的羅布莊中“居民十余家，男女共六十餘人……眉睫壯者，皆赴城郊種地。留者僅老弱二十餘人”。[125] 這進一步反映出維吾爾人聚居的羅布泊地區，已經以種植業經濟爲主。

1921年孔雀河改道，喀拉庫順湖區的漁獵民移徙他處也成爲必然，部分遷往周邊開始農耕和畜牧業生活。如貝格曼1928年到米蘭，提到“這個村子有30棟房子，都是近些年蓋起來的。因爲塔里木河下游改道，阿不旦村所有的人都遷到了此地”。[126] 隨着孔雀河與塔里木河下游乾涸，漁獵經濟生產方式在羅布泊地區逐漸消失。

總體上，從18世紀中期到20世紀初期，羅布泊地區的人口由一千余口增加到四千餘口。受移民經濟文化、政府政策推動，以及中上游水系耗水日多與河流改道的影響，當地從事漁獵業的人口呈減少趨勢，種植業經濟逐漸佔據主導地位。

總結上述內容，自距今3800年左右至20世紀初，雖然羅布泊地區在乾旱氣候條件下一直是荒漠半荒漠環境，但整體自然環境的優劣程度出現多次波動。大體可劃分爲七個階段：距今約3800年至3400年、距今3400年至公元前3世紀、公元前2世紀至公元5世紀前中期、5世紀中期至7世紀前期、7世紀中期至12世紀、13世紀至18世紀初期、18世紀中期至20世紀初。除卻缺乏文獻記載的史前時期的前兩個階段，第三和第五階段的自然環境較好，並以後者最佳；第四、第六和第七階段的環境較差，以最後一個階段最爲嚴酷。

羅布泊地區的河道、終端湖位置及其積水面積多次變遷，內部環境發生變化。但因缺乏直接相關的資料，目前還無法確定該地區在第三階段后期與第四階段是否發生過河流改道與羅布泊湖位置變化的事件，也不能判斷樓蘭古城等所在的綠洲何時消亡。在第五階段，羅布泊湖或已較第三階段時面積增大，位置偏向西南，與之相應的是河道改向東南或南方。只是仍不能確定河流改道的具體走向和時間，以及擴展後的蒲昌海的確切位置。最後一個階段中，河流改道與終端湖喀拉庫順湖應出現在 1759—1760 年之後，但當不會晚於 1817 年，其積水面積有所減小。此前與第五階段之間的注湖河道和終端湖位置是否發生過變化，不得而知。1921 年，河流再次改道東注，終端湖偏移至東北成爲新的羅布泊湖，喀拉庫順湖逐漸乾涸。而後，新的終端湖亦日趨縮小，當地環境惡化。

歷史時期羅布泊地區的經濟開發亦多次起伏。以當時經濟發展的重要標誌——人口資源作爲其興衰的衡量標準，最鼎盛時期當出現在第三階段，之後轉入蕭條期；在第五階段有所恢復，下一階段又陷入低迷期，直到第七階段開發規模才稍有擴展。另外，當地的經濟開發方式也不是始終如一。除第二階段不明外，第一階段是以畜牧業爲主，漁獵爲輔，種植業爲補充；第三階段種植業比重加大，兼營畜牧業，並仍存在漁獵業；第四階段畜牧業經濟居主導地位；第五階段發生了以種植業爲主到以畜牧業爲主的變遷；在第六階段，畜牧業的主導地位逐漸被漁獵業取代；第七階段則經歷了以漁獵業爲主到以種植業爲主、兼營畜牧業的轉變。

觀察羅布泊地區自然環境變遷與人類經濟活動之間的關係，我們不難發現，雖然自然環境對人類經濟活動具有制約作用，但自然環境的優劣並不總是導致經濟的繁榮與衰退。羅布泊地區最爲繁榮期出現在第三個階段，不是在氣候最爲濕潤、自然環境最佳的第五個階段；最爲蕭條的時期出現在第六階段，不是在氣候最爲乾旱、自然環境最嚴酷的第七個階段。可見社會經濟的發展與自然環境不是簡單的一一對應的關係，強調西域綠洲古城文明衰廢與氣候演化存在密切耦合關係的觀點，[127]不能成立。以現有資料看，經濟開發活動更多是與政治形勢相關。但對於綠洲古城文明衰廢的原因，正如斯坦因所說："對於導致遺址被廢棄的直接原因，目前所掌握的考古學或歷史學證據根本不足以使我們形成任何明確的結論……目前對古遺址的廢棄不可能作出進一步解釋，也沒有任何解釋可作爲歷史學或地理學結論的可靠基礎。與大多數歷史變遷一樣，其原因可能比現在研究者推測的還要複雜得多。"[128]

另外，我們還可發現，自然環境也並不完全決定人類的經濟開發方式。以畜牧業爲主、兼營種植業和漁獵業的開發模式，沒有全部對應於氣候較爲乾旱、自然環境較差的時期，而是對應於當地土著民及周邊遊牧民統治階段。反之，種植業經濟的大爲發展階段也不完全與濕潤的氣候、較好的自然環境同期，而是出現在兩漢魏晉前涼、清朝等中原政權經營時期，以及具有種植傳統的移民徙居時期。因此，羅布泊地區經濟開發方式變化主要與開發勢力的經濟文化傳統及生產目的相關。[129]中原政權在羅布泊地區興修水利發展屯田，與當地土著民以畜牧業或漁獵業爲主的生產活動並存，進一步說明自然環境作爲人類經濟開發的前提，前者與後者不是簡單的作用與被作用、決定與被決定的關係，人類社會自身對自然環境具有能動改造作用。這種能動作用在人口劇增的清朝統治時期迅速加強，中上游大規模的農業開發導致羅布泊地區水資源減少，以致改變了當地的自然環境，並造成嚴重的生態問題，加速了漁獵經濟開發方式的消失。但在此之前，當地及中上游的經濟開發能對羅布泊地區的自然環境產生多大影響，尚無從考察。

■ 注釋

[1] 中國科學院新疆綜合考察隊、中國科學院地理研究所、北京師範大學地理系等編著：《新疆地貌》，科學出版社 1978 年版，第 219 頁。趙松喬：《羅布荒漠的自然特徵和羅布泊的"遊移"問題》，《地理研究》1983 年第 2 期，第 88—98 頁。

[2] 羅布泊地區存在多處細石器遺址，這類遺存具有新石器時代末期的特色。見王炳華：《新疆細石器遺存初步研究》，載氏著：《西域考古歷史論集》，中國人民大學出版社 2008 年版，第 259—273 頁。新疆樓蘭考古隊：《樓蘭古城址調查與試掘簡報》；張玉忠、伊弟利斯·阿布都：《羅布泊地區文物普查簡報》，載穆舜英、張平主編：《樓蘭文化研究論集》，新疆人民出版社 1995 年版，第 84—105，192—212 頁。但這些細石器多是地表採集所得，缺乏地層學依據和相關的年代學資料，其具體時代無法確定。因而，本文不予利用這些資料。

[3] 王炳華：《孔雀河古墓溝發掘及其初步研究》，載注 2 所引氏著，第 274—292 頁。穆舜英：《樓蘭古屍的發現及其研究》，載注 2 所引穆舜英、張平書，第 370—391 頁。新疆文物考古研究所：《2002 年小河墓地考古調查與發掘報告》，《邊疆考古研究》第 3 輯，科學出版社 2004 年版，第 338—398 頁；《新疆羅布泊小河墓地 2003 年發掘簡報》，《文物》2007 年第 10 期，第 4—42 頁。下文有關古墓溝、小河墓地、鐵板河墓地的考古資料均出自這些文章，不再注出。另外，斯坦因發現的 L.F.、L.S.、L.T.、L.Q. 等墓地（見〔英〕奧雷爾·斯坦因著，巫新華、秦立彥、龔國強等譯：《亞洲腹地考古圖記》第 1、2 卷，廣西師範大學出版社 2004 年版，第 393—395，1022—1039 頁），在出土遺物及葬俗方面與古墓溝等墓葬基本相同，屬於同一文化系統。但因缺乏相應的精確測年，本文未援引這些材料。

[4] 姜惠馨、陳芝儀、施達珍等：《頭髮中微量元素的光譜分析》；姜惠馨：《從樓蘭古屍肺看三千多年前該地區的環境污染》，載上海自然博物館編：《考察與研究》第 7

輯，上海科學技術文獻出版社 1987 年版，第 128—130，149—151 頁。

[5] 夏訓誠、王富葆、趙元傑編：《中國羅布泊》，科學出版社 2007 年版，第 92—138，267—327 頁。是書通過分析羅布泊西湖湖心沉積物採樣的岩性特徵和各岩性段環境指標的不同，對近 1.5 萬年以來羅布泊地區自然環境的變遷提出新的見解，是目前有關羅布泊自然環境變遷研究的集大成者。另有朱青、王富葆、曹瓊英等：《羅布泊全新世沉積特徵及其環境意義》，《地層學雜誌》2009 年第 3 期，第 283—289 頁。作者在書與論文中對各個階段的起訖劃分並不完全一致，因書中論述更爲詳細，所以本文以書中內容爲準。下文提到夏訓誠、王富葆等人的研究若非特別注明者，則皆出自是書及論文。

[6] 張全超、朱泓、金海燕：《新疆羅布淖爾古墓溝青銅時代人骨微量元素的初步研究》，《考古與文物》2006 年第 6 期，第 99—103 頁。張全超、朱泓：《新疆古墓溝墓地人骨的穩定同位素分析——早期羅布泊先民飲食結構初探》，《西域研究》2011 年第 3 期，第 91—96 頁。

[7] 韓康信：《孔雀河古墓溝墓地人骨研究》，載氏著：《絲綢之路古代居民種族人類學研究》，新疆人民出版社 1993 年版，第 33—70 頁。王博：《新疆樓蘭鐵板河女屍種族人類學研究》，《新疆大學學報》1994 年第 4 期，第 68—71 頁。崔銀秋、許月、楊亦代等：《新疆羅布諾爾地區銅器時代古代居民 mtDNA 多態性分析》，《吉林大學學報》2004 年第 4 期，第 650—652 頁。

[8] 李春香：《小河墓地古代生物遺骸的分子遺傳學研究》，吉林大學博士學位論文，2010 年。Chunxiang Li, Hongjie Li, Yinqiu Cui, et al., “Evidence that a West-East admixed population lived in the Tarim Basin as early as the early Bronze Age”, *BMC Biology*, 8:15(2010), http://www.biomedcentral.com/content/pdf/1741-7007-8-15.pdf.

[9] 鍾巍、謝宏彬、熊黑鋼等：《歷史時期（着重近 4ka B.P. 以來）南疆地區氣候環境與人地關係演化的初步研究》，《乾旱區資源與環境》1999 年第 4 期，第 30—36 頁。

鍾巍、熊黑鋼、舒強：《全新世以來南疆地區氣候環境演變與人類活動的關係》，《地理科學進展》2000年第4期，第307—315頁。鍾巍、熊黑鋼、塔西甫拉提等：《南疆地區歷史時期氣候與環境演化》，《地理學報》2001年第3期，第345—351頁。

[10] 嚴富華、葉永英、麥學舜：《新疆羅布泊羅4井的孢粉組合及其意義》，《地震地質》1983年第4期，第75—80頁。

[11] 閆順、穆桂金、許英勤等：《新疆羅布泊地區第四紀環境演變》，《地理學報》1998年第4期，第332—338頁。

[12] 吴玉書：《新疆羅布泊 F_4 淺坑孢粉組合及意義》，《乾旱區地理》1994年第1期，第24—28頁。

[13] 袁珂校注：《山海經校注》，巴蜀書社1992年版，第91，47—48頁。

[14] 參見袁行霈：《〈山海經〉初探》，《中華文史論叢》1979年第3期，第7—35頁。

[15]《漢書·西域傳》，中華書局1962年版，第3875—3876，3878頁。

[16] 黃文弼：《羅布淖爾考古記》，國立北京大學出版部1948年版，第105—112頁。王炳華：《"土垠"遺址再考》，《西域文史》第4輯，科學出版社2009年版，第61—82頁。關於土垠遺址的時代，還可參見孟凡人：《羅布淖爾土垠遺址試析》，《考古學報》1990年第2期，第169—185頁。

[17]〔英〕奥雷爾·斯坦因著，中國社會科學院考古研究所譯：《西域考古圖記》第1卷，廣西師範大學出版社1998年版，第272—273，225—241頁。注3所引巫新華、秦立彥、龔國強等譯書，第1、2卷，第271—420，1036頁。伊藤敏雄：《楼蘭の遺跡：近年の楼蘭調査によせて》，《大阪教育大学紀要》（第II部門）第38卷第2號（1989），第129—143頁；《近年の楼蘭調査と周辺の遺跡》，《歷史研究》30（1993年），第1—46頁。注2所引新疆樓蘭考古隊文。下文有關L. A. 及周邊遺址群的考古資料，均出自這些著作，不再一一注出。

[18] 黃文弼：《若羌考古調查》，載黃烈編：《黃文弼歷史考古論集》，文物出版社1989

年版，第291—296頁。孟凡人：《論鄯善國都的方位》，載氏著：《新疆考古與史地論集》，科學出版社2000年版，第249—269頁。

[19] 注17所引中國社會科學院考古研究所譯書，第290—316頁。關於存在壁畫的古佛寺的始建時代，學界觀點不一，但一般認爲在公元2世紀。寺院中另有始建於4世紀中期的佛寺。參見林立：《米蘭佛寺考》，《考古與文物》2003年第3期，第47—55頁。林梅村：《貴霜大月氏人流寓中國考》，載氏著：《西域文明——考古、民族、語言和宗教新論》，東方出版社1995年版，第33—67頁。邱陵：《新疆米蘭佛寺壁畫："有翼天使"》，《西域研究》1995年第3期，第105—112頁。

[20] 新疆樓蘭考古隊：《樓蘭城郊古墓群發掘簡報》；吐爾遜·艾沙：《羅布淖爾地區東漢墓發掘及研究》，載注2所引穆舜英、張平書，第106—121，146—154頁。下文有關上述三處墓葬遺址的考古資料，均出自這兩篇文章，不再注出。

[21] 新疆文物考古研究所：《羅布泊地區小河流域的考古調查》，《邊疆考古研究》第7輯，科學出版社2008年版，第371—407頁。

[22] 注5所引書，第133頁。

[23] 注15所引書，第3871頁。

[24] 《史記·匈奴列傳》，中華書局1982年版，第2896頁；《大宛列傳》，第3160頁。松田壽男指出，文中"二十六國"應爲"三十六國"，概指塔里木盆地諸政權。見〔日〕松田壽男著、陳俊謀譯：《古代天山歷史地理學研究》，中央民族學院出版社1987年版，第39—41頁。

[25] 余太山：《〈漢書·西域傳〉所見塞種——兼説有關車師的若干問題》，載氏著：《塞種史研究》，中國社會科學出版社1992年版，第210—227頁。

[26] 參見余太山：《漢魏通西域路線及其變遷》，載氏著：《兩漢魏晉南北朝與西域關係史研究》，中國社會科學出版社1995年版，第221—232頁。羅新：《墨山國之路》，《國學研究》第5卷，北京大學出版社1998年版，第483—518頁。

[27] 韓康信:《樓蘭城郊古墓人骨人類學特徵的研究》,載注 7 所引氏著,第 345—370 頁。

[28] 注 15 所引書，第 3875 頁。

[29] 關於鄯善王國的種植業情況，參見拙文《公元 3、4 世紀西域綠洲國農作物種植業生產探析——以佉盧文資料反映的鄯善王國爲中心》,《歐亞學刊》第 10 輯，中華書局 2012 年版。

[30] 關於中原政權在西域屯田的目的，見楊才林:《古代西北屯田開發述論》,《西北第二民族學院學報》2003 年第 3 期，第 71—75 頁。張運德:《兩漢時期西域屯墾的基本特徵》,《西域研究》2007 年第 3 期，第 6—12 頁。

[31] 注 15 所引書，第 3878 頁。

[32] 參見李炳泉:《西漢西域伊循屯田考論》,《西域研究》2003 年第 2 期，第 1—9 頁。

[33] 饒瑞符:《米蘭古代水利工程與屯田建設》,《乾旱區地理》1982 年 Z1 期，第 56—61 頁。陳戈:《米蘭古灌溉渠道及其相關的一些問題》,載注 2 所引穆舜英、張平書，第 252—274 頁。林梅村:《1992 年秋米蘭荒漠訪古記——兼論漢代伊循城》,《中國邊疆史地研究》1993 年第 2 期，第 12—18 頁。王炳華:《羅布淖爾考古與樓蘭—鄯善史研究》,《西域文史》第 5 輯，科學出版社 2010 年版，第 1—20 頁。孟凡人提出斯坦因發現的 L. K. 古城當是伊循故址。見孟凡人:《樓蘭新史》,光明日報出版社、新西蘭霍蘭德出版有限公司 1990 年版，第 101—114 頁。

[34] 注 16 所引王炳華文。

[35] 《後漢書·楊終傳》,中華書局 1965 年版，第 1597 頁。

[36] 關於樓蘭屯田的詳細情況，可參見伊藤敏雄:《魏晋期楼蘭屯戍における水利開発と農業活動：魏晋期楼蘭屯戍の基礎的整理（三)》,《歷史研究》28（1991年)，第 1—31 頁。注 33 所引孟凡人書，第 140—148 頁。薛瑞澤:《從〈樓蘭尼雅出土文書〉看漢魏晉在鄯善地區的農業生產》,《中國農史》1993 年第 3 期，第 14—19 頁。長澤和俊:《楼蘭王国史の研究》,雄山閣出版 1996 年版，第 191—

242 頁。

[37] 王瑟：《羅布泊科考花開 7 朵》，《光明日報》2010 年 11 月 16 日第 5 版。

[38]〔瑞典〕斯文·赫定著、李述禮譯：《亞洲腹地旅行記》，上海書店 1984 年版，第 358 頁；王安洪、崔延虎譯：《羅布泊探秘》，新疆人民出版社 1997 年版，第 806—822 頁。

[39] 注 15 所引書，第 3875 頁。

[40] 法顯撰、章巽校注：《法顯傳校注》，中華書局 2008 年版，第 3—7 頁。

[41] 袁國映、趙子允：《樓蘭古城的興衰及其與環境變化的關係》，《乾旱區地理》1997 年第 3 期，第 7—11 頁。穆舜英：《古樓蘭文明的發現及研究》，載注 2 所引穆舜英、張平書，第 1—9 頁。

[42] 關於法顯可能不經原樓蘭城的論說，見余太山：《關於鄯善國王治的位置》，《西北史地》1991 年第 2 期，第 9—16 頁。

[43]《魏書·西域傳》，中華書局 1974 年版，第 2261 頁。

[44]《三國志·魏書》，中華書局 1982 年版，第 859 頁。

[45] 酈道元著、陳橋驛校證：《水經注校證》，中華書局 2007 年版，第 40 頁。呂厚遠、夏訓誠等人在小河墓地西北新發現一座古城，時代約在公元 440—500 年，並認爲其可能就是注賓城。見呂厚遠、夏訓誠、劉嘉麒等：《羅布泊新發現古城與 5 個考古遺址的年代學初步研究》，《科學通報》2010 年第 3 期，第 237—245 頁。

[46]《隋書·地理志》，中華書局 1973 年版，第 816 頁。

[47] 關於氣候變乾導致樓蘭城消失的論說，見舒強、鍾巍：《四～五世紀氣候暖乾事件對塔里木盆地人類文明興衰的影響》，《中國歷 史地理論叢》2003 年第 2 輯，第 35—40 頁。李江風：《樓蘭王國的消亡和絲路變遷與氣候關係》，載注 2 所引穆舜英、張平書，第 336—355 頁。其他觀點如，斯文·赫定認爲在流水固體物質沉積與風蝕作用下，公元 330 年塔里木河（含孔雀河）改道流向東南和南方。

見〔瑞典〕斯文·赫定著、徐芸書譯：《羅布淖爾考察記》，中華叢書委員會 1955 年版，第 227—247 頁。何宇華等提出堰塞湖堵塞河道切斷樓蘭水源。見何宇華、孫永軍：《應用衛星遙感探索樓蘭古城消亡之謎》，《國土資源遙感》2002 年第 2 期，第 64—67 頁。但文中未明確堰塞湖的具體形成時間，其與樓蘭古城衰落的關係則無法確定。王守春與侯燦結合《水經注》中“北河”、“南河”的記載，認爲改道後的河流經鐵干里克、阿拉干附近南注，與車爾臣河相匯，再東注喀拉庫順湖。見王守春：《歷史時期塔里木河下游河道的一次大變遷》，《乾旱區地理》1996 年第 4 期，第 10—17 頁。侯燦：《論樓蘭城的發展及其衰廢》，載注 2 所引穆舜英、張平書，第 20—55 頁。張莉在王守春、侯燦論述的基礎上，認爲羅布泊地區易於發生河道變遷的自然環境與土著的漁獵業生產及中原政權的屯田生產相互作用，使孔雀河與塔里木河河水在 4 世紀末，經鐵干里克全部注入喀拉庫順湖，導致樓蘭綠洲逐漸荒漠化。見張莉：《樓蘭古綠洲的河道變遷及其原因探討》，《中國歷史地理論叢》2001 年第 1 輯，第 87—98 頁。王恢在認同塔里木河與孔雀河發生過自北向南改道的同時，深入分析了《水經注》關於“南河”、“北河”並行注入羅布泊記載的訛誤，根據熊會貞注疏認爲北河、南河乃針對河水二源而言，兩源合流後通爲一河，互受通稱。見王恢：《羅布泊與河源》，《中國歷史學會史學集刊》第 3 期（1971 年），第 17—38 頁。余太山進一步指出且末河所匯“南河”乃是以于闐河爲主源的塔里木河，酈氏對所謂“南河”的描述是在錯誤理解釋氏記載的基礎上，鈔襲《漢書·西域傳》的結果。見余太山：《〈水經注〉卷二（河水）所見西域水道考釋》，載氏著：《兩漢魏晉南北朝正史西域傳研究》，中華書局 2003 年版，第 439—476 頁。如此，王守春、侯燦、張莉等文的立論基礎不能成立。即使河流確曾發生過改道，目前尚未利用科學手段分析探測羅布泊地區各條古河道的年齡，還無法確定河流改道的時間、新河道的路徑，作出上述判斷無不缺乏有力的證據。另外，謝麗認爲中上游河流流域及下游樓蘭等地農業開發致使水資源分配格局變化，同時引發綠洲荒漠化，樓蘭等綠洲文明消失。見謝麗：《綠洲農業開發與樓蘭古國生態環境的變遷》，《中國農史》2001 年第 1 期，第 16—26 頁。但沒有任何文獻記載能夠證明當時塔里木河中、上游的農業用水已影響到羅布泊地區。孟凡人、王炳華認爲主要是政治原因致使樓蘭城廢棄，可惜也沒有材料能夠直接證明兩者的關係。見注 33 所引孟凡人書，第 269—271 頁。王炳華：《人類歷史時期塔克拉瑪干沙漠環境變遷研究》，載注 2 所引氏著，第 244—258 頁。上述論者中還有人以樓蘭漢簡中存在減食和節食的內容，來證明當地水源減少影響了屯田產出。但這些簡都缺乏紀年，再者屯田區糧食不能自給需靠政府補給並非罕見之事，糧食緊張與當地水源減少無必然聯繫。

[48]《宋書·大且渠蒙遜傳》，中華書局 1974 年版，第 2417 頁。

[49] 注 43 所引書，第 2262 頁。

[50]《南齊書·芮芮虜傳》，中華書局 1972 年版，第 1025 頁。

[51] 楊衒之著、楊勇校箋：《洛陽伽藍記校箋》，中華書局 2006 年版，第 209 頁。

[52]《周書·異域傳》，中華書局 1971 年版，第 916 頁。

[53]《舊唐書·地理志》，中華書局 1975 年版，第 1643、1644 頁。馮承鈞推測《周書》中所記"大統八年，其兄鄯米率衆內附"，就是徙居伊吾納職等處。見馮承鈞：《西域南海史地考證論著彙輯》，中華書局香港分局 1976 年版，第 20 頁。

[54] 李正宇：《古本敦煌鄉土志八種箋證》，甘肅人民出版社 2008 年版，第 164 頁。李正宇認爲北路是由石城鎮向東北繞羅布泊湖西岸至西關（即玉門關），見同書第 203 頁。

[55] 李吉甫撰、賀次君點校：《元和郡縣圖志》，中華書局 1983 年版，第 1031 頁。松田壽男認爲文中的里數是高昌至樓蘭城的距離，見 A·ヘルマン著，松田壽男訳：《楼蘭：流砂に埋もれた王都》，平凡社 1963 年版，第 220—226 頁。不確，其應是指高昌至扜泥城（石城鎮）的距離。這從該書記載隴右道各州八到的體例可以

看出。

[56] 注 17 所引中國社會科學院考古研究所譯書，第 212—213，271—289 頁。注 2 所引張玉忠、伊弟利斯·阿布都文。黃小江：《若羌縣文物調查簡況》，載注 2 所引穆舜英、張平書，第 213—223 頁。下文所引米蘭古戍堡的考古資料，均出自這些著作，不再注出。

[57] 佚名著，王治來譯：《世界境域志》，上海古籍出版社 2010 年版，第 44，53—54 頁。米諾爾斯基指出胡圖姆即胡特姆，瓦薩爾尼克即薩伏尼克，這兩座城鎮在羅布泊附近；並推測薩伏尼克在今 Charkhlik 附近，胡特姆即古樓蘭。見 V. Minorsky, tr., *The Regions of the World*, London, 1970, p.234。黃盛璋認爲 Khutm 與"古屯"音合，必是（古）屯城，即米蘭古城無疑。見黃盛璋：《于闐文〈使河西記〉的歷史地理研究》，《敦煌學輯刊》1986 年第 2 期，第 1—18 頁。

[58] 除注 5 所引書外，另參見王富葆、馬春梅、夏訓誠等：《羅布泊地區自然環境演變及其對全球變化的響應》，《第四紀研究》2008 年第 1 期，第 150—153 頁。馬春梅、王富葆、曹瓊英等：《新疆羅布泊地區中世紀暖期及前後的氣候與環境》，《科學通報》2008 年第 16 期，第 1942—1952 頁。

[59] 王弭力、劉成林、焦鵬程等：《羅布泊鹽湖鉀鹽資源》，地質出版社 2001 年版，第 47 頁。

[60] 鍾巍、王立國、李偲：《塔里木盆地南緣 9—14 世紀期間氣候環境特徵研究》，《乾旱區資源與環境》2004 年第 3 期，第 22—27 頁。

[61] 注 54 所引書，第 329 頁。

[62] 李正宇：《西漢蒲昌海位置新證》，《北京圖書館館刊》1996 年第 4 期，第 69—73 頁。

[63] 阿爾伯特·赫爾曼將阜昌石刻《華夷圖》所繪注入蒲昌海的河流水系與《水經注》的記載相比較，認爲這幅 12 世紀的地圖已不見"南河"蹤影，北河的入海河道不再是庫魯克河（孔雀河下游），而是北河與車爾臣河一起注入羅布泊。見〔德〕

阿爾伯特·赫爾曼著，姚可崑、高中甫譯：《樓蘭》，新疆人民出版社 2006 年版，第 56—57 頁。前已述《水經注》中北河、南河之誤，所以該比較沒有意義。另根據《華夷圖》所繪，可知從南方遠遠注入蒲昌海的是于闐河；有一條小河獨自注入蒲昌海，旁邊標注“樓蘭、鄯善”字樣，或是《隋書》中的“鄯善水”。關於《華夷圖》與《海內華夷圖》的關係，見曹婉如：《有關華夷圖問題的探討》，載曹婉如等編：《中國古代地圖集·戰國—元》，文物出版社 1990 年版，第 41—45 頁。辛德勇：《說阜昌石刻〈禹跡圖〉與〈華夷圖〉》，《燕京學報》新 28 期，北京大學出版社 2010 年版，第 1—72 頁。另外，黄文弼根據《新唐書·地理志》記“自蒲昌海南岸，西經七屯城……又西（一百）八十里至石城鎮……在蒲昌海南三百里”，認爲海水在石城鎮正北，則隋唐時期蒲昌海之北岸在阿拉干驛附近，南岸將至喀拉庫順，水域變爲西北向東南擴展的斜長形勢。見注 16 所引黄文弼書，第 1—21 頁。按上引《壽昌縣地境》中“蒲昌海，在石城鎮東北三百二十里”，知黄先生的推測不確。奚國金推測羅布泊湖在隋唐時期已向西南移至後來的喀拉庫順湖，當時孔雀河改道從小河注入終端湖。見奚國金：《羅布泊遷移過程及其研究的新發現》，《新疆地方誌》1992 年第 4 期，第 29—37 頁。前引小河流域的考古資料集中於公元前 1650—前 1450 年與漢晉時期。因而，以爲孔雀河在隋唐時期改道經小河注入蒲昌海的觀點有待探討。作者還提出晚唐五代之際，塔里木河下游水系再次發生變化，羅布泊的位置遷移到英蘇—阿拉干一帶，直到清初仍存在。該推測缺乏論據，在此不作討論。

[64] 注 54 所引書，第 328—329 頁。

[65] 夏訓誠、王富葆等人提到，樓蘭遺址佛塔南側和東南側的一些碎陶片經測定，其年代有早至 1400 ± 280a B.P. 的，也有晚至 670 ± 140a B.P. 的，說明唐宋時期，人們又回到樓蘭定居。但未見具體的研究成果發表，在此不予引用。

[66] 注 55 所引李吉甫書，第 1025 頁。

[67] 楊銘：《唐代吐蕃統治鄯善的若干問題》，《新疆歷史研究》1986 年第 2 期，第 20—30 頁。

[68] 參見黃烈：《中國古代民族史研究》，人民出版社 1987 年版，第 163—165 頁。

[69] 余太山：《兩漢魏晉南北朝正史“西域傳”所見西域諸國的人口》，載注 47 所引氏著，第 313—326 頁。

[70] 關於上述地名的考訂與簡文內容的分析，見注 67 所引文。楊銘：《吐蕃簡牘中所見的西域地名》，《新疆社會科學》1989 年第 1 期，第 87—94 頁；《吐蕃統治鄯善再探》，《西域研究》，2005 年第 2 期，第 39—46 頁；《唐代吐蕃與西域諸族關係研究》，黑龍江教育出版社 2005 年版，第 23—30 頁。〔英〕 F. W. 托瑪斯著，劉忠、楊銘譯：《敦煌西域古藏文社會歷史文獻》，民族出版社 2003 年版，第 327—328 頁。但 F. W. 托瑪斯認爲七屯與小羅布是不同的兩個城鎮，見是書第 140 頁。

[71] 參見榮新江：《歸義軍及其與周邊民族的關係初探》，《敦煌學輯刊》1986 年第 2 期，第 24—44 頁。

[72] 《新五代史・四夷附錄》，中華書局 1974 年版，第 918 頁。

[73] 榎一雄：《仲雲族の牙帳の所在地について》，《東洋史論叢：鈴木俊教授還曆記念》，鈴木俊教授還曆記念會 1964 年版，第 89—102 頁。〔日〕前田正名著，陳俊謀譯：《河西歷史地理學研究》，中國藏學出版社 1993 年版，第 579—584 頁。黄盛璋：《敦煌文書中“南山”與仲雲》，《西北民族研究》1989 年第 1 期，第 4—12，116 頁。但三位學者對仲雲牙帳所在地有不同意見。

[74] 楊銘認爲吐蕃語中以 lho bal 稱呼“南山人”，即指仲雲；bal 意爲“羊毛”或“綿羊毛”，lho bal 指以牧羊爲主的民族。楊銘：《敦煌文書中的 Lho bal 與南波——吐蕃統治時期的南山部族》，《敦煌研究》1993 年第 3 期，第 10—15 頁。如是，更反映出仲雲以畜牧業經濟爲主。

[75] 《宋會要輯稿・蕃夷四》，中華書局 1957 年版，第 7723 頁。

[76] 黃盛璋:《論璨微與仲雲》,《新疆社會科學》1988 年第 6 期,第 54—64 頁。郭鋒認爲,種榅與仲雲之間沒有關係，其居地或在額濟納河一帶。見郭鋒:《略論敦煌歸義軍時期仲雲人的族屬諸問題》,《蘭州大學學報》1988 年第 1 期，第 41—48 頁。

[77] 湯開建:《解開“黃頭回紇”及“草頭韃靼”之謎——兼談宋代的“青海路”》,《青海社會科學》1984 年第 4 期，第 77—85，99 頁。作者指出黃頭回紇爲西州回鶻。程溯洛認爲黃頭回紇住地在羅布泊地區，並指出黃頭回紇是甘州回鶻西遷的一個部落。見程溯洛:《甘州回鶻始末與撒里畏兀兒的遷徙及其下落》，載氏著:《唐宋回鶻史論集》，人民出版社 1993 年版，第 150—165 頁。魏良弢則認爲黃頭回紇在今阿爾金山以南,而喀喇汗王朝勢力東達今若羌縣境內,與西夏爲鄰。見氏著:《喀喇汗王朝史稿》，新疆人民出版社 1986 年版，第 62—63 頁。

[78] 參見魏良弢:《西遼史研究》，寧夏人民出版社 1987 年版，第 87—91 頁。

[79]〔意〕馬可波羅著、馮承鈞譯:《馬可波羅行紀》，上海書店出版社 2001 年版，第 106—107 頁。黃文弼依據該史料，推測元代若羌以東及東北完全爲沙漠，沙漠區域較隋唐時期向西南蔓延，唐之蒲昌海有一部分淪爲沙漠，海水形式改變。見注 16 所引黃文弼書，第 1—21 頁。但沒有材料支持這一結論。

[80] 米爾咱·馬黑麻·海答兒著，新疆社會科學院民族研究所譯，王治來校注:《中亞蒙兀兒史——拉失德史》第 1 編,新疆人民出版社 1983 年版,第 159—161 頁。“怯台”(Katak) 出現在吐蕃文書 (Ka-dag) 與《世界境域志》(Kādhākh) 中，其具體位置尚未確定。F. W. 托瑪斯認爲是在大羅布與小羅布附近，見注 70 所引劉忠、楊銘譯書，第 126—128 頁。黃盛璋認爲其就是《元史》記載的“怯台”，在今且末東南哈迪勒克，見注 57 所引黃盛璋文。

[81] 注 80 所引米爾咱·馬黑麻·海答兒書，第 248 頁。

[82] 注 80 所引米爾咱·馬黑麻·海答兒書第 2 編，第 206—207 頁。

[83]《元史·世祖紀》，中華書局 1976 年版，第 285 頁。

[84] 關於元朝經營西域南道的始末，參見任榮康：《元初的元—伊聯盟與中亞交通——兼考馬可·波羅抵忽炭三地之年限》，《中亞學刊》第 3 輯，中華書局 1990 年版，第 184—198 頁。

[85]《明實録·太祖實録》,中央研究院歷史語言研究所校勘印行 1962 年版,第 1586 頁。

[86] 見佐口透著、吴永明譯：《撒里維吾爾族源考》，《世界民族》1979 年第 4 期，第 43—47，15 頁。

[87] 至於明朝在撒里畏兀兒設置的諸衛及其變遷，參見錢伯泉：《明朝撒里畏兀兒諸衛的設置及其遷徙》,《西域研究》2002 年第 1 期,第 18—25 頁。關於諸衛的方位，學界存在分歧，錢伯泉認爲阿端衛在今羅布泊地區，曲先衛在今青海柴達木盆地西部，安定衛在今柴達木盆地東部。另外不同意見可見唐景紳：《明代關西七衛述論》，《中國史研究》1983 年第 3 期，第 59—70 頁。安永香：《試述撒里畏兀兒東遷》，《西北民族研究》1988 年第 1 期，第 139—144 頁。鄧鋭齡：《明初安定、阿端、曲先、罕東等衛雜考》，《歷史地理》第 2 輯，上海人民出版社 1982 年版，第 58—65 頁。林梅村：《蒙古山水地圖》，文物出版社 2011 年版，第 117—120 頁。根據上引《明實錄》撒里畏兀兒的地域範圍，明初在撒里畏兀兒設置的諸衛包括羅布泊地區當無疑義。

[88] 徐松著、朱玉麒整理：《西域水道記（外二種）》，中華書局 2005 年版，第 121 頁。和瑛：《三州輯略》(成文出版社 1968 年版,第 13 頁)記爲“羅卜淖爾舊有戶二千餘，存者六百餘”，但《嘉慶重修一統志》（中華書局 1986 年版，第 26119 頁）記羅布淖爾所歸屬的吐魯番戶口數是“回民七百五十九戶，八千七百九名口”，則《三州輯略》中的“戶”當爲“口”之誤。

[89]〔俄〕普爾熱瓦爾斯基著、黃健民譯：《走向羅布泊》，新疆人民出版社 1999 年版，第 121—122 頁。

[90] 清代羅布淖爾（羅布泊）地區包括塔里木河中下游的尉犁、若羌地區，清末建省後，

又將全境劃分爲東、中、西三段。東段即今若羌縣，本文論述的地域即属於該段。

[91]《回疆志》，成文出版社 1968 年版，第 23—24 頁。

[92] 袁大化修，王樹枏纂：《新疆圖志・建置三》，成文出版社 1965 年版，第 134 頁。

[93] 注 89 所引黄健民譯書，第 116—187 頁。注 38 所引王安洪、崔延虎譯書；注 47 所引徐芸書譯書。

[94] 陳宗器：《羅布淖爾與羅布荒原》，《地理學報》1936 年第 1 期，第 19—49 頁。

[95] 鍾巍、熊黑鋼、塔西甫拉提・特依拜等：《策勒綠洲塔格勒剖面孢粉分析的初步結果》，《乾旱區研究》1998 年第 3 期，第 14—18 頁。鍾巍、熊黑鋼、王立國等：《塔里木盆地南緣策勒綠洲近 4000 年來的環境變化》，《地理科學》2004 年第 6 期，第 687—692 頁。

[96]〔俄〕普爾熱瓦爾斯基著、吴其玉譯：《從伊犁越天山到羅布泊》，稻香出版社 1993 年版，第 153—158 頁。

[97] 注 38 所引王安洪、崔延虎譯書，第 323—389 頁。

[98] 奚國金：《羅布泊遷移過程中一個關鍵湖群的發現及其相關問題》，《歷史地理》第 5 輯，上海人民出版社 1987 年版，第 40—57 頁。

[99] 侯德仁：《乾隆年間新疆地區的輿圖測繪》，《文史知識》2008 年第 8 期，第 27—32 頁。

[100] 相關分析見汪前進：《乾隆十三排圖定量分析》，載曹婉如等主編：《中國古代地圖集・清代》，文物出版社 1997 年版，第 113—119 頁。

[101] 注 88 所引徐松書，第 118—119 頁。關於該書經緯度與《内府輿圖》的關係，參見朱玉麒：《〈西域水道記〉：稿本、刻本、校補本》，載榮新江、李孝聰主編：《中外關係史：新史料與新問題》，科學出版社 2004 年版，第 383—404 頁。

[102] 鍾興麟、王豪、韓慧校注：《西域圖志校注》，新疆人民出版社 2002 年版，第 391 頁。

[103] 齊召南：《水道提綱・西域諸水》，台灣商務印書館 1986 年版，第 311—312 頁。

[104]《河源紀略》，廣文書局印行 1969 年版，第 276，284 頁。

[105] 注 102 所引書，第 235 頁。

[106] 七十一：《西域總志》，文海出版社 1966 年版，第 162 頁。

[107] 松筠：《西陲總統事略》，文海出版社 1965 年版，第 156，169 頁。

[108] 注 88 所引徐松書，第 122—123 頁。

[109] 郭麗萍：《徐松與嘉道西北史地研究》，《炎黃文化研究》第 2 輯，大象出版社 2005 年版，第 121—134 頁。

[110] 注 89 所引黃健民譯書，第 280—281，118—119 頁；注 96 所引書，第 97—98 頁。

[111] 華立：《清代新疆農業開發史》，黑龍江教育出版社 1998 年版，第 178—256 頁

[112] 謝彬：《新疆遊記》，上海中華書局 1929 年版，第 278 頁。

[113] 注 94 所引文。

[114] 中國科學院新疆綜合考察隊等編：《新疆水文地理》，科學出版社 1966 年版，第 28、32 頁。學術界對於新羅布泊湖乾涸的時間及其原因有不同觀點，可參見夏訓誠主編：《羅布泊科學考察與研究》，科學出版社 1987 年版，第 95—105 頁。鍾俊平、邱宏烈、董新光等：《羅布泊乾涸時間討論》，《乾旱區地理》2005 年第 1 期，第 6—9 頁。李保國、馬黎春、蔣平安等：《羅布泊“大耳朵”乾鹽湖區地形特徵與乾涸時間討論》，《科學通報》2008 年第 3 期，第 327—334 頁。樊自立：《羅布泊究竟何時乾涸》，《科學時報》2008 年 7 月 28 日 A4 版。

[115] 注 106 所引書，第 163—164 頁。

[116] 注 104 所引書，第 763 頁。但《西域總志》第 163 頁記載羅布淖爾兩村（部落）“人戶各四、五百家”，參考前注釋所引《嘉慶重修一統志》記載的吐魯番戶口數，《西域總志》中的“家”或爲“口”之誤。

[117] 注 88 所引徐松書，第 122 頁。

[118] 注 106 所引書，第 163 頁。

[119] 注 89 所引黃健民譯書，第 122，160—162，268，283—284 頁；注 96 所引書，第 81—82，101—102 頁。

[120] 參見華立：《清政府與新疆農業開發——兼談國家政權在邊疆開發中的地位和作用》，《清史研究》1991 年第 2 期，第 32—37，43 頁。

[121] 注 92 所引書，第 133 頁。

[122] 參見韓春鮮、謝雪梅：《塔里木河下游政區與交通變化所反映的歷史環境變遷》，《中國沙漠》2010 年第 3 期，第 477—482 頁。

[123] 注 92 所引書《建置一》，第 40 頁；《建置三》，第 134 頁。

[124] 注 17 所引中國社會科學院考古研究所譯書，第 194，212 頁。

[125] 注 112 所引書，第 259，268，276 頁。

[126]〔瑞典〕貝格曼著、張鳴譯：《考古探險手記》，新疆人民出版社 2000 年版，第 86 頁。

[127] 以鍾巍等人爲代表，尤其強調氣候與人類文明的對應關係。除前引作者的文章外，另參見鍾巍、熊黑鋼：《塔里木盆地南緣 4ka B.P. 以來氣候環境演化與古城鎮廢棄事件關係研究》，《中國沙漠》1999 年第 4 期，第 343—347 頁。

[128]〔英〕奧雷爾·斯坦因著、巫新華等譯：《古代和田》，山東人民出版社 2009 年版，第 400—401 頁。

[129] 鄧輝通過探討燕山以北農牧交錯地帶人地關係演變問題，明確提出自然環境的變化並不絕對導致土地利用方式的變化，僅是爲某一土地利用方式的發展提供了必要條件，土地利用方式的最終決定因素是文化方面的作用。見鄧輝等著：《從自然景觀到文化景觀——燕山以北農牧交錯地帶人地關係演變的歷史地理學透視》，商務印書館 2005 年版，第 328—331 頁。

摩尼教四天王考

——福建霞浦文書研究

馬小鶴

在福建霞浦文書發現之前，可供對摩尼教四天王進行研究的資料並不多，主要是吐魯番出土的兩幅圖像和一條漢文記載。圖像資料是勒寇克（Albert von Le Coq, 1860-1935）在高昌（Kocho）遺址 α 發現的摩尼教細密畫殘片 MIK III 4979 a, b recto 和 MIK III 4959 recto。[1] 克里木凱特（H.-J. Klimkeit, 1939-1999）將 MIK III 4979 a, b recto 稱爲“國王圖像”，認爲畫上的四個神是：濕婆（Shiva）、婆羅賀摩（即梵天，Brahma）、毗濕奴（Vishnu）和象頭神（Ganesha），他進一步提出，在印度形式背後，隱藏着地道的摩尼教神學。《下部讚》第 10 頌說：“我今蒙開佛性眼，得睹四處妙法身”。所謂“四處妙法身”（又作四處法身、四處身、四法身、四寂法身、四寂身、四淨法身）就是神（God，漢文翻譯爲清淨）、光明、大力、智慧，在這幅畫中就被表現爲四個印度教神。但是，他也不排除齊姆（P. Zieme）所作的解釋，即把四尊印度教神當作衛士。MIK III 4959 recto 上的兩個形象與上述那四尊印度教神有關，分別是婆羅賀摩和濕婆。[2] 但是，他後來放棄了把四尊印度教神與神、光明、大力、智慧聯繫起來的觀點。[3] 古樂慈（Zsuzsanna Gulácsi）將 MIK III 4979 a, b recto 稱爲“（握）右手圖景”（Right Hand Scene），認爲四個神像的圖像類似印度教神祇，“非常可能是摩尼教中的鎮守四方之神……雖然他們經常在東亞佛教藝術中得到描繪，但是沒有任何藝術資料像摩尼教繪畫這樣來表現他們”[4]。筆者在尚未看到其他霞浦文書之前，曾猜測《樂山堂神記》照片中的“雄猛四梵天王”或許與這兩幅圖像資料有關；[5] 現在在看到更多霞浦文書之後，確定四梵天王即米迦勒、加百列、拉法葉爾和沙逆夜等四大天使，而這四大天使在吉田豐先生刊佈的《宇宙圖》中被描繪成佛教的四大天王。霞浦文書中的“四梵天王”與吐魯番摩尼教工筆畫中的印度教四神無關，但是與清淨（神）、光明、大力、智慧的對應關係應該予以考慮。

關於摩尼教四天王的漢文史料，牟潤孫先生從《宋會要輯稿》〈刑法〉二之七八中撿出宣和二年（1120）的一段記載：

> 十一月四日，臣僚言：“一、溫州等處狂悖之人，自稱明教，號爲行者。……一、明教之人所念經文及繪畫佛像，號曰……《四天王幀》。已上等經佛號，即於道釋經藏並無明文該載，皆是妄誕妖怪之言，多引‘而時明尊’之事，與道釋經文不同。至於字音，又難辨認。委是狂妄之人僞造言辭，誑愚惑衆，上僭天王、太子之號。”[6]

這段史料經吳晗先生轉引，引起富安敦先生的注意，翻譯成法文，他指出四天王在梵文中作 catvāro mahārājikāḥ，出自佛教。[7] 劉南強先生將這段史料翻譯爲英文，使其更爲西方學界所熟悉。[8]

本文將先檢視霞浦文書中的四梵天王，再回顧其古老的源頭—死海古卷阿拉姆語（Aramaic）《以諾書》（*Book of Enoch*）和《巨人書》（*Book of Giants*）中的四大天使，然後說明摩尼對這些文獻應該相當熟悉，借用其材料寫作自己的《大力士經》（英文書名也是 *Book of Giants*，但是中文書名出自敦煌本《摩尼光佛教法儀略》）。比較《大力士經》的科普特文引文、中古伊朗語殘片中的四大天使及吉田豐先生刊佈的圖像資料，中古伊朗語摩尼教讚美詩和呪術文書中的四大天使，將構成本文的主要部分。最後，我們將會研究漢文四梵天王名字與伊朗語四大天使名字的對音。

一、霞浦文書中的四梵天王

《興福祖慶誕科》手鈔本共 29 頁，陳培生法師提供，是霞浦縣柏洋鄉上萬村法師慶祝興福都雷使林公二十五真君（即林瞪）誕辰時所用的請神科儀本，包括〈起大聖〉、〈開壇文〉、〈淨口文〉、〈淨壇文〉、〈天地呪〉、〈請護 [法文]〉、〈請三寶〉、〈召符官文〉、〈誦土地讚安慰〉等節。根據吳春明先生提供的照片看[9]，〈起大聖〉奉請的三大聖是三個摩尼教神祇：摩尼光佛、電光王佛、夷數和佛，並錄詩一首："大聖自是吉祥時，普耀我等諸明使。妙色世間無有比，神通變現獲如是。"〈淨壇文〉中也錄詩一首："願施戒香解脫水，十二寶冠衣纓珞，灑除壇界息塵埃，嚴潔淨口令端正。"這兩首詩都是利用《下部讚》〈讚夷數文〉的詩句改寫成的。[10]《興福祖慶誕科》

關於四梵天王的文字也應該是根據摩尼教文獻改編而成的。

《興福祖慶誕科》〈請護法文〉把摩尼教的“清淨、光明、大力、智慧”和四梵天王、二大護法納入民間宗教五方的框架（頁 4b—6a；圖版 1-2）：

請護［法文］

白　伏以華筵潔備，賴護法以維持；壇界精嚴，伏明神而翻（？）衛。恭唯　四梵天王、二大護法威靈［赫赫，聖德巍巍，神］銳持手若風生，寶甲渾身如電閃；曾受記于當年，誓護法於末世；凡欲修宗，謹按五方奉請。(左夆唱)

五方　〇天王化四明神，銳持手，甲穿身，禦寃敵，護真人，令正教，免因循。遮伊呾伽

遶壇　度師

路牌

呪語　〇吵縛訶逸啰、弥訶逸啰、業縛啰逸啰、啰嚨，娑啰逸啰、啰嚨，遏素思悉嚨啼呴素思波沙隣度師阿孚林度師

一心舒悃請皈叩

北　清靜門示現北佛 北方守坎主　嚧嚩逸天王

東　光明門示現東佛 東方守震主　弥訶逸天王

耶俱孚大將

中　貞如門示現中央佛 中央輔弼主　唯願

味嗪皎明使

南　大力門示現南佛 南方守離主　嗓囉逸天王

西　智慧門示現西佛 西方守兌主　娑囉逸天王

降臨道場同伸慶賀　　　　　(回向)

五方大王臨法會，請鎮五方作證明；證明慶誕此福果，降魔消灾延福壽。

〈誦土地讚安慰〉再次頌揚四梵天王、二大護法（頁 12b—13a，圖版 3）：

嚧嚩逸啰、弥訶逸啰、業縛啰逸啰、啱，娑啰逸啰、[能]，遏素思啱悉啼呴思婆娑隣度師阿孚林度師

○沃速地……穫隣色，天仙地眾，味嗪皎明使，四 [梵] 天王：吽縛逸、弥訶逸、耶俱孚、弗哩悉特健。土地靈相，善神穫色，有碍無碍，呵護正法，弗悉里渾奴沙岸。

其他霞浦文獻的“秦皎（有時作嗪皦）明使”當即“味嗪皎明使”的簡稱，又作“末秦明皎使者”。中國傳統文化以八卦的坎、震、離、兑分別對應北、東、南、西，[11] 佛教則以四大天王守護四方：東方持國天王（Dhṛtarāṣṭra）、南方增長天王（Virūḍhaka）、西方廣目天王（Virūpākṣa），北方多聞天王（Vaiśravana）。[12] 本文要研究的是摩尼教的四梵天王，分別與清靜（即神）、光明、大力、智慧相應。

陳進國、林鋆二位先生刊佈的陳氏法師提供的一本未名科儀書的“讚天王”[13] 也說明了四天王的作用（[ ] 中的文字爲筆者校補），很值得進一步研究：

十天王者，梵名阿薩漫沙也。是故道教稱爲昊天玉皇大帝，住在第七天中，處在大殿，管于十天善惡之事。此天內有十二面寶鏡，上面觀于涅[槃常明世界]，下面照于陰司地府，十面鑒于十天諸庞背叛等事，化四天王管四天下。嚧𡁠逸天王管北郁壇界，彌诃逸天王統禦[東弗婆提，喋𡁠啰逸天王管]南閻浮提，[娑]囉逸天王掌握西瞿耶尼。四天大明神若見諸天惡庞起奸計，騷擾天空地界諸聖，應時展大威神，折挫調伏，速令安定，急使調伏。一心虔恭，合掌皈依，同降道場，加彼下界福德，男女長福消災，增延福壽。

玄奘《大唐西域記》序論說："海中可居者，大略有四洲焉。東毘提訶洲（舊曰弗婆提，又曰弗于逮，訛也），南贍部洲（舊曰閻浮提洲，又曰剡浮洲，訛也），西瞿陁尼洲（舊曰瞿耶尼，又曰劬伽尼，訛也），北拘盧洲（舊曰欝單越，又曰鳩樓。訛也）。"[14]"讚天王"中的"北郁壇界"，當即"欝單越"，爲梵文 Uttarakuru 的舊譯，通稱北俱盧洲。東方一洲爲"東勝身洲"，舊譯"弗婆提"，爲梵文 Pūrvavideha 的音譯；"閻浮提"爲梵文 Jambudvīpa 的舊譯，通稱南贍部洲；"瞿耶尼"爲梵文 Aparagodānīya 的舊譯，通稱西牛貨洲；四天王所管的四天下即佛教四大部洲。

十天王爲淨風第二子，"阿薩漫沙"爲粟特文 sm'n xšyδ [讀若 (a)smān xšēδ] 的音譯，他住在第七層天上。"十天諸庞"、"諸天惡庞"可能是摩尼教中的守望者、巨人、流產怪物等魔鬼。關於這一神與衆魔，須另文詳論，在此不贅。四梵天王的名字第一次出現在《興福祖慶誕科》以及〈誦土地讚安慰〉時，是純粹音譯，參照另外兩處，略作校改，與猶太教僞經《以諾書》中的四大天使對應如下：（1）北方天王的名字有三種寫法：a. 嚧嚩逸天王，“逸天王”即“逸啰”；b. 吘縛訶逸啰，吘當作“嚧”，“縛”當爲“嚩”之訛，“訶”字衍；c. 嚧嚩逸啰，對應拉法葉爾（Rafael）。（2）東方天王的名字有兩種寫法：a. 弥訶逸天王；b. 弥訶逸啰；對應米迦勒（Michael，又譯“米卡伊來”等）。（3）南方天王的名字也有兩種寫法：a. 喋囉逸天王，在“喋”字後面漏鈔（或省略）了“嚩”；b. 業縛啰逸啰；“喋”與“業”同音，加上口字旁表明此字是音譯，“縛”爲“嚩”之訛，構擬爲“喋嚩啰逸啰”，對應加百列（Gabriel，又譯“加布里耶爾”等）。（4）西方天王的名字有三種寫法：a. 娑囉逸天王；b.“讚天王”錄文作婆囉逸天王，“婆”爲“娑”之訛；c. 娑啰逸啰，對應沙逆夜（Sərael）。四天王的名字與印度教三大神和象頭神無關，與佛教的四大天王也無關。本文首先追溯這個故事的核心是死海古卷阿拉姆文《以諾書》中巨人造反，上帝派四大天使鎮壓的神話。

二、死海古卷阿拉姆文《以諾書》

《舊約·創世記》第 6 章第 1 到 4 節可謂故事的基點：人類開始在大地上人口不斷增長，生了很多女兒，上天之子看到人類的女兒漂亮，就娶那些選中的女人爲妻。“當時，地上住着一些巨人，他們後來也存在，當神的兒子和那些人類的女兒結婚以後，她們就爲他們生養（孩子）。他們是古之強人、名人。”[15]《以諾書》的第一部分（第 1—36 章）通稱爲〈守望者書〉，就是從這樣一個基點發展出來的。

《以諾書》是所謂“僞經”（Pseudepigrapha）之一，即公元前後200年間猶太教無名氏假託《聖經》人物名義所寫的不屬於基督教《聖經》的經文。原作的語言當爲阿拉姆語，現在只有死海古卷中的十來個殘片保存下來，但是對於本文的研究至關重要。此書後來翻譯成希臘語，4—6世紀又翻譯成埃塞俄比亞語，目前最完整的本子是埃塞俄比亞語文本。《以諾書》的第一部分〈守望者書〉的核心是第6—11章，與《舊約·創世記》第6—9章內容類似。〈守望者書〉第6—8章寫道：“那時人類之子不斷繁衍，他們生養了漂亮而標致的女兒。守望者（希臘文譯本作 ἐγρήγοροι）——上天之子看到了她們，希望得到她們。……他們一共200個，在賈雷德的時代下降到赫蒙山山頂。……這些（百夫長）以及與他們一起的其他（守望者）都爲他們自己娶了他們選擇的（女）人爲妻。他們開始與她們同房，通過她們玷汙了他們自己，教她們巫術和符呪，教她們砍伐（樹）根和植物。她們從他們受孕並給他們生了大巨人。巨人生了內菲林，內菲林生了埃利歐德，他們該長多大就多大。他們吞噬了所有人類之子的勞動產品，人類不能供應他們了。巨人開始殺人和吞噬他們。他們開始對禽獸蟲魚造孽，並互相吞噬肉體。他們飲血。然後大地控告這些無法無天之徒。……人類正在滅亡，哀號直達天上。”[16]

阿拉姆文本第9章寫道：

然後米迦勒、沙逆夜、拉法葉爾和加百列從天上的聖堂往下看大地，看到大地上血流成河。

將4QEna1 4:6和4QEnb1 3:7兩個殘片合校，可以復原四大天使的阿拉姆文爲：米迦勒（Micha'el）：מיכאל；沙逆夜（Śari'el）：שריאל；拉法葉爾（Rapha'el）：רפאל；加百列（Gabri'el）：גבריאל。尤其值得注意的是，在以後的摩尼教文獻中，比《以諾書》的希臘文和埃塞俄比亞文譯本更忠實地保留了這四大天使的名字及其序列。[17]這說明摩尼很可能閱讀過阿拉姆文《以諾書》的鈔本，並把這個細節寫進其經典《大力士經》，由其信徒代代相傳。

《以諾書》希臘文譯本第1章第9節中四大天使爲：米迦勒（Μιχαὴλ）、烏列（Οὐριὴλ）、拉法葉爾（Ῥαφαὴλ）和加百列（Γαβριὴλ），[18]以烏列取代沙逆夜。這個改變反映了烏列（Uriel）在《以諾書》中的重要性。《以諾書》的埃塞俄比亞文譯本在此四大天使爲：米迦勒（Michael）、烏列（Uriel）、拉法葉爾（Raphael）和加百列（Gabriel），也以烏列取代沙逆夜。[19]《以諾書》希臘文譯本將"守望者"翻譯爲 ἐγρήγοροι，這個詞後來成爲摩尼教科普特文《克弗來亞》中的借詞，說明《以諾書》中巨人的神話對摩尼的影響。

《以諾書》第9—11章接着講述：米迦勒等四天使把情況向上帝報告。上帝派沙逆夜去告訴挪亞：末日即將來臨，教他怎樣躲過此難（後來挪亞造了著名的方舟，使自己的家人與各種動物的一對渡過了大洪水之災）。上帝派拉法葉爾、米迦勒去把守望者捆綁起來，將他們永遠囚禁。上帝派加百列去毀滅巨人。米迦勒將使大地復蘇。[20]死海古卷中不僅有《以諾書》殘片，而且也有一些《巨人書》殘片。

三、死海古卷阿拉姆文《巨人書》

死海古卷中發現了9片（也可能10片）《巨人書》殘片，內容與摩尼親撰的《大力士經》類似，將二者綜合起來看，《巨人書》主要以《以諾書》的第6—11章爲起點，參照第12—13章及後面的一些內容，演繹出一大篇故事。現存《巨人書》殘片4Q203 8描寫了上帝對守望者的警告："曉喻爾等：[……] 爾等及爾等妻子兒女之活動、巨人及其妻子兒子之活動，爾等在大地上荒淫無恥，它（大地）起而反對爾等……哀嚎震天，對爾等及爾等兒子之活動進行控告 [……] 爾等將其敗壞。[……] 上達拉法葉爾。"這段描述與《以諾書》第9章第1節相合，拉法葉爾與其他三個大天使一起觀察到大地上的罪行，報告上帝。[21] 阿拉姆文《巨人書》當爲摩尼撰寫《大力士經》的素材，摩尼教《大力士經》殘片也講到拉法葉爾，說他殺死了巨人奧赫亞（'Ohyah）。[22]

四、希臘文《科隆摩尼古卷》（*Cologne Mani Codex*）

《科隆摩尼古卷》是研究摩尼生平最重要的資料之一，此書記載了摩尼從小在猶太教化的基督教異端淨洗派中撫養長大，深受猶太—基督教文化影響。《科隆摩尼古卷》保存了託名亞當（Adam）、塞特（Seth）、以挪士（Enosh）、閃（Shem）和以諾（Enoch）等《聖經》人物所寫的啓示錄的引文，這些文獻今天都失傳了。摩尼在青少年時閱讀過這些猶太教著作，這對其宗教思想的發展有很大影響。《科隆摩尼古卷》引用的“以諾啓示錄”講道：

> 他（以諾）還説：“天使之一，他的名字叫米迦勒（Μιχαήλ），對我説：‘派我到你這兒來的目的是——爲了我可以向你顯示所有這些工作，向你揭示善人的地方，向你顯示不善之人的地方，以及無法無天者正在經受懲罰的地方是什麽樣的。’”[23]

摩尼吸收了阿拉姆文《以諾書》和《巨人書》的內容，撰寫成自己的《大力士經》，自然也把米迦勒、拉法葉爾等四大天使吸收到《大力士經》中來了。

五、摩尼《大力士經》殘片、引述及吉田豐刊佈的《宇宙圖》

粟特文書 M7800（舊編號 TIIΞ）是對折紙，分別稱爲 I 和 II。I 由亨寧（Walter Bruno Henning，1908—1967）刊佈於“《大力士經》考”中，作爲文書 G，講述了四大天使怎樣與 200 個魔鬼（δywṯ，即守望者）戰鬥，提到了大力士（kwyšṯ），[24] 可以確定爲《大力士經》殘片：

> 題目：（關於）四天使（iv fryštyt）與兩百個[魔鬼……]的宣告
>
> ……天使們（fryšṯyṯ）自己從天上降臨地下。而這兩百個魔

鬼（CC δywṯ）看到了這些天使們（fryštytyy），他們非常害怕和擔憂。他們化爲人形，隱藏起來。因此，天使們（fryštyyṯ）強行把人類與魔鬼分開，把他們置於一旁，派看守們看着他們……大力士們（kwyšṯ）……他們領着一半向東，另一半向西，沿着四座大山的山腳，向須彌山腳（smyrγryy）而去，引進活靈（w'δjywndyh）在開天闢地之際爲他們建造的三十二座鎮（xxxii knδ）裏去。那個地方被稱爲阿陽－衛藏（'ry'nwyjn）。……那兩百個魔鬼（CC δywṯ）與[四天使]苦戰，直到天使們使用火、石油和硫磺……

粟特文書 M7800 II 由宗德曼（Werner Sundermann，1935— ）考釋與翻譯，詳細敘述了流産怪物（pš'q）造立人身的故事；宗德曼認爲這很可能也是《大力士經》的組成部分。[25]《克弗來亞》第 45 章講到：在沒有正義之知識和神性的大力士諸子出生之前，爲他們指定和建[造了]三十六個城鎮（μ̄μαβτσεσε μ̄πολις），[大力士的]孩子們將住在其中；他們將相互（交配）生育，他們將生活一千年。[26]粟特文書 M7800I 講到的“三十二鎮（xxxii knδ）”當與《克弗來亞》第 45 章的“三十六個城鎮”同出于《大力士經》，不過 M7800 I 受佛經影響，使用了“三十二”這個數字。根據佛經，須彌山半有四大天王宮殿；須彌山上，有三十三宮殿，中央之宮殿爲帝釋所住，即善見城，四方各有八城。[27]2010 年吉田豐刊佈的日本私人收藏的摩尼教《宇宙圖》上，在十天八地之間繪有須彌山，山頂上的大殿當代表善見城；其前面有四個合掌跪着的神，當爲四天王；再前面是三十二座宮殿。吉田豐指出，這相當符合粟特文文獻（M7800 I）

的描述。見圖版 4[28]。顯然，在佛教繪畫的外衣下，表現的是摩尼教的內容：四天王實爲摩尼教中鎮壓大力士的四大天使，三十二座宮殿即爲囚禁大力士之處。

現存《大力士經》殘片不僅講到“四天使”，而且講到了其中之一的拉法葉爾。亨寧在其“《大力士經》考”中，考釋了帕提亞文文書 M35，第 21—36 行。[29] 這是（摩尼所繪）《大二宗圖》（*Ārdahang*）評注（'rdhng wyfr's），其中講到“鷸蚌相爭，漁翁得利”的典故時，引述了拉法葉爾乘巨人奥赫亞與海怪利維坦（Leviathan）相爭之際，誅滅巨人奥赫亞的神話：

> ……此外，就像兩兄弟發現了一個寶藏，（自相殘殺）一個尋寶人漁翁得利，他們都死了；就像奥赫亞（'why'）與利維坦（lwy'tyn）與拉法葉爾（rwf 'yl）相爭，他們都一命嗚呼了；就像一隻獅崽、樹林裏的一隻牛犢，和一隻狐狸相爭，[它們都一命嗚呼了]。

上述諸殘片提供的信息有限，只告訴我們，四大天使降臨大地誅滅巨人，可以作爲“讚天王”中的“四天王（四天大明神）”勘同摩尼教四大天使的證據，但是，還不是充分證據。從上述殘片還看不出這些摩尼教神話與“讚天王”中的“十天王”有何關聯。實際上，摩尼在撰寫《大力士經》時，並非簡單照搬阿拉姆文《以諾書》、《巨人書》的結構，而是取其素材，納入自己的神學結構。按照摩尼的神學，淨風以五類魔及五明身，二力和合，造成世界十天八地，而以自己的五個兒子分管；其次子在西方史料中稱爲“尊貴的大王”，住在第七層天上，掌管第一到第七層天，面前有一個輪子，上面有十二個圖像（印記），監視着鎖在每一層天上的魔鬼，就像一面鏡子一樣，在他的轄區發生了守望者（ἐγρηγόρος）的造反，被四大天使鎮壓了下去。“尊貴的大王”在《摩尼教殘經》中稱“十天大王”，在《下部讚》中稱“十天王”，[30] 也就是“讚天王”裏的“十天王”。

亨寧在其“《大力士經》考”中引述了科普特文《克弗來亞》第 93 頁第 23—28 行，講的就是這個細節，與“讚天王”的描述最爲接近[31]：

> 在尊貴的大王（ναϭν-ρρο ντε π-ταιο）的巡防營中發生了叛亂和造反，即守望者（ἐγρηγόρος）從天上來到地上——因此四天使（qταυ ναγγελος）受命：他們用永久的鎖鏈將守望者捆綁在黑暗之獄中。他們將其兒子們從大地上誅滅。

《克弗來亞》第 38 章很可能是根據《大力士經》改編的，描述淨風五子將十天八地分爲五個巡防營，各自管理其中之一，在每個巡防營中都發生了叛亂。比如，在阿大馬斯（即降魔勝使）的巡防營中，流産怪物造立人身，創造了亞當與夏娃。這些叛亂都被鎮壓了。從上下文脈來看，“讚天王”與《克弗來亞》第 38 章此節講的是同一個故事，“十天王”就是“尊貴的大王”，嚧嚩逸天王等“四天王”就是“四天使”。在摩尼教伊朗語文獻中，還完整地保存了四大天使的名字，可以與“讚天王”裏四個天王的名字勘同。

六、摩尼教伊朗語文讚美詩和呪術文書

雷克（Christiane Reck）綴合中古波斯語文書 M196、M299e、M647、M2303，釋讀與德譯了一首摩尼教讚美詩，讚美了雅各（y'qwb）、卡弗蕩努斯（qptynws）和米迦勒（myx'yl）。[32]

卡弗蕩努斯當即《下部讚》〈歎諸護法明使文〉中的劫傷怒思（第 205 頌）。[33] 中古波斯文文書 M20 是一份請天神的文書，比較破碎，殘存四節，其第一節讚頌了雅各、卡弗蕩努斯和四大天使：

> ……天使雅各（y'qwb prystg）、天神巴－西穆斯、強大的神卡弗蕩努斯（qptynws）、拉法葉爾（rwp'yl）、加百列（gbr'yl）、米迦勒（myx'yl）、沙逆夜（sr'yl）、納爾蘇斯、納斯提庫斯……[34]

與這份文書內容相似而保存較好的是中古波斯文文書 M4a II—M4b II，殘存 17 節，漢譯其第 2、6、12 如下：

2　拉法葉爾、米迦勒、加百列（與）沙逆夜
會與其他所有強大的天使一起，
加強和平與信仰，
爲了東方省的整個教會。
6　充滿智慧的天使、可愛的神祇、
容貌美麗（？）、強大的神、
名字高貴的他—弗雷唐王，以及英勇的雅各（y'kwb），

他們會保護教會、我們、孩子們！
12 我召請強大的天使，大力者，
拉法葉爾、米迦勒、加百列、沙逆夜，
那樣他們將保護我們免除所有的不幸
把我們從阿赫里曼（'hrmyn）那裏解救出來。[35]

英國劍橋神學家伯基特（F. C. Burkitt, 1864—1935）在1925年出版的《摩尼教徒的宗教》中提出，上述頌詩的沙逆夜看來是“以色列（Israel）”之訛，“以色列”與“天使之首領” 雅各天使（Yāqōb prēstag）相應。[36] 這是因爲當時尚未發現死海古卷，並不知道摩尼教以沙逆夜爲四大天使之一實淵源于死海古卷《以諾書》。不過伯基特認爲Yāqōb prēstag爲雅各天使（Jacob the Angel）確有先見之明。雅各天使即耶俱孚，《興福祖慶誕科》〈請護法文〉中寫作“耶俱孚大將”，其他霞浦文獻中有時寫作“俱孚大將”、“俱孚聖尊”。《下部讚》〈歎諸護法明使文·第二疊〉說：“頭首大將耶俱孚，常具甲仗摧逆黨。”耶俱孚就是帕提亞文 / 中古波斯文 y'kwb、y'qwb的譯音，即天使雅各（Jacob），須另文詳述，在此不贅。

在這首頌詩中，四大天使有護法驅魔的能耐，這種能耐在呪術文書中表現得更爲清楚。《興福祖慶誕科》〈請護法文〉中那段音譯文字的上方以小字寫了“呪語”二字，中古伊朗語的呪術文書可能與之有更直接的關係。中古波斯文文書M781+M1314+ M 1315綴合而成一份神呪，前一部分是祛除熱病的神呪，i V寫道：

……某某的兒子某某的這種熱病，離開 [其身體] 而 [被征服]，以主耶稣－阿亞曼的名義，以其父親、最高之神的名義，以聖靈的名義，以先意的名義，以神聖的伊利（'yl）的名義，以厄里克之子穆民的名義，以鮑博的名義，以米迦勒、拉法葉爾和加百列（的名義），以……的名義……[以]萬軍之主[的名義]……[37]

伊利作爲詞尾，形成各種天使的名字，在《興福祖慶誕科》〈請護法文〉中音譯爲“逸啰”。

帕提亞文文書 M1202 是一份驅邪符，第一部分寫道：

以你的名義，根據你的意志，在你的命令下，通過你的大力，主耶穌彌賽亞。以末摩尼——救世主、衆神的使徒之名義，以你讚美和祝福的、摧毀所有魔鬼和黑暗力量的聖靈之名義。以米迦勒、沙逆夜、拉法葉爾和加百列的名義……卡弗蕩努斯和巴－西穆斯天使，以安－伊利、代德－伊利、阿巴－伊利、尼薩德－伊利和拉弗－伊利的名義，[他們將擊敗]你們所有的魔鬼、夜叉、佩里、德魯吉、羅刹、黑暗的邪神和罪惡的精靈。所有你們黑暗和暗夜的後裔們、懼怕和恐怖、痛苦和疾病、[和]衰老的後裔們：從這強大的力量和符呪滾開……從這個佩戴驅邪符的人這裏滾開。逃跑吧……消失吧，滾到……一個遙遠的地方去吧……[38]

漢文四天王的名字，可能是伊朗語的音譯。我們將從對音的角度檢查這個假設的可能性。

七、四天王名字的對音

米克爾森（Gunner B. Mikkelsen）編撰的《摩尼教漢文文獻詞典》中，音譯漢字的發音均採用蒲立本 1991 年出版的《早期中古漢語、晚期中古漢語、早期官話構擬發音的詞彙》裏晚期中古漢語的注音，簡寫 LMC（Late Middle Chinese），[39] 而四天王的名字也應該出於同一時期，因此即以蒲立本之構擬爲基礎。同時，還參照了佛經中對梵文的譯法 [40]，以及摩尼教本身譯音用字的慣例。

（一）逸啰

在阿拉姆文中，這四大天使的名字均以 אל（'el）結束，這個詞尾意爲神。米迦勒（Micha'el）的意思是"猶如神者"；拉法葉爾（Rapha'el）的意思是"神會治愈"；加百列（Gabri'el）意爲"神之英雄"；[41] 沙逆夜（Śari'el）的意思是"神之命令"。[42] 這四大天使的名字，在希臘文中均以 ηλ 結尾。在伊朗語中，四大天使的名字有一些異寫，如米迦勒在中古波斯文中也寫作 mh'yl[43]，拉法葉爾在中古波斯文中也寫作 rwf 'yl，但均以 yl 結尾，在英文中則均以 el 結尾。現代譯者將四大天使的名字翻譯成漢文時，忽視了這一特點。出乎意料，霞浦發現的《興福祖慶誕科》〈請護法文〉中，四梵天王的名字全部以"逸啰"結尾，反映了四大天使名字有共同詞尾的特點。

逸啰 yiluo[LMC. Jit-la]< 中古波斯文 / 帕提亞文詞尾 -yl，讀若 ēl。"逸"是佛經用的音譯字之一，如："阿逸多"，梵文 *Ajita*，意爲"無勝"、"無能勝"，逸 = ji。"波逸提"，梵文 *prāyaścittika*，意譯

"單墮"，做了錯事不悔過會墮落地獄，逸 = ya。"啰"的繁體字作"囉"，是佛經常用的音譯字，有時與"嚩"出現在同一個詞彙中，如："嚩日囉馱睹"，梵文 *vajradhātu*，意譯"金剛界"，嚩 = va，囉 = ra。"補囉嚩"，梵文 *Pūrva*, *Pūrva-videhaḥ* 音譯"弗婆提"，意譯"東勝身洲"；囉 = r，嚩 = va。"佉訶囉嚩阿"，梵文 *kha•ha•ra•va•a* 的音譯，意爲"空、風、火、水、地"，囉 = ra，嚩 = va。鋼和泰認爲，法天（約公元 1000 年）在翻譯梵文呪語時，ra 音都用"羅"，而 ra 音都用"囉"。[44]

（二）弥訶逸啰

弥訶逸啰 miheyiluo[LMC. mji xa jit la]< 中古波斯文 myx'yl [mīxaēl]/ 帕提亞文 myh'yl [mīhaēl]。"弥"的繁體字作"彌"，也是一個佛經常用音譯字。如："迦濕彌羅"，梵文 Kaśmīra，即克什米爾，彌 = mī。"訶"是佛經很常用的音譯字。比如："毘提訶洲"，梵文 Videha 音譯，即"東勝身洲"，訶 = ha。《下部讚》第二首音譯詩中的"阿嘍訶"，可能爲阿拉姆文 rwh'h（叙利亞文 rūḥā）的音譯，意爲"聖靈"，訶 = h'h。吴其昱先生考證敦煌景教寫本 P.3847 的〈尊經〉部分，認爲法王名錄中第 19 個就是米迦勒。他標的中世漢音主要根據周法高《漢字古今音彙》（1973，香港）。他寫道：

> 19. 彌沙曳
>
> 中世漢音 miɪ ṣa iæi……
>
> 今擬 St. Michaël，希臘文作 Μιχαὴλ，叙文作 Myk̲'yl

> (miyk̲ā’eyl)。k̲ 擦音化相當於 χ，近 ṣ；收聲 -l 省去，如 S.3969《摩尼光佛教法儀略》中以婆毗音譯 b’byl。叙文此名見《新約》之《猶大書》九，《舊約》之《但以理書》十，十三；十二，一 myk’l (miyk̲ɔ’él)（k̲ = x）。彌沙曳，聖徒天使長，上帝選民之保護者，魔鬼之克星，對異教作戰之支持者。中世紀尤爲東西基督徒所崇拜。[45]

“弥訶逸啰”與“彌沙曳”相比較，第一個漢字“彌”相同，讀若 mji，符合中古伊朗語讀音 mī；訶 = xa 或 ha，符合中古波斯文的 xa 或帕提亞文的 ha；“逸”讀若 jit，音譯中古伊朗語的 ē；沒有省去收聲 -l，而是用“啰”來音譯。

（三）娑啰逸啰

娑啰逸啰 suoluoyiluo[LMC. sa la jit la]< 中古伊朗語 / 帕提亞語 sr’yl [saraēl]。“娑”也是佛經常用音譯字，如“摩訶娑羅”音譯梵文 Mahāsāra，是見於《大唐西域記》卷七的地名，訶 = hā，娑 = sā。“娑”讀若 sa，符合中古伊朗語讀音 sa。“啰”如果按照佛經音譯慣例讀若 ra，也符合伊朗語讀音 ra。這個天使通常漢譯“沙逆夜”，他在西方遠不如米迦勒顯赫。在《以諾書》第 20 章中，四大天使擴大爲七大天使：烏列（Uriel）、拉法葉爾、拉格爾（Raguel）、米迦勒、沙逆夜、加百列、雷米勒（Remiel），沙逆夜名列第五；沙逆夜掌控那些使人精神錯亂的精靈。[46]

（四）嚧嚩逸啰

嚧嚩逸啰 lupoyiluo[LMC. luǝ̆ pɦua jit la]< 中古波斯文 rwp'yl/ 帕提亞文 rwf'yl，均讀若 rufaēl。《漢語大字典》説：“嚧 lú《廣韻》落胡切，平模來。”[47]“嚧”字在晚期中古漢語中當讀若 luǝ̆。《摩尼教殘經一》記載的一個神叫“呼嚧瑟德”（呼神），是帕提亞文 xrwštg [xrōštg] 的音譯；《摩尼光佛教法儀略》記載寺院裏僧侶的一種職位叫“呼嚧喚”（譯云教導首，專知獎勸），是中古波斯文 xrwh(x)w'n [xrōh-(x)wān] 的音譯；嚧＝rō。[48]《漢語大詞典》説：“嚩 [pó《字彙》符約切。] 佛教呪語中譯音字。《消災吉祥神呪》：‘鉢囉入嚩囉’。”[49]“嚩”在晚期中古漢語中當讀若 pɦua。在佛經中，“嚩”字爲व(Va)的音寫，上文已舉數例。這個天使通常漢譯爲拉法葉爾，他是見於猶太教、基督教及伊斯蘭教的天使長，在次經《托比傳》中是重要角色，幫助托比阿斯驅趕附在撒拉身上的惡魔，使托比阿斯順利地娶了撒拉。《舊約·創世記》記載雅各與神使者摔跤，有人認爲這個沒有提及名字的神使者就是拉法葉爾。[50]

（五）喋嚩啰逸啰

喋嚩啰逸啰 yepoluoyiluo[LMC. ŋiap pɦua la jit la]< 中古伊朗語 / 帕提亞語 gbr'yl [gabraēl]。《漢語大字典》説：“喋，《切韻》魚怯切，入業疑。”[51]“喋”在晚期中古漢語中當讀若 ŋiap。這個天使通常漢譯爲加百列，是爲神傳達信息的天使長，《舊約·但以理書》第 8 章第 15—17 節，加百列向但以理解釋異象，第 9 章第 20—24 節，加

百列爲但以理解釋預言。《新約·路加福音》第 1 章第 8—38 節，加百列預言了施洗約翰與耶穌的降生。[52]

（六）四天王管四天下

我們可以把四大天使 / 四天王對照如下：

		拉法葉爾	米迦勒	加百列	沙逆夜
英文		Raphael	Michaeal	Gabriel	Səra’el
阿拉姆文		רפאל	מיכאל	גבריאל	שריאל
阿拉姆文轉寫		Rapha’el	Micha’el	Gabri’el	Śari’el
希臘文		ʽΡαφαὴλ	Μιχαὴλ	Γαβριὴλ	
中古波斯文		rwp’yl	myx’yl	gbr’yl	sr’yl
發音		Rufaēl	Mīxaēl	gabraēl	saraēl
帕提亞文		rwf’yl	myh’yl	gbr’yl	sr’yl
發音		Rufaēl	Mīhaēl	gabraēl	saraēl
晚期中古漢語		luǝ pɦua jit la	mji xa jit la	ŋiap pɦua la jit la	sa la jit la
漢文	四天王	嚧嚩逸啰	弥訶逸啰	喋嚩啰逸啰	娑啰逸啰
	四天下	北方	東方	南方	西方
	四法身	清淨	光明	大力	智慧

“讚天王”說的“四天王管四天下”與《興福祖慶誕科》〈請護法文〉中四梵天王分管四方相一致，自然已經披上了中國民間宗教的外衣，但是，是否也有其西方淵源呢？死海古卷《光明之子與黑暗之子戰爭之書》中說，四個天使長的名字寫在光明之子軍隊的四個“塔樓”的盾牌上，米迦勒、加百列寫在右邊，沙逆夜、拉法葉爾寫在

左邊。[53] 米利克（J.T. Milik，1922—2006）認爲，這意味着米迦勒在“塔樓”的南方，加百列可能在東方，沙逆夜在北方，而拉法葉爾在西方。這與中世紀猶太教神秘哲學文獻所述一致，四大天使位於上帝寶座的四面：米迦勒在南面，烏列在北面，加百列在東面，拉法葉爾在西面。也可以看到稍微不同的安排，在約旦北部的拜占庭城市駝母城（'Umm'el-Gimâl）公元 412 年建造的一座塔上，烏列（Οὐριὴλ）的名字刻在城堡的北面，加百列（Γαβριὴλ）在東面；米迦勒（Μιχαὴλ）在西面，拉法葉爾（Ῥαφαὴλ）在南面。[54] 在當代網絡上我們可以看到四大天使分別與四個方向聯繫在一起：拉法葉爾—東方；米迦勒—南方；加百列—西方；烏列—北方。[55] 霞浦文書以嚧嚩逸啰（拉法葉爾）管北方，弥訶逸啰（米迦勒）管東方，喋嚩啰逸啰（加百列）管南方，娑啰逸啰（沙逆夜）管西方。霞浦文書以四梵天王對應四方，可能與歐洲以四大天使對應四方有淵源。

霞浦文書的四天王與摩尼教的四大天使對音的吻合僅僅是一重證據，他們分別與摩尼教的清淨、光明、大力、智慧相對應是又一重證據，他們出現於其中的神話故事與摩尼教神話相符是第三重證據，“讚天王”中的十天王（梵名阿薩漫沙）可以與摩尼教十天大王（尊貴的大王）勘同是第四重證據，“讚天王”中的十天諸庇（諸天惡庇）可以與摩尼教的魔鬼勘同是第五重證據，〈請護法文〉中的耶俱孚可以與摩尼教的護法神雅各勘同是第六重證據。有了這六重證據，我們可以肯定，霞浦文書中的四天王就是摩尼教的四大天使。四大天使之名從公元前的死海古卷開始，代代相傳，經過多種文字的翻譯，最後留存在霞浦漢文文書中，這是一個時代久遠、地域廣闊、錯綜複雜的文化傳播，實爲交錯的文化史研究不可多得的佳例。

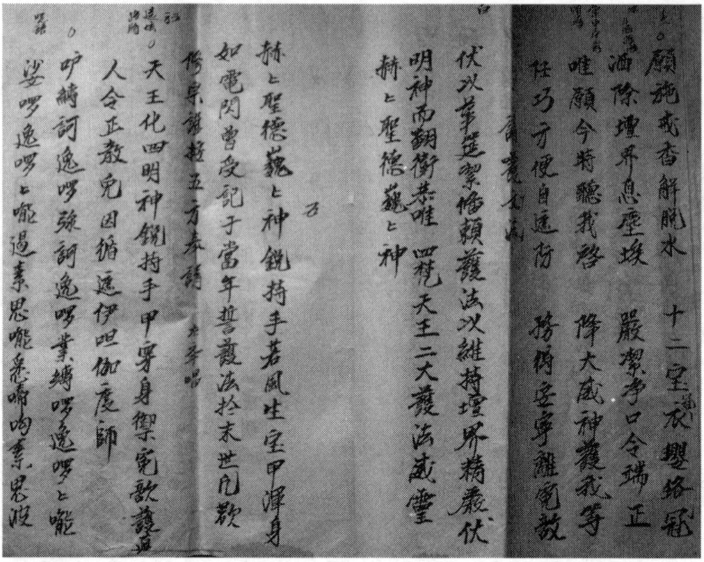

圖版 1　霞浦縣柏洋鄉《興福祖慶誕科》頁 4b—5a:〈淨壇文〉、〈請護法文〉（部分）。吴春明供稿。

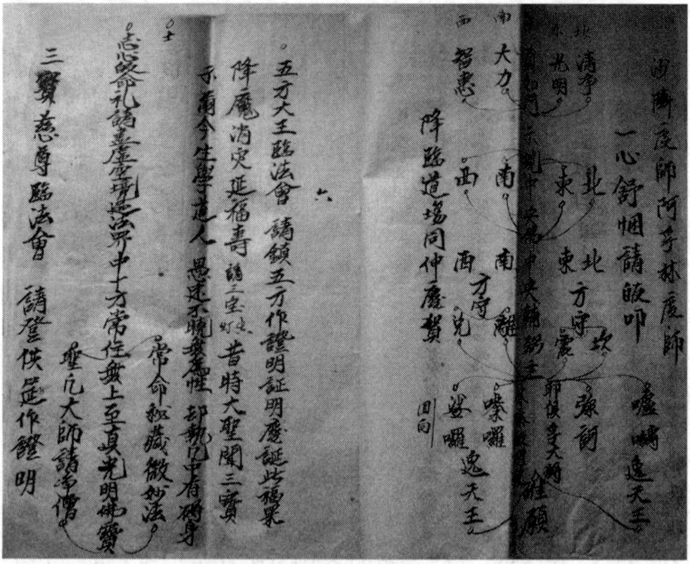

圖版 2　霞浦縣柏洋鄉《興福祖慶誕科》頁 5b—6a:〈請護法文〉、〈請三寶〉（部分）。吴春明供稿。

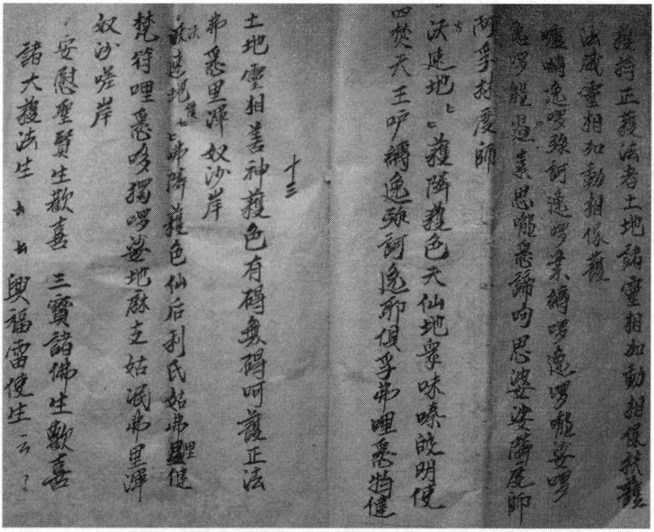

護持正護法者土地諸靈相加動相保就護
法威靈相加動相保護
嚧嚩逸哆弥訶逸哆業縛哆逸哆嚨安哆
逸哆嚨邊素思嚨悉歸响思婆娑降度師
阿孚叔度師
沃逮地護降護色天仙地衆味嗪詵明使
四梵天王吁縛逸頭訶逸耶俱孚弗哩悉犄健
十三
土地靈相善神護色有碍無碍呵護正法
弗悉里渾 奴沙岸
沃逮地弗降護色仙后刹氏姑弗盧健
梵特哩悉哆獨嘍娑地麻主姑澀弗里渾
奴沙嗟岸
安慰聖賢生歡喜 三寶諸佛生歡喜
諸大護法生 興福雷使生

圖版 3　霞浦縣柏洋鄉《興福祖慶誕科》頁 12b—13a：〈誦土地讚安慰〉（部分）。吴春明供稿。

圖版 4 《宇宙圖》（部分），吉田豐，《新出マニ教絵畫の形而上》，《大和文華》第 121 號，平成二十二年（2010），圖版 4。

■ 注釋

[1] Le Coq, Albert von., *Die buddhistische Spätantike in Mittelasien*, 2. t. *Die manichaeischen Miniaturen, 1923*, Berlin: D. Reimer [etc.], 1922-1933, pp.50-56, 60, Tafel 8a, d; http://dsr.nii.ac.jp/toyobunko/LFB-2/V-2/page/0086.html.en. 中譯本：《新疆佛教藝術 = Xinjiang fojiao yishu》，阿尔伯特·馮·勒柯克、恩斯特·瓦尔德施密特著，新疆教育出版社 2006 年版，第 152—156、163—164 頁，圖版 8a, d（第 176 頁）。Banerjee, P., "Hindu Trinity from Central Asia", *Bulletin, National Museum, New Delhi,* 1970/2:17-20. http://www.ibiblio.org/radha/p_a008.htm; http://www.ignca.nic.in/pb0009.htm.

[2] Klimkeit, H.-J., "Hindu Deities in Manichaean Art", in: *Zentralasiatische Studien* 14/2(1980), pp.179-199; Klimkeit, H.-J. *Manichaean Art and Calligraphy*, Leiden, 1982, pp.35-37. http://books.google.com/books?id=Gtf9cBNuYQkC&source=gbs_ViewAPI. 中譯本：林悟殊譯，《古代摩尼教藝術》，中山大學出版社 1989 年版，第 77—81 頁。

[3] Zieme, Peter, "Manichäische Kolophone und Könige", In *Studia Manichaica : II. Internationaler Kongress zum Manichäismus, 6-10. August 1989, St. Augustin/Bonn*, herausgegeben von Gernot Wiessner und Hans-Joachim Klimkeit. Wiesbaden: Otto Harrassowitz, 1992, p.322.

[4] Zsuzsanna Gulácsi, *Manichaean Art in Berlin Collections*, Turnhout, 2001, pp.72-74, 78, 80.

[5] Ma Xiaohe, "Remains of the Religion of Light in Xiapu County, Fujian Province", 《歐亞學刊》第 9 輯，2009 年，第 95、97—98 頁。

[6] 牟潤孙：《宋代之摩尼教》，《輔仁學志》第 7 卷 1、2 合期；收入作者《注史齋叢稿》，新亞研究所 1959 年版，第 104 頁。Klimkeit, H.-J., "Hindu Deities in Manichaean Art", in: *Zentralasiatische Studien* 14/2(1980), p.193.

[7] Forte, Antonino, "Deux études sur le manichéisme chinois", *T'oung pao* LIX, 1973, p.250.

[8] Lieu, Samuel N. C., *Manichaeism in the later Roman Empire and medieval China*, Tübingen: J. C. B. Mohr, 1992, p.277.

[9] 由於得到福建省文物局局长鄭國珍先生、霞浦縣副縣長和摩尼教論證工作領導小組組長黄敏皓女士、霞浦縣博物館館長吴春明先生的大力支持，得以研究《興福祖慶誕科》的照片。特此致謝。

[10] 敦煌出土《下部讚·讚夷数文》，見芮傳明：《東方摩尼教研究》，上海人民出版社 2009 年版，第 388—389 頁。参阅：http://ccbs.ntu.edu.tw/BDLM/sutra/chi_pdf/sutra22/T54n2140.pdf。

[11] 陳進國、林鋆：《明教的新發現——福建霞浦縣摩尼教史跡辨析》，《不止于藝：中央美術學院"藝文課堂"名家講演錄》，北京大學出版社 2010 年版，第 356、379、382 頁。http://www.chinesefolklore.org.cn/upload/news/Attach-20100228073629.pdf; http://baike.baidu.com/image/3792cb39744bbedd3a87cedf.

[12] 任繼愈主編：《宗教詞典》，上海辭書出版社 1981 年版，第 303、293、279、769、395 頁；參閱：http://zhidao.baidu.com/question/94317725。

[13] 注 11 所引文，第 379—380 頁。

[14]《大唐西域記校注》，玄奘、辯機原著，季羡林等校注，中華書局 1985 年版，第 35—39 頁。

[15] Nickelsburg, G. W. E., *1 Enoch 1: a Commentary on the Book of 1 Enoch, Chapter 1-36; 81-108*, Minneapolis: Fortress Press, 2001, p.184.

[16] Nickelsburg, G. W. E., *1 Enoch 1*: *a Commentary on the Book of 1 Enoch*, *Chapter 1-36*; 81-108, Minneapolis: Fortress Press, 2001, pp.174-201.

[17] *The Books of Enoch: Aramaic fragments of Qumrân Cave 4*, edited by J.T. Milik; with the collaboration of Matthew Black, Oxford: Clarendon Press, 1976, pp.157-158, 170-172, 316；Nickelsburg, G. W. E., *1 Enoch 1: a Commentary on the Book of 1*

Enoch, Chapter 1-36; 81-108, Minneapolis: Fortress Press, 2001, p.202.

[18] *Apocalypsis henochi graece*, edidit M. Black, Fragmenta pseudepigraphorum, quae supersunt graeca; una cum historicorum et auctorum judaeorum hellenistarum fragmentis, collegit et ordinavit Albert-Marie Denis, Leiden, Brill, 1970, p.23.

[19] *The book of Enoch,* or, *1 Enoch: translated from the editor's Ethiopic text: and edited with the introduction notes and indexes of the first edition wholly recast, enlarged and rewritten together with a reprint from the editor's text of the Greek fragments*, by R.H. Charles, Mokelumne Hill, Calif.: Health Research, 1964, pp.20, 77. 但是許多埃塞俄比亞文本的鈔本作 Suryal。

[20] Nickelsburg, G. W. E., *1 Enoch 1: a Commentary on the Book of 1 Enoch, Chapter 1-36; 81-108*, Minneapolis: Fortress Press, 2001, pp.202-232.

[21] Stuckenbruck, Loren T. *The Book of Giants from Qumran: texts, translation, and commentary*, Tübingen: Mohr Siebeck, 1997, pp.87-93.

[22] Reeves, John C., *Jewish lore in Manichaean cosmogony: studies in the Book of giants traditions*, Cincinnati: Hebrew Union College Press, 1992, pp.59-60, 64-65,109-117.

[23] *The Cologne Mani codex(P.Colon. inv. nr. 4780): Concerning the origin of his body,* translated by Ron Cameron and Arthur J. Dewey, Missoula, Mont.: Scholars Press, 1979, pp.46-47. Reeves, John C., *Heralds of that good realm: Syro-Mesopotamian gnosis and Jewish traditions*, Leiden; New York: E. J. Brill, 1996, pp.183-4, 191-192.

[24] Henning, W. B., "The Book of the Giants", *Bulletin of the School of Oriental and African Studies* 11/1(1943), pp.68-69. 圖版見：http://www.bbaw.de/forschung/turfanforschung/dta/m/images/m7800a_seite1.jpg。

[25] W. Sundermann, "Mani's 'Book of the Giants' and the Jewish Book of Enoch, A Case of Terminological Difference and What it Implies", *Irano-Judaica* III, ed. by P.Shaked & A.

Netzer, Jerusalem, 1994, pp.40-48. 圖版見：http://www.bbaw.de/forschung/turfanforschung/dta/m/images/m7800a_seite2.jpg。

[26] Polotsky, Hans Jakob and A. Böhlig, *Kephalaia*. Stuttgart, W. Kohlhammer, 1940, pp.116-117; *The Kephalaia of the Teacher: the edited Coptic Manichaean texts in translation with commentary*, [edited] by Iain Gardner, Leiden; New York: E. J. Brill, 1995, pp.122-123.

[27] 星雲大師監修：《佛光大辭典》，書目文獻出版社 1993 年版，卷 1，第 512 頁；卷 6，第 5364—5365 頁。

[28] 吉田豐：《新出マニ教絵畫の形而上》，《大和文華》第 121 號，2010 年，第 10 頁，圖版 4。

[29] Henning, W. B., "The Book of the Giants", *Bulletin of the School of Oriental and African Studies* 11/1(1943), pp.71-72. 圖版見：http://www.bbaw.de/forschung/turfanforschung/dta/m/images/m0035_verso.jpg, 第 3—18 行。

[30] Bryder, Peter, *The Chinese transformation of Manichaeism: a study of Chinese Manichaean terminology*, [Löberöd]: Bokförlaget Plus Ultra, 1985, pp.102-103.

[31] Henning, W. B., "The Book of the Giants", *Bulletin of the School of Oriental and African Studies* 11/1(1943), p.72. *Kephalaia*, mit einem Beitrag von Hugo Ibscher, Stuttgart, W. Kohlhammer, 1940-, p.93. *The Kephalaia of the Teacher: the edited Coptic Manichaean texts in translation with commentary,* [edited] by Iain Gardner, Leiden; New York: E. J. Brill, 1995, p.98.

[32] Reck, Christiane, *Gesegnet sei dieser Tag: manichäische Festtagshymnen: Edition der mittelpersischen und parthischen Sonntags-, Montags- und Bemahymne*, Turnhout: Brepols, 2004, p.159.

[33] 参閲 Lieu, Samuel N. C. *Manichaeism in Central Asia and China*, Leiden; Boston: Brill,

1998, p.51。《大正藏》錄爲“劫傷怒思”，林悟殊、芮傳明錄爲“劫傷怒思”，筆者提出是否應該錄爲“劫傷怒思”。

[34] Müller, F. W. K., *Handschriften-Reste in Estrangelo-Schrift aus Turfan, Chinesisch-Turkistan*, Part 2, Berlin, 1904（Abhandlungen der Königlich Preussischen Akademie der Wissenschaften aus dem Jahre ...1904）p.45. *A Reader in Manichaean Middle Persian and Parthian: texts*, with notes by Mary Boyce, Téhéran: Bibliothèque Pahlavi: Leiden: Diffusion, E. J. Brill, 1975, Text du(p.192). *Gnosis on the Silk Road: Gnostic texts from Central Asia*, translated & presented by Hans-Joachim Klimkeit, [San Francisco, Calif.]: HarperSanFrancisco, 1993, p.160. 圖版見：http://www.bbaw.de/forschung/turfanforschung/dta/m/images/m0020_seite1.jpg。

[35] Müller, F. W. K., *Handschriften-Reste in Estrangelo-Schrift aus Turfan, Chinesisch-Turkistan*, Part2, Berlin, 1904(Abhandlungen der Königlich Preussischen Akademie der Wissenschaften aus dem Jahre ...1904), pp.55-59. *A Reader in Manichaean Middle Persian and Parthian: texts*, with notes by Mary Boyce, Téhéran: Bibliothèque Pahlavi: Leiden: Diffusion, E. J. Brill, 1975, Text dt(pp.190-191). *Gnosis on the Silk Road: Gnostic texts from Central Asia*, translated & presented by Hans-Joachim Klimkeit, [San Francisco, Calif.]: Harper San Francisco, 1993, pp.159-160. 圖版見：http://www.bbaw.de/forschung/turfanforschung/dta/m/images/m0004a_seite2.jpg; http://www.bbaw.de/forschung/turfanforschung/dta/m/images/m0004b_seite2.jpg。阿赫里曼出自瑣羅亞斯德教，意爲黑暗魔王。

[36] Burkitt, F. C., *The religion of the Manichees*, Cambridge, 1925, p.91.

[37] Henning, W. B., “Two Manichaean magical texts with an excursus on the Parthian ending-ēndēh”, *Bulletin of the School of Oriental and African Studies*12(1947), pp.39-40. *A Reader in Manichaean Middle Persian and Parthian: texts*, with notes by

Mary Boyce. Téhéran: Bibliothèque Pahlavi: Leiden: Diffusion, E. J. Brill, 1975, Text dr(pp.187-188). *Gnosis on the Silk Road: Gnostic texts from Central Asia*, translated & presented by Hans-Joachim Klimkeit, [San Francisco, Calif.]: HarperSanFrancisco, 1993, p.163. 文書 M781 圖版見：http://www.bbaw.de/forschung/turfanforschung/dta/m/images/m0781_seite1. jpg; http://www.bbaw.de/forschung/turfanforschung/dta/m/images/m0781_seite2.jpg。

[38] Henning, W. B., "Two Manichaean magical texts with an excursus on the Parthian ending -ēndēh", *Bulletin of the School of Oriental and African Studies*, 12(1947), pp.50-51. *A Reader in Manichaean Middle Persian and Parthian: texts*, with notes by Mary Boyce, Téhéran: Bibliothèque Pahlavi: Leiden: Diffusion, E. J. Brill, 1975, Text ds(pp.188-189). *Gnosis on the Silk Road: Gnostic texts from Central Asia*, translated & presented by Hans-Joachim Klimkeit, [San Francisco, Calif.]: Harper San Francisco, 1993, pp.163-164. 馬小鶴、徐文堪：《摩尼教"大神呪"研究——帕提亞文書 M1202 再考釋》，《史林》2004 年第 6 期，第 98 頁。圖版見：http://www.bbaw.de/forschung/turfanforschung/dta/m/images/m1202_recto.jpg; http://www.bbaw.de/forschung/turfanforschung/dta/m/images/m1202_verso.jpg。

[39] *Dictionary of Manichaean texts in Chinese, by Gunner B. Mikkelsen*, Turnhout: Brepols; NSW, Australia: Ancient History Documentary Research Centre, Macquarie University, 2006, pp.102-109；注音均採自：Pulleyblank, Edwin G., *Lexicon of reconstructed pronunciation in early Middle Chinese, late Middle Chinese, and early Mandarin*, Vancouver: UBC Press, 1991. 高本漢（B. Karlgren）、周法高、潘悟雲諸位對中古音的構擬，可在潘悟雲先生主持的網站上通过"中古音查詢"獲知（http://www.eastling.org/），在此不贅。

[40] 佛教音譯詞彙皆根據"電子佛教詞典"（http://www.buddhism-dict.net.ezp-prod1.

hul.harvard.edu/ddb/index.html)，不再一一注明。

[41] *New Catholic Encyclopedia*, 2nd ed, Detroit: Gale, 2003. v.9, p.595; v.11, pp.909-911; v. 6, pp.40-41.

[42] Briggs, Constance Victoria, *The encyclopedia of angels*, New York: Plume, 1997, p.241.

[43] 中古波斯文文書 M19 R 2，見 *Dictionary of Manichaean texts*, Turnhout: Brepols; NSW, Australia: Ancient History Documentary Research Centre, Macquarie University, 1998-2006, v.III, pt.1, p.235. 本文中古伊朗語詞彙讀音皆統一使用此字典的注音，不再一一注明。

[44] 鋼和泰著、胡適譯:《音譯梵書與中國古音》,《國學季刊》第 1 卷 1 號，第 51 頁。

[45] 吴其昱：《唐代景教之法王與尊經考》,《敦煌吐魯番研究》第 5 卷，2000 年，第 29—30 頁。關於米迦勒，參閱注 41 所此書，v.9, p.595。

[46] *The book of Enoch*, or, *I Enoch: a new English edition: with commentary and textual notes*, by Matthew Black, in consultation with James C. Vanderkam, with an appendix on the 'Astronomical' chapters(72-82)by Otto Neugebauer, Leiden: E. J. Brill, 1985, pp.260, 29-30, 129, 133, 36-37, 163. Hannah, Darrell D., Michael and Christ: *Michael traditions and angel Christology in early Christianity*, Tübingen: Mohr Siebeck, 1999, pp.29-30.

[47]《漢語大字典》，湖北辭書出版社、四川辭書出版社 1986 年版，卷 1，第 702 頁。

[48] *Dictionary of Manichaean texts in Chinese*, by Gunner B. Mikkelsen, Turnhout: Brepols; NSW, Australia: Ancient History Documentary Research Centre, Macquarie University, 2006, p.104.

[49] 注 47 所引書，卷 3，第 553 頁。

[50] 參閱：http://en.wikipedia.org/wiki/Raphael_%28archangel%29。

[51] 注 47 所引書，卷 1，第 690 頁。

[52] *New Catholic Encyclopedia*, Vol. 6, 2nd ed, Detroit: Gale, 2003, pp.40-41.

[53] *The Dead Sea scrolls: a new translation*, Michael Wise, Martin Abegg, Jr., & Edward Cook, San Francisco: HarperSanFrancisco, 1996, p.159.

[54] *The Books of Enoch: Aramaic fragments of Qumrân Cave 4*, edited by J.T. Milik, with the collaboration of Matthew Black, Oxford: Clarendon Press, 1976, p.173.

[55] http://www.email-a-psychic.co.uk/Psychics%20and%20Archangels.htm.

本文爲復旦大學亞洲研究中心資助課題的成果之一。

蒙古草原傳統之移入及其轉型
——基於對諸蒙古汗國制度比較的一個考察

邱軼皓

一、引言

在舒爾曼研究蒙古帝國稅收制度的經典論文中，他將蒙古帝國發展進程的“第三階段”，定義爲“本土政治文化傳統的大規模復興時期”[1]。此階段隨各個蒙古汗國地方化進程的遲速而略有先後。在漢地，爆發於1260年的忽必烈和阿里不哥之間的汗位繼承戰爭，最終以“贊成採用更先進的臣服國家的宗教和政治思想以及治理模式”的忽必烈憑藉着漢地人力、物力資源的優勢，戰勝了他固守“蒙古中心”主義的胞弟[2]；並促成了回歸漢地傳統的元朝的建立。在波斯則要遲至合贊汗（1295—1304年在位）時代。此前，已經有大批旭烈兀家族宗王和依附於他們的蒙古貴族，因爲捲入爭奪權力的鬥爭而遭到誅滅。[3] 他們的死導致除合贊汗、完者都汗之外的，建築在婚姻、血緣和身份領屬關係之上的舊的權力集團也隨之瓦解。[4] 從而使更符合波斯—伊斯蘭政治理想的制度改革得以展開。至於金帳汗國和察合台汗國，則似乎從未到達過這個發展階段。

在此期間，無論是在漢地抑或波斯，制度方面都發生了極爲相似的變革。其表現通常爲：爲儘快恢復因蒙古軍事征服和大規模分封而造成的經濟衰退，蒙古人嘗試重建新的中央集權式政府。蒙古帝國前期（窩闊台到蒙哥汗），那種通過特定的行政部門（稅收、軍事）和中介群體（札魯忽赤、達魯花赤），自遠居漠北草原深處的汗庭遙控並干預被征服地區事務的間接统治，爲直接管理所取代。[5]在漢地，忽必烈所主導的、由其私屬怯薛和漢人、色目人幕僚班子整合而成的開平“行中書省”過渡爲最高中樞行政機構。[6]另外，自中統初到至元七年之間，大體上做效漢（金）制的樞密院、御史臺、司農司等漢式機構也漸次成立。在伊利汗國中，旭烈兀（Hülegü）時代以來，由代表伊利汗家族利益的蒙古監臨官（basqaq）、效忠蒙古人的當地世侯（多數爲突厥人）和伊利汗委任的大食包稅人（muqāṭᶜa, 有時候就是瓦即兒本人）共同管理地方事務的方式，逐漸向波斯傳統的“瓦即兒”（wāzīr, 宰相）制度靠近。[7]另一方面，合贊汗致力於恢復因“定居—遊牧民”對立而被嚴重干擾的農業與稅收部門的改革，並取得了一定成效。[8]

此時的蒙古統治者或多或少也意識到，要確保中央集權政府的工作效率，就必須組建起一整套針對當地情況並運轉有效的官僚隊伍。經許衡等一批潛邸幕僚的長期勸講，忽必烈對所謂“北方之有中夏者，必行漢法乃可長久”的觀點[9]，漸有會心。由此才有至元二年詔徐世隆等“議立三省，遂定內外官制上之”的舉措。[10]在1302年的忽鄰勒台大會上，合贊汗也在各級伊斯蘭人士和伊朗社團成員面前，宣稱自己是“伊朗地區（Īrān Zamīn）全體人民”的保護人。[11]隨着官僚系統的恢復，更多提拔自本土社會的精英被吸收進中樞機構。他們多以某種行政才能被拔擢爲官[12]，雖然從“非蒙古人”那裏徵召幕僚始於蒙哥汗[13]，但就其規模和人員的多樣化程度而言，均不能和這個時期相提並論。

在蒙古帝國早期，因爲文化性格和身份（征服者與被征服者）的根本對立，蒙古異密和本土官僚之間不時發生激烈的衝突，嚴重削弱了蒙古地方管理時的效率。而在與蒙古貴族的衝突中，本土官僚往往處於失勢的一方。稍有不慎，即身罹牢獄之災。例如伊利汗國的官員汪家奴（Ungyanū）被阿八哈汗“委任爲負責規範法兒思地區秩序的全權長官（amārat wa ḥukūmat-i kullī）”，由於他的嚴格管理妨礙了蒙古異密的無度需索，遂爲後者中傷，並遭到阿八哈汗的懲處。[14]代表定居社會行政傳統的官員，和繼承征服者性格的蒙古異密之間的對立，在伊朗甚至要延續到13世紀後期。但經過雙方長期的調適，在這個時期中，蒙古人和本土精英變成於同一個政府機關中共事的同僚，雖然“蒙古人至上”的觀念仍普遍存在，不過兩者的結合方式卻顯現出了新的特徵。

伴隨着大規模的制度恢復，典型的蒙古舊制也不再像前幾個階段那樣，佔據着整個國家機器的中心地位。它們或被比附成本土傳統中固有的形式，或被推移到一個較爲邊緣的位置上。但正如舒爾曼敏鋭地觀察到的那樣：復興的結果，並未導致真正的“漢化”或“波斯化”。例如，在重建的元朝政體中，傳統的漢式官僚體制的表現要“更加強力與專制”。他雖然解釋道，這是蒙古因素的“移植”（graft onto）所造成的結果。[15]但“移植”說尚要面對以下質疑：首先，它過於注重位於權力頂端的蒙古人集團。但事實上，還有更多同樣重要、卻無法在本土制度傳統中定位的蒙古重臣，其影響力被低估了。[16]更重要的是，即使在並非由蒙古人主持的政府機構內，同樣也存在着由於“遊牧式”政治觀念的泛化而導致對本地傳統的背離。所以，我們不妨將這種轉變看作是遊牧—定居文化互動關係中一個新模式的起點。

在本文中，作者更願意把此種模式稱作“投影”（projection）式[17]：也就是舊的蒙古帝國政治結構被更符合本土傳統的官僚體系所取代，轉而通過某種內在的權力分配模式，以及官僚集團的組合手法，顯示出其與“蒙古舊制”之間的關聯性；同時，本土傳統又規定了“蒙古舊制”的表現形式。就像我們能夠從銀幕上看出底片的內容，但幕布本身的質地和它距離底片的遠近，總是會影響到圖像的呈現。作爲載體的社會傳統本身的複雜程度，以及其與原型之間差異性的大小，也會對其最終表現形式有所干擾。這是一個作用於雙方的、長期變動的過程。源自蒙古舊制的“非漢/非波斯”因素，不僅保留在“典型”的遊牧官制中，更依附、融會在本地制度中，而其所代表的草原政治傳統的政治觀念和政治手法，卻泛化爲主導政治生活的支配性原則。它們支配、干擾着此後的政治進程，進而改變並腐蝕了傳統的官僚制精神。在元代，它發育成以漢式行政體制爲原型、卻不以儒家政治理念和漢地傳統爲唯一支配手段的政府。而在伊利汗國，聯合了蒙古/突厥和大食人的中央政府，只是爲波斯蒙古政權瓦解後的數個世紀中，統治伊朗地區的突厥人政權提供了可資參照的樣板。所以我們的考察，尤其需要對那些被認爲是“地方化”較爲成功的部門中，從漢/波斯制度外殼下，透射出的來自另一種文化傳統的制度成分保持足夠的警覺。在這篇文章中，我們嘗試借助制度的比較，通過蒙古舊制在元朝、伊利汗國、金帳汗國中的延續，來觀察它在與地方傳統的相互滲透、結合的過程中所體現出的共性與異相，並且由此追溯各種制度的形成過程；最後，通過觀察元、伊利汗國政治制度中的“二元”權力結構，進而討論蒙古貴族與本土知識官僚的互動關係。

二、西方蒙古汗國的“二元”構造

（一）金帳汗國

布爾勒把元代中書省和樞密院的並立，看作是忽必烈對於蒙古部落傳統和漢式官僚政府的“雙重繼承”。在他看來，樞密院不僅是實際的軍事控制系統，而且是部落結構、傳統（即論文中的“探馬赤軍”）的保存者。[18] 其觀點中有價值的地方在於：他正確觀察到“蒙古舊制”並不是平均地被推入定居社會的制度結構中的。在涉及蒙古人特殊權利的地方，轉型後所設立的、與之功能相當的機構，並未真正地被賦予實權。元代中書省六部中的“兵部”始終是一個架空的機構；而波斯傳統中瓦即兒也不再對“軍需部”（dīwān al-ᶜarḍ）負責。蘭普頓認爲這是蒙古軍隊有着自己的組織系統的緣故[19]。但對於像元代政府這樣一個龐大、複雜的國家機器來說，布爾勒的推論又顯得過於簡單化。我們很容易指出元代樞密院中包含有爲數不少的漢、色目人官員。而縱觀前人研究成果，我們也很難把樞密院和探馬赤軍（布爾勒認爲其基幹由“五投下”組成）簡單地關聯起來。[20] 所以就元代制度本身來考究“遊牧因素”的介入方式是比較困難的。

正如哈贊諾夫曾指出的，那種“純粹的”（pure form）遊牧國家形態，也就是“在遊牧人群和定居民之間，存在着一條明顯的地理界限”的情況，只有在金帳汗國中才能看到，而在其他蒙古汗國中反倒不具普遍性。[21] 當然，也只有在金帳汗國，“遊牧的”傾向最終壓倒了定居的傾向。那麼我們的考察，似乎應該選擇遠離定居社會文化，保留着蒙古舊制較多的金帳汗國作爲起點。

在金帳汗國政治結構中，有一個特殊的權力集團，即“四哈剌出·拜”（Qarači Bey，土耳其語：Karaçı Bey）制度。他們在波斯—阿拉伯文獻中有時也被稱作“四兀魯思·別（拜）”（4 Ulus Bek）或“兀魯思異密”（Ulus Amīr）。[22] 由於典型的“兀魯思異密”制度，主要出現在伊利汗國和作爲其繼承國的札剌亦兒王朝，以及稍後入侵波斯的帖木兒王朝中。因此，文獻中的“兀魯思別（拜）”、“兀魯思異密”應該是波斯—阿拉伯語作家對金帳汗國“哈剌出·拜”的譯稱。

“四哈剌出·拜”是汗國內最重要的大臣，也構成了其國家機器的基幹。沙米盧魯（Uli Schamiloğlu）綜合前人的研究，認爲“哈剌出”明確地表明了這些人出身自平民——也就是“非成吉思汗後裔”。[23] 雖然有關“哈剌出·拜”的記載，在金帳汗國時期還遠不如在其繼承者，諸如克里米亞汗國或帖木兒朝制度中那麼普遍。但經沙米盧魯歸納相關史料後證明，這個制度的形成明確可以追溯到金帳汗國中期。從“哈剌出”名稱本身來看，它所反映出的也更應該是蒙古人，而非突厥人的政治觀念。符拉基米爾佐夫把成吉思汗興起之前的氏族（oboq）分爲“那牙惕”（noyad）和“哈剌出”（平民）兩個階層，他們之間表現爲領屬與依附的關係，並一同被包含在以“血緣認同”關係組織起來的部落結構中。而到成吉思汗將全體草原遊牧民編入千戶、百戶體制後，原有的部落首領和那顏家族或者被肉體消滅，或者歸附前者，成爲爲全體“黃金家族”（後者有時被稱作 ulus ejen,“國之主人”）服役的依附階層。在傳統的部落領屬階層從世襲分封體系的頂端跌落的同時，原本居於其下的“哈剌出”的地位反而體現出相應的提昇。在蒙古帝國時代，“哈剌出”一語有時“不只意味着與貴族（那顏）相對的普通人，而且也意味着與汗室與宗室相對的一切社會集團”[24]。那顏們被看作成吉思汗直系後裔們的“哈剌出”，而自稱是某人的“哈剌出”甚至成爲一種榮耀[25]，即表示其獲得了高於普通官吏的“斡脫古·孛斡勒”（ötögü bo’ol, 老奴婢）身份。[26] 由此，我們就可以理解所謂“哈剌出·拜”正是在蒙古帝國主奴關係背景下，演變而成的對最高級別外族官僚的尊稱。

而在突厥—蒙古傳統（金帳汗國、察合台汗國）中，“來自不同遊牧集團的首領——‘别’，成爲了汗國内的支配性的力量。對普通的遊牧民來説他們是領導階層（leading estate），而對依附於其下的定居民，他們是統治階級（ruling class）”[27]。所以當沙米盧魯指出，“在成吉思汗繼承國中，他們（哈剌出·拜）屬於佔據支配階層（也就是遊牧人），而不是被統治者”[28]，在表明他們遊牧身份的同時，也就揭示了其所擁有的全部權力根源於部落組織。

關於金帳汗國的“四哈剌出·拜”制度，據斯普勒説：“在金帳汗國（Qypčaq），最高管理機關並非掌握在一個人手中，而由四個‘兀魯思異密’（即四哈剌出·拜）所共治。”[29] 在金帳汗國中，這四個“支配部族”的首領，構成了與君主相對的“國家顧問”班子。其人數固定爲四個，直到金帳汗國後期才增加爲五人。[30] 而在這四人之中，更有一位權力最大、地位最高者，被稱爲“衆別（拜）之長”（beglerbeg 或 beylerbey）。[31] 此制度的來源目前尚不清楚，俄國學者認爲它在烏古思人（Oghuz）政權中就已經存在；而卡恩（Cahen）則推測其或與管理突厥蠻人的事務有關。[32]

沙米盧魯歸納“四哈剌出·拜”制度的基本特徵有：

1. 他們是某個“支配部族”（ruling tribe）首領。

2. 作爲“支配部族”的首領，他在統治階層中有自己獨立的代理人。

3. “四哈剌出·拜”之長，爲“衆拜之長”（beylerbey）。

4. 他們是軍隊的最高領袖。

5. 對汗的選立有干預的權力。

6. 他們均有資格參與新汗登基的儀式。

7. “衆拜之長”享有與外國統治者通信、外交之權力。

8. “四哈剌出·拜”可以簽署公文，並加以鈐印。[33]

而他更重要的發現在於，根據克里米亞汗國的文獻可以看出，汗國中的“四哈剌出·拜” 總是和幾個固定的“支配部族”有關，它們先後包括：Şirin, Barın, Siciut, Arğın, Qıqçaq, Mangıt。[34] 其中多數部族可以追溯到成吉思汗時代，借助《史集·部族志》我們可以很容易地辨識出的有：八鄰部、昔只儿惕部、阿兒渾、欽察和忙忽惕部等，其中有一些自《秘史》時代以來，就是成吉思汗身邊所倚重的部族。但和沙米盧魯的觀點略有分歧的是，我認爲在金帳汗國中的這些“支配部族”，與其說是真實的，由出自同族、同血緣的人群組成的“部族”，不如說是指某些出身某“特定部族”，並世襲權力的重臣家族而已。在此“部族”只是指其中的那牙惕家族，而與平民部衆無涉。正如在元朝，被時人譽爲“親連天家，世不婚姻”的札剌亦兒部貴族[35]，多數時候都是指木華黎家族。

爲何後期金帳汗國的史料會顯示出如此強烈的“部族”性格呢？我認爲，這是因爲蒙古人的突厥化，並融入更強勢的突厥文化的結果。和蒙古人不同，血緣（或擬血緣）的意識，在突厥文化中始終是構建更大的“部族共同體”的主要手法。在此背景下，特定的軍事—政治集團也會被披上部族的外衣，如“哈剌兀納思”（Qarāūnās）原來是蒙古帝國時期的喀什米爾萬戶軍人與當地人通婚後所產生的後裔，但也形成了類似於部族的共同體。而與蒙古汗國民事機構的官員選拔向定居民中的精英開放，並依賴其運作不同，“四哈剌出·拜”表現出高度的壟斷性格，沒有一個出自本土的非蒙古—突厥人擔任過此職務。從某種程度上來看，“四哈剌出·拜”是蒙古帝國早期“權威共享”（collegiality）和“平等傾向”（egalitarian tendency）等部落民主精神的延續。[36]

在金帳汗國，“瓦即兒”的許可權和獨立性都要小於伊利汗國。施普勒注意到，金帳汗國的“瓦即兒”往往同時帶有“代理人”（na'ib）或“首領官”（mudabbir）這樣的頭銜。[37]而通過對勘不同史料，我們可以知道，其多由四兀魯思·拜（四哈剌出·拜）中的一個人統領“瓦即兒”，他也被稱作：“汗的代理人”（na'ib al-Qān, 或者，mudabbir mamlikatihi, 國家的行政首腦）。[38]如果說，“瓦即兒”和“哈剌出·拜”的二元構造，體現了蒙古繼承國家中部落組織和官僚機構兩個部分的共存，那麽這些既具有蒙古異密身份，又代表大汗和蒙古貴族對本土官僚進行監督的人本身，則成爲了蒙古政治傳統和官僚制的結合部。《黑韃事略》記載大蒙古國時期制度時曰：

“其相四人，曰按只䚟，曰移剌楚材，曰粘合重山，共理漢事；曰鎮海，專理回回國事。”其中，“按只䚟”（宴只吉歹）在波斯史料中被稱爲窩闊台的“那顏”（nūyān）。[39] 他充當着蒙古人在民事行政中樞中的代理人。似可以看作是此類制度最初的形態。

綜上所述，我們或許可以推論：“四哈剌出·拜”制度所折射出的，其實是部落政治原則在移入另一種國家結構時，在權力分配模式方面的遺存。而這應該也是全體蒙古汗所共同繼承的制度遺產之一。

圖一　後期金帳汗國政治結構

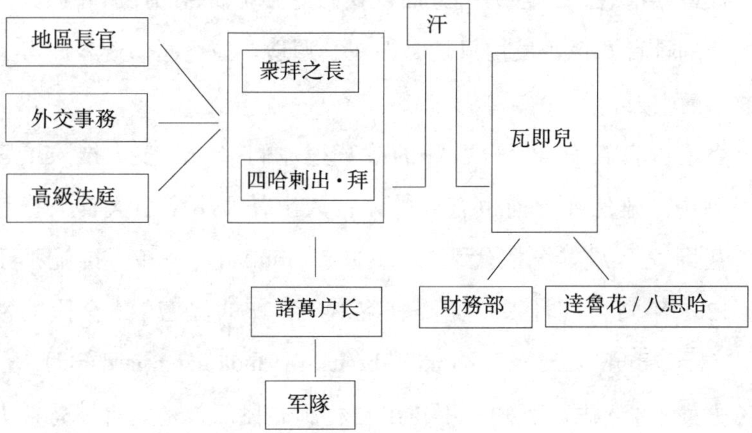

資料來源：引自D.Ostrowski,“The Mongol Origins of Muscovite Political Institutions”[40]，有所改動。

（二）伊利汗國

由合贊汗發起改革的根本動機，是基於一個極爲實際的目的：

恢復自旭烈兀時代以來，已被反復的內戰和蒙古人的粗暴管理破壞殆盡的伊利汗國經濟。[41] 爲了實現這個目的，他首先要做的就是重建起有效的行政管理和稅收部門。在宰相拉施都丁的輔助下，中央集權的政府和各個機關得到恢復。在伊利汗後期，代表傳統波斯集權政體的“瓦即兒”至少名義上成爲了最高行政官員。[42] 而隨着更多波斯本土官員參與到國家機構裏，伊利汗國前期歷史中那種隨處可見的，構成其軍事階層的蒙古、突厥人與“非蒙古人”（大多爲波斯人）之間的“二元”對立變得緩和。[43] 蘭普敦認爲，在突厥—蒙古國家社會秩序與結構的恢復過程中，舊有的社會層級也會體現在新的社會結構裏。[44] 但另一方面，我們也發現，新的征服者與其帶來的新的社會關係，最初只是叠加在其週邊，並逐漸滲透入原有的社會結構中去。

對蒙古貴族而言，合贊汗的改革把他們中的許多人推入了官僚體制中。雖然在此前也有少數蒙古人出任原本多由大食人擔任的“瓦即兒”或“全權代表”（niyābat-i mut̲laq）一職。拉施都丁載，1283 年阿魯渾汗“下詔委任名喚不花［的異密］爲全國的宰相”（wa yalīgh wazārat-i mamālik ba-nām-i Būqā nāfiẕ gardānīd）。[45] 據《史集·部族志》可知，不花出自札剌亦兒部，是蒙哥汗時期大斷事官忙哥撒兒後人，起初曾擔任阿八哈的首思赤（süseči）。[46] 另一個例證，則是乞合都汗“委任失乞禿兒爲伊朗地方的全權長官”（niyābat-i mut̲laq-i khud dar mamālik-i Īrān Zamīn ba-Šīktūr nūyān tūšāmīšī farmūd）。[47] 失乞禿兒同樣也出自札剌亦兒部，在阿爾達比兒（Ardabīl）出土的公文書中，失乞禿兒被稱作是“強有力的異密”[48]。在合贊即位之初，還曾有阿兒渾·阿合之子捏兀魯思（Nawrūz）

擔任過此職。[49] 在斯普勒編制的“首席宰輔年表”中，除上述三人外，剩下的全部是波斯人。[50]

這似乎也顯示出一種融合傾向，即“真正的”蒙古異密也逐漸開始插手“瓦即兒”（文官）的事務。但有一個無法忽視的背景是：上述三人均直接參與了擁立伊利汗的內戰，並倚靠各自手中的軍事實力助其登基，因此這個“瓦即兒”頭銜或許只是一種臨時措置。這些人是否如其所頂戴的官銜那樣，對實際日常政務有所指畫？我們實在不能抱有太高的估計。

在合贊汗改革前的大部分時間裏，蒙古異密更多的是充當監督波斯大小世侯，並負責向定居民徵收的賦稅的八思哈。[51] 扮演着外來征服者的角色的蒙古人，和之前進入波斯地區的遊牧人相似，“就像油和水一樣”無法結合進本土社會。[52] 在其施行管理時所遵循的並非是本地人習知的法規與慣例，而是成吉思汗和後代伊利汗們所制定的札撒（yāsā）與詔令（yarlīgh）。[53] 在這一時期，蒙古人作爲實際權力的掌握者，但大多數時候卻“隱沒”在文獻背後。

在對比了元代和伊利汗國官僚制首腦的種族構成後，可以發現，“有元一代，擔任中書宰執（左、右宰相，平章政事）的蒙古人占壓倒多數”[54]，但在波斯的情況則正相反。這點引起相關研究者的疑惑。而我的意見是，此種差異性並不表明波斯的蒙古人遵循了不同的政治理念。反之，蒙古人在傳統中樞機構中的缺席，恰恰反映出，直到合贊汗改革前，伊利汗國的蒙古人屬於一個更爲封閉、壟斷的集團，這使得遊牧背景的軍事貴族更嚴格地隔絕於波斯本土官僚之外。

在伊利汗前期，這個軍事、政治集團主要由伊利汗本人的怯薛班子構成。上述幾位兼任“瓦即兒”的蒙古異密同時也具有怯薛身份。現存關於伊利汗國怯薛的事蹟，集中在阿八哈時期。拉施都丁載，阿八哈的七個女兒中有三人的夫婿帶有怯薛官職：玉勒·忽都魯（Yül Qutluq）嫁給宴只吉歹·豁失赤（Īljītay Qūščī），脫海（Toqai）嫁給朵剌帶·玉典赤（Dūltāy Eyūdūčī），蔑力（Malik）嫁給了那海·札魯忽赤（Nūqāy Yārghūčī）之子禿罕（Tūghān）[55]。而保存在伊斯坦布爾的一份用回鶻式蒙古語記錄的、由阿八哈（寫於1273年）頒佈給當地貴族察察·兀魯·努魯·丁（Çaça oğlu Nūr al-Dīn）的宗教地產（Wāqf）文書中有：

> bida edün noyat bügüde nöküd-lüge bolju gere bolbai.
>
> 俺每全體那牙惕，伴當每一處見證教做者。[56]

隨後並開列了作爲“見證人”的蒙古大異密和全體怯薛的名單。爲首的四人分別是：撒馬合兒（Samağar）、拜納兒（Baynal）、台亦兒（Tayır）[57]、闊闊出（Kökeçü）[58]。除台亦兒（一作“台亦兒·拔都兒”，Ṭayīr Bahādūr）原爲“客失迷兒（Kešmir）萬戶府”長官外，拜納兒亦見於亞美尼亞史家阿堪赤（Akanc'）所著《引弓民族史》[59]；撒馬合兒出自“槐因·塔塔兒部”（Qo'in Tatar），最初爲旭烈兀的阿黑塔赤（Aγtači）。[60]他們應該都是阿八汗在位時最重要的蒙古異密與怯薛長，撒馬合兒更是扶持阿八哈即位的“年長的大異密”之一。[61]而緊隨其後的則是阿八哈位下各執事怯薛的名錄，它們均以如下句式開頭：

> l.26-26a: nabçi-yin cağunu noyan: 哨衛的名單[62]；

l.34: nabçi-yin bökeğül: 孛可溫的名單[63]；

l.39: nabçi-yin nuntuhuçi: 嫩禿赤的名單[64]；

l.41: Samağar noyan-u nöküd inu: 撒馬合兒那顏的伴當每；

l.48: Baynal-un nöküd inu: 拜納兒那顏的伴當每

其涵蓋範圍大致包括了阿八哈怯薛中的的主要成員。當然，其中大多數人並不見於其他史料。而在命令文書中列舉當時在場怯薛名錄的做法也與漢地的情況相似。[65] 此外，由柯立夫譯注並公佈的一條完者都汗時期的公文題記則表明：在伊利汗國，同樣有着和元代大致相似的怯薛輪值制度。[66] 我們甚至能看到，公文中官員的排列次第和元代內庭奏事時的次序也極爲相似：（1）出自怯薛的大異密：忽都魯沙（Qūtlūq Šāh）[67]；（2）文職官僚的首腦："拉施都刺"（Erisidküle<*Rašīd ud-dūllah）[68]；（3）蒙古必闍赤：剌馬贊（Mong. Iramadan<Per. Ramaẓān）[69]。

雖然在合贊汗時期之前，也有少數的蒙古異密擁有"衆異密之長"之類的頭銜，但"四兀魯思異密"以一種固定的制度出現在合贊汗之後的蒙古史料中，並作爲與民政官員的首領"瓦即兒"相對的整個官僚集團的頂端和最高軍事長官[70]，仍使我們能夠將之看作此種轉折最終定型的標誌。

伊利汗國制度中的"兀魯思異密"（Ulus Amīr）不見於蒙古時代之前的波斯—阿拉伯文獻。它同樣的也不見於早期的蒙古史料，如《元朝秘史》、《聖武親征錄》或《世界征服者史》。從目前掌握的史料來看，和這個頭銜最相近的稱號出現在脫列哥那（Töregene）攝政時期的谷兒只（Georgia）。在 1244 至 1245 年間銜製於梯弗利斯

（Tiflis）的金第納兒（dīnār）上均印有如下銘文："大蒙古國·兀魯思別"（Yeke Mongγol Ulus Bek）。[71] 由於西亞地區發行錢幣時，有必須印上顯示當時統治者名稱或頭銜、尊號的慣例，所以這枚錢幣上的"大蒙古國·兀魯思別"一定是蒙古在當地的最高軍政長官。有學者推測此人是曾主持河中地區政務的阿魯渾·阿合（Arg̲h̲ūn Āqā）[72]，但從後來的那些"兀魯思別"只限於作爲軍事長官的頭銜這點來看，它更有可能指的是拜柱·那顏（Baiju）。[73] 拜柱·那顏出身於別速惕部（besüt），在窩闊台時期被派遣至高加索地區[74]，出任負責對小亞細亞攻略的全體蒙古軍的最高長官。

在現在保存下來的魯木·塞爾柱政府公文書中，我們曾找到一通當地宰輔寫給拜柱表示臣服的書信，信中稱其爲"強大的那顏"（Nūyīn-i A^{c}z̲am<Mong.Yeke Noyan）。[75] 而在反映合贊汗改革以後官制的《書記規範》（*Dastūr al-Katīb*）一書中，我們也能看到"強大的那顏及那顏子嗣"（nū'y̲a̲n wa nū'y̲a̲n zāda-yi a^{c}z̲am）一名被固定地用來對應更符合波斯語表達習慣的"兀魯思異密"。[76] 所以我們或能推定："大蒙古國·兀魯思別（異密）"最初來自對拜柱之蒙古語頭銜的直譯，儘管其正確的寫法應作"*yeke Mongγol ulus-un bek（noyan）"。

而"兀魯思異密"，以及作爲"四兀魯思異密"之長的"衆異密之長"等名詞較爲頻繁地出現在合贊汗時期及其後的波斯史料中，絕非偶然。這應該是在他主導的改革推動下，蒙古重臣面對越來越快的制度融合，不再像以前那樣游離在官僚體系之外，而是迫切地需要從定居社會的政治資源中尋找到能標示自己地位的對應稱號。[77]

從《書記規範》中所載《兀魯思異密任命書》可以看出，兀魯思異密是全體軍隊、萬戶長的長官。其職責大致有："負責兀魯思的保衛，封鎖敵人[入侵]之門，遮斷敵人[的道路]”，保衛伊朗國土。此外，他們還須“一週二次，在大覲見廳與衆宰輔、法官、國之重臣（arkān-i daulat）們集議；並在斷事官官廳調查案件”[78]。據《完者都史》等史料中將“國之重臣”與指稱蒙古貴族的“那顏”·異密們（Umarā-yi Nūyān）”[79]一詞並列可知，此段文獻中的“國之重臣”只是指那些被委以重任的、有着顯赫家世（“大根腳”）的蒙古異密，特別是大汗的怯薛們。

作爲兩元構造的中央政府，其權力的分配方式是：“[那些]蒙古的軍隊和部衆（čerīk wa Ulūs-i mughūl）圍繞着大異密·忽都魯·沙那顏和出班那顏，[而]那些[管理]國家和大食農民的文官則由高貴的宰輔拉施都剌（即拉施都丁）和撒都丁·舍兀治委任。”[80]烏馬里《行紀》中對伊利汗國的中樞機構是這樣描寫的：

> 兀魯思異密共有四人，其中[最大]的一位是“衆別之長”（beklerbek）。他們四人合稱爲“在內的異密”（al-arbaᶜat Umarā' al-Qūl）。按規定，在發佈命令文書（al-Yālīgh wa al-Fūmānāt）時，他們的名字要排在算端名字後面，排在宰相（al-Wazīr）名字的前面。假如他們中間的一個人沒有參加某次會議，但在發佈當時也要簽署上他的名字。
>
> 異密們幾乎每天都得上朝，在那裏按照等級的高低依次坐在已擺好的檀香木椅上，然後宰相就去見合罕。
>
> 他特別強調地說道：如果出現了不法行爲，只要與軍事有關的，就由兀魯思異密處理，只要涉及財産、民事糾紛等等的，就由宰相處理。

有關財政方面的事務（即所謂的“金印”Alṭān Ṭamghā）都由宰相（Wāzīr）提議並決定……那些有關軍務方面的規約都得由兀魯思異密決定。[81]

蒙古貴族壟斷着對軍隊的控制，而瓦即兒則主要關注財政事務。但在官僚制頂端，“大部分重要事務和君王的需要由異密和宰相們辦理”[82]，即由蒙古貴族和文職官僚共同協商處理國家政務。因此兀魯思異密得以對行政事務有所干預。

參考李治安對元代怯薛干預朝政的研究，可以看出後者通常是在宿衛之際，以“御前奏聞”、“陪奏”等方式得以實現。同時元代聖旨和官方文書中，也總是把參加陪奏的怯薛和朝廷宰執同書於一紙，體現出對其參與機務的合法權力的認可。[83]而在伊利汗國，蒙古異密同樣也擁有並不異於漢地的參政權，此種權力的制度化形式，則表現在伊利汗國的公文制度上。烏馬里說：在伊利汗國，“宰相（al-Wazīr）是唯一的一個有權決定文書（khaṭṭ）的人。……正文下面是算端的名字，然後是四個 [兀魯思] 異密的名字，最後是宰相的……另外，宰相要在空格處寫上（fulān söz'ī）[84]，即‘聖 [鈞] 旨俺的’（這是某某的話）”[85]。《史集·合贊汗紀》中說，合贊汗曾“指定出自四怯薛的四個異密，每人獨掌一黑印，以爲聖旨鈐印”（wa čahar amīr rā az čahar kizīg-i muᶜaiyan farmūd wa har-yik rā Qarā-Tamghā'ī ᶜala ḥida dāda, tā čūn yarlīgh rā tamghā zunand）[86]。而完者都時代的聖旨用印情況則是：“蘇丹·完者都·馬合木讓五位異密在聖旨上簽署他們的名字，他們的次第是：出班、孛羅、忽辛、舍雲赤、也先·忽都魯。蘇丹的瓦即兒是火者·撒都丁。但衆瓦即兒的簽名要排在其（蒙古異密）後”（Sulṭān Ūljāytū Maḥmmud bar panj amīr būd ka nām-i īnšā dar yarlīgh-hā nawištandī, bidīn tafṣīl: Čūpān, Pulād, Ḥusīn, Sawinj, Yisen-Qutlugh. wazīr-i Sulṭān Maḥmmud hamān Khʷāja Sa'ad al-Dīn Sāwjī būd, amā nām-i wuzarat bar way būd）[87]。和《完者都史》中“國之重臣”名單相對照，原位列第一的忽都魯·沙已在吉蘭（Gīlān）地區的戰事中被殺，故原本位列第七的也先·忽都魯昇至第五，餘人次序不變。而1305年的阿爾達比爾出土的命令文書的起首語如下：

ba-ism-i allah al-raḥmān al-rahīm	以仁慈的安拉之名！
Ūljāytū Sulṭān yarlīgh-īn-dīn:	完者都·蘇丹聖旨裏，
Qutlugh-Šāh Čūpān Pūlād	忽都魯·沙、出班、孛羅、
Ḥusin Sawinj sözindin:	忽辛、舍雲赤鈞旨裏，
Sa'ad al-Dīn söz'ī:	撒都·丁鈞旨：[88]

此文書實爲瓦即兒撒都·丁所發佈，對公文最後所鈐之印，整理者釋讀作“王府之印”（wan-fu-chih-yin）。[89] 但我們根據元代制度與出土實物可以確定印文當釋作“王傅之印”。[90] 而另一通忽都魯·沙頒佈文書最後的鈐印爲“右（御？）樞密使之印”（yu-ch'u-mi-shih-chih-yin）[91]，“右樞密使”和波斯史料中的“丞相”一樣，都是蒙古貴族所壟斷的權力核心，在爲其所征服的定居社會制度中相對應的官職。[92] 它們對稍後我們理解元朝制度中的蒙古因素，有着重要意義。關於伊利汗時期的“衆異密之長”和“四兀魯思異密”，排比各家史料可知大致有以下幾人：

阿八哈汗時期：*孫者。

阿魯渾汗時期：不花[93]。

拜都汗：*脫合察兒[94]。

合贊汗時期：*捏兀魯思、納鄰[95]、出班[96]。

完者都時期：*忽都魯·沙[97]、出班、孛羅、*舍雲赤、忽辛·别、也先·忽都魯[98]。

不賽因時期：*出班[99]、舍雲赤、亦鄰真、忽辛、也先·忽都魯[100]。

(注：加*者，爲"衆異密之長")

兀魯思異密的出現是蒙古舊制在本地官僚制度中的滲透，怯薛及怯薛制度所代表的根源於部落組織的權力核心，只是隱退其後而並沒有爲其所取代。恰巧《完者都史》中保存了一份伊利汗國後期的蒙古重臣和怯薛名錄，雖然鈔本錯誤、脫漏比比皆是，但它對伊利汗的"大根腳"異密和怯薛情況記載的詳細程度遠過於《史集》、《瓦薩甫史》和《貴顯世系》。今擇其大意，迻譯於下：

每一位國家及各分支之"國之重臣"(umarā'-yi daulat)，成功的近幸，聲名顯赫之"倚納"(īnāq, 密友)，他們中的每個人，皆以其才幹、公正、勇氣、英武而著稱。

居衆人之首，位列第一者，是出自忙兀惕部(Mankqūt)的忽都魯沙·那顔。

位列第二，而居突厥、大食人之首的大異密，是如忽思老一般正直的出班·那顔(Čūpān Nūyān)，他是出自遜都思部

（Suldūs）的蔑力·秃堅（Malik Tūzān）之子[101]。

第三位尊貴的異密，孛羅·丞相（Pūlād Čīnsāng），來自哈剌契丹（Qarā Khitāy）[102]。

第四位異密爲忽辛（Ḥussin），是阿黑·不花駙馬（Aq-Būqā Gūrkān）之子[103]。

第五位正直的異密，舍雲赤·阿合（Sawunj Āqā），爲出自畏兀兒部（Uīghūr）的薩里直·八合失（Salīja Bakhšī）之子瑟瑟·八合失（Sišī Bakhšī）的兒子[104]。

第六位大異密，爲亦鄰真（Īrijīn），他是秃古思合敦（Tūghūz khātūn）的兄弟薩里出（Sālījud）之子[105]。

第七位正直的、忽思老般尊貴的異密，爲木匝哀丁·也先·忽秃魯黑（Mu'zz al-Dīn Yisīn Qūtulūq）。他是阿勒壇·汗（Altān Khān, 即女真皇帝）……之子（女?）公主（GNJŠK<Gunjū?）[106]……的後裔。

第八位異密脱歡（Tughān），爲八吉答（Baghdād）萬戶，人們把乞合都汗的妻子愛舍·哈敦（ᶜĀyša khātūn）給了他（脱歡）。

第九位異密，阿里·豁失赤（ᶜAlī Qūščī）[107]，是出自欽察（Qipčāq）的伯帖迷失（Bātīmīš）的兄弟拜都·豁失赤（Baydu Qūščī）之子。

第十位是速台·阿塔赤（Sūtāy Akhtači）[108]。

第十一位是異密古兒·不花（Kūr Būqā）[109]，他是巴克兒和魯木（Diyār-i Bakr wa Rūm）地方及全部那片領土的戍防長官（Ḥafẕ Nūyān）。

第十二位是速檀·札撒溫（Sulṭān Jāsā'ūl）[110]。

第十三位是派駐呼羅珊禹兒惕（ba Khurāsān yūrt）之那顏·異密（Amīr-i Nūyān）那海·札魯忽赤（Nūqāy [Būqā] Yārghūčī）之子阿魯忽（Alghū）[111]。

第十四位是伯帖迷失（Bātīmīš）的兄弟亦力牙迷失（Īlyāmīš），他是巴克兒邊境地區（Bilād-i Kinār-i Diyār-i Bakr）的戍防[長官]（Ḥafẓ）。

第十五位是塔塔兒部（Tātār）的撒里（Sālī）那顏之子兀剌都（Ulādū）之子別克秃惕（Bīktūt），他是阿姆河邊境的守衛（Ḥāmī-yi Kinār Āmūī）者[112]。

第十六位是異密塔剌木答思（Tarmtāz）[113]，他和他的兩個兄弟忙哥答兒（Manktār）和 Arbnā 都出自畏兀兒部（Ūyghūr）。

第十七位是富有才學的異密（amīr-i dānā）忽都魯·海牙（Qutluq Qayā）[114]，他與其兄弟孛羅·海牙（Pulād Qayā）是 Muqbal 之子，斡魯朵·海牙（Urdū Qayā）之諸兄，出自畏兀兒部。

第十八位是斡魯朵·海牙（Urdū Qayā）[115]之子奴倫答兒（Nūludār），他包括在御前親隨[官員]之中（jumla-yi Mulāzimān-i Ḥaẓrat）。

第十九位是駙馬·剌馬贊（Ramaẓān Gūrgān），他來自呼羅珊[地區]的異密集團[116]。

第二十位是異密·忽都魯沙之子合剌不朮乞（Qarā Bujūq）[117]，他是駐守在魯木地區（Diyār-i Rūm）的阿剌答兒之兄（Īnbašqā barādar-i Alādar？）。[118]

第二十一位：納鄰·阿合（Nūrīn Āqā）之子拜都[119]，出自乞要惕部（Qiyāt），該部全部駐守在魯木（Rūm）。

第二十二位：出身於契丹（Khitāy）[120]的……倚納·脫黑馬乞（īnāq Tūqmāq），爲諸御前近侍之長。

第二十三位：遜都思部（Suldūsī）斡魯台（Ūltāy）之子千戶長馬合木（Maḥmmud）。

第二十四位：撒魯罕（Sarāqān），來自阿難答的兀魯思（Ulūs-i Ānanda）。

第二十五位：不者·那顏（Būjāy Nūyān）之子塔失木兒（Ṭāšmūr）。

緊隨其後的，是完者都諸怯薛名錄：

速古兒赤（Sukūrčiyān）[121]：異密·Ahsū·塔海（Ahsū-Ṭāghāy?），不刺魯乞（Burālughī）[122]，忽都魯·海牙（Qutluq Qayā[h]）[123]，兀都赤（Udūčī），塔失忙古（Ṭāšmakū），唆魯合惕迷失（Sūrghātmīšī）[124]。

阿塔赤（Akhtačiyān）[125]：禿刺歹·異密（Ṭūlādāy），乞普叉·海牙（Qipča-Qayay），速台（Sutay），札尼·禿海（Janī-Ṭughāy），撒速思（Sāsūs?），也速花（Īsughā），阿黑·巴兒禿（Aq-Bartū）。

豁兒赤（Qoričiyān）[126]：舍慍歹（Sāūdāy）。

禹兒惕赤（Yurtčiyān）：馬祖黑（Māzūq）[127]。

玉典赤（Ayūdūčiyān）[128]：別失哈兒的（Bīšiqard），卡賚

(Karāy)，也速·不花（Yīsū Būqā），别乞帖迷失（Bīghtimiš），孛羅·海牙（Pūlād Qayā），不剌魯乞（Būrālghī），阿塔赤（Akhtājī），燕火兒（Īnqūl），玉素甫·不哥（Yūšuf Būkā）[129]，帕哈魯萬（Pahluwān）。

必闍赤（Bītikčiyān）：散合孫（Sanqsūn），也不幹（Ebūkān），忽都魯·不花（Qutluq Būqā），蔑力·納昔魯丁（Malik Naṣīr al-Dīn）。

首思赤（Sūsunčiyān）[130]：謝赫·木速魯蠻（Šeykh Musalmān）。

雲都赤（Yidāčiyān）[131]：巴倫·沙（Barūn Šāh），異密·阿里（Amīr ᶜAlī），不哥·帖木兒（Bukā Tīmūr），孛剌里奚（Būrālghī），蔑哥亦兒？（Mīkā'īl），欣都（Hindū），孛賴（Būlāy），亦兒·不花（Yir Būqā），拜忒迷失（Bāytmīš）[132]。

豁失赤（Qušičiyān）：Bdūmkī？（原文如此），馬合木（Maḥmmad），泰朮（Tāyjū），怯兒·帖木兒（Kūr Tīmūr），八不花（Bābūqā），昔寶赤（Šibā'ūčī）。

額甫·昂兀蘭（Ev-oghulān）[133]：巴倫都黑（Barndūq），馬合謀·也先（Maḥmmud Isīn），帖木兒·拜忽都魯（Timūr Bāy-qutluq），奧魯（Aruq）。

以及另外一些以睿智和高貴（khurd wa buzurg）而知名的怯薛丹（Kizīktān），倚納（Īnāq），近幸（Maqarbān Ḥaẓarat）和突厥，大食人；他們［昂然］邁步於政要行列（Nawbat-i Daulat-am）之前[134]。

仔細觀察這份名單，我們可以發現：置於整個波斯文官之上的，是怯薛集團和與怯薛保持着密切聯繫的大異密。在這個集團中，蒙古人佔據了絕大多數，接下來才是少量通過與蒙古汗室、重臣家族之間的婚姻紐帶聯繫起來的畏兀兒、欽察人。而所謂“兀魯思異密”雖然來自和遊牧傳統截然相反的中央集權政治改革的產物，但他們在官僚制體系內的地位，以及他們權力分配過程中的壟斷性格，無不從原初的遊牧官制“悄悄”過渡到新的角色中。因此我們在諸西方蒙古汗國家中所見到的“四兀魯思異密”制度，實則爲古老的“四怯薛”制度投影到波斯—突厥國家結構中的產物。他們是傳統上掌握國家核心權力的全體怯薛集團在官僚制中的代表，也是蒙古人根深蒂固的“根腳”觀念在國家機器中的反映。如上引文中，第九位“阿里·豁失赤”、第十七位“忽都魯·海牙”、第十八位“斡魯朵·乞牙”，均通過“國之重臣”的身份進入伊利汗國官僚體制，卻仍保留着標誌其權力淵源所自的“那顏”稱號，以及怯薛執事的身份。

表一 《完者都史》所載蒙古異密構成

<table>
<tr><th colspan="2">出身</th><th>名單</th><th>人數</th><th>比例（%）
（共25人）</th></tr>
<tr><td colspan="2">伊利汗的婚姻對象</td><td>忽都魯沙、出班、亦鄰真、脫歡、忽辛、剌馬贊、合剌不朮乞</td><td>7</td><td>28</td></tr>
<tr><td rowspan="2">斡耳朵內諸執事</td><td>內廷官</td><td>忽都魯沙、出班、孛羅、阿里·豁失赤、速台·阿塔赤、速檀·札撒溫、阿魯忽、忽都魯·海牙、合剌不朮乞</td><td>9</td><td>36</td></tr>
<tr><td>怯薛根腳</td><td>塔剌木答思、奴倫答兒、倚納·脫黑馬乞</td><td>3</td><td>12</td></tr>
</table>

在後世留下的波斯語行政文獻集成中[135]，我們很少能看到關於上述蒙古異密的活動痕跡。即便是《書記規範》中關於蒙古官職的記載，也是經過大幅度簡略後的結果。但他們卻是整個國家中最有實力的群體。合贊汗改革後，他們有時會直接參與日常行政事務的管理。如忽魯·鐵木耳（Qūr Tīmūr）作爲合贊時期“居近效力的衆異密”之一（az jumla-yi umarā'-yi qarb mulāzim），也曾受命“管理底萬府”（ba-dīwān-i ᶜimārat dāšit）[136]。但他們的重要影響更體現在：從完者都到不賽因時代的重要軍事行動中，上述名單中的大部分異密都積極参與其中。其活動的結果往往直接左右着政局的發展，在不賽因時期（1319）由反對出班那顔的蒙古異密發起的叛亂中，第九位阿里·沙、第十一位古兒·不花、第二十二位脫黑馬乞扮演了相當積極的角色，也先後因此而被殺。[137] 正如梅耶維爾所說的：“在伊利汗國，這些官員及其後裔在史料中的持續性的存在，特別是核心異密家族對内廷事務的長期把持，一直要到 1335 年不賽因死去爲止。”[138]

這些蒙古異密的出身和部族還反映出兩個重要特徵：其一，他們及其家族均與蒙古諸老千戶和怯薛集團有關。如位列第一的忽都魯·沙的叔父忽兒合秃（Hūlqūtū）曾擔任過阿八哈汗的豁兒赤和怯薛長。[139] 出班則是拖雷家千戶長宿敦（Sudun）那顔之後。第三位忽辛，出自旭烈兀到阿八哈時代“諸斡耳朵之異密”（amīr-i ūrdū-hā），札剌亦兒部的額勒該（Elgei）那顔和失乞秃兒那顔父子之後。[140] 舍雲赤·阿合之父瑟瑟·八合失則是阿魯渾汗的王傅，而據《書記規範》可知，“八合失”（baγši）也屬於“内廷”官職之一種。[141]

其二，他們的權力與大汗本人有着更爲密切的關聯。並不像元代的四怯薛長總是和特定家族聯繫在一起，伊利汗國的“四兀魯思異密”是大汗私人的內庭怯薛集團的代表。值得注意的是，上述烏馬里書中合稱“四兀魯思異密”作“在內的諸異密”（Umarā’al-Qūl）。“Qūl”一詞來自蒙古語“豁勒”（qol），本義爲“在內的、中央的”。在成吉思汗時代，由大汗直接領屬的諸千戶、百戶民衆叫作“在內的兀魯思”（qol-un ulus）。[142] 而“大中軍”（Uluγ Qol），則是由大汗本人護衛所組成的軍力。[143] 此詞後借入波斯文獻，如《瓦薩甫史》中有：“名爲‘大數目’的大中軍”（Ulugh Qūl yaᶜnī Dalāī-yi buzurg）之說法。[144] 所以與“豁勒”有關的職務，即表明他們出身“大根腳”，且具有怯薛（內廷）身份。在符合遊牧傳統的“家產制”國家制度中，和大汗私人關係的遠近，決定了他們處在權力結構的頂端。成吉思汗曾親口訓諭道：“我的散班護衛，在在外的千戶上。”[145] 而完者都在即位後，就把異密·脫黑馬乞（第二十二位）、異密·阿里·豁失赤（第九位異密）、哈剌即·馬合謀（第二十三位）、撒魯罕（第二十四位）、塔失木兒（第二十五位），“介紹給自己私相狎近的幕僚班底”（īšān rā anīs-i salwat wa jalīs-i khalwat-i khʷud gardānīd）。[146] 上述五人原來應該不是和完者都汗關係最密切的異密（如撒魯罕來自元朝諸王阿難答手下），但他們由此得以躋身更爲核心的權力中樞。

同時我們也可以看到來源於“怯憐口”（Mong.ger-īn k’e’ü，意爲“家中兒郎”）的突厥語對應詞“額甫·昂兀立”（Turk.ev-ughul）在伊利汗國演化爲內廷官職之一；而被符拉基米爾佐夫看作是更受“親信的那可兒”的“倚納”（inaq）一詞，同樣固定爲和伊利汗本人保持着親密關係的人群所頂戴的“官號”。[147] 這或許透露出遊牧因素在國家政治體系中的重要影響：身份及身份依附關係本身，被賦予了實際的政治功能。官員們不僅需要獲得官僚等級中的相應位置，也需要在由血緣—身份關係構建起來的譜系中獲得定位。這裏所謂的身份關係，除了真實或虛擬的血緣關係（如爲皇室同部、同族人）外，也包括通過婚姻紐帶聯繫起來的特定的外婚制集團，更包括以統治者私僕、家臣身份而建立起特殊聯繫的人。他們往往利用與君主的親密關係，躋身更爲核心的權力集團，成爲獨立於官僚制度之外的群體。在特定的情況下，又通過婚姻手段，使得原來的身份依附關係被蒙上一層“親屬”的脈脈溫情。[148]

馬克斯·韋伯（Max Weber）曾把那種與官僚制度相對的、由“統治者通過親信、食客或者廷臣去執行最重要的舉措”，看作是專制政體下“家產制政府”（patrimonial bureaucracy）的典型形態。[149]但在蒙古時代，這種基於身份依附的“家產制”關係，在官僚體系中被制度化。志茂碩敏考察了波斯文獻中的“大異密”（amīr-i buzurg），發現在許多場合它對等於“那可兒”（伴當，nūkar）。而作爲修飾成分的“大”（buzurg）一詞，又固定地與大汗及大汗家族等概念聯繫在一起。如“大兀魯思”（ulūs-i buzurg）指大汗直屬的領地；“敕使”（īlči-i buzurg）指傳達大汗口諭的信使。[150]所以大汗所居的斡耳朵，既是最高權力機關，又成爲全部政治權力的來源。怯薛集團及其代表人物通過與“大斡耳朵”的天然聯繫，成爲制約本土官僚群體的“半身份性的蒙古貴族集團”。而這種與官僚制精神截然相反的，以個人依附爲基礎，並通過對汗室私務的參與，進而躋身權力核心的方式，則反映出“遊牧因素”在諸蒙古繼承國家政治機器中的彌散。它不僅存在於蒙古貴族和大汗之間，也成爲了黏合蒙古異密和波斯本土官僚的普遍法則。拉施都丁自己承認，忽都魯·沙和他是因爲曾於怯薛中共事而成爲其幕後的支持者。[151] 當前者死後，拉施都丁也終於因爲缺乏後臺而被殺。而在整個伊利汗時期，首席的波斯大臣和最爲貴重的蒙古大臣之間總是以這種非“制度化”的紐帶聯結在一起。[152] 如阿魯渾時期的斡兒都·海牙（Ordu Qiya）和撒都剌（Sa’d al-Daula）、不花和苫思丁（Šams al-Dīn）、乞合都時期的脫黑察兒（Toqačar）和撒都丁（Sadr al-Dīn）、合贊汗時期的紐鄰·阿合（Nurin Aqa）和撒都魯丁（Sa’d al-Dīn），以及完者都時代的忽辛·駙馬和泰朮丁·舍兀治等，後者的得勢與倒臺均與前者支持與否有關，呈現出強烈的依附性。

最後，如果我們有所保留地接受本田實信的評價，即認爲《書記規範》的篇章結構“如實展示了後期伊利汗們所追求的中央集權國家構造的全貌”[153]，並將全體官僚劃分爲三個部分：1. 蒙古異密及其僚屬（Amīr-i Mughūl wa atabā’-i īšān）；2. 宰相、首席財政官及其僚屬（Wuzarā wa Aṣaḥāb Dīwān-i buzurg wa lawāḥaq）；3. 宗教官員（Manāṣab-i Šar’ī）。[154] 那麼《完者都史》對蒙古貴族和怯薛集團的描寫，則使我們可以更爲清晰地看到被覆蓋在波斯—突厥式官僚體制之下的，蒙古汗國政權的內部結構。兩者之間的差異，體現了真實保留的歷史“實相”和理想化的、基於文化傳統而編撰的“行政指南”之間的落差。而在貌似嚴整的官僚制外殼下，來自草原舊制的身份依附關係，成爲了溝通新舊兩個系統的手段。蒙古汗國正是依靠它來實現對於其治下的多元種族、多元文化集團“小心翼翼”地平衡駕馭的。

圖二　伊利汗國政治結構

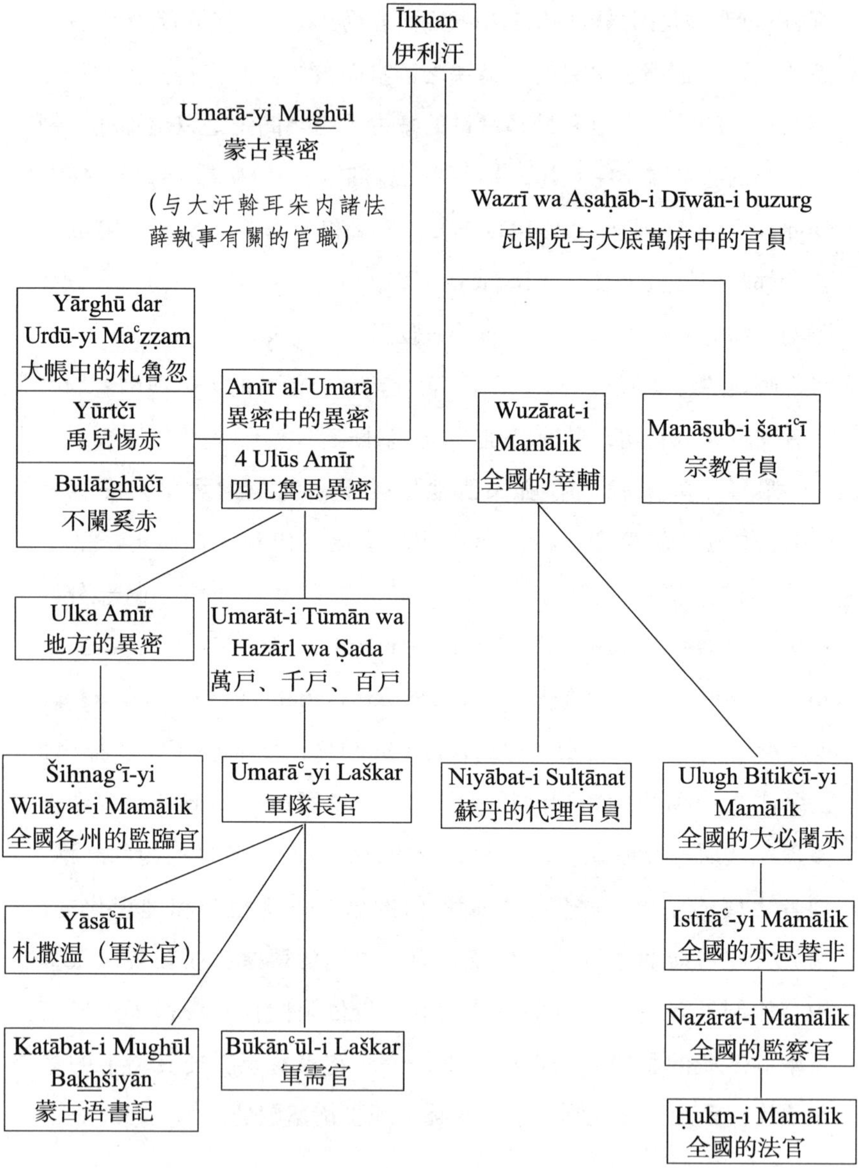

資料來源：參考《書記規範》（Datūr al-Kātib）所載官職製作。

三、元代政治的內在結構

（一）制度的溯源

可以認爲上述西方汗國的權力分配模式之間的相似性，應該是它們都淵源自相同的政治文化資源的結果。如果我們嘗試對其源頭進行追溯的話，在相當程度上，可以將之與蒙哥汗即位後的一系列制度調整聯繫起來。

擊敗來自貴由汗後裔的政變企圖後，蒙哥登上了蒙古帝國大汗的寶座。在指使其黨羽分頭出發抓捕、誅殺與窩闊台、察合台兩家有故交的衆蒙古宗室、貴族的同時，他也“改更庶政”[155]，進行了人事和制度上的改組。其最主要的改變是蒙哥汗開始較大規模地“從非蒙古人那裏徵召幕僚，擴大了怯薛組織的功能”[156]。在這個新組建的怯薛組織中，不僅保留了傳統的蒙古官職，也包括了一個從被征服地區徵召來的、由多種族知識人所組成的中央文書班子。他們組成活動於大汗斡耳朵之內的政務處置機構，並和在外的、由蒙古監臨官和當地精英合作，實行半自治的行省機構形成了兩級管理體系。如果對《本紀》憲宗元年（1251）所載舉措略加排比，我們就能觀察到如下結構：

一、負責大蒙古國各方向征服行動的諸王、諸那顔：

1. 命忽必烈征大理。

2. 諸王禿兒花撒立（Sali noyan，是塔塔兒部人）征身毒。

3. 怯的不花征沒里奚。

4. 旭烈征西域素丹諸國。

二、在漢地、土蕃地區的征服和軍事鎮戍：

1. 以茶寒、葉了幹統兩淮等處蒙古、漢軍。

2. 以帶答兒統四川等處蒙古、漢軍。

3. 以和里觧統土蕃等處蒙古、漢軍，皆仍前征進。

三、守大斡耳朵諸蒙古官員（均爲怯薛）：

1. 以忙哥撒兒爲斷事官。

2. 以孛魯合掌宣發號令、朝覲貢獻及內外聞奏諸事。

3. 以晃兀兒留守和林宮闕、帑藏，阿藍答兒副之。

憲宗二年（1252）十月戊午調整後：

4. 以帖哥紬、闊闊朮等掌帑藏。

5. 孛闌合剌孫掌斡脫。

6. 阿忽察掌祭祀、醫巫、卜筮，阿剌不花副之。

7. 以只兒斡帶掌傳驛所需。

8. 孛魯合掌必闍赤寫發宣詔及諸色目官職。

四、在外的三行省：

1. 以牙剌瓦赤、不只兒、斡魯不、睹答兒等充燕京等處行尚書省事，賽典赤、匿昝馬丁佐之。

2. 以訥懷、塔剌海、麻速忽等充別失八里等處行尚書省事，暗都剌兀尊（ᶜAbū-d-Allāh Uzūn）、阿合馬（Aḥmmad）、也的沙（ᶜIdd-Šāh）佐之。

3. 以阿兒渾充阿母河等處行尚書省事，法合魯丁（Fakhr al-Dīn）、匿只馬丁（Niẕm al-Dīn）佐之。

五、各種宗教團體：

1. 以僧海雲掌釋教事。

2. 以道士李真常掌道教事。

3. * 志費尼所記載的各種教團。[157]

對比《憲宗本紀》告訴我們的蒙哥時期制度構造和金帳汗國、伊利汗國的國家結構，我們可以清楚地看出兩者之間的相似性。可以看出，蒙哥汗的制度改革在加強了大汗本人的權威之外，也將傳統的怯薛組織提昇到初具形態的官僚機構的頂端，他們成爲整個帝國中掌握實際權力的群體。窩闊台、貴由汗時期的怯薛繼承自成吉思汗本人宿衛千戶，後者在一定程度上不被看作是某一支後裔的私產，而只效忠於登上汗位的那個人。與此不同，蒙哥汗的怯薛組織由自己的扈從和拖雷系部衆組成。[158] 即便是在從怯薛組織中分化出來的必闍赤集團中，凡是那些背景尚能被追溯的成員，也都有長期爲拖雷家族服勞任使的經歷。[159] 這點提示了稍後在伊利汗國中可以觀察到的特點，即作爲整體的怯薛集團成爲蒙古人政治權力的代表，但最重要的怯薛長官的名單並不局限於特定家族，而是隨登上汗位的宗王人選而改變。

對於在外的行省而言，蒙哥更多是沿襲了窩闊台時期的做法，即利用當地精英沿用傳統的官僚機構進行管理的同時，以代表大汗家族利益的蒙古官員監臨其上。例如，波斯史料中“阿母河行尚書省”被稱作“呼羅珊底萬府”（Ṣawāḥib Dīwān-i Khurasān）[160]，而根據起兒漫方誌所記載的官員職務，我們可以看出，阿母河行省基本構成和賽爾柱、花剌子模時代的地方行政機構並無太大區別。[161] 在阿母河行尚書省，阿兒渾·阿合及其手下的主要職責是：收取總數合五個土曼的財賦——按照本地慣例爲五十哈札剌（即五十千）的底那兒，不允許官員們拖欠和延誤（mablagh panj tūmān māl ki dar ᶜurf-i ān panjāh hizār dīnār mī khʷānand, bī taᶜwīq wa maṯl bi nūwāb-ū rasānand）。[162] 所以"行省"應該是一個以負責財政、稅收事務爲主的部門，只是爲首的官員由蒙古人的親信出任，他們往往擁有蒙古和本地兩種形式的官職。如阿兒渾·阿合本人的身份則兼具文武職事，在一些波斯史料中，他被稱爲大必闍赤和八思哈；而負責漢地事務的牙剌瓦赤的頭銜也是"大撒希卜"（Ṣāḥib-i muᶜaẕẕam）[163]，或漢文中的大斷事官。

但和早期兼顧大汗直系和其餘各支宗王利益的原則不同，蒙哥汗的改革更多地強調了大汗家族的壟斷地位。早在貴由到蒙哥汗在位之間，（察合台系）的斡兒斡那哈敦，已經授權"將伊朗國土（阿姆河和魯木之間），全部交由阿兒渾·阿合領導的官廳管理"。[164] 不過在蒙哥將之收歸中央直接支配後，當地的蒙古八思哈就必須直接向蒙哥本人報告地方行政長官的動態了。[165] 此外，除了作爲大汗本人之代表的阿兒渾外，隨其前往任所的四名"伴當"（nökör），不再是代表四兀魯思利益的官員，而是分別來自大汗的直系兄弟忽必烈、旭烈兀、阿里不哥和木哥位下。[166] 無獨有偶，起兒漫方誌中記載，隨忽忒卜·丁來到當地的有兩名"底萬"：火者·法合魯丁·耶海亞（Khʷāja...Fakhr al-Dīn Yaḥya）和擔任監察官（manṣab-naẕr）的火者·泰朮丁（Khʷāja...Taj al-Dīn）。後者就是志費尼書中提及的阿兒渾助手之一。[167] 此外還有代表蒙古人利益的五名異密：札魯忽歹（Jārghūtāy）、阿忽台（Āghūtāy）、速合禿（Sū'ātū）、納剌帶（Nārādāy）和哈剌·不花（Qarā Būqā），他們被指定充當起兒漫地方的八思哈。[168] 和《世界征服者史》記載人數恰好同樣爲五人，他們應該也是蒙哥及其諸弟的代理人。

圖三 《元史·憲宗本紀》所載大蒙古國時期國家結構

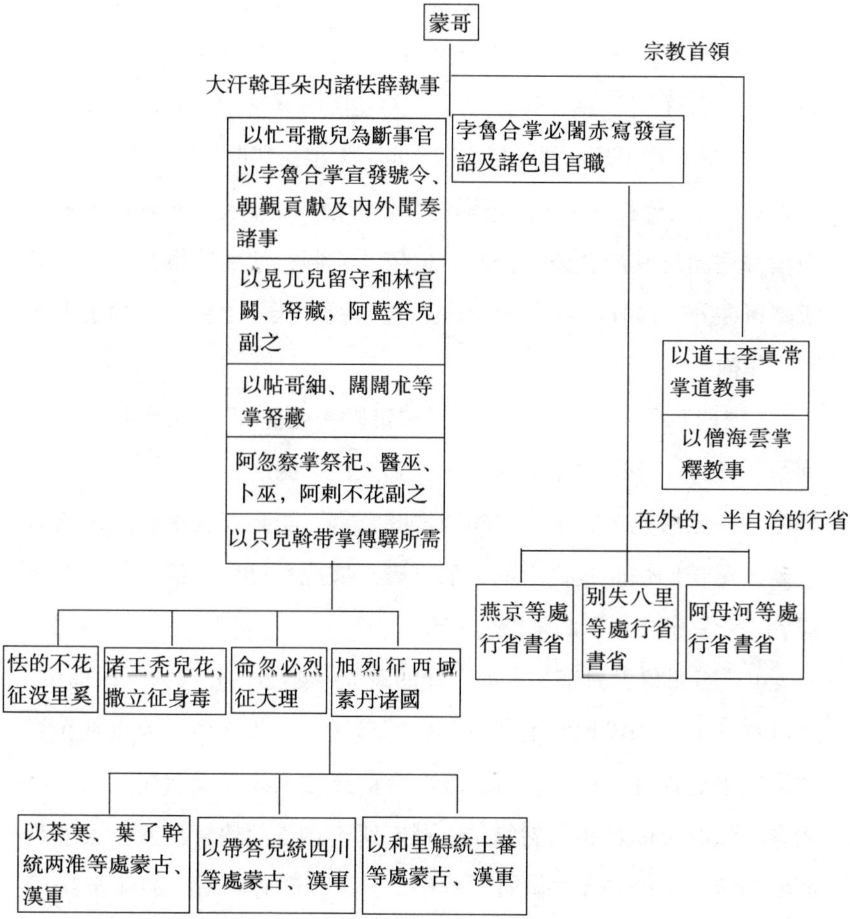

（二）兀魯思異密、四怯薛、丞相

自上述西方諸汗國制度中所觀察到的這樣一個根源於部落組織、同時又通常以“四位代表異密”爲標識的特殊權力集團，是否在元代政治制度中也有所體現？無疑，元代著名的“四大家族”至少在形式上完全符合上述特徵。我們可以從以下幾點來比較兩者的相似性：

1. 在西方汗國，最高管理機關由“四兀魯思異密”所共治；而《元史·兵志·宿衛》稱：“四怯薛：太祖功臣博爾忽、博爾朮、木華黎、赤老溫，時號掇里班曲律，猶言四傑也，太祖命其世領怯薛之長。”

2. “四兀魯思異密”是軍隊的最高領袖；雖然元代軍隊的人數與規模都遠超過其餘各蒙古汗國，但依“元制，宿衛諸軍在內，而鎮戍諸軍在外，內外相維”，他們至少是作爲“天子之禁兵”的中央軍團的領袖。

3. “四兀魯思異密”之長，爲“衆異密之長”；而《元史·兵志》則稱：“又，四怯薛之長，天子或又命大臣以總之，然不常設也。”[169]另檢《月赤察兒傳》中有“領四怯薛太官”語。有的學者認爲這似乎是淩駕于四怯薛長之上的一個官職。據此，可以相信元代也有類似於“衆異密之長”的官職。

4. “四兀魯思異密”參與大汗的選立；雖然在元代大汗的即位、登基往往要遵照漢地制度舉行朝會等儀式，而忽必烈本人也是在其潛邸開平倉促登基的，當時並沒有像前幾位大汗那樣召開忽鄰勒台大會，怯薛集團首領仍對繼位人選有所干預。而儘管漢族士人遵照漢地傳統，多把“預立儲君”看作是君王“聖心獨斷”的機務。[170]但據《瓦薩甫史》所記，即便是忽必烈這樣強勢的君主，在預立真金爲儲君一事上，忽必烈也無法完全撇開一干蒙古重臣（arkān-i ḥaṣṣart）的意見。只是憑藉其個人威望，所以衆異密雖舉出蒙古慣例質疑道："在'世界諸王的征服者'成吉思汗的札撒中從未有這樣的規定"（ka hargiz īn qā'idi-yi ma'hūd az da'b wa yāsā' pādšāh-i mamālik-i gušā'ī Činggiz khān na-būda），即父親還在世時，兒子就可以繼承國家（pisar mutaqallid sulṭanat bāšad）。但仍只得訂下"盟書"（mūčalkā dahīm），表示接受。[171]而當忽必烈身後，真金之子成宗鐵穆耳的繼位成功，則主要依靠了"四大家族"之一的博爾朮之後，玉昔帖木兒等人的定鼎之功。[172]

但徑直將元代的"四大家族"看作是西方汗國"四兀魯思異密"的對應形式，似乎也存在着一些問題。例如，根據蕭啟慶先生的研究，元代的四大家族中赤老溫因"後絕"而早早退出權力核心，其他三家的子嗣也未曾毫不間斷地控制最高權力。[173]同時，怯薛長的身份僅僅代表其具有"共用權力"的資格，但它也只有通過某種形式的中介，才能起到駕馭、監臨整個官僚機器運作的目的。正如在突厥—伊斯蘭文化中，基於四怯薛原型的權力核心必須依附本土社會中原有的"別列兒別"或"兀魯思異密"制度，才能順利地融入整個官僚體系中。但在元朝大幅度轉向漢制的過程中，蒙古人基本不可能再以原來簡單的草原制度去駕馭如此龐大、複雜的政治機器，這就使得"四怯薛"制度無法像在西方諸汗國那樣在其發展形式中大致維持原貌。而更多根基於怯薛集團的蒙古重臣大批移入各種漢式行政機構的同時，也使我們很難一下子將之剝離出來。那麼在元代制度中，什麼才是"四兀魯思異密"制度的對應形式呢？

在此，我們不得不藉助波斯史家對於蒙古異密、本土文官集團兩個群體之間差異的敏感性，利用其著作中透露出的元代政治制度的資訊，將元代中樞機構中的兩類官僚（出自“大根腳”和吸收自定居社會中的）區分開來。拉施都丁在《史集》的“漢地的異密、宰相和必闍赤”（Ḥakāyat-i ūmarā’ wa wuzarā wa bītīkčiyān-i wilāyat-i Khitāy）一章裏，對元代中樞機構是這樣描述的：

那些相當於重臣和宰輔的大異密們叫作“丞相”；軍隊的長官[稱作]“太傅”；萬戶長官[稱作]“元帥”；[而]出自大食、契丹、畏吾兒的瓦即兒們和底萬府官員們[則稱作]“平章”（Umarā’ī-yi buzurg ki īšān rā rāh-i niyābat wa wizārat bāsad, īšān rā Čingsāng gūyand; wa amīr-i laškar rā Ṭāyfū; wa amīr-i tūmān rā Wangšay; wa umarā-yi wuzarā wa nauwāb-i dīwān ki tāzhīk wa khitāy’ī wa ūyghūr bāšad Finjān）。

其制度如下：在大底萬府中有四位丞相，四名大異密擔任平章，他們出自不同種族：大食、契丹、畏吾兒和也里可溫，他們（指四名平章）[也]在底萬府中供職（wa rasm činān ast ki dar dīwān-i buzurg čahār Čingsāng az umarā’ī-yi buzurg, čahār Finjān az umarā’ī-yi buzurg aqwām-i mukhtalaf tāzhīk wa khitāy’ī wa ūyghūr wa irkāw’ūn bāšad; wa īšān rā nīz dar dīwān nauwab bāšad）。

第一級：丞相，相當於宰輔（wuzarā）和大臣（niyābat）。

第二級：太傅，軍隊長官。所有大事均要向丞相匯報。

第三級：平章，底萬府的重臣與宰輔，出自不同種族。（以下略）[174]

在拉施都丁看來，“丞相”屬於武職，和“兀魯思異密”一樣，由四人組成，並且是全部軍隊長官的首腦。與之相對，文職官員的最高首腦則是相當於瓦即兒的“平章”一職。雖然拉施都丁在解釋“丞相”一詞時，將之比附爲“瓦即兒”和“大臣”，但兩者之間的界限是很明顯的。他說，“以往平章之職只授予漢人，如今也授予蒙古人、大食人和畏吾兒人”，是由多元種族的官僚組成的集團。[175]而他所舉出的“丞相”有：“在忽必烈合罕時代，[擔任]丞相的爲如下異密：安童那顏、月赤察兒、完澤答剌罕和答失蠻。”[176]清一色由蒙古貴族擔任。檢索波斯文史料中出現的元前期帶有“丞相”稱號的重臣名單，大致包括：

1. 忽必烈時期：安童、月赤察兒、完澤、答失蠻、伯顏。

2. 鐵穆耳時期：伯顏、月赤察兒、土土哈、月呂魯（玉昔帖木兒）、完澤、忽禿忽[177]、阿忽台[178]、哈剌和孫[179]、Čīqsal-Būqā、Abūlī[180]。

可以看出，在波斯文史料中“丞相”人數，要遠少於元代實際擔任過中書省宰執的實際人數。它的使用範圍要小於後者，基本局限在蒙古人圈子內。同時，不少從未正式擔任過“相職”的蒙古人卻被波斯史家稱爲“丞相”。如玉昔帖木兒，據碑傳資料他初爲“右萬戶”，後任“御史大夫……太傅……知樞密院事”，唯從未領過中書省事，但在波斯文史料中，他被稱作“月呂魯·丞相”。[181]答失蠻的“丞相”一職亦未見諸《元史·宰相表》。姚燧所擬《神道碑》中記其經歷爲：“王自幼事世祖，初與今太師淇陽王伊徹察喇［月赤察兒］同掌奏記，後獨掌第一宿衛奏記……及改總制爲宣政院，以王爲使……成宗元貞之元……加銀青平章軍國重事。”[182]而《史集》

中曾提到過出身於古兒列兀惕（Kūrlāūt）部落，在忽必烈時期擔任“底萬府和瓦即兒的異密”的 Tūrtāqā[183]，正是《元史》中的“朵魯朵海”（“海”一作“懷”，《土土哈傳》作“大將朵兒朵懷”）。武宗即位後，他即以“知樞密院事”獲封“太傅”銜。[184] 此外還有在成宗、武宗時代手握重軍、負責漠北防務的“脫火赤丞相”（Ṭūghāčī Čīnsāng），也從未獲封相銜。[185] 而上揭諸“丞相”中如安童、哈剌和孫等人，即使確實領過中書省事，同樣也出任過軍職。[186] 他們之間最主要的共同點就是：是成吉思汗時代以來老千戶那顏的後裔，並曾做軍隊統帥。

和波斯史料作一番對比，則使我們能更清楚地看出兩者之間制度的相似性。如阿魯渾汗時期的不花（札剌亦兒人）曾受封“丞相”號，他也是阿魯渾中軍的統領。[187] 合贊汗、完者都時期最重要的異密忽都魯沙，是拖雷位下千戶長者台（Jadai）那顏的後裔，瓦薩甫史稱其爲“衆異密之長”（Amīr al-Umarā'）[188]；《貴顯世系》稱其爲“丞相·那顏”（Nūyān-i Čīnsāng）；而他又是“四兀魯思異密”之一；前揭 Ardabīl 文書中他的鈐印落款是“樞密使之印”。所以歸納起來看，波斯文史料中的 Čīngšāng 一詞，實際僅僅指出任武職的蒙古貴族。它在漢文史料中的對應概念當作：“居臺、省之職兼樞密院事的蒙古貴族。”

此外，在非漢語史料中帶有“太師”、“太傅”等稱號的蒙古重臣，也應該被看作是屬於這個權力集團的一個標誌。這是因爲漢式官號作爲漢式制度的衍生物，早在突厥、契丹時期就已經被借入草原地區[189]，並以各種變形了的譯音方式出現在文獻中。早在成吉思汗興起前，它們就已作爲遊牧部族中用以標示政治身份或權力等級的符號，爲各部蒙古人所熟知。[190] 這些“官號”從作爲整體的漢式制度中游離出來，成爲一種制度的“碎片”。其背後包含的權力意味，則無需依附於後者才能體現。而當漢式制度恢復時，這些早就在草原政治傳統中扎根的“符號”，又反過來移入元朝制度。它們雖然具有漢制的面目，在非漢文化的語境下，卻仍保留着其獨立的意義。元代獨重“三公”，並非如屠寄所認爲的“崇飾虛名”而已[191]，而是和“也可那顔”等稱號一樣[192]，表明其獲得者擁有遠比漢式官僚身份更尊崇的地位，且屬於一個更核心的權力集團。

不像在其他汗國中，最高的蒙古異密通常聚集在君王身邊，形成一個獨立於本土官僚之外的集團。在轉向漢制過程中，忽必烈總是注意將蒙古重臣安插在各個部門中，所以“二元體制”在漢地表現得比較隱晦。但我們仍可以把這些位列臺、省，又“兼樞密院事”的蒙古大臣看作是一個更爲“核心”的權力集團，他們是由十數個最大根腳的蒙古重臣家族構成的。依靠此“在內的”權力集團形成對全部官僚體系進行監督的同時，蒙古人也絲毫沒有放鬆對軍權的控制。這個權力集團應該和西方汗國的“兀魯思異密”一樣，都根源於早期的“四怯薛”制度。他們在非漢語文獻中的“丞相”頭銜和他們所出任的漢式官職，揭示了其身份的二重性。

而元代的右丞相也是一個相當特殊的職務，《元史·兵志·宿衛》稱，“赤老溫後絕，其後怯薛常以右丞相領之”，同時元代右丞相通常也兼領樞密使職。[193] 清代錢大昕很早就注意到：“元初政事之柄，一出中書右丞相。非蒙古人不得授焉，世祖朝尚用漢人，成宗以後專用蒙古。”[194] 有元一代，除元初制度草創“五人並相”時，史天澤曾短暫出任此職外，其餘數人時代都偏晚（任尚書省丞相者不算）。[195] 而研究者也已指出，“元皇帝對宰相的‘責任委成’，主要就體現在右丞相身上”[196]。所以我們認爲，大多數情況下，元代的右丞相相當於西方汗國中“衆異密之長”（四兀魯思異密之首）的角色。

（三）“權相”與“相權”

按此標準，出身其他種族的大臣無論地位如何重要，都只是“瓦即兒”，即如阿合馬、桑哥等人雖然在元代都曾出任中書省或尚書省丞相，但在波斯文獻中一律被稱作“平章”（Finjān），也就是“瓦即兒”的對應詞。[197] 類似於此的情況還包括元成宗朝任中書省平章政事的賽典赤（Saᶜid Ājall）之孫伯顏、梁德珪（一名烏伯都剌）平章、八都馬辛右丞等人。[198]

對蒙古統治者而言，處理民事、財政庶務的“宰相”一職，是專門面向那些通曉蒙古人所不具備的、管理定居社會知識的本土精英開放的職位。所以忽必烈在征伐南宋之前，才會和大將昂吉兒有如下一番對話，“（帝）諭昂吉兒曰：‘宰相明天道、察地理、盡人事，能兼此三者，乃爲稱職。爾縱有功，宰相非可覬者。回回人中阿合馬才任宰相，阿里年少亦精敏，南人如呂文煥、范文虎率衆來歸，或可以相位處之。’”[199] 有的時候他們甚至能獲得專擅之權，如世祖“初立尚書省時，有旨：‘凡銓選各官，吏部擬定資品，呈尚書省，由尚書咨中書聞奏。’”由是“阿合馬擢用私人，不由部擬，不咨中書”，遂爲丞相安童檢舉。當着世祖之面，阿合馬自稱，“事無大小，皆委之臣，所用之人，臣宜自擇”，並蒙世祖恩准。[200] 這點近似於伊利汗國的瓦即兒，烏馬里說：“伊利汗國的君主們並不關心在全國發佈某條命令或某條禁令；對國家的財政收支情況也不常過問。這些事情主要由宰相去處理，後者在任命與撤換各級政府官員方面有極大的權力……實際上他就是算端，就是一國之主。”[201] 但這不過就蒙古人所不擅長的領域而言。正如蒙古異密·亦鄰真所言，“如果有人想要向君王有所奏請的話，不首先與全體異密商議是絕不可能的”（Agar kiš'ī khʷāstī ki sukhun'ī ba pādišāh ᶜarz darad, nakhus t bā jumla'-yi umarā kīngāj na-kardī na-tawānistī）[202]。也就是說，並沒有一位波斯宰相能夠完全不受監控地行使權力，元代的情況當亦如是。

而作爲從定居民中提拔出來的技術官僚，他們被嚴格地限制不得染指軍權。所以至元八年（1271）六月甲午，忽必烈更敕令樞密院：“凡軍事徑奏，不必經由尚書省，其幹錢糧者議之。”[203] 而即便在阿合馬得勢時，“樞密院奏以忽辛同僉樞密院事，世祖不允曰：‘彼賈胡，事猶不知，況可責以機務耶！’”而當阿合馬奏宜立大宗正府時，忽必烈的反應是：“此事豈卿輩所宜言，乃朕事也。然宗正之名，朕未之知，汝言良是，其思之。”[204] 他們或許可憑藉大汗的一時寵倖而擅權貪賄，但胡祗遹謂：“諸宰職雖無功，亦無大過。語其權，無笞人之威；語其貪污，無百金之賄。”[205] 則我們似也不必高估其實際擁有的權力。

所以雖然如《百官志》所云，“總政務者曰中書省，秉兵柄者曰樞密院，司黜陟者曰御史臺”，而任中書省宰相之職的人總數近十人。[206] 但在這個回歸漢地傳統，又略顯臃腫的中樞機構內部，權力的分配方式，正如張帆先生認爲，“中書省的相權，並不平均分配，主要體現在右丞相等一、二名宰相身上”，“實際上仍然是獨相制或並相制”。[207] 但如果我們不囿於具體職銜（如是否領中書省事），而把在中樞機構任事，又兼握軍權的蒙古大臣（元中期以後還有少數欽察貴族參與其中）看作一個整體的話，就可以看出還有一個淩駕於官僚體系之上，也不受具體職務所局限的，由十數名最爲核心大臣組成的“影子內閣”。其身份特徵體現爲：出身“大根腳”且掌軍權，與怯薛執事有關，或與黃金家族有着姻親關係的蒙古重臣。其官守有時與漢式制度中的中樞機構重叠：如中書省、樞密院和御史臺等核心部門；有時又只是出任一些在漢式制度中較爲邊緣的職務：如宣徽院、中政院等；甚至僅僅以其本身的怯薛職事參決政務。“大根腳”的出身保證了其家族對核心權力的壟斷。這也意味着，此種世襲特權通常不會因爲家族中某個（支）成員的獲罪被殺而遭到褫奪。雖然他們和在同一部門中共事的非蒙古人頂戴相同的官銜，但兩者對政治進程的影響力則是無法等量齊觀的。

我們也許可以形象地將之概括爲“權相”與“相權”，在元代，那些曾經真正干預過諸如嗣君選立、對外征伐大事，甚至在特殊境況下構成對皇權的威脅的“相臣”，其權力根源於蒙古傳統的怯薛集團和萬戶、千戶等遊牧帝國軍事組織。他們和伊利汗國的不花、出班等人一樣，是繼承遊牧傳統的蒙古貴族在官僚制中的代表。相反，選拔自定居社會並躋身中樞的非蒙古人，他們所能夠短暫保有的“相權”來源於自己的技藝或才能。此種權力始終籠罩在大汗的權威之下，並且是在大部分蒙古貴族的許可下才能得以順利運行[208]；最後，和怯薛集團和蒙古萬戶、千戶長官權力的延續性不同，這種權力很少能夠世襲。

四、小结

在本文中，作者比較並考察了一個在各蒙古帝國繼承國家中皆存在的制度，以及通過這個制度而實現的權力分配模式。其表現形式爲：在全部官僚體系之上，有一個由“四怯薛”制度演變而來的，並被少數非“黃金家族”出身的蒙古貴族世襲壟斷的權力核心。雖然在各蒙古汗國各自的發展過程中，它們或多或少被推移入本土的官僚制度中，並獲得了相應的形式。[209]但是其權力的根源和他們所代表的政治理念，卻始終依存於更爲古老的遊牧傳統。而相對於此，無論波斯的瓦即兒，還是元代具有漢、中亞或土蕃文化背景的知識人，都蛻變爲一種依附性的力量。他們不再能夠憑藉其所擁有的知識天然地獲得參與國事的資格，而只是被選中作爲熟練的技術官僚。

現在看來，這樣的制度設計具有某種普遍性，不盡是某些偶然事件（如李璮之亂）的結果。而在此視角的觀照下，元代制度中的一些疑問似也能得其懸解。如元代由太子兼中書令、樞密院使，這種不太符合漢式官僚制度的權力架構，持續受到漢族士大夫的質疑[210]，但卻爲蒙古統治者所堅持。它揭示出其設計思想受到漢式政治傳統之外的因素的支配。忽必烈試圖分開中書省和尚書省，也並非如後人所揣測的那樣，是忽必烈欲藉此奪“中書、勳舊之權”[211]，而是忽必烈試圖將財政部門與“怯薛集團”進一步分離，重新組建一個類似于波斯“底萬府”的機構，以提高後者理財的效率。它根本沒有觸及蒙古人的核心利益，相反這個新的官僚組織在衆多蒙古大臣缺席的情況下，相對此前功能更爲單一，對大汗本人依附性也顯得更強。

不過正所謂“藏舟于壑，藏山於澤，謂之固矣。然而夜半有力者負之而走，昧者不知也”(《莊子·大宗師》)。與這套制度設計者初衷相悖反的是：蒙古統治者將大部分政治權利壟斷在少數蒙古宗室和與其具有某種身份依附關係的貴族手中，反而造成了後者權力的膨脹。同時又因爲在其政治結構中缺少能制約其與之相抗衡的，超乎部落政治傳統之外的官僚集團，遂使掌握着巨大權力資源的蒙古權臣演化爲汗權的威脅，進而導致汗國的解體。元末政治舞臺上“權相”之跋扈囂張；和最終傾覆並瓦解了伊利汗國的出班家族、札剌亦兒家族（由札剌亦兒部異密額勒該後裔謝赫·哈桑所建立）的崛起，無不與蒙古帝國政治結構的這種特性密切相關。

圖四　元代政治结构示意图

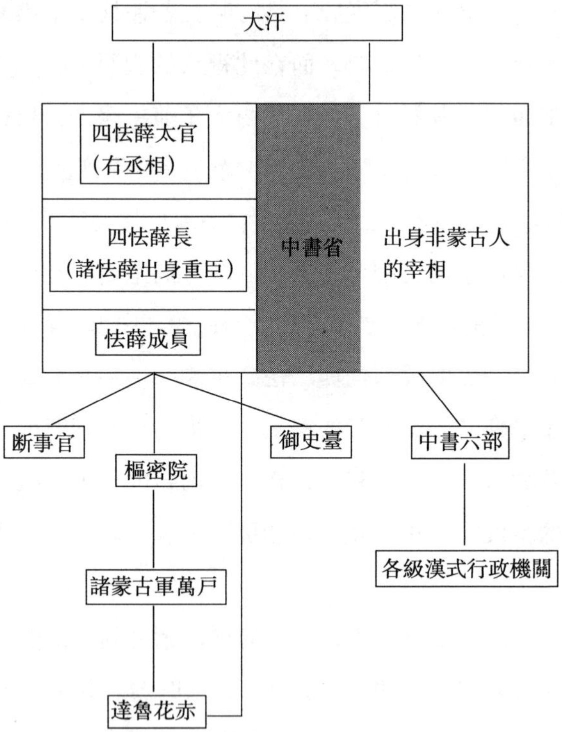

缩略语表：

DK = Moḥammad Nakhčiwānī Hīndūšāh, *Дастўр ал-Кāтиб фй Та ʻйин ал-Марāтиб*, критич. текст, предисл. и указатели А.А.Али-заде, Москва:Наука,Том.1,Часть.2, 1971; Том.2, 1976.

JT/Baku = *Джāми' ат-Тавāрйх*, Том.III, ed. by Али-Заде, Баку: Йздательство Академи Наук Азербайджанской ССР, 1957.

JT/Moscow = *Джāми' ат-Тавāрйх*, Том.I, Часть.1, ed. by Али-Заде, Москва: Наука, 1965.

JT/Rawšan = *Jāmi' al-Tawārīkh*, ed. by Muhammad Rawšan, Tehrān: Mīrās Maktūb, 1994.

MA/Šabānkāra'ī = Muḥammad ibn ᶜalī Šabānkāra'ī, *Majma' al-Ansāb*, Tehrān: Amīr Kabīr, 1984.

MA= *"Муᶜизз ал-ансаб(Прославляющее генеалогии)",Введение, перевод с персидского языка, примечания, подготовка, факсимиле к изданию Ш.Х.Вохидова*, Алматы: Издательство "Дайк-Пресс", 2006.

SU = Nāṣir al-Dīn Kirmānī, *Simṭ al-ᶜUlā li-l-Ḥaḍrat al-ᶜUlyā: dar Tārīkh-i Qarākhtāīyān-i Kirmān ki dar fāṣila-i 715-720 qamarī niwišta šuda*, Tehrān: Širkat-i Sahāmī-i Čāp, 1949.

ŠN = Ibn Zakūb, *Šīrāz Nāma*, ed. Wā'iẓ Jawādī, Tehrān: 1971.

TG = *Tārīkh-i Guzīda*, ed. by Nawāyī, ᶜAbd-al-Ḥusain, Tehrān:Amīr Kabīr, 1960.

TJ = ᶜAlī al-Dīn ᶜAta Malikī Juwaynī, *Tārīkh-i Jahāngūšā'ī*, ed. by Qazwīnī, Leyden:Brill, Jeld.1-2, 1916.

TMEN = Gehard Doerfer, *Türkische und Mongolische Elemente im Neupersischen*, Band.1-4, Wiesbaden: Franz Steiner Verlag, 1965.

TMH = Saif ibn-Muḥammad Saifī Harawī, *Tārīkh Nāma-yi Harāt*, Calcutta: Baptist Mission Press, 1944.

TŠQ = Anon., *Tārīkh-i Šāh'ī-yi Qarākhitāi'yān, ed.by Muhammad* Ibrāhīm Bāstānī Pārīzī, Tehran: Intesharat-i Bonyad-i Farhang-i Iran, 1976-1977.

TŠU = Abū Bakr al-Quṭbī al-Ahrī, *Tārīkh-i Šaykh Uways*, trans. by J.B.Van Loon, s-Gravenhage,1956.

TTW = *Taḥrīr-i Tārīkh-i Waṣṣāf*, digested by ᶜAbd al-Mohammad Ājatī, Tehrān: Bonyade Farhang-i Iran, 1967.

TŪ = Abu al-Qāsim ᶜAbdallāh Ibn-Muhammad Qāšānī, *Tārīkh-i Ūljāytū*, ed.by M.Hambly, Tehrān: Širkat-i Intišārāt-i ᶜIlmī wa Farhangī, 1969.

TW = ᶜAbd Allāh b. Fadl Allāh Šīrāzī Waṣṣāf *Tārīkh-i Waṣṣāf (Tajẓiyat al-Amṣār wa Tazjiyat al-Aᶜsār)*, Bombay, 1269/1853.

TW/Purgestall = Hammer-Purgestall, *Geschichte(ᶜAbdallāh Ibn. Fadl-Allāh) Waṣṣāf's*, Wien: Hof-u. Staatsdr., 1856.

ZJT = Ḥafiẓ Abrū, *Zeyl Jāmi' al-Tawārīkh-i Rašīd'ī*, ed. by Khānbābā Bayānī, Tehrān: Širkat-i Taẓāmunī-i ᶜIlmī, 1936.

■ 注釋

[1] H. F. Schurmann, "Mongolian Tributary Practices of the Thirteenth Century", *Harvard*

Journal of Asiatic Studies(HJAS), 19:3/4, (Dec.,1956), p.305.

[2] Igor de Rachewiltz, "Turks in China under Mongols: A Preliminary Investigation of Turco-Mongol Relations in the 13th and 14th Centuries", Morris Rossabi ed. *China Among Equals: the Middle Kingdom and Its Neighbors, 10th-14th Centuries*, University of California Press edition,1983, p.293.

[3] 合贊汗是在不無僥倖的情況下，擊敗並殺死另一位宗王拜都（Bāydū），而登上汗位的。余大鈞、周建奇譯：《史集》第三卷，商務印書館 1997 年版，第 256—281 頁。而在其最初在位的一年中，有不下 15 名出自同族的宗王被其下令誅殺。John Andrew Boyle ed., *The Cambridge History of Iran*, Vol.5, "The Saljuq and Mongol Periods", Cambridge: Cambridge University Press, 1968, p.381.

[4] 志茂碩敏：《イル汗国におけるモンゴル人》，《東洋史研究》42（Apr., 1984），第 163—165 頁。

[5] 布爾勒曾稱此階段中蒙古帝國的統治手法，爲"衛星式"（satellite）管理。Paul D. Buell, "Sino-Khitan Administration in Mongol Bukhara", *Journal of Asia Studies*, 1981, p.147.

[6] 姚大力：《從大斷事官到中書省》，《歷史研究》1993 年第 1 期，第 60—74 頁。

[7]《史集》第三卷，第 104—105 頁。Ann K. Lambton, "Mongol Fiscal Administration in Persia" (Part I,II), *Studia Islamica*, 1986: 64, pp.79-99; 1987:65, pp.97-123. Ann K. Lambton, *Continuity and Change in Medieval Persia: Aspects of Administrative, Economic and Social History, 11th-14th Century*, London: IB Taurus, Persian Heritage Foundation, 1988, p.61. 更爲具體的描寫見 *Niẓām al-Tawārīkh*《史鑒》，其《阿八哈紀》中有："[他] 把周邊國土委託給異密、蔑力和有能力的瓦即兒 [代爲管理]"（mamālik-i aṭrāf rā ba-amīr'ī wa malik'ī wa wazīr'ī-yi kārdān sipurda būd）。Charles Melville, "From Adam to Abaqa: Qāḍī Baiḍāwī's Rearrangement of Histrory(Part II)",

Studia Iranica, 2007: 36, text. p.53（案：原文 sipurda 誤寫爲 siburda）, trans. p.59.

[8] Lambton, *Continuity and Change in Medieval Persia*, p.26.

[9]《元史》卷一五八《許衡傳》。

[10]《元史》卷一六〇《徐世隆傳》。

[11]《史集》第三卷，第 324 頁。

[12] 如王惲稱，被徵召至開平中書省聽候選任的士人，其選取標準爲："士人首以有無生理、通曉吏事爲問，及取要所業文字。蓋審夫資身之術或能否，從事及手筆何如耳。"《秋澗集》卷七九《中堂事記》(上)。

[13] Allsen, Thomas T., "*Guard and Government in the Reign of The Grand Qan Mongke*, 1251-59", *HJAS*, 46:2, 1986, p.508.

[14] TW, pp.193-194; TTW, pp.112-113; ŠN, p.90. 案，"Ungyanū" 一名，蘭普頓釋讀爲"Angyanū"、艾格爾讀作"Īnkianū"。但波斯文中，字母 alif 可以同時表示 a-，u- 或 i-，而拼寫爲 ung（ūng）的情況較常見。如《史集》中的"王汗"（Ūng khān）, JT/Moscow, Том I, Часть1, p.253. 而據《元史》，順帝時期有亦官員名"汪家奴"者，故作者認爲可能性更大的拼寫方式爲："Ungyanū"。《瓦薩甫史》載，他在管理法兒思期間，發行了帶漢字（khaṭṭ-i khiṭāy）的錢幣。所以他雖爲突厥人，卻應該是定居社會管理思想的代表。蓋當時畏兀兒人以"奴"(-nu,-du) 爲姓名者極其普遍。另参考：*Continuity and Change in Medieval Persia*, p.86. "Mongol Fiscal Administration in Persia"(Part II), p.105. Denise Aigle, *La Fārs Sous la Domination Mongole*, Paris: Association pour l'avancement des études iraniennes, 2005, p.120.

[15] Schurmann, "Mongolian Tributary Practices of the Thirteenth Century", p.306. 在這點上，中國史的研究者也有着相似的看法，例如周良霄認爲："元朝體制是蒙古舊制和金制的拼湊。"周良霄：《元代史·序言》，上海人民出版社 1993 年版，第 5 頁。

[16] 摩爾根提醒研究者，那種認爲"蒙古對於具體的行政管理缺乏興趣"的觀點不無

偏頗，這很大程度上受到了史料缺載的影響。David Morgen, "Mongol or Persian: The Goverment of Ilkhanid Iran", *Harvard Middle Eastern and Islamic Review*, vol.3, Harvard, 1996, pp.62-76.

[17] "投影"概念的提出，參考了實驗心理學中的"心理投影測試法"（projective test）。這種方法主要是通過觀測被測試人對給出的"模糊刺激"（ambiguous stimuli）所作的反應，推定被測試人"隱藏"着的內心世界或人格特點。而當這種心理學手法被引入人類學研究領域後，卡爾丁納（Kardiner）曾提出過"文化的投影系統"（projective systems of culture）這一概念，並藉討論文化與人格之間的交互作用。引自 Thomas Barfield, *The Dictionary of Anthropology*, Oxford, UK: Blackwell, 1997, p.382。

[18] 保羅·布爾勒（Paul Buell）：《蒙古帝國探馬赤軍的社會作用》，張淩雲譯，載內蒙古社會科學院情報研究所編：《蒙古學譯文選：歷史專集》，呼和浩特，1984 年，第 39—44 頁。

[19] Lambton, *Continuity and Change*, p.57.

[20] 忽必烈在即位後曾從諸探馬赤軍中抽取人員，效倣漢制重組侍衛親軍。據《經世大典·軍制》所載，可知其中有"欽察衛、康里衛、阿速衛、唐兀衛"等。而欽察親軍及其將領家族在元中後政治中的活力，亦非原"五投下"所堪比擬。參考劉迎勝：《欽察親軍左右翼考》，載《元史論叢》第 11 期，天津古籍出版社 2010 年版，第 10—25 頁。

[21] Anatoli M. Khazanov, *Nomads and Outerside World*, Madison: The University of Wisconsin Press, 1994, p.242.

[22] 案，"別"（bek）是一個突厥語詞彙，有時也寫作"拜"（bey），是波斯語"異密"（amīr）和蒙古語"那顏"（noyan）的等義詞。

[23] Uli Schamiloğlu, *Tribal Politics and Social Organization in the Golden Horde*, Ph.D.

diss., Columbia University, New York., 2002, p.41-43.

[24] 符拉基米爾佐夫（Б.Я.Владимирцов）著、劉榮焌譯：《蒙古社會制度史》，中國社會科學出版社 1980 年版，第 112、118 頁。

[25]《史集》中察合台系諸王八剌（Baraq）的異密札剌亦兒歹（Jalayirtai）和諸王欽察（Qipčaq）爭吵時，以自己是八剌的"奴僕（哈剌出）"爲詞。而他事後也確實得到了八剌的袒護。JT/Baku, pp.114-115, 漢譯本第三卷，第 115 頁。

[26]"斡脫古·孛斡勒"在漢文文獻中被用作"元勳世臣"的對譯。見亦鄰真：《關於十一、二世紀的孛斡勒》，《亦鄰真蒙古學文集》，内蒙古人民出版社 2001 年版，第 700—712 頁。

[27] Khazanov, *Nomads and Outerside World*, p.250.

[28] Uli Schamiloğlu, *Tribal Politics*, p.45.

[29] Bertold Spuler, *Die Goldene Horde: Die Mongolen in Rußland 1223-1502*, Wiesbaden: Otto Harassowitz, 1965, p.301.

[30] Schamiloğlu 認爲：此種制度中最重要的特徵，就是它始終由"四"人組成。並且它是作爲一種原則而被後來的君主所貫徹。Uli Schamiloğlu, *Tribal Politics*, p.45.

[31] Spuler, *Die Goldene Horde*, p.302. Uli Schamiloğlu, *Tribal Politics*, p.41.

[32] 如 Agajanov 即認爲：在烏古思人政權中，兀魯別（uluğ beg）掌控氏族和部落聯盟，而"衆拜之長"則統領左、右翼軍隊。轉引自 S.G.Agajanov 爲《中亞文明史》所寫章節，第四卷（上），中國對外翻譯出版公司 2010 年版，第 41 頁。Claude Cahen, *Pre-Ottoman Turkey: A General Survey of the Material and Spiritual Culture and History, c.1071-1330*, trans.by J. Jones-Williams, New York: Taplinger Publishing Company, 1968. pp.228-229. Uli Schamiloğlu, *Tribal Politics*, p.206.

[33] 同上注，p.206。

[34] 同上注，p.53。

[35] 元明善：《丞相東平忠憲王碑》，載蘇天爵：《元文類》卷二四。

[36] 這方面最重要的討論參看 Elizabeth Endicott-West, "Imperial Governance in Yuan Times", *HJAS*, vol.46:2, (Dec.,1986), p.547。

[37] Spuler, *Die Golden Horde*, p.301.

[38] Uli Schamiloğlu, "The *Qaraçi* Beys of the Later Golden Horde: Notes on the Organization of the Mongol World Empire", *Archivum Eurasiae Medii Aevi*, 1984:4, p.289.

[39] *TNH*, p79. 而在亞美尼亞史料中，他被稱爲"大元帥"（a certain great chief），是貴由派來取代駐守小亞細亞地區蒙古軍統帥拜柱（Baiju）的。Kirakos Ganjakets'i's, *History of the Armenians*, Chap.55, "Regarding Sartakh, son of Batu", trans. by Robert Bedrosian, New York, 1986. http://rbedrosian.com/.

[40] Donald Ostrowski, "The Mongol Origins of Muscovite Political Institutions", *Slavic Review* 49:4, (Win.,1990), p.532.

[41] Spuler, *Die Monglen in Iran*, "Die Reformen Gāzāns", p.263.

[42] Lambton, *Continuity and Change*, p.61.

[43] 同上注，p.53。

[44] 同上注，p.224。

[45] JT/Baku, p.200. 漢譯本，《史集》第三卷，第 188 頁，譯作"並下詔委任不花爲宰相"。

[46] 《史集》第一卷，第 1 分冊，第 155 頁。

[47] JT/Baku, p.234. 漢譯本，《史集》第三卷，第 223 頁。"全權的代表 [官員]"（niyābat-i muṯlaq）一詞，又見於《世界征服者史》。當時阿兒渾·阿合派出兀魯黑必闍赤法合魯丁·比希昔惕，丞相（瓦即兒）也速丁·塔希耳作爲他的"全權的代表 [官員]"，負責呼羅珊、禡梈答而的收稅官。下冊，第 579 頁。

[48] Gehard Doerfer, "Mngolica aus Ardabīl", *Zentralasiatische Studien* 9, 1975, p.199.

案，失乞禿兒爲額勒該（ilge, 一作：köke ilge）之後，額勒該家族自成吉思汗時期就是最爲重要的老千戶之一。雖然失乞禿兒本人在合贊汗時代已經失勢，但其家族的影響力似並未削弱。繼伊利汗而起，控制伊朗北部省份的札剌亦兒王朝（*Jalayirid*）統治者，正是額勒該後裔。參看 Peter Jackson, "jalayerids", *Encyclopaedia Iranica*。

[49]《史集》第三卷，第 282 頁。

[50] Spuler, *Die Monglen in Iran*, "Liste der Ersten Minister", pp.238-240. 雖然在《世系彙編》中，作者稱孫者（Sūghūnjāq）爲"衆異密與衆瓦即兒之長"（*Amīr al-Umarā' wa Wazīr al-Wuzarā-yi Abāqā Khān*）, MA/Šabānkāra'ī, p.264. 但《史集》和《泄剌失志》都指出，他只是法兒思地區的代理官員（na'ib），所以我沒有將其算入其中。ŠN, p.90.

[51] Spuler, *Die Monglen in Iran*, "Der Tribut", pp.270-271.

[52] 米諾爾斯基（Minorski）形容道："就像油和水一樣，突厥人（Turk）和波斯人（Tazīk）無法自由組合，人口中的這種二元性深刻地影響着波斯的軍事和民政機構。" Anonymous, *Tadhkirat al-Muluk*, ed. and trans. by V Minorsky, GMS, n.s., vol. 16, London, 1943, Appendices, p.188.

[53]《史集》第三卷，第 104—105 頁。阿八哈治理國家時，降旨說："凡旭烈兀制定的一切法律和他所頒佈的各種詔令，都要堅決遵守和履行，嚴禁更改歪曲。" 隨後他就把波斯各"行省"（*wilāyat*）交給蒙古重臣（大多數人爲成吉思汗時期的老千戶後裔）去管理。法兒思（Fārs）、起兒漫（Kirmān）等地區的世侯則在服從蒙古八思哈（*basqaq*）和包稅人的前提下，得保留部分權利。

[54] 姚大力：《論蒙元王朝的皇權》，第 300 頁。

[55] JT/Baku, p.98. 《史集》第三卷，第 101 頁。人名與怯薛官名按元代譯音用字譯出，和漢譯本不同。

[56] *Kirşehir Emiri Caca Oğlu Nur el-Din'in 1272 Tarihli Arapça-Moğolca Vakfiyesi: Die*

Arabisch-Mongolische Stiftungsurkunde von 1272 des Emirs von Kirşehir Caca Oğlu Nur el-Din, ed. by Ahmet Temir, Ankara: Türk Tarih Kurumu, 1959, p.159, line.22-23. 引文據蒙古語譯出,並參考原書土耳其語譯文。其中,“gere”一詞,在《元朝秘史》中作“格舌列”,意爲“光”,此處則參考土耳其語“tanık,目擊”,譯作“見證”。

[57] 此人土耳其整理者轉寫作:Dayır,現據《五世系》(*Šu'ab-i Panjgāna*)、《貴顯世系》(*Mu'izz al-Ansāb*)中所載“旭烈兀位下異密”名錄改正。MA, trans. p.77, text. p.61a.

[58] *Kirşehir Emiri Caca Oğlu Nur el-Din'in 1272 tarihli Arapça-Moğolca Vakfiyesi*, p.159, line.23.

[59] Grigor of Akanc', *History of the Nation of the Archers(The Mongols)*, trans. by Robert P.Blake & Richard N. Frye, Cambridge: Harvard University Press, 1954, note by F. W. Cleaves, p.147.

[60] 《史集》第一卷第1分冊,第180頁。“槐因·塔塔兒部”在《五世系》、《貴顯世系》中,被寫作“Kūyīn Tātār”。MA, trans. p.83, text. p.66б.

[61] JT/Baku, p101.《史集》,第三卷,第103頁。

[62] 案,cağunu,不見於元代(如《元史·兵志·宿衛》)的怯薛官職。土耳其語整理者譯作:“yüzbaşı,陸軍上尉。”我認爲這或許與《元朝秘史》中的“察黑都兀勒孫(čaγdu'ul-sun,旁譯爲‘後哨’)”一詞有關。小沢重男:《元朝秘史モンゴル語辭典》,II,第413頁。

[63] 案,bökegül“孛可溫”(Per. Būkā'ūl<Mong.Bökeγül),相當於漢文史料中的“孛可孫”(Bökesün),是蒙古軍隊中的負責軍需、後勤的官員。

[64] 案,nuntuhçi,嫩禿赤(nutuγči)。蒙古語,爲掌管駐營地點、放牧地盤的官員。相當於突厥語中的“禹兒惕赤”(Yurtči)。關於其執掌,可參看《書記及命官文書規範》所載制書。DK, Tom.2, pp.62-63.

[65] 參看劉曉:《元代怯薛輪值新探》,《中國社會科學》2008年第4期,第191—204頁。

[66] Francis Woodman Cleaves, "A Chancellery Practice of The Mongols in The Thirteenth and Fourteenth Centuries", *Harvard Journal of Asiatic Studies*, Vol. 14, No. 3/4 (Dec., 1951), p.516. 此則史料已經劉曉文指出，第 197 頁。

[67] 忽都魯沙，蒙古忙兀惕部人，是拖雷位下千戶長者台（Jadai）的後裔。合贊汗時期他位列蒙古重臣之列，而完者都汗即位初年，他已昇任“居衆人之首，位列第一”的蒙古異密。MA, trans. p.94, text. p.74б. TŪ, p.8. 另據《史集·合贊汗紀》，忽都魯沙嘗娶乞合都汗之女。第三卷，第 219 頁。

[68] 關於“Erisidküle”，柯立夫已指出其前半部分應該是波斯文 Rašīd 的蒙古語拼法，但他沒有辨認出此人爲誰。我判斷此人應該就是合贊汗時期著名的波斯宰相拉施都丁。在《完者都史》中他又稱作：“拉施都剌”（Rašīd al-Dūllah, 讀若：Rašīd ud-dūllah>Mong. Erišid[?k]ulä），此處或有誤寫。TŪ, p.44. 因爲前引《史集》已明確記載了“忽都魯沙和拉施都丁”曾一同執役於合贊的怯薛中，第三卷，第 305 頁。

[69] 剌馬贊是伯岳吾惕部（baya'ud）人，曾任阿魯渾汗的必闍赤。MA, trans. p.96, text. p.75a.

[70] Lambton, *Continuity and Change*, p.94. TMEN, Band.1, pp.176-177. 烏馬里將之概括爲：“武將歸諸兀魯思異密指揮，文官歸宰相管理。” Ibn Fadhl Allah al-ᶜUmari, ed. and trans. by K.Lech, *Das mongolische Weltreich: al-'Umari's Darstellung der Mongolischen Reiche in seinem Werk Masalik al-absar fi mamalik al-Amsar*, Wiesbaden: Harrassowitz, 1968, trans. p.153. 李卡寧摘譯：《烏馬里〈眼歷諸國記〉(選譯)》第四章，《金帳汗國》，内蒙古大學蒙古史研究所編：《蒙古史研究参考資料》，1984 年新編第 32—33 輯，第 113 頁。

[71] 此種第納兒目前已發現多枚，均銜製於脫列哥那攝政時期，其顯著的特徵是錢幣正面爲一反身射箭的武士。錢幣圖片可在“ZENO.RU - Oriental Coins Database”網站上看到。網址：http://www.zeno.ru/.

[72] George Lane, "Arghun Aqa: Mongol Bureaucrat", *Iranian Studies*, vol.32: 4, Paris, 1999, p.461. 而Kalbas甚至認爲這是指當地的世侯（*Malik*）。Judith Kalbas, *The Mongols in Iran: Chingiz Khan to Uljaytu 1220-1309*, New York: Routledge, 2006, p.182, n.13.

[73] 在這點上，我同意愛爾森的觀點。參看Thomas T. Allsen, "Changing Forms of Legitimation in Mongol Iran", G. Seaman and D. Marks eds., *Rulers from the Steppe: State Formation on the Eurasian Periphery*, Los. Angeles, Ethnographics Press, 1991, p.225。

[74]《史集》第一卷第1分册，第160、320頁。

[75] Osman Turan, *Türkiye Selçukluları Hakkında Resmi Vesikalar: Metin, Tercüme ve Araştırmalar*（《突厥賽爾柱政府文書：文本與譯注》），TTK Ankara: 1958. Türk Tarih Kurumu, Text, p.86.

[76] DK, Tom.1,Часть.2, Москва: Наука, 1971, faṣl-i auwal, "dar al-laqāb wa du'ā'-yi abnā' *Umarā'-yi Ulūs*"（《致衆兀魯思異密的榮譽頭銜和頌辭》），pp.7-8.

[77] 本田実信曾檢索波斯蒙古史料，發現"兀魯思異密"不見於《史集》，但頻繁出現在後期伊利汗史書，如《選史》（*Tārīkh-i Guzīda*）、《兀外思史》（*Tārīkh-i Šaykh Uways*）中。本田実信：《モンゴルの遊牧的官制》，《モンゴル時代史研究》，東京大学出版会1991年版，第96頁。但在和拉施都丁所著《史集》有着較密切史源關係的《五世系·合贊汗世系》（Per. *Sūrat-i Gāzān Khān* wa Šu'ab-i farzandān-i ū: Mong. *Qazan Qan uruγ-ut luγaban*）中可以找到稱大異密·捏兀魯思爲（amīr al-umarā'）的記載。

[78] DK, Tom.2, nau'-i duwwum, p.15.

[79] TŪ, p.12.

[80] TŪ, p.28.

[81] Umarī/Lech, *Das mongolische Weltreich*, Text. p.93. “Umarā al-Qūl” 一詞，Lech 沒有譯出。此詞爲蒙古語借詞，譯作“在內 / 居中的異密”。漢譯本，第 112—113 頁。案，本處漢譯文錯誤較多。

[82]《史集》第三卷，第 358 頁。

[83] 李治安：《怯薛與元代朝政》,《元代政治制度研究》，人民出版社 2003 年版，第 43—57 頁。

[84] söz- 爲突厥語，意爲“話”。“fulān söz'ī”就是蒙文命令文書中常見的“üge menü”的突厥語對應詞。關於伊利汗國和後續的突厥蠻王朝命令文書（*farmān*）制度中的“sözüm”，參看 Abol al Soudavar, “The Mongol Legacy of Persian *Farmāns*”, *Beyond the Legacy of Genghis Khan, Beyond the Legacy of Genghis Khan*, edited by Linda Komaroff, Leiden: Brill, 2006, pp.407-421。

[85] Umarī/Lech, *Das mongolische Weltreich*, Text. p.102.

[86] JT/Baku, p.500.《史集》第三卷，第 478 頁。渡部良子：《〈書記典範〉の成立背景——14 世紀におけるペルシア語インシャー手引書編纂とモンゴル文書行政》一文也曾就此加以討論，《史学雜誌》17:7（2002），第 1—31 頁。

[87] MA/Šabānkāra'ī, p.270.

[88] Gottfried Herrmann, *Persische Urkunden der Mongolenzeit: Text- und Bibldteil*, Wiesbaden: Harrassowitz Verlag, 2004, p.79. 案，Per.Yarlīghīndīn <Turk.Yarlïġdïn. 同樣的句例見一、十世紀突厥語譯《古蘭經》，意爲“命令”（Commandment）。Janos Eckmann, *Middle Turkic Glosses of the Rylands interlinear Koran translation*, Budapest: Akademiai Kiado, 1976, p.332. 而元代文獻中的用例，可見黑城出土文書 No.117, “*dar taḥṣīl-i(arpa)wāqi' namāyand yarlïġïndïn*”，可譯爲：“敕令……徵收大麥……”，日譯者認爲 yarlïġ-ïndïn 爲突厥語借詞：“敕令にて。”吉田順一，チメドドルヅ編：《ハラホト出土モンゴル文書の研究》，雄山閣 2008 年版，第 224 頁。它相當於

元代公文的起首套語："皇帝聖旨裏，大汗敕令裏。"下接發文對象。

[89] *Persische Urkunden der Mongolenzeit*, p.79, p.83.

[90]《元史》卷九《世祖本紀》："至元十四年（1277）二月丙寅，改安西王傅銅印爲銀印。"第 188 頁。《平成 15~16 年東北亞遺跡考古》，收錄有一枚 1993 年發行於吉林郭爾羅斯的八思巴文印章，邊款作："王傅之印"（至元九年頒）。而日本藏元刊本《事林廣記》所載《大元文武官品之圖》載："[親王府品職]，正四品，傅（掌師範輔導、參議可否）。"引自宮纪子：《叡山文庫所藏の〈事林広記〉写本について》，《史林》91 : 3（2008），第 480 頁。而元廷賜合贊汗爲"威靖王"，其品秩適當一親王。故可確定此印用字爲"王傅"。

[91] *Persische Urkunden der Mongolenzeit*, p.74.

[92] Atwood 相信在文書最後署名、鈐印的官員都是"兀魯思異密"，是錯誤的。上文已指出"兀魯思異密"是一個世襲并相當封閉的集團。Atwood 還指出在歐亞遊牧文化中"四"作爲一個具有特殊政治文化含義的數字，有時只是一種泛指。但如果我們能夠認可"兀魯思異密"和"四怯薛"制度之間的淵源關係的話，似乎還是應該將其看作是一個實數。Christopher P. Atwood, "*Ulus Emirs, Keshig* Elders, Signatures, and Marrige Parters:the Evolution of a Classic Mongol Institution", *Imperial Statecraft: Political Forms And Techniques Of Governance In Inner Asia, Sixth-Twentieth Centuries*, ed. David Sneath, Bellingham: Western Washington University, 2006, pp.141-173.

[93] 起兒漫史書《至尊者崇高的沉默》中曾把阿魯渾汗時期的大異密"不花"稱作"兀魯思的異密、世界的主人和伊朗全境統治者"（Amīr-i Ulūs wa kārsāz-i jahāniyān wa mudabbir-i al-Qālīm-i Īrān）, SU, p.56. 但此書的寫作年代要晚於《史集》，所以未必就是其同時代人的看法。不花是札剌亦兒部斡格來·豁兒赤（Ūkalāy Qūrčī）之子，最初爲阿八哈的掌印官（*Ṭamghāčī*）。《史集》第一卷第 1 分冊，第 156 頁。

[94] TW, p.284. 脫合察兒出自八鄰部分部速合訥惕（Sūqnūt）部族塔木合家族，其父忽禿·不花那顏是“有威望的大異密”，見《史集》第一卷第 1 分冊，第 163、310 頁。

[95] MA, pp.93-94.

[96] TŠU, trans. p.48. text. p.146.

[97] TG, p.607. 忽都魯·沙是忙兀惕部者台那顏的族人。《史集·部族志》稱者台是唆魯禾帖尼別吉與拖雷諸子的近臣。其兄忽勒合禿·豁兒赤（Hūlqūtū Qūrčī）曾任怯薛長。《史集》第一卷第 1 分冊，第 303 頁。

[98] TW, p.467; TTW, p.274. 瓦薩甫稱他們爲“大那顏”（*Nūyān-ān-i buzurg*），位於衆異密（*umarā'*）之上。

[99] TW, p.620; TŠU, trans. p.51. text. p.155. 據《元史》卷二九《泰定本紀一》：“泰定元年（1234）十一月己丑，諸王不賽因言其臣出班有功，請官之。以出班爲開府儀同三司、翊國公，給銀印、金符。”而相對應的波斯史料則載其事作：“合罕（泰定帝）欽命異密·出班爲伊朗與土朗全境的異密之長。”（*Qā'ān amīr al-umarā'ī mamālik-i Īrān wa Tūrān bar amīr Čūpān musallam dāšta*）Z̲JT, p.124.

[100] TTW, p.357.

[101] “禿堅”，《史集·部族志》作“禿丹”。他是遜都思部老千戶長宿敦那顏的後裔，其祖孫者黑是旭烈兀時期右翼異密的怯薛長和札魯忽赤。不過《部族志》稱出班是“禿堅”之孫而非其子，出班之父爲馬里黑。《史集》第一卷第 1 分冊，第 285—286 頁，漢譯本此處作“綽班”，與第三卷譯名不同。

[102] 案，此處記載有誤，孛羅爲蒙古朵兒邊（Dörben）部人。他早年做過忽必烈的“博兒赤”（Bā'ūlčī）。《史集》第一卷第 1 分冊，第 306 頁。關於孛羅生平的研究，可參考余大鈞：《蒙古朵兒邊氏孛羅事輯》，載元史研究會編：《元史論叢》第 1 輯，中華書局 1982 年版。

[103] 阿黑·不花，爲札剌亦兒部拙赤—答兒馬剌家族，是旭烈兀時代大異密額勒該

（Ilkāy）之後裔。在乞合都汗時期成爲大異密，後爲拜都所殺。《史集》第一卷第 1 分冊，第 152 頁；第三卷，第 186 頁。

[104] 瑟瑟・八合失，因其在阿合馬與阿魯渾的即位鬥爭中支持後者，而成爲受阿魯渾寵信的大異密。見《史集》第三卷，第 162 頁；《五族譜》（*Šu'abi Panjgāna*），ff. 146b。

[105] 據《完者都史》，亦鄰真爲克烈部（kirāyat）人。TŪ, p.7.

[106] 或即《蒙古秘史》第 248 節，及《史集》中提到的“公主”皇后（Gunjū Khātūn），因抄寫者不諳漢文致誤？參考劉曉：《成吉思汗公主皇后雜考》，《民大史學》第 5 輯，民族出版社 2004 年版，引自網絡版：http://www.confucianism.com.cn/html/lishi/1439852.html。

[107] 據《貴顯世系》，第九異密阿里・豁失赤（ʿAlī Qūščī）爲全體豁失赤之長，此處失載。

[108] 速台又見於完者都汗的“諸怯薛名錄”。他是蒙古一捏古思部（Tughū'il）千戶後裔。伊本・白圖泰（Ibn Baṭṭūṭa）稱其爲“韃靼人・速台・那顏”（Sūntāy al-Tātār al-Nūyān）。見家島彥一譯注：《大旅行記》第 3 冊，平凡社 1998 年版，第 86 頁，注 110。

[109] MA, trans. p.84, text. p.756. 爲塔塔兒部人兀剌都那顏之子，見《史集》第一卷第 1 分冊，第 180 頁，作“Kūr Būqā Bahādūr”，是管轄哈兒塔必兒惕（Khartabirt）和馬剌提牙（Malṭīya）的長官。

[110] 原文訛作“Sulṭān Jāsāmū”，《貴顯世系》載：完者都汗的 Yāsā'ūl 是 Amīr Sulṭān。MA, p.98. 他是旭烈兀時期異密怯的・不花（Kit Būqā）後裔，出自乃蠻部。MA, p.98. 據《史集・合贊汗紀》，怯的・不花（漢譯本作“乞忒・不花”）帶有“寶兒赤頭銜”，則其家族也應該是怯薛世家。第三冊，第 30 頁。此人又見於《完者都史》，據以改正。TŪ, p.11.

[111]《完者都史》原文作 Būqā，據《史集》、《貴顯世系》改正。出自伯岳吾惕部

（Bāya'ūt），爲成吉思汗時代伯岳吾惕部人鎖兒罕（Surqān）之後。其子阿魯忽仍襲斷事官（Yārghū）一職。

[112] 據《史集·部族志·塔塔兒部》紀事改正。漢譯本，第一卷第1分冊，第179頁。“撒里（Sālī）那顔”，蒙哥汗時期駐忻都斯坦（Hindūstān）和乞失迷兒（Kešmīr）蒙古軍萬戶長官，其子兀剌都後繼任父職。《史集》稱別克禿惕在合贊汗時任呼羅珊的哈剌兀納（Qarā-Ūna）軍隊異密。

[113] 原文訛作“Tadmtāz”，《史集·合贊汗紀》載，他是合贊汗“王傅”買柱·巴合失（Maijū Bakhš）之子。第三卷，第141頁。

[114] 此人又見以下怯薛名錄，爲速古兒赤。

[115] 當即第十七位異密忽都魯－海牙之兄。另外，“海牙（-qaya）”是一個典型的回鶻語人名，意爲“峭壁”，因此可以推定他出自畏吾兒族。

[116] 據《貴顯世系》，剌馬贊出自伯牙兀惕（Baya'ut）部。MA, p.99.

[117] 原文作 Qurānjūq，據《貴顯世系》改正，MA, p.99。

[118] 此句原文作：Īnbašqā，也許是 īn Basqāq（八思哈，蒙古監臨官）的訛寫。

[119] 納鄰·阿合，乞牙惕部人（kiyāt），他是合贊汗時期的大異密。MA, p.93.

[120] 一作“哈剌契丹”（*Qarākhitāy*），TŪ, p.29。

[121] 案，原書此處作 Tankūz，意義不明，德黑蘭本整理者也未就此加以說明，Melville 曾推斷此詞當讀作“ankūzkhān”，是“速古兒赤”Sukūrči 的訛寫。Melville,“The *Keshig* in Iran:The Survival olf the Royal Mongol Household”, *Beyond the Legacy of Genghis Khan*, p.153. 今檢《貴顯世系·合贊汗諸異密》所載名錄中有 Būrālghū-Sukūrči, MA, p.96.《瓦薩甫史》中也提到位列諸怯薛序列之首的是“速古兒赤”，因此可以推定，自異密 Ahsū-Ṭāghāy 以下6人爲大汗之速古兒赤（漢文史料作“典衣監”）。TW, p.469; TTW, p.275. 根據元代怯薛輪值文獻可知：速古兒赤是諸種怯薛職務中地位最高的一種，通常在大汗召見官員商議國事時隨

侍左右。

[122]《史集·合贊汗紀》中有雪你台部異密 Būralghī，他是管理脫脫合溫（Tutaghā'ūl）的異密。《史集》第三卷，第 463 頁。

[123] 案，Qayāh 中 -h 似爲衍文。

[124] 他是異密 Čūqū 的兄弟。MA, p.98.

[125]《元史》卷八〇《輿服志·儀衛》："圉人十人，國語曰：'阿塔赤。'"《元史》卷九〇《百官志》："尚乘寺，秩正三品，掌上御鞍轡輿輦。阿塔思群牧騸馬驢騾，及領隨路局院鞍轡等造作，收支行省歲造鞍轡，理四怯薛阿塔赤詞訟，起取南北遠方馬匹等事。"

[126] 原文作"Qūšḥātān"，意義不明，整理者亦未就此加以說明。檢《瓦薩甫史》此節所載：位列"阿塔赤"之後的怯薛執事爲豁兒赤，現據以改正。《元史·輿服志·儀衛》："佩弓矢十人，國語曰火兒赤。分左右，由外道行，服如主服御者。"

[127] 蒙古朵兒邊（Dörben）部人，最初爲伊利汗阿合馬（Aḥmad）的豁失赤之長。合贊汗時代，改任禹兒惕赤一職。《史集》第三卷，第 306 頁。

[128] 玉典赤，Per. ayūdūčī <Mong.eyüdüči，意爲"門衛、戶郎"。《元史》卷八〇《輿服志·儀衛》："護尉，凡四十人，以戶郎（國語曰"玉典赤"）二十人、質子二十人攝之，服同宇下護尉。"《史集》漢譯本作"額玉迭赤"。第三卷，第 457 頁。

[129] 此人在不賽因汗即位後試圖謀叛，與其兄弟二人同時被殺。ZJT, p.103.

[130]《史集》第一卷第 1 分冊，第 156 頁，解釋其義爲："掌管發放口糧的官吏。"而 Vásáry 則認爲這是蒙古驛站制度中的兩種官職：一爲烏剌（ulaγ，負責供應驛馬的草料），源於驛馬；一爲首思，源於供應羊肉的差使。István Vásáry, "Susun and Süsün in Middle Turkic Texts", *Turks, Tartars and Russians in the 13th-16th Centuries*, London: Variorum Reprints, 2007, VIII, pp.51-59. 而在漢文史料中則稱爲"首思"，即牧民需依例每歲向大汗繳納湯羊作爲供奉。

[131] 一譯“溫都赤”，《元史·輿服志·儀衛》：“佩寶刀十人，國語曰‘溫都赤’。分左右行，冠鳳翅唐巾，服紫羅辮線襖，金束帶，烏靴。”

[132] 拜忒迷失（Bāytmīš），又見《史集·合贊汗紀》，但身份爲“豁失赤”；而據《完者都史》載，完者都時其職事已爲“雲都赤”。

[133] 德福（Doefer）認爲“ev-ughul”源自蒙古語“ger-ïn k'e'ü”，同時他又舉出波斯文獻中有“Īnjūyān wa Ev-ughulān”的用法，表明它們是一組對應詞。TMEN, Band.2, p.227. 元人徐元瑞釋“怯憐戶”曰：“謂自家人也。”見徐元瑞著、楊訥點校：《吏學指南（外三種）》，浙江古籍出版社 1988 年版，第 32 頁。如果同意烏拉熙春的考證，將對應“宮”的契丹小字釋讀爲“gər”，也就是蒙古語“ger（家）”的同源詞的話，我們甚至能將此種制度上溯至遼代的“宮籍”。烏拉熙春：《契丹橫帳考：兼論帳、宮、院之關係》，收入《遼金史與契丹女真文》，東亞歷史文化研究會，2004 年，第 1—10 頁。

[134] TŪ, p.12.

[135] 這些行政文獻集成除上文引用之《書記及命官文書規範》外，還有 ᶜAbd-Allāh Māzandarānī, *Risāla-yi Falakiyya*（《天職論》），W. Hinz, *Die Resālä-ye Falakiyyä des'Abudullāh ibn Moḥammad ibn Kiyā al-Māzandarānī: Ein persischer Leitfanden des staatlichen Rechnunswesen(um 1363*), Wiesbaden, 1952. Gottfried Herrmann, *Persische Urkunden der Mongolenzeit: Text- und Bibldteil*, Wiesbaden: Harrassowitz Verlag, 2004.

[136] MA, trans. p.84, text. p.75a.

[137] 參看 Charles Melville, "Abū Sa'īd and the Revolt of the Amirs in 1319", Denise Aigle ed. *L'Iran Face à La Domination Mongole*, Teheran: Institut Français de Recherche en Iran, 1997, pp.89-120。

[138] "The *Keshig* in Iran: the Survial of the Royal Mongol Household", p.154.

[139]《史集》第一卷第 1 分册，第 303 頁。

[140] 同上書。

[141] DK, Tom. 2, pp.39-45. 在元代，“八哈失”同樣屬“通籍禁門”的內廷官職。其職事乃是爲君王“恒侍左右，誦說經典”，“以文學備顧問”，通常此種職事也是世襲的。忽必烈朝的回鶻人大乘都先爲忽必烈文學侍從，後爲皇孫阿難答師。其子大理都以文學供奉入侍裕宗（真金）；大慈都則效力於忽必烈身邊。参程鉅夫：《雪樓集》卷八《秦國先墓碑》。《元代珍本文集彙刊》影印宣統二年涉園影刊洪武本，（臺北）“國立中央圖書館”1970 年版。

[142]《元朝秘史·續集》卷二，第 269 節。

[143]《元朝秘史》卷九，第 226 節，“這些做我護衛的人，以後教做大中軍者”。

[144] TW/Purgestall, trans p.94; text p.98; TW, p.51; TTW, p.28.

[145]《元朝秘史》卷九，第 228 節。

[146] TŪ, pp.28-29.

[147]《書記規範》一書中，收有給“君王的近幸與寵臣加封榮譽稱號”（*Dar al-Laqāb wa ad'iyah-yi Īnāqān wa muqarabān-i Pādišāh*）的制書。DK, Tom.1,Часть.2, Faṣl-i nuham. 在元代的漢文史料中，“倚納”出現得次數較少。但直至元末，它仍被用來標示那些居於大汗側近而擁有特殊身份的群體。如權衡：《庚申外史》卷上：“國師又薦老的沙、巴郎太子、答剌馬的、禿魯帖木兒、脫歡、孛的、蛙林、納哈出、速哥帖木兒、薛答里麻十人，皆號‘倚納’。”陶宗儀：《南村輟耕錄》卷二《叛黨告遷地》條亦有“延祐間，倚納脫脫公來爲浙相”之記載，中華書局 2004 年版，第 30—31 頁。

[148] 上表中的出班、亦鄰真、脫歡等人都曾與伊利汗家族有着固定的婚姻關係：旭烈兀長妻脫古思（Toguz）合敦就是克烈部人，亦鄰真則是脫古思合敦的侄子，《史集》第三卷，第 20 頁；出班之女八合答·沙（Baghdād Šāh）則嫁給了末代伊利

汗不賽因。MA, trans. p.100.

[149] 馬克斯·韋伯（Max Weber）著、閻克文譯：《官僚制》，《馬克斯·韋伯社會學文集》，人民出版社 2010 年版，第 188—189 頁。

[150] 志茂碩敏：《モンゴル帝国の国家構造》，《モンゴル帝国史研究序說：イル汗国の中核部族》，東京大学出版会 1995 年版，第 447—475 頁。

[151] JT/Baku, p326. “他（忽都魯·沙）對我（拉施都丁）說：‘咱倆彼此曾共執役於怯薛（*dar yik kišik būda-īm*），從來沒有發生過誤會以致受到委屈。’”《史集》第三卷，第 305 頁。案，此句漢譯本譯作“咱倆彼此是同學”，去原意較遠，今據原文直譯。

[152] Charles Melville, “Wolf or Shepherd? Amir Chupan’s Attitude to Government”, p.85.

[153] 本田実信：《ジャライル朝のモンゴル·アミール制》，第 86 頁。

[154] DK, Том.2, pp.3-5.

[155] 《元史》卷三《憲宗本紀》。

[156] Allsen, Thomas T., “Guard and Government in the Reign of The Grand Qan Mongke”, p.508.

[157] 《世界征服者史》下冊，第 657 頁。

[158] 傅海波（Herbert Franke）、崔瑞德（Denis Twitchett）等編，史衛民等譯：《劍橋遼西夏金元史》，中國社會科學出版社 1998 年版，第 463 頁。

[159] Allsen, Thomas T., “Guard and Government in the Reign of The Grand Qan Mongke”, p.507.

[160] TNH, p.203. 作者繫此事於 645 年（1250—1251）。即使在中央，底萬的事務也只與大必闍赤有關，見《世界征服者史》下冊，第 676 頁。

[161] 從波斯文史料中我們搜集到這些官職：撒希卜（*Ṣāḥib*，應該是撒希卜·底萬的簡寫）、大撒希卜（*Ṣāḥib-i aᶜẕam*）、稅務部（*Dīwān-i istīfā’*）、皇室土地管理部

(*Dīwān-i khāṣṣ*)、檢查官（*Manṣab-nazr*）等，相反，傳統上被認爲是“行尚書省”最高官員的札魯忽赤在史料中反而並不活躍。SU, p.37, p.173. 賽爾柱時代的“底萬”制度，参看：*The Cambridge History of Iran*, Vol.5, p.257.

[162] TNH, p.203.

[163]《世界征服者史》下冊，第 655 頁，其名一作“撒希卜·法合魯丁·馬合木·牙剌瓦赤（*Ṣāḥib Fakhr al-Dīn maḥmmūd Yalawač*）”。SU, p.31.

[164] TŠQ, p.182.

[165] TNH, p.278.

[166]《世界征服者史》下冊，第 577 頁。Jean Aubin, *Émirs Mongols et Vizirs Persans dans les Remous de l'Acculturation*, Paris, 1995(Studia Iranica. Cahier 15), Chapter II, "La Paix Mongole", p.19.

[167]《世界征服者史》下冊，第 580 頁。

[168] SU, p.37. 其中只有 Sū'atū, 又見於 TŠQ, p.173, 寫作“Sū'tū bāyančāq(bāsqāq?)”。作爲阿兒渾·阿合的部下，他和匿咱馬丁·木勒克一道曾在旭烈兀西征時，到其大帳拜見。

[169]《元史》卷九九。

[170] 鄭介夫:《太平策一綱二十目》，首言“儲嗣”，曰:“人君即位之初，必先定儲嗣，所以示根本之固，杜覬覦之心也。”《全元文》第 39 冊，鳳凰出版社 2004 年版，第 25 頁。

[171] TW/Purgestall, p.47. 與瓦薩甫記載可以相互印證的是，鄭思肖在《心史·大義略叙》中的一段話：“忽必列老而病廢已久，屢欲傳國與真金，族人俱不從。謂：‘我家無此法。汝在一日，自爲一日。’自忒没真以來，素不曾傳子。”預立真金爲儲君，原文作“使之登上汗國的王座”（*bar takht-i khāniyyat pāy nihist*），這和《史集》中所謂“使之繼承汗位”（*ba-Qā'ān nišānda*）是一個意思，也完全對應

於漢文史料中忽必烈預立真金爲“太子”（東宮）的說法。相反，我們能看到在波斯文中表述“登基”這個概念，通常使用阿語詞彙“julūs”（本義爲“坐”）或它的波斯語對應詞“nišastan”（一般使用其固定搭配：*bar takht... nišastan*）。JT/Rawšan Jeld.2, p.936. 漢譯本，第二卷，第 352 頁。所以宮紀子女士所谓“真金曾秘密即位”的説法是缺少證据，且與事實相左的。《叡山文庫所藏の〈事林広記〉写本について》，第 38 頁。

[172] 閻復：《靜軒集》卷三，《太師廣平貞憲王碑》：“公奉鑾駕而南，宗室諸王畢會上都。定策之際，公起謂皇兄晉王曰：‘宮車遠駕，已逾三月。神器不可久虚，宗祧不可無主。疇昔儲闈符璽既有所歸，王爲宗盟之長，奚俟而不言？’”，繆荃孫：《藕香零拾》本，中華書局 1999 年版，第 368 頁。

[173] 蕭啟慶：《元代四大蒙古家族》，收入《内北國而外中國：蒙元史研究》（下册），中華書局 2007 年版，第 508—578 頁。

[174] 此章伊斯坦布爾鈔本中闕，本文以德黑蘭刊本爲主，並參考布洛舍本。JT/Rawšan, Jeld.2, pp.907-908; E.Blochet ed., *Djami el-Tévarikh: Histoire Générale du Monde par Fadl Allah Rashid ed-Din*, Tome II, Leyden: Brill, 1911, Gibb Memorial, p.470. 漢譯本，《史集》第二卷，第 327 頁。此處譯文均據原本直譯，與漢譯本略有不同。

[175] 案，此處的“以往”是指亡於蒙元的金、宋政權，“如今”則是指元世祖時期的狀況，似不能理解作世祖在位的早、晚期。

[176] 《史集》第二卷，第 328 頁。案，原文作“完澤、答剌罕”，誤斷其爲二人。

[177] 《史集》第二卷，第 375—376 頁。

[178] TTW, p.279; *Šu'ab-i Panjgāna.* 其事蹟又見於《元史》卷一四〇《別兒怯不花傳》。

[179] 《貴顯世系》作“Arkhāsūn-Čingsang”，MA, trans. p.72, text. p.57б。

[180] 此二人只見於《貴顯世系》，目前尚不能比定其在漢文史料中的譯名。不過《元

史·宰相年表》中有“月古不花”,大德四年至七年任中書左丞,不知是否同一人。卷一一二，第2807—2808頁。MA, trans. p.73, text. p.58a.

[181] 除上引《史集》外，又於《貴顯世系》，其名訛作“Ūrnūk”（當作：Ürlüg）Čīngšāng”。MA, trans. p.68.

[182] 姚燧：《牧庵集》卷一三《高昌忠惠王神道碑》。

[183]《史集》第一卷第1分册,第191頁。朵兒朵懷以忽必烈大異密之身份而出任“底萬府和瓦即兒”長官，相同的事例可以參看前揭合贊汗時期的忽魯·鐵木耳。

[184]《元史》卷二二《武宗本紀》“成宗大德十一年（1307）春五月壬辰”條。又,《元史》卷一二八《土土哈傳》。

[185]《完者都史》作“（都哇之子也孫不花和也不干）對面是合罕（武宗）的軍隊，[由]脫火赤丞相……和十二萬大軍[組成]。”(*muḥazī az čirīk-i Qān, Ṭūghāčī Čīnsāng...bā dawāzdah tūmān čirīk*), TŪ, p.202. 而《康里脫脫傳》僅稱其爲“邊將脫火赤”。而據《元史》卷二四《仁宗本紀》:“至大四年三月（1311）辛卯，欽察親軍都指揮使脫火赤拔都兒……並知樞密院事。”知其所繫銜實爲“知樞密院事”。

[186] 安童“至元二年（1265），由宿衛官拜中書右丞相”。蘇天爵：《元朝名臣事略》卷一《丞相東平忠憲王》，中華書局1996年版，第9頁；“至元十二年（1275），敕公行中書省樞密院事，從皇子北平王行邊”，第11頁。《元朝名臣事略》卷二《丞相淮安忠武王》：“十二年秋，入覲，拜右丞相。……明年……復同知樞密院事。二十六年秋，進知樞密院事。三十一年，加太傅，錄軍國重事。”第16頁。

[187]《史集》第三卷，第194、199頁。

[188] TW, p.469; TTW, p.276.

[189]《劍橋遼西夏金元史》，第16頁。遼代在這個過程中扮演了重要的中介角色，參看《遼史》卷四七《百官志》：“契丹國自唐太宗置都督、刺史，武后加以王封，

玄宗置經略使，始有唐官爵矣。其後習聞河北藩鎮受唐官名，於是太師、太保、司徒、司空施於部族，太祖因之。”

[190] 伯希和早已指出：泰赤兀部名即源於漢語“太子”（Taiči’ut<Ch.Taiji）；耶律大石、揑群太石等名稱中的“大石”一稱則來自漢語“太師”。乃蠻部首領“太陽汗”（Tayān）則爲漢語“大王”之訛。Paul Pelliot et Louis Hambis, *Histoire des Campagnes de Gengis Khan, Cheng-Wu Ts'in-Tseng Lou: Traduit et Annote*, Leiden: E. J. Brill, 1951, p.13, 149, 184.

[191] 屠寄：《蒙兀兒史記》卷一五六《三公表》序，上海古籍出版社、上海書店出版社 1989 年版。

[192] 如耶律禿花和木華黎都被委任了“太師”的頭銜。比勘漢語、波斯文史料，對應這兩個頭銜的蒙古—突厥語稱謂應該是“也可·那顔”（*yeke-Noyan/basqaq-i buzurg/yeke-Darughači*）。“Administration in Mongol Bukhara”, pp.140-141. 而耶律禿花之子“綿思哥襲太師，監尋斯干城，久之，請還內郡，守中都路也可達魯花赤，佩虎符，卒”。《元史》卷一五〇《耶律阿海傳》。《瓦薩甫史》中提到的：窩闊台時期，把薩馬爾幹和不花剌的“舍黑揑”（*šiḥnag'ī*）一職，委付給了“丞相·太傅”（Čingsān-Ṭāyfū）和“不花·奴沙”（Būqā Nūšā）二人。而上揭脫火赤在《瓦薩甫史》中也被稱爲“太傅”（Ṭāyfū Ṭūghāčī）。TTW, p.3, 284. 而《元史·三公表》中“太師”、“太傅”無一例外皆是當時最有權勢的大臣。

[193] 張帆：《元代宰相制度研究》，北京大學出版社 1997 年版，第 173—180 頁。除文中所舉諸例外，還有安童、伯顔兩人以右丞相同知樞密院事。《元朝名臣事略》卷一《丞相東平忠憲王》；卷二《丞相淮安忠武王》。

[194] 錢大昕：《廿二史考異》下冊，第 1710 頁。陳文和主編：《嘉定錢大昕全集》，江蘇古籍出版社 1997 年版。

[195] 張帆：《元代宰相制度研究》，第 83—84 頁。

[196] 張帆：《元帝國的政治文化特性·相權篇》（打印本），第 50 頁。

[197] 如 JT/Rawšan, Jeld.2, p.924, 稱“以完澤丞相代替桑哥的位置”（*wa ba-jāy-yi Samga Ūljāy Čīngsāng rā ba-nišānad*）；《史集》第二卷，第 350 頁，“並以完澤代替桑哥擔任丞相”，誤，因爲上文已講到桑哥的官職是“Wazīr”，而且完澤以蒙古大異密的身份不可能出任 Wazīr 一職。又有“異密阿合馬擔任平章和瓦即兒時”（*Finjān wa wazīr*）。因爲波斯文獻中通常用並列的方式，以一個本土的詞彙去解釋一個外來語，因此“wa”前後的兩個詞只表示一個意思。JT/Rawšan, p.916.《史集》第二卷，第 341 頁。

[198] TTW, p.278.

[199]《元史》卷一〇《世祖本紀》。其謂昂吉兒“宰相非可覬者”，並非有貶低之意，而是在蒙古人觀念中，昂吉兒作爲有“根腳”的重臣，當另有職司。

[200]《元史》卷二〇五《奸臣傳·阿合馬傳》。

[201] Umarī/Lech, *Das Mongolische Weltreich*, trans. p.153, 漢譯本，第 112 頁。

[202] TŪ, p.196.

[203]《元史》，卷七《世祖本紀》，第 136 頁。

[204]《元史》卷二〇五《奸臣傳·阿合馬傳》。

[205] 胡祗遹：《胡祗遹集》卷二一《政事》，吉林文史出版社 2008 年版，第 448 頁。

[206]《元史》卷八五《百官志一》云：右丞相、左丞相各一人；平章政事四員；左、右丞各一人；參政二員；參議中書省事“始置一員”，至元二十二年，累增至六員。

[207] 張帆：《元帝國的政治文化特性·相權篇》，第 51 頁。

[208] 阿合馬之得政，除了他是察必皇后的媵臣（從嫁人）之外，也得到“中貴人”的支持。見《元史·秦長卿傳》：“阿合馬爲人便佞，善伺人主意，又其貲足以動人，中貴人力爲救解，事遂寢，然由是大恨長卿。”《元史·張雄飛傳》：（至元十六年）

忽辛有罪，敕中貴人及中書雜問，忽辛歷指宰執曰：“汝曾使我家錢物，何得問我！”所以安童在阿合馬面前的無力感，並非忽必烈置色目人於大根腳重臣之上，而應該是不同的權力集團之間的鬥爭。然正如“中貴人”爲誰，後莫之能詳一樣，由於撰史者的隱晦，此事遂被簡化爲色目人與漢法之臣的衝突。而桑哥的倒臺及被殺，也莫不與其得罪怯薛集團有關。《漢藏史集》稱：“衆怯薛受怯薛長及月呂魯那顏的鼓動，又以以前的罪名向皇帝控告桑哥。”達倉宗巴·班覺桑布著、陳慶英漢譯：《漢藏史集》，西藏人民出版社 1999 年版，第 161 頁。

[209] 蒙古人只是借用了傳統的官僚名稱，而絕非其實質。在同樣的官稱之下，其權力的大小是有差異的。這種官銜相同，而權力根源與承擔角色完全不同的情況，可以被看作是蒙古統治對本地傳統的一種干擾。如魯木塞爾柱政權歸附蒙古之後，仍然使用傳統的“Beglerbeg”官號，但其職權大小與伊利汗廷中的忽都魯·沙、出班等人則不可等量齊觀。參看 Claude Cahen, *Pre-Ottoman Turkey*, p.344. 而元代的“丞相”一職也當作如是觀。

[210] 趙天麟：《太平金鏡策》卷一《論東宮不當領中書樞密之職》。《全元文》第 28 冊，第 117—118 頁。

[211] 陳邦瞻：《元史紀事本末》卷一五《尚書省之復》：“元世任用勳舊，諸人皆新進，若與之同官，勢必出其下，不可得志。惟別立尚書省，而中書之權遂奪。”

洪武本《華夷譯語》韃靼來文注釋（上）

烏雲高娃

洪武本《華夷譯語》[1]收有韃靼“來文”12篇，這些來文沒有蒙古文原文，只有漢字音譯蒙古語、漢文旁譯和總譯，體例與《蒙古秘史》[2]類似。其中，第1—5篇爲詔文、誥敕類，有旁譯和總譯。第7—12篇爲書狀類，有旁譯，未有總譯部分。由於篇幅所限，將《華夷譯語》12篇來文分爲上、下兩篇發表，此文所收爲1—5篇，第7—12篇作爲下篇另行發表。關於《華夷譯語》漢字標記蒙古語的規律及特點擬另寫論文探討，這裏不再贅言。簡單說明一下《華夷譯語》標記蒙古語的規則及小字的用法。

文中第一行爲漢字音譯蒙古語，括弧裏爲總譯部分。第二行爲旁譯。第三行爲拉丁轉寫蒙古語。

《華夷譯語》明顯按照口語的形式標記蒙古語，因此，對蒙古語中輔音弱化或輔音脫落的情況，是按照口語發音的狀態標記的，常出現“兀、溫、安、阿”等字標記蒙古語“γun”、“gün”、“γan”、“γa”等音節的現象。

以“h”或“g”開頭的漢字前有小字“中”，是表示此字爲陽性詞。拉丁轉寫時，陽性的“h”音以“q”轉寫，陽性的“g”音，以

"γ"轉寫。陰性的"h"音以"k"轉寫，陰性的"g"音以"g"轉寫。漢字之後的小字"黑"標記蒙古语收声陽性的"q"，漢字之後的小字"克"標記蒙古语收声陰性"g"。漢字之後的小字"勒"和漢字之前的小字"丁"標記收聲"l"音。有時以漢字"裹"標記收聲"l"。漢字之後的小字"舌"標記"r"音。漢字之後的小字"卜"或"必"標記收聲"b"音。漢字之後的小字"惕"標記收聲"d"或"t"音。

蒙古語的賓格助詞"i"和屬格助詞"un"，接續以"b、g、r、s、d、n、m、l、ng"收聲字母之後時，以不同漢字標記。例如：以"g"結尾的詞接續屬格助詞"un"時，以漢字"昆"標記，以"l"結尾詞接續屬格助詞"un"時，以漢字"侖"標記。以"r"結尾詞接續賓格助詞"i"時，以漢字"裹舌"標記，以"g"結尾詞接續賓格助詞"i"時，以漢字"吉"標記等。

一、詔阿札失里

騰吉裹舌 迭[1] 粘別克迭克先[2]（天之所覆），斡脫格[3] 捏[4]
天 覆的 地
tengri de nembegdegsen ötüge ne

額兒古克迭克先（地之所載），斡欒 阿迷壇 客敦 不古宜[5] 兀祿 篾迭克
載的 多生靈 幾 有 的 不 知可
ergügdegsen olan amitan kedün bükü yi ülü

迭模（生民之多,莫知幾何）,中合[6]黑察 騰吉里舌 篾迭由（然天能知），
medegdemü . 獨 天 知有
γaqča tengri medeyü

騰吉里舌古 額者列由（天能宰），丁申塔安[7]亦訥 阿迷塔納[8]丁完澤
天 主有 緣故 他的 生靈每行 福
tengri kü ejeleyü. siltaγan inü amitana öljei

中忽禿黑把中豁兒 阿答 古兒堅 赤答中忽 因[9]禿剌。
祿 并 害 禍 到 能 的 上頭
qotoq ba qor ata kürgen čidaqu yin tula.

（以其擅禍福于人）。

[1]“迭”（de）是“被”的意思，與現在蒙古語中的“dü”、“tü”一樣。有時表示對象、方位或處所。

[2]“粘別克迭克先”中的“粘”字標記蒙古語的“nem”音。

[3]蒙古語中與“地”相對應的詞爲“中合札兒”（“γajar”）。蒙古薩滿教中巫婆被稱爲“ituqan”或“ötügen”。《華夷譯語》人物門中將“師婆”譯爲“亦都罕”（“ituqan”）。此處將“地”譯爲“斡脫格”（“ötügen”），有了一層敬天地的宗教思想，表現了蒙古族原始宗教信仰之“天爲父、地爲母”的思想。

[4]“捏”（ne）與“迭”（de）相同，是“被”字的意思。“捏”（ne）接在以輔音“n”結尾的陰性詞之後，接續“捏”（ne）時，“n”結尾詞的“n”脫落，有時表示對象、方位或處所。

[5]“宜”標記蒙古語的賓格助詞“yi”。蒙古語中賓格助詞有“yi”和“i”，“yi”接續在元音結尾詞之後，“i”接續在“b、g、r、s、d、n、m、l、

ng”等結尾的閉音節詞之後與前面的輔音速寫，接續不同輔音結尾詞之後，以不同漢字標記。

[6] 漢字“中合”標記蒙古語“ga”（γa）音。

[7] “安”字標記的是蒙古語“gan”（γan）音，受蒙古語口語中輔音“g”（γ）脫落的影響。

[8] “納”（na）表示對象，對生靈的意思。句子中主語被省略。“納”（na）與注 3 的“揑”（ne）意思相同。“納”（na）接續陽性詞之後。蒙古語口語中以“n”結尾的“amitan”（阿迷壇）這類單詞之後接續以“n”開頭的助詞“納”（na）時，“amitan”的“n”被弱化了，因此，此處與生靈相對應的“amitan”一詞，未以“阿迷壇”標記，而被標記爲“n”脫落的“阿迷塔”的形式。

[9] “因”字標記蒙古語的屬格助詞之一的“yin”，蒙古語中“yin”接續在元音結尾詞之後。以“b、g、r、s、d、m、l、ng”等結尾的閉音節詞之後接續蒙古語的屬格助詞“un”，以不同漢字標記。以“n”結尾的閉音節詞之後接續蒙古語的屬格助詞“nu”，以漢字“訥”標記。

古溫[10]阿迷壇 騰吉里舌中合札兒 札兀剌舌[11]阿周（人與天地之
人 生靈 天 地 間 住着
kümün amitan tengri γajar jaγura aju.

間），騰吉里舌宜 兀祿 坤都列克赤 兀該 不古 丁申塔安[12]（無敢有不
天 行 不 敬重的每 無 有的 緣故
tengri yi ülü kündülegči ügei bükü siltaγan

敬天者），丁完澤中忽禿黑 把中豁兒 阿荅 添迭克帖耶[13]古兒帖古 因
福 祿 并害 禍 明白 到 的

öljei qotoq ba qor ata temtegteye kürtekü yin

禿剌 備由(以其灾福之有驗也)。騰吉里舌 因 約孫 客額速[14](天之道)，

上頭 有 天 的 道理說呵

tula boyu tengri yin yosun kebesü

撒亦惕 塔[15] 丁完澤 中忽禿黑 卯兀 納[16] 中豁兒 阿荅 古兒格由 (福善禍淫)。

善的每行 福 祿 惡的 行 害 禍 到有

said ta öljei qotoq maγu na qor ata kürgeyü.

[10] “溫”字標記蒙古語“mün”。蒙古語單詞“kümün”(人的意思)。在口語中發“küün”音，因此，常以漢字“溫”標記“ün”音。

[11] “札兀剌”(jaγura) 中“兀”標記“gu (γu)”音，明顯受蒙古語口語中輔音“γ”脫落的影響。

[12] “安”字標記蒙古語“gan”(γan) 音。受蒙古語口語中輔音“g”(γ) 脫落的影響。

[13] “添迭克帖耶”中的“添”字標的是蒙古語的“tem”音。

[14] “客額速”(kebesü) 中“額”字標記蒙古語“be”音，受蒙古語口語影響。

[15] “塔”(ta) 表示對象，“撒亦惕 塔”是“對好的”的意思。句子中主語“天”被省略。“塔”(ta) 與上頁注 1 的“迭”(de) 爲相同的助詞。“塔”(ta) 接續陽性詞之後，“迭”(de) 接續陰性詞之後。“亦”字標記雙元音“ai”中的“i”。

[16] “納”(na) 表示對象。句子中主語天被省略。“納”(na) 與“捏”(ne) 意思相同。“納”(na) 接續陽性詞之後。

額兒迭揑扯[17]額只耶[18]古兒帖列（始古至今），斡欒 兀魯思
古 自 今 到 多 國
erten eče ejiye kütele olan ulus

亦兒格訥[19]迭額列舌[20]（人民之多）中罕[21]孛魯中合侖舌（凡爲君者）。
百姓 的 上 皇帝 做呵
irgen nu degere. qan（qaγan）boluγarun.

騰吉里舌中合剌阿兒[22]古溫 莎汪[23]中忽周 額者列丁溫古[24]客額速
天 必 人 揀着 主宰 教的 說呵
tengri qalaγar kümün sungγuju ejelegülkü kebesü

（天必擇人以主之），騰吉里舌 斡額侖舌[25]斡羅舌 斡欒 阿迷壇泥[26]
天 自已的 替頭裏 多 生靈每 行
tengri öberün oru olan amitan i

札兒沉剌丁溫中忽[27]孛魯由（代天理也）。
整治 教的 做有
jarčimlaγulku boluyu

[17] “揑扯”是標記蒙古語方位助詞“eče”，接續陰性詞之後。接續陽性詞之後的標記爲“納察”、“阿察”、“牙察”、“合察”（ača）等。現代蒙古語中只保留了“eče”這一種形式。

[18]《華夷譯語》時令門中“今”譯爲“額朵額”（edüge）。此處將“今”譯爲“額只耶”（ejiye）應該是受口語或方言的影響。

[19] “訥”字標蒙古語的屬格助詞“nu”，接續在“n”結尾詞之後。

[20] “迭額列”（degere）中，以漢字“額”標記蒙古語的“ge”音，是按口語形式標記的。

[21]《華夷譯語》人物門中“皇帝”譯爲“中合罕”（qaγan）。此處將

“皇帝”譯爲“中罕”（qan）應該是落掉了“中合罕”中的“合”字。

[22]“中合剌阿兒”（qalaγar）中的“阿”字標的是“γa”音，是受蒙古語口語影響，蒙古語口語中“qalaγar”出現“γ”脫落的現象，“la”和“γa”的元音連讀，成爲長元音“aa”。

[23]“莎汪”二字分別標記蒙古語的“su”和“ng”音，將蒙古語的“sung”一個音節以漢字“莎汪”兩個字標記，其中“汪”字只取“ng”音，與莎字切音來標記蒙古語的“sung”音節。

[24]“丁溫古”和“丁溫中忽”一樣。意思是“教的”。“丁溫古”接續陰性詞之後，“丁溫中忽”接續陽性詞之後。“溫”字標記蒙古語中的“gu”（γu）音，受蒙古語口語中“γ”脫落的影響。

[25]“斡額侖舌”中的“額”標記的是蒙古語“öberün”中“be”的音，是受蒙古語口語影響，在口語中出現“öberün”的“b”音脫落的現象。“侖舌”是“斡額兒”（öber）接續屬格助詞“ ün”的連寫形式。以漢字“侖舌”標記蒙古語“öber ”詞尾的“r”與屬格助詞“ ün”連讀的形式，此處的漢字標記明顯受蒙古語口語影響。

[26]“阿迷壇泥”是蒙古語“amitan”接續賓格助詞“i”時的連寫形式，單詞“阿迷壇”（amitan）中的標記“n”音與賓格助詞“i”連讀，以漢字“泥”標記“n”加賓格助詞“i”的連讀形式。

[27]“札兒沉剌丁溫中忽”中的“沉”字標的是蒙古語“čim”音。“丁溫中忽”與“丁溫古”相同。

古溫 阿迷壇 迭額列 騰吉里舌 因 勺里舌吉[28] 坤都連 荅罕[29] 赤
人 生靈 上 天 的 意思 行 敬重 隨 能
kümün amitan degere tengri yin joriq i gündülen daγan čidaju.

荅周。(人能上奉天道)。兀魯孫[30] 委列 圖兒 也兀惕虔 兀該。你刊
國 事 裏 替換的 無 一 意思
ulus un üile dür yegütgel ügei. nigen

勺里舌吉 牙兒[31] 乞扯額別速[32]。(勤政不貳)。也客 斡羅舌 巴鄰舌
行 教 勤呵 大 位子 相接
joriq i yar kičiyebesü yeke oru barilduqu

都中忽 謙列石[33] 兀該 孛魯由 (則祚無定期)。客兒別 脱魯額惕 圖兒
限 無 做有 若是始 裏
kemlesi ügei boluyu kerbe törüget tür kičeged (kičiyeged)

乞扯額惕 赫出思[34] 圖兒 斡莎勒荅周。(設若有始無終)。兀魯孫 委列
勤 終 裏 怠 着 國 事
ečüs tür osuldaju ulus un üile

宜斡莎勒荅惕[35] 亦兒格泥[36] 中豁兒 阿荅 孛魯哈巴速。(怠政殃民)。
行 怠 了 百姓 行 害 禍 做 呵
yi osuldaγad irgen i qor ata boluγabasu

騰吉里舌 中合剌阿兒 不速荅察[37] 莎汪中忽周 也兀惕客由。(天必改擇焉)。
天 必 別 行 揀着 換有
tengri qalaγar bosud ača sungγuju yegütgeyü

[28] 洪武本《華夷譯語》身體門中“志”譯爲“勺里舌黑”(joriq)。此處的“勺里舌吉”是蒙古語“joriq”接續賓格助詞“i”時的連寫形式,單詞“勺里舌黑”(joriq)中的標記“g(q)”音的小字“黑”被省略,成爲“勺里舌”,“joriq”中的“g”音與賓格助詞“i”(宜)連讀,以“吉”字表示“g”加“i”的連讀形式。

[29] 漢字“罕”標記蒙古語“gan”(γan)音。

[30] “兀魯孫”（ulus un）標記蒙古語“兀魯思”（ulus）接續屬格助詞“un”的連寫形式，以漢字“孫”標“兀魯思”（ulus）結尾的“s”與屬格助詞“un”。在蒙古語中，屬格助詞“un”接續在“b、q（g）、r、s、d、m、l、ng”等閉音節結尾的詞之後時，用不同漢字標記。

[31] “牙兒”（yar）與“阿兒”相同。標記蒙古語使役助詞“yar”。

[32] “乞扯額別速”（kičiyebesü）中的“額”標蒙古語的“ye”，在蒙古語的口語中“扯額”（čiye）中的“y”脫落，成爲“čee”音。

[33] “謙列石”（qemlesi）中的“謙”標蒙古語中的“qem”音。

[34] “赫出思”（hečüs）標記蒙古語“ečüs”，可見，在明代蒙古語中仍然保留着詞首的“h”音。

[35] “斡莎勒荅惕”（osuldaγad）中標記最後音節“γa”的漢字被省略，是受蒙古語口語中輔音“g”（γ）脫落的影響。以“荅惕”標記“daγad”兩個音節中輔音“g”（γ）脫落之後的“daad”。

[36] “亦兒格泥”是蒙古語“irgen”接續賓格助詞“i”時的連寫形式，單詞“亦兒格”（irgen）中的標記“n”音與賓格助詞“i”連讀，以“泥”或“你”字表示“n”加“i”的連讀形式。

[37] “荅察”（daša）與“納察”、“阿察”相同。標記蒙古語接續陽性詞之後的方位助詞“aša”。區別是“荅察”中的“荅”字標記前面詞的詞尾“d”和“aša”詞首“a”的連寫形式。“納察”標記前面詞結尾“n”音與“aša”詞首“a”音的連讀形式。標準的標記法應該用“阿察”。

額兒迭	豁牙兒	札溫[38]	桓 訥	兀里荅。（昔者二百年前）。	忙丁豁
古	二	百	年的	前	達達
erte	qoyar	jaγun	on nu	urida	mongγul

乞塔惕 斡兒迷扯 中合里舌壇 不恢 突兒（胡漢异統）。額木揑 兀箆列
漢人 各別 邦土 有 時分 南 北
kitad öbermiče qaritan büküi dür emüne ümere

亦裹中合兀里舌壇 阿周 孛額帖列。（勢分南北）。客兒 馬哈 乞塔敦[39]
分別 住着 既 何 期 漢人
ilγaγuritan aju bögetele ker maqa kitad un

中合罕斡莎勒荅周（何漢君失政）。忙豁侖[40] 中合罕 別兒 卯兀 孛魯黑撒
皇帝 怠 着 達達的 皇帝 也 歹 做了
qaγan osuldaju mongγul un qaγan ber maγu boluqsan

阿兒[41]。（胡王不仁）。騰吉里舌 大元 忙豁 中合罕泥[42] 莎汪中忽周。
上頭 天 達達 皇帝 行 揀着
yar tengri dai ön mongγul qaγan i sungγuju

（天擇元君）。忙丁豁 中合札剌舌 脫列舌丁溫周。（漸生草野）。斡欒
達達 地面生 教着 多
mongγul γajara törügüljü olan

中合里舌塔泥[43] 抹中豁阿周。（芟夷諸醜）。兀箆都 中合札的[44] 阿木兒
邦土 行 敗着 北 地面的 安妥了
qaritan i moqoγaju ümedü γajad i amurlaγuluγad

里兀魯阿惕（戡定朔方）。中豁亦納 可溫 哈赤 納兒 阿訥 騰吉里舌 因
後 子 孫 他的 天 的
qoina kökün ači nar anu tengri yin

勺里吉[45] 荅罕。（已而子孫能奉天道）。額木揑都 中合札的 阿木兒里
意思 隨着 南 地面的 安妥了
joriq i daγan emünedü γajad i amurlaγuluγad

兀魯阿惕。（撫定中夏）。額木揑都 別 兀箆都 谷兒 兀魯昔[46] 你客惕客周。

南　　并 北　　普 百姓每　一　着

emünedü　ba　umadu　gür ulus　i　　nigetgejü

（混一南北）。忙丁豁 把 乞塔惕 亦里中合勒 兀該 揑亦迭阿伯。（胡漢一家）。

達達　并　漢人 分別　　無　混同　住

mongγul ba kitad ilγal　　ügei　neitegebei

[38] 漢字“瀃”標記蒙古語“gun”（γun）音，受蒙古語口語中輔音“g”（γ）音脫落的影響。

[39]“乞塔敦”（kitad un）標記“乞塔惕”（kitad）接續屬格助詞“un”的連寫形式。以“d”結尾詞接續屬格助詞“un”時，標記結尾“d”音的小字“惕”被省略，以漢字“敦”標記結尾音“d”和“un”音。

[40]“忙豁侖”與“忙中豁侖”（mongγul un）相同。標記“忙中丁豁”（mongγul ）接續屬格助詞“un”的連寫形式，“忙中丁豁”（mongγul）中標記“l”音的小字“丁”被省略，以漢字“侖”標記“l”加“un”。

[41]“阿兒”（yar）中“阿”字標記“ya”音，是受蒙古語口語中“yar”出現輔音“y”脫落的影響。

[42]“中合罕泥”（qaγan i）標記“中合罕”（qaγan）接續賓格助詞“i”時的連寫形式。以漢字“泥”標記“中合罕”（qaγan）中結尾的“n”音與賓格助詞“i”音。

[43]“中合里舌塔泥”（qaritan i）標記“中合里舌壇”（qaritan）接續賓格助詞“i”時的連寫形式，以漢字“泥”標記“qaritan”中結尾的“n”音與賓格助詞“i”。“壇”（tan）字的“ta”部分音節以“塔”標記。

[44]“中合札的”（ γajad i ）標記“中合札惕”（ γajad）接續賓格助詞“i”的連寫形式。以“d”結尾詞之後接續賓格助詞“i”時，標記詞尾“d”

音的小字“惕”被省略，以漢字“的”標記結尾的“d”與“i”音。

[45] “勺里吉”與“勺里舌吉”相同。標記蒙古語“joriq”接續賓格助詞“i”時的連寫形式。

[46] “兀魯昔”（ulus i ）標記“兀魯思”（ulus）接續賓格助詞“i”的連寫形式。“昔”字標記“ulus”結尾的“s”音和賓格助詞“i”。

中豁亦納 兀藍 [47] 巴鄰舌敦 亦列額惕 脫歡帖木兒 [48] 中合罕 孛魯黑三
後 傳 接 來 皇帝 做
qoina olam barildun ireged toγon temür qaγan boluqsan

突兒(君至脫歡帖木兒)。兀魯孫 委列 圖兒 斡莎勒荅周。(怠於勤民)。
時分 國 事 裹 怠着
tur olus un üile dür osuldaju

竹克竹扯 [49] 丁奔中合 額兀思格克薛訥 禿剌。(英雄并起)。田迭扯 [50]
各處各處 反 起了 的 上頭 自那裏
jüg jüg eče bolγa egüsgegsen nu tula tende eče

騰吉里舌 大元 忙丁豁 中合罕 訥 札牙泥 [51] 也兀惕客周。(于是天更元運)。
天達達 皇帝 的 氣運 行 換 着
tengri dai ön mongγul qaγan nu jaγaγan i yegütgejü

馬泥 大明 宜 [52] 中合木吉 [53] 篾迭兀侖 札牙 阿主兀 者。(惟我大明主
俺的 行 總管 命 也者
mani daiming i qamoq i medegülün jaγaγa ajuγu je

宰華夷)。大元 忙中豁侖 [54] 古純 斡莫吉 [55] 牙兒 扯揑別速。(以元之勢)。
達達 的 氣力 威勢 行 料量呵
dai ön mongγul un küčün omuq i yar čenebesü

你客都克先 迭列該 阿危。(統一既廣)。扯裏兀惕 阿訥 古出田 中合不壇

一了的　天下 寬　　　　　　軍每　他的　氣力每 能射的每
nigedügsen delekei aγui　　　　　čerigüd　anu　kü čüten　qabutan

孛額帖列。(騎射且長)。你刊 兀都兒 騰吉里 因 札牙安 也兀惕客克先
既　　　　　　　　　一　日　天　的 氣運　換了的
bögetele　　　　　　ngen　üdür　tengri　yin　jayaγan yegütgegsen

突兒。(一旦天更)。帖列舌 篾圖 阿危 中合札惕 阿訥 竹克竹克 中忽必牙
時分　　　　　　　似那　般　寬 地每　他的 各處　分了
tür　　　　　　　tere　metü　aγui γajad　anu　jüg jüg　qobiyaqdaγad

黑苔阿惕。(地廣爲瓜分幅裂)。古出田 中合不壇 扯里舌兀惕阿訥 納阿敦[56]
被　　　　　　　　氣力有的　能射的 軍每　他的　要
　　　　　　　　　küčüten　qabutan čerigüd anu　naγadum

篾圖 不撒泥黑苔伯。(騎射真同戲劇)。額兀別兒 客額速 騰吉里舌 因
一般 潰散了　　　　　　　　這般　說呵　天　的
metü　bosaniqdabai　　　　　　egüber kebesü　tengri　yin

札牙安納察[57] 昂吉苔 虔 委列敦赤苔中忽。(斯非天道，孰能爲之)。
命　自　外　誰 做的　能
jayaγan ača anggida　ken üiledün čdaqu

[47] 漢字"藍"標記蒙古語的"lam"音。

[48] 指元順帝妥歡貼睦爾，1320 年 4 月生，1333 年 6 月在元上都繼位，1268 年逃出大都，1370 年病逝于應昌。

[49] "扯"與"揑扯"相同，是標記蒙古語方位助詞"eče"。

[50] "扯"與"揑扯"相同，是標記蒙古語方位助詞"eče"。

[51] "札牙泥"與"札牙阿泥"相同。是蒙古語的"jayaγan"加賓格助詞"i"的連寫形式。以漢字"牙"標記蒙古語長元音"yaa"，是受蒙古語

口語中輔音“g”（γ）脫落的影響。

[52] “宜”標蒙古語的賓格助詞“i”。一般情況下以漢字“宜”標記蒙古語中接續在元音結尾詞之後的賓格助詞“yi”。以“ng”結尾的閉音節詞接續賓格助詞“i”時，以漢字“宜”標記賓格助詞“i”。

[53] “中合木吉”標記“中合木黑”（qamuq）接續賓格助詞“i”的連寫形式，“中合木黑”（qamuq）中標記“g（q）”音的“黑”被省略，以“吉”字標記“qamuq”結尾的“g”與賓格助詞“i”音。

[54] “忙中豁侖”（mongγul un）標記“忙中丁豁”（mongγul）接續屬格助詞“un”時的連寫形式，“忙中丁豁”（mongγul）中標記結尾“l”音的小字“丁”被省略，以漢字“侖”標記“l”和“un”音。

[55] “斡莫吉”是蒙古語“omuq”（斡莫黑）接續賓格助詞“i”時的連讀形式，標記“斡莫黑”結尾“q（g)”音的小字“黑”被省略，以“吉”字表示“g”和“i”的連讀形式。

[56] “敦”字標記蒙古語的“dum”音。

[57] “納察”是標記蒙古語方位助詞“aša ”，有時標記爲“阿察”。是接續陽性詞之後。接續陰性詞之後的標記爲“揑扯”（eče)。現代蒙古語中只保留了“eče”這一種形式。漢字“安”標記蒙古語“gan”（γan）音。受蒙古語口語中輔音“g”（γ）脫落的影響。

赤 阿札失里舌[58] 壇（爾阿札失里等)。忽札兀兒 忙丁豁 中合罕 訥
你 等 根源 達達 皇帝 的
či ajasiritan ujaγur mongγul qaγan nu

兀魯[59]黑 孛額帖列（本元之苗裔)。騰吉里舌 因 札牙阿泥[60] 篾迭周。
親 有呵也 天 的 氣運行 知着

uruq bögetele tengri yin jayaγan i medejü

(知天命之有歸)。赤訥 額捏 亦列舌 古客額速。(其來也)。門 額兒迭

你的 這 來 說呵 是 古

činu ene iregü kebesü mun erte

訥 商 兀魯孫 微子 捏列舌禿 可溫 塔乞侖[61] 撒巴昔[62] 顏 阿不阿惕[63]

的 國 名的 王子 祭祀的 器皿 自 將着

nu sang ulus un uiji neretü köbegün takil un sabas i yan abuγad

周 兀魯思 圖兒 斡羅[64]黑三 突兒 阿荅里。(若微子之抱祭器而歸周)。

國 裏 入了 時 相似

jiu ulus tur oruqsan dur adali

額捏 篾圖 騰吉里舌 因 阿兀里舌[65] 荅中合[66] 撒 阿兒[67]客額速。(其順

這 般 天 的 氣候 隨的 上頭 說呵

ene metü tengri yin aγur i daγaqsan yar kebesü

天之道)。兀祿 阿木兒里中忽 約孫 兀該 備 者。(安有不妥也哉)。帖因

不 安妥的 道理 無有 也者 那般

ülü amurliqu yosun ügei bui je tein

孛額速 別兒 亦列舌恢 赤訥 馬石 丁勤巴兒。(然來歸甚易)。額兀里舌

有呵 也 來 的 他的 好生 容易 又

begesü ber ireküi činü masi kilbar egüri

兀兒禿荅 撒乞中灰 別兒客。(永守且難)。丁安壇 赤老溫 篾圖 呈 赤亦舌

長 守 難 金 石 般 誠 實

urtuda sakiqui berke altan čilaγun metü čing čikiraq

剌黑 額薛 孛魯瓦速。(非誠如金石)。騰吉里舌 因 勺里舌吉 荅罕 客兒

不 做呵 天 的 意思 行隨着 怎

ese bolubasu tengri yin joriq i daγan ker

赤荅忽。(難以奉天)。額捏 勺里舌吉 顔 兀祿 兀主兀連 札兀兒馬里黑
能 這 意思自的 不 到頭 半 途
čidaqu ene joriq i yan ülü üjügülen jaγurmaliq

也兀惕客額速。(若中途异智)。完[68] 澤 渾討兀[69] 古兒帖古 門 哈[70]
換了 說呵 福 禍 到 的 是 掌
yegütkebesü öljei unduqu gütegü mün alaγan

剌中罕 忽 兒巴中忽 篾圖 斡帖兒 孛魯由。(禍福還於反掌)。
翻的 般 疾 做有
urbaqu metü öter boluyu

[58] “阿札失里舌”指故元遼王阿札失里，1388 年 11 月降服明朝。1389 年 5 月明朝置泰寧等朵顔三衛，以阿札失里爲泰寧衛指揮使。不久阿札失里等復叛明朝，明朝派付友德等鎮壓，1391 年春阿札失里等再次降服明朝。

[59] “魯”應該是“魯舌”，標記蒙古語的“r”音，而不是“l”音。

[60] “札牙阿泥”標記“札牙安”(jayaγan) 接續賓格助詞“i”時的連讀形式，“札牙安”中結尾的“n”音與賓格助詞“i”連讀，以漢字“泥”標記。“安”被“阿”替代。

[61] “塔乞侖”(takil un) 標記“塔丁乞”(takil) 接續屬格助詞“un”的連寫形式。“塔丁乞”(takil) 中標記結尾的“l”音的小字“丁”被省略，以“侖”字標記結尾的“l”和屬格助詞“un”。

[62] “撒巴昔”標記“撒巴思”“sabas ”接續賓格助詞“i”的連寫形式。《華夷譯語》“器用門”器皿爲“撒巴”(saba)，“撒巴思”“sabas ”爲器皿的複數形式。以漢字“昔”標記結尾“s”音和“i”音。

[63] “阿不阿惕”（abuγad）中詞首“阿”標記蒙古語元音“a”，後面的“阿”標記蒙古語的“γa”音。“aboγad”在蒙古語口語中有輔音“γ”脫落的現象。口語中對應的讀音爲“abaad”。

[64] “羅”應該是“羅舌”，標記蒙古語的“r”音，而不是“l”音。

[65] “阿兀里舌”（aγur i）標記“阿兀兒”（aγur）接續賓格助詞“i”的連寫形式。“r”結尾的“阿兀兒”（aγur）的“兒”字被省略，以漢字“里舌”（ri）標記結尾的“r”音和賓格助詞“i”。漢字“兀”標記蒙古語的“gu”（γu）音，受蒙古語口語中輔音“g”（γ）脫落的影響。

[66] “中合”應該是“中合黑”，這裏缺蒙古語收聲“q”音。

[67] “阿兒”（yar）與“牙兒”相同。“阿”字標的是“ya”音，受蒙古語口語中輔音脫落影響。

[68] “完”應該是“丁完”，小字“丁”標記蒙古語的收聲“l”音。

[69] “渾討兀”（unduqu）旁譯爲“禍”。《華夷譯語》中與“禍”相對應的蒙古語是“阿荅”（ata）。

[70]“哈”標記蒙古語的元音“a”音。表明在明代蒙古語詞首元音“h”音存在。

赤 阿札失里舌 壇。(爾阿札失里等)。額捏 滅圖 呈 兀年你額兒[71]
你 等 這 般 誠 實
či ajasili tan ene metü čing ünen i yer

額里先[72] 亦列克先 突兒(既誠來附)。合中剌阿兒 不速 薛惕勒丁 中合阿[73]
歸附 來的 時分 必 別 心 那有
elsen ireksen dür qalaγar bosu sedkil qaa boluqu

孛魯中忽（决無異謀)。兀里荅 忙丁豁 乞塔惕 捏亦迭 不恢 突兒（昔者

做　　　　　在前　達達　漢人　混同　有　時分
orida mongγul kitad neide büküi dür

胡漢一家）。忙丁豁中合汗 迭列該 宜 額者列周 不列額（胡君主宰）。
達達　皇帝 天下　行 主宰着　有來
mongγul qaγan delegei yi ejelejü bülüge

騰吉里舌 因 勺里舌黑 也兀惕客周。（天道好還）。斡亦里舌納察[74] 忙丁豁
天　的 意思　換着　　　近來　自　達達
tengri yin joriq yegütgejü oiran ača mongγul

乞塔惕 捏亦迭古 孛魯周。（邇來胡漢一家）。大明 宜 迭列該 宜 額者
漢人　混同　的 做着　　　行 天下　行 主宰
kitad neidekü boluju daiming i delegei yi

列兀魯克薛 額兒[75]（大明主宰）。合中剌阿兒 也兀惕丁慮 兀該 騰吉里舌
教　上頭　　必　換　的　無　天
ejelegülüksen yer qalaγar yegütkel ügei tengri

因 札牙安 孛魯黑三 添迭克 倄（天理必然有不可更者也）。赤 米訥
的　命　做了的　明白有　　　你 我的
yin jayaγan bolugsan temteg boi či minu

札兒里中 札薩吉[76] 荅罕。（爾從朕命）。古兒帖克先 者兒格 突里舌顏[77]
聖旨　法度 隨着　　　到的　分限　裏
jarliq jasaq i daγan gürtegsen jerge dür i yen

阿住 斡額侖舌[78] 勺里吉 顔 撒乞周。（安分守己）。額別孫 兀孫 荅罕
住着　自的　志　　守着　　　草　水 隨着
aju öberün joriq i yan sakiju ebesün usun daγan

騰吉里舌 因 脱列舌兀魯克先 鑾都兀魯黑撒你[79] 牙兒 只兒合中周。（順水
天　的 生的　長的　教　快活着

tengri yin törügülügsen manduγuluqsan i yar jirγaju

草以樂天之樂)。紐列思魁[80]薛惕乞裏[81]額兒 斡欒泥[82]阿木兒里兀

仁 心 教 多行 安撫了

nigüleskǜi sedkil i yer olan i amurliγuluγad

魯阿惕[83](以仁扶衆)。亦兒格你[84]顔 溫都兒中罕 斡思格周。(令生齒

百姓 你的 滋息 長着

irgen i yan undurγan ösgejü

之繁)。迭額列[85]騰吉里舌 因 勺里舌黑 圖兒 阿荅里 孛魯瓦速。(上合

上 天 的 意思 裏 相似 做 呵

degere tengri yin joriq tur adali bolubasu

天心)。兀祿 兀里舌思古 兀祿 撒亦只剌舌忽中 兀該 備 者。(豈有不昌

不 與 的 不 好的 無有 也者

ülü ürisgü ülü saijiraqu ügei bui je

者兮)。

[71] “兀年你額兒”(ünen i yer)標記“兀年”(ünen)繼續賓格助詞“i”,再加使役助詞“yer”(額兒)。在蒙古語中,以“n”結尾詞接續賓格助詞“i”時,常以漢字“泥”來標記。賓格助詞“i”之後再接續使役助詞“yer”(牙兒)或“yan”(顔)時,以漢字“你”標記賓格助詞“i”。

[72] “額里先”(elsen)中,以漢字“里”標記蒙古語收聲“l”。通常以小字“丁”置于字前或小字“勒”置于字後,標記蒙古語收聲“l”。

[73] “中合阿”(qaa),從旁譯的“那有”看,應該是“中合迷阿”(qamiγa)。將“qamiγa”標記爲“中合阿”是按照口語形式標記的。

[74] “納察”是標記蒙古語方位助詞“aša”,有時標記爲“阿察”。是接續陽性詞之後。接續陰性詞之後的標記爲“揑扯”(eče)。現代蒙古語中

只保留了“eče”這一種形式。

[75] “額兒”（yer）是蒙古語的使役助詞，接續陰性詞之後。

[76] “札薩吉”（jasaq i）是蒙古語單詞“jasaq”（札薩黑）加賓格助詞“i”的連讀形式。“jasaq”（札薩黑）加賓格助詞“i”時，“q（g音）”與“i”連讀，去掉“札薩黑”中的小字“黑”，以漢字“吉”標“q（g音）”與“i”。

[77] 蒙古語的助詞“dür”一般用漢字“突兒”來標記。“突里舌”標記的是“突兒”接續賓格助詞的連寫形式。這裏連用三個助詞“dür”、“i”、“yen”時，用漢字“突里舌顏”標記。

[78] “斡額侖舌”是蒙古語“öber”（自己）和屬格助詞“ün”的連寫形式。蒙古語“öber”的“b”在口語中有輔音脫落現象，因此，以漢字“額”標記“be”，以漢字“侖舌”標記蒙古語“öber”詞尾的“r”與屬格助詞“ün”連讀的形式，此處的漢字標記受蒙古語口語明顯。

[79] “蠻都兀魯黑撒你”是蒙古語“manduγulugsan”接續賓格助詞“i”時的連寫形式，單詞“蠻都兀魯黑撒”（manduγulugsan）中結尾的“n”音與賓格助詞“i”連讀，以“泥”或“你”字標記“n”加“i”的連讀形式。賓格助詞“i”之後再接續其他助詞，如接續“顏”（yen），牙兒（yar）等時，用漢字“你”標記賓格助詞“i”。“兀”標記蒙古語的“gu”（γu）音，受蒙古語口語中輔音“g”（γ）脫落的影響。

[80] “紐列思魁”中“紐”自標記蒙古語“nigülesgüi”中的“nigü”兩個音節，口語中“nigü”有輔音“g”脫落現象，讀爲“niü”所以，以“紐”標記“nigü”的音應該受蒙古語口語的影響。

[81] “薛惕乞里”應該是“薛惕乞里舌”（sedkil i）標記“薛惕丁乞”（sedkil）接續賓格助詞“i”的連寫形式。標記“薛惕丁乞”（sedkil）的結尾的“l”音的小字“丁”字被省略，以漢字“里或里舌”（ri）標記“r”和賓

格助詞“i”音。

[82] “斡欒泥”標記“斡欒”(olan)接續賓格助詞“i”的連讀形式。蒙古語口語中“olan”(斡欒)接續賓格助詞“i”時,“i”受前面的“n”音的影響,形成“ni”的發音,因此,以漢字“泥”標記結尾“n”與賓格助詞“i”。

[83] 漢字“兀”標記蒙古語的“gu”(γu)音,漢字“阿”標記蒙古語的“ga”(γa)音。受蒙古語口語中輔音“g”(γ)脱落的影響。

[84] “亦兒格你”與“亦兒格泥”相同。標記“亦兒格”(irgen)接續賓格助詞“i”時的連寫形式,“亦兒格”(irgen)中結尾的“n”音與賓格助詞“i”連讀,以“泥”或“你”字標記“n”加“i”的連讀形式。賓格助詞“i”之後,再接續其他助詞“顔”(yen),牙兒(yar)等時,用漢字“你”標記賓格助詞“i”。

[85] “列”是“列舌”,標記蒙古語“r”的音。

二、敕僧亦鄰真臧卜

不兒罕 昂 兀里舌荅 巴剌舌溫 額帖惕[86] 脱列舌周。(佛始西域)。
佛 初 在前 西 方 生着
burqan ang urida barayun eteged türüjü

那門[87] 速兒哈兀里 亦納 朵脱剌舌都 兀魯思 突兒 別兒 古魯舌額惕。
經 教 他的 中原 國 裏 也 到了
mom un surγaγuli inu doturadu ulus tur ber kürüged

(其教流傳中國)。豁中亦納 朵兒邊 主昆[88] 亦兒堅 突兒 古兒帖列

後　　四　邊　　百姓　　裏　到了

qoina　dörben jüg un　irgen　dur　gürtele

阿兀牙 迭勒格列[89] 周。（已而布諸四夷）。不古迭 委亦惕中合兒 兀該

寬　布開着　　都　無厭　無

aγuya　delgerejü　　bügüde　uitγar　ügei

坤都連 塔乞周爲。（亦皆崇奉無怠）。

敬重　事着

kündülen　takijuqui

[86]"額帖惕"標記蒙古語"eteged"，其中，缺少標記"ge"音的漢字，是受口語影響。

[87]"那門"是標蒙古語"mum"加屬格助詞"un"的連寫形式，明顯受蒙古語口語影響。以"門"字標記"mum"中的結尾的"m"音接續屬格助詞"un"的連寫形式。

[88]"主昆"（jüg un）標記"竹克"（jüg）接續屬格助詞"un"的形式。漢字"昆"字的輔音"g"與"主""zhu"表示蒙古語的"jüg"這一單詞。漢字"昆"字的元音部分標記蒙古語屬格助詞"un"。

[89]"列"是"列舌"，表"r"的音。

古揑 斡那瓦速。（噫）。額揑 額兒亭出 因 古溫 阿迷塔訥[90] 薛惕

深　思呵　　這 世　的 人 生靈的　心

güne　onobasu　　ene　ertinču　yin　kömün amitan nu sedkil

丁勒[91] 阿訥。（世人之心）。阿兒哈 札里壇 馬石 斡欒 訥 秃剌。（奸險

他的　　奸　狡的每 好生　多的　上頭

anu　　arγa　jalitan　masi　olan nu　tula

至多)。客堆巴 喜兒歸 札撒吉 牙兒札撒巴速 别兒。(雖加之刑戮)。
雖是 嚴 法度 教治 呵 也
kedüibe sirγui jasaq i yar jasabasu bar
阿余兀丁侖[92] 兀禄 赤丹。(猶不以爲怯)。塔奔 主丁因脱劣舌 别兒
教怕 不 能 五 般 道理
ayuγulun ülü čidan tabun juil dörö ber
兀都里惕巴速 别兒。(道以五常)。兀禄 不失連舌。(略不以爲然)。
引 呵 也 不 信
uduridbasu bar ülü büsiren (bisiren)
古兀[93] 訥薛惕乞侖 别兒客 (其人心之險)。阿不里舌 因 客潮兀[94]
人 的 心 險 性 拗
kömün nü sedkil un berke aburi yin kečeγü
不恢 别兒。(人性之頑)。客堆巴中罕 古溫 額迭格丁溫古 兀古溫[95] 古
有的 上頭 雖是 皇帝 人 教生 殺
büküi ber kedüibe qan (qaγan) kömün edegegülkü
斡古 阿卜中忽 委列思[96] 圖兒 額兒客禿 孛額速 别兒。(雖帝王專生
與 奪 勾當每 裏 專 做呵 也
ükügülkü ögü abqu üiles tür erketü bögesü ber
殺予奪)。門古 札兒里中 札撒吉 牙兒 牙不兀侖 牙丹 孛額帖列 (猶不
也 聖旨 法度 教 行 不能 既
mönkü jarliq jasaq i yar yabuγulun yadan bögetele
能使從命)。

[90]“訥”標記接續在以“n”結尾詞之後的屬格助詞“nu”。“訥”(nu)接續“阿迷壇”(amitan)之後時,“n”結尾的“amitan”,和“n”開頭的

"nu"中的一個輔音被弱化，因此，"塔"字替代"壇"字。

[91]"薛惕丁勒"（sedkil）與"薛惕丁乞"（sedkil）相同。

[92]"丁侖"（lun）中，小字"丁"是多餘的。

[93]"古兀"與"古温"相同，漢字"兀"標記蒙古語"mün"音節。蒙古語單詞"kümün"（人的意思）常以漢字"古温"標記。當蒙古語的以"n"結尾的單詞，接續屬格助詞"nu"（訥）時，"n"結尾單詞的"n"常被省略，以元音"u"結尾詞與屬格助詞開頭的"n"形成連讀形式。在蒙古語口語中"kümün"一詞發"küün"的音，因此，常以漢字"兀"或"温"標記"ün"音前面的輔音脱落的音節。

[94]"潮"字標記蒙古語的"če"音，"兀"字標記蒙古語"γü"音。

[95]"温"字應該是"丁温"。標記蒙古語"gül"音節，表示蒙古語口語中輔音脱落的"ül"音。

[96]"思"標記蒙古語收聲"s"音。

不兒罕 那門。(其佛之教)。揑列舌 莎那速阿惕 薛禪 別兒 猛中合黑
佛 經教 名字 聽了 賢 也 愚
burqan mom un nere sonusuγad sečen ber mungqaq

巴牙順 速租魯克臣 客敦 脫安[97]不古 宜 兀祿 篾迭克顛。(賢愚聞名慕
歡喜 化的每 幾 數 有的 行 不 知
bayasun süjülügčin kedün toγan bükü yi ülü medegden

化者。不知其幾)。額薛 別兒 札撒巴速 薛惕丁勒 朵脫剌舌安[98] 斡魯延[99]
不 也 治 呵 心 裏 自己
ese ber jasabasu sedkil dotura ban örüyen

札撒黑臣 脫阿 脫木石 兀該 孛魯中古（不加刑責，於心自治者無量）。

治的 每 數 數 無 做的
jasaqčin toγa tomsi ügei bolkü

額捏克帖 阿迷壇泥 兀祿 阿闌 額迭格丁溫[100] 古 呈 勺里舌中昆[101] 別里[102]
專 生靈 行 不 殺 教生 誠 意 驗
enegte amitan i ülü alan edegegülkü čing joriq un belge
格 亦訥 額捏 篾圖 添迭克 孛侖 阿主兀（其務生不殺之誠。有如是之
他的 這 般 明白 做 有也者
inü ene metü temteg bolun ajuγu
驗耶）。

[97]“安”標記蒙古語“gan”（γan）音，受蒙古語口語中輔音“g”（γ）脫落的影響。

[98]“安”標記蒙古語“ban”音，受蒙古語口語中輔音“b”脫落的影響。

[99]“斡魯延”（örüyen）是標記蒙古語“öber iyen”的口語化形式。

[100]“丁溫”是標記蒙古語“gül”音節，表示蒙古語口語中輔音脫落的“ül”音。

[101]“勺里舌中昆”標記蒙古語“joriq”接續屬格助詞“un”時的連寫形式。“勺里舌黑”（joriq）中的標記“g（q）”音的小字“黑”被省略，以漢字“昆”標記結尾的“g”加“un”的連讀形式。

[102]“里”標記蒙古語收聲“l”音。

斡亦里舌 大元 忙中豁侖 札牙安 赫出思 孛魯周（邇來元運告終）。
近 達達的 氣運 終 做着
oira dai ön mongγul un jayaγan ečüs boluju

中合罕 土失綿丁 中合剌舌除思 亦兒堅（君主臣民）。安[103] 只侖舌 都兒
君 臣 下 民 離 奔走
qaγan tüsimel qaračus irgen angjirun dörbeldüjü
邊丁都周 兀篾都 合中札剌舌 牙不中灰 突兒。（顛沛流離於沙漠）。古溫
着 北 地面 行的 時分 人
ümedü γajara yabuqui dur kömün
土屯 帖木惕 忽牙兀的[104] 額木思周。（人各衣鐵衣）。巴禿 篾門 把里舌周
各 鐵 甲 每 穿着 强 弓 拿着
tutum temüd quyaγud i emüsüjü batu mumun bariju
（彎强弓）。中忽兒察 速木的[105] 顏 守兀里舌周（執鋭矢）。兀都兒
快 箭 插着 晝
qurša sumud i yan sigürijü üdür
雪你 兀禄 斡莎勒丹 馬難 別乞丁連都別速。（互備之機。晝夜無敢有暇）。
夜 不 怠 互 提備 呵
söni ülü osuldan manan bekilaldübesü
撒亦 別耶 餘延 撒乞阿惕 格里舌[106] 延 帖骨思堅 赤苔周（方可保身全家）。
方 身子 行 守 家 全的 能着
sayi beye yügen sakiγad ger i yen tegüsgen čidaju
桓 撒剌舌 那克赤由（以度歲月）。客兒別 者別 兀該 中合兒 豁中斡順
年 月 過的 若是 器械 無 手 空
on sara nögčiyü kerbe jebe ügei γar qoγusun
失亦擔 中忽卜察速 巴兒 牙不周（設若赤手素衣）。阿木中忽郎 亦 牙兒
素 衣服 行着 安
sidam qobčasu bar yabuju amuγulang i yar
額兀里舌 阿速中孩 客延 額列舌別速 兀禄 孛侖 阿主兀（望安生於久遠。
久遠 過 麼道 望 呵 不 中 業者
egüri asuγui kemen erebesü ülü bolun ajuγu

末之有也）。

[103] “安”標記的是蒙古語“ang”音。

[104] “忽牙兀的”（quyaγud i）是標記蒙古語 “忽牙兀惕”（quyaγud）接續賓格助詞“i”的連寫形式。漢字“的”標記結尾的“d”音與賓格助詞“i”。

[105] “速木的”（somud i）是標記蒙古語 “速木惕”（somud）接續賓格助詞“i”的連寫形式。漢字“的”標記結尾的“d”音與賓格助詞“i”。

[106] “格里舌”（ger i）是標記蒙古語“格兒”（ger，家）接續賓格助詞“i”。

額朵額 突兒 脫因 亦鄰真藏卜（今僧亦鄰真藏卜）。釋迦牟尼 因
今 時 僧
edüge dür toyin irinčinjangbu

約順 荅合中周。(踵釋迦之道)。阿迷塔泥 [107] 兀祿 阿闌 額迭格丁溫古
道理 隨着 生靈 行 不 殺 生
saqjamuni yin yosun daγaju amitan i ülü alan edegegülkü

額捏里舌古 呈 勺里舌吉 巴林舌塔剌周（體務生不殺之誠）。中合兒
憐憫 誠 意 把 住着 手
enerikü čing joriq i barimtalaju γar

豁中斡順 失小擔 中忽卜察速 巴兒（赤手素衣）。你克失克 忽泥兒禿
空 素 衣服 腥膻 氣有的
qoγusun sidam qobčasu bar negsig ünirtü

亦迭石田 圖兒 阿周。(處食腥膻之所)。門古 阿訥 阿不里舌 宜 荅罕
食的 裹 住着 也他的 性 隨
idesiten dür ajü münkü anu aburi yi daγan

速租勒堅 赤荅周。(猶能隨類應化)。釋迦牟尼 因 那門脫列舌 宜 兀祿

化　　能着　　　　　　　　　　的 經教 道行　　不
süjülgen čidaju　　　　　saqjamuni yin momun töre yi ülü
兀撒惕罕中。(不息釋迦之道)。額捏里舌恢 阿蠻 阿勒荅灰中 合中失溫
止息　　　　　　　　悲　　　願　　　苦
usadγan　　　　　enerikü i aman aldaqui　　γasiγun
勺孛郎 豁中斡順 活黑托兒灰中 阿黑剌 圖兒 斡惕灰中 乞額的 那木剌周
艱苦　空　虛　　　寂靜　裏　去的　　等　　說着
jobulang qoγusun oqturγui　aqlaq　tur　odqui　kiged i　nomulaju
(談悲願苦空寂寞之趣)。古溫 阿迷塔訥 薛惕乞里 歌多勒堅 赤荅周
　　　　　　　　人　生靈的　心行　　教動　　能着
　　　　　　　kömün amitan nu sedkil i　ködölgen čidaju
(而感發人心)。豁中鄰舌 許列兀活惕[108] 孛魯塔剌 別兒客 客兒邊勒
　　　　　　二十　　餘　　年　　到　　　艱難　饑儉
　　　　　　qorin　ülegü　ond　bolutala　　berke kerbel
察兀的[109] 汪格列舌克薛 別兒 客額速。(涉艱難二紀斡茲)。必里克禿
時節　　　度過的　　　說呵　　　　　　　　　　智　有
šaqud i　önggeregsen ber　kebesu　　　　　　　biligtü
脫因 不速兀 倄。(豈不智僧者耶)。
僧　不是有
toyin　busuγu bui

[107] “阿迷塔泥”與“阿迷壇泥”相同。是蒙古語“阿迷壇”(“amitan”)接續賓格助詞“i”時的連寫形式，以漢字“泥”標記“amitan”中結尾的“n”音加賓格助詞“i”的連讀形式。

[108] “活惕”與“桓惕”相同，標記“年”的複數。

[109] “察兀的”(šaqud i)標記“察兀惕”(šaqud)接續賓格助詞“i”

的連寫形式。以“d”結尾詞之後接續賓格助詞“i”時，標記詞尾“d”音的小字“惕”被省略，以漢字“的”標記結尾的“d”與賓格助詞“i”。“察兀惕”標記詞幹“察黑”（šaq）加複數形式“ud”。

額朵額 亦馬[110] 宜 門 泰寧 中合札侖舌[111] 萬壽 速蔑 因 主持 孛魯中
今 教他 本 地面 寺 的 做着
edüge ima yi mün taining γajar un onsiu süme yin jüči boluγaju
合周。（今特敕本僧。仍主持泰寧萬壽寺）。釋迦牟尼 因 那門 速兒中
的 經 教
saqjamuni yin momun surγaγuli
合兀里 宜 迭里格列舌丁溫周。（興釋迦之道）。那木罕 撒亦的[112] 把
布開 善 好 并
yi delgeregüljü nomuqan said i ba
血里舌兀 客潮昔[113] 那木中合惕罕 速兒罕 阿禿中孩。（以訓善良生拗者）。
拗 頑 善 教 者
sörigü kečuγüs i nomuγadγan surγan atuγai
客惕[114] 別兒 兀者周 坤都連 阿禿中孩。（使諸人見者。崇敬無怠）。
諸人 見着 敬重 者
ked ber üjejü kündülen atuγai
阿里別 阿勒班 中忽赤鄰舌 兀祿 阿奔 不 中忽惕中忽剌禿孩（差發無憂）。
不揀甚麽 差發 課斂 不 要 休 憂 者
aliba alban γubčirin ülü abun bü qutγulatuγai
挑兀別兒 把里舌周 阿埃 札兒里中[115] 斡克八（故敕）。
爲那般 執把着 住的 聖旨 與了
tegüber bariju aqui jarliq ögbe

[110] “亦馬”（“ima”）是指第三人稱的“他”，“赤馬”（“čima”）指第

二人稱的“你”。“赤馬”被常用，而用“亦馬”少見。“納麻”（nama）指第一人稱的“俺”。

[111] “中合札侖舌”（γajar un）標記 “中合札侖舌”（γajar）接續屬格助詞“ un”。標記“中合札兒”結尾“r”音的“兒”字被省略，以漢字“侖舌”標記“γajar”結尾的“r”音和“屬格助詞“ un”音。

[112] “撒亦的”（said i）標記“撒亦惕”（said）接續賓格助詞“i”的連寫形式。標記結尾“d”音的小字“惕”被省略，以漢字“的”標記結尾“d”與賓格助詞“i”音。“亦”字標記雙元音中“i”音。

[113]“客潮昔”應該是“客潮兀昔”（kečuγüs i）。是蒙古語“客潮兀”加表現複數的“s”，再加賓格助詞“i”的連寫形式。以漢字“昔”標記“s”加賓格助詞“i”。

[114] “客惕”（“ked”諸人）可能是蒙古語“ken ud”，“ken”（誰）加複數表現形式“ ud”。表示“誰都”的意思。與旁譯“諸人”表示相同的意思。

[115] 小字“中”應該是小字“黑”，標記蒙古語陽性“g”音。拉丁轉寫中以“q”轉寫。

三、語文

騰吉里舌 中合木黑 亦兒格泥 脫列舌丁溫周。（天生兆民）。中合剌
天 衆 民 行 生着 必
tengri qamuq irgen i törügüljü qalaγar
阿兒 中合罕 古溫泥 [116]札牙周 額氈列兀魯由。（必立君以主之）。帖因
皇帝 人行 命着 主宰 有 那般

qaɣan kömün i jayaju ejelegülüyü tein
別兒 孛額速中合罕 孛魯黑三。(然爲君者)。中合剌阿兒 迭額列 騰吉里舌
雖是 說呵 皇帝 做的 必 上 天
ber bügesü qaɣan boluqsan qalaɣar degree tengri
因 勺里舌吉 坤都連 荅中合周。(必上奉天心)。多羅舌 兀魯孫 委列 圖兒
的 意思 敬重 隨着 下 百姓 事裏
yin joriq i kündülen daɣaju doura ulus un üile dür
乞扯別速。(下勤民政)。田迭扯 迭列該 宜 也魯[117]中合荅哈闌 赤荅由。
勤 呵 自那裏 天下 行 總 管 能有
kičebesü (kičiyebesü) tende eče delegei yi yerü qadaɣalan čidayu
(斯能統一四海)。

[116] "古溫泥"是蒙古語"kömün"接續賓格助詞"i"時的連寫形式，單詞"古溫"(kömün)中的標記"n"音與賓格助詞"i"連讀，以漢字"泥"標記。

[117] "魯"爲"魯舌"，標記蒙古語"r"音。

騰吉里舌 中合札兒 札兀剌舌。(蓋天地之間)。脫列舌克先 古溫
天 地 間 生 的 人
tengri ɣajar jaɣura törügsen kömün
阿迷壇 斡欒。(生齒之繁)。古溫 土屯 你者格惕 薛惕丁勒田 備。(人
生靈 多 人 各 一個 心 有
amitan olan kömün tutum nijiged sedkilten bui
各有心)。客兒別 騰吉里舌 添迭克帖耶 札牙黑荅黑三 中合罕 古溫 揑扯
若是 天 明 命 皇帝
kerbe tengri temtegteye jayaɣaqdaqsan qaɣan

昂吉荅。(若非人君受天明命)。阿泥 呈 兀年 薛惕乞里 額兒 巴牙思
人 自 外 他每 誠 實 心 歡喜
kömün eče angkita anu čing ünen sedkil i yer bayasγan
中罕 孛客丁因格周 (安能使其心悅誠服)。你刊你額兒 孛魯中罕 客兒
教服 着 歸一 做的 怎生
böküilgejü nigen nige ber boluγan ker
赤荅中忽。(而歸二一)。挑兀別兒 騰吉里舌 中合札兒 土綿 主丁因
能 爲那般 天 地 萬 般
čidaqu tegüber tengri γajar tümen jüil
阿迷壇 途兒(故天地之於萬物)。兀祿 額兒古古 兀祿 粘別古 兀該 倠。
生靈 行 不 載的 不 蓋的 無有
amitan dur ülü ergükü ülü nembekü ügei büi
(無不覆載)。中罕 古溫 騰吉里舌 因 斡羅舌納 斡欒 阿迷壇泥 札兒沉闌
皇帝人 天 的 替頭裏 多 生靈行 整治
qaγan kömün tengri yin oruna olan amitan i jarčimlan
不恢 突兒 (人君代天理物)。中合剌阿兒 騰吉里舌 中合札侖舌 薛惕
有的 時分 必 天 地 的
büküi dür qalaγar tengri γajar un
乞里 薛惕丁勤 孛魯中罕 (必心體天地)。迭列該 因 阿迷壇泥 阿剌黑臣
心 心 做 天下的 生靈 行 分揀
sedkil i sedkil boluγan delekei yin amitan i alaqčin
兀該 你刊 約速 阿兒 額捏鄰舌 阿撒剌舌中忽 客額速。(一視同仁)。
無 一 理 教 憐憫 抬舉 的 說呵
ügei nigen yosu bar enerin asaraqu kebesü
斡欒 阿迷壇泥 昂客 別兒 阿木里[118] 溫忽中 因 禿剌 倠。(無非安妥
多 生靈 行 太平 安寧 的 上頭 有
olan amitan i engke ber amurliγulqu yin tula bui

生民）。兀秃額列 中合札兒 奧兀惕乞中忽 因 秃剌 不速（豈曰廣土地
只爲 地 廣 的 上頭 不是
ütügele γajar oγudkiqu yin tula busu
而已）。

[118] “里”字標“rli”的音。蒙古語詞幹“amur”（“阿木兒”或“阿木里舌”），後續構成使役態詞綴“liγul”時，去掉了“阿木兒”或“阿木里舌”中的“兒”或“里舌”，以“里”標記“amur”最後音節的“r”和“liγul”中的“li”音節的連讀形式。

赤 塔賓帖木兒 忽札兀兒 大元 忙中豁侖 中合罕訥 兀魯舌黑 孛魯阿惕。
你 根源 達達 皇帝 的 親 做了
či tabintemür ujaγur dai ön mongγul un qaγan nu uruq boluγad
（本元之苗裔）。兀里舌荅 忙豁 中合罕納 土失克迭克先 倍。（昔臣於元）。
在前 達達 皇帝 委付的 有
urida mongγul qaγan na tüsigdegsen bui
騰吉里舌 忙中豁侖 札牙阿泥 也兀惕客克先 突兒 兀赤剌舌周。（天更元
天 達達 氣運 行換了 的 時分 遇着
tengri mongγul un jayaγan i yegüdgegsen dür učiraju
運）。亦出周 阿黑剌[119] 撒兀阿惕[120]（退居沙漠）。額朵額惕 圖兒 忙豁丁
推着 靜處 坐了 今次 裏 達達
ičijü aqlaq saγuγad edüged tür mongγul
乞塔惕 捏亦迭 孛魯黑三 突兒。（今胡漢一家）。騰吉里舌 因 勺里舌吉
漢人 一同 做了 時分 天 的 道理
kitad neide boluqsan dur tenggiri yin joriq i
荅罕。（即能順天之道）。額里薛列舌 亦列舌克先 突兒。（稱臣來附）。

隨　　歸附來了　　時分
daγan　elsere　iregsen　tür
必呈兀年薛惕乞里赤訥勺卜失額周(朕嘉爾誠心)。勺舌鄰太寧衛[121]
我誠實　心　你的　道是着　專
bi čing ünen sedkil i　činu　jöbsigejü jorin tainingui
擺亦兀魯阿惕(特立太寧衛)。赤馬宜懷遠將軍門衛因指揮同知
立　了　你　行　本的
baiγuluγad　čima yi qoi ön jang jun mün ui yin
孛魯中合八。(以爾爲懷遠將軍本衛指揮同知)。可溫哈赤納兒突兒
做　者　子　孫　行
jiqui tongji boluγaba　kübegü ači nar tur
赤訥古兒帖列斡羅舌申那牙剌禿孩(子孫世襲)。
你的 到着　世襲　官人 做着
činu kürtele orusin noyalatuγai

[119] “阿黑剌”(aqla)應該是“阿黑剌黑”(aqlaq)。

[120] 漢字“兀”標記蒙古語的“gu”(γu)音，漢字“阿”標記蒙古語“ga”(γa)音，受蒙古語口語中輔音“g”脫落的影響。

[121] “太寧衛”應該是指泰寧衛。

赤紐列思魁阿哈里[122]巴兒斡羅舌泥[123]阿木兒里兀魯阿惕。
你仁　德　多　行安撫　着
či nigülesküi aγali　bar　olan i　amurliγuluγad
(爾其仁以撫衆)。騰吉里舌因察吉[124]荅中罕(順天時)。中合札侖
天　的時　隨　地的
tengri　yin čaq i daγan　γajar un

中合兒里 巴兒 只兒中合周(樂地利)。阿迷壇泥 溫都兒罕 斡思格周(以

出產 快活 着 生靈 行 滋息 長着

γarul i bar jirγaju amita i undurγan ösgejü

蕃息生齒)。阿雲 額迷延 古兒帖克先 者兒格 都里舌顏[125] 阿周 (恪安

畏 怯 合到 的 分限 住着

ayun emiyen kürtegsen jerge tür i yen aju

已分)。亦列舌克先 呈 兀年 勺里舌吉 顏 都列帖 呈 巴秃 孛魯中合周。

來 的 誠實 意思 行 越 堅固 做着

iregsen čing ünen jorig i yen dülete čing batü boluγaju

(益堅來附之誠)。額乞列恢 額扯 赫出思 圖兒 古兒帖列 兀祿 也兀惕

始 自 終 裏 到 不 改

ekileküi eče ečüs tür kürtele ülü yegütgen

刋中合討兀只阿速 (毋渝始終)。騰吉里 巴牙孫 亦協格惕 (天心悦鑒)。

勉勵 呵 天 喜 護

qatuγujibasu tengri bayasun ikeged

丁完澤 中忽秃[126] 兀魯舌溫中 兀魯舌黑 圖兒 赤訥 古兒帖周(福及子孫)。

福 子子 孫孫 裏 你的 到着

öljei qutuq uruq un uruq tur činu kürtejü

客卜[127] 客者額 古兒帖列 格木兒 兀該 孛魯中忽 (永永無虞)。阿雲

不揀幾時 到着 憂 無 做着 畏

keb kejiye kürtele gemür ügei boluqu ayun

額迷延 乞扯延 中合討兀只乃 匡格捏 不 薛惕乞 (敬之勿怠)。

怯 謹慎 勉勵 至輕行 休 想

emiyen kičiyen qataγuji nai könggene bü sedki

[122] “阿哈里”(aγali)指脾氣、性情。《華夷譯語》身體門中與“德”

相對應的蒙古語爲“阿不里舌”（aburi），在現代蒙古語中也指性格、脾氣、品行。

[123] “斡羅舌泥”應該是“斡羅泥”是蒙古語“olan”（斡欒）加賓格助詞“i”時的連寫形式，單詞“斡欒”（olan）加賓格助詞“i”時，（olan）中的標記“n”音與賓格助詞“i”連讀，以漢字“泥”標記。“欒”字被羅字替代。

[124] “察吉”是蒙古語“šaq”（察黑）接續賓格助詞“i”時的連寫形式，單詞“察黑”（šaq）中的標記“g（q）”音的小字“黑”被省略，成爲“察”，“šaq”中的“g”音與賓格助詞“i”連讀，以“吉”字表示“g”加“i”的連讀形式。

[125] “都里舌顔”與“突里舌顔”相同。是標記蒙古語的助詞“dür”接續賓格助詞“i”，再接續助詞“yan”（顔）時的連寫形式。一般用漢字“都兒”或“突兒”標記助詞“dür”。“都里舌”標記“dür”接續賓格助詞“i”。這裏連用三個助詞“dür”、“i”、“yen”時，用漢字“都里舌顔”標記。

[126] “中忽秃”應該是“中忽秃黑”，旁譯中缺與蒙古語“中忽秃黑”相對應的漢字“禄”。

[127] “客卜”與“客兒”有着相同的意思，“客卜”口語中用的多。

四、敕禮部行移應昌衛

騰吉里舌　因　約孫　脱斡林舌討兀　客古　備（天道好還）。斡惕抽
天　的道理　還　好　説有　去着
tengri　yin　yosun　toɣorimtaɣu　kekü　büi　odču

兀祿 亦列舌古 約孫 兀該 阿主兀（無往不復）。兀里舌思古 察黑 孛魯
不 來的　道理　無 也者　　　　　　　　　興　的時 有 呵
ülü irekü　yosun ügei ajuγyu　　　　　　ürisgü šaq bolubasu
阿速 額列。(既有興時)。中合剌阿兒 額出魯古 兀都兒 別兒 孛魯由
但　　　　　　必　　　廢 的　日子 也　有
ele　　　　qalaγar ečülükü üdür（edür） ber boluyu
(必有廢期)。額揑 不額惕 脫斡林舌討兀因 約孫 亦訥 孛來（此即好
這　便　還　　　好 的 道理 他的 有
ene büged toγorimtaγo yin yosun inu bolai
還之理也)。兀里舌荅 大元 迭列該 宜 也魯舌連 篾迭克先 突兒（曩者
在前　　　天下 行 總　　管了 的　時分
urida dai ön delekei yi　yerülen medegsen dür
元統天下)。額兒客 古純 亦訥 迭列該 圖兒 迭里格列舌周（威加海
威勢　氣力 他的 天下　裏　布開着
erke küčün inü　delekei dür delgerejü
内)。中合札兒 迭額列舌 額列舌 阿渾中 亦兒堅（率土之民）。不古迭
地　　上　但　有的　百姓　　　　　都
γajar　degere ele akün　irgen　　　bügüde
篾丁迭 圖兒 亦訥 斡羅舌周（盡皆臣妾）。札兒里 札撒吉 亦訥 兀祿
管　　裏 他的　入去着　　　　　　聖旨 法度　他的 不
medel dür inü oruju　　　　　jarliq jasaq i inu ülü
荅中合黑臣兀該 阿主兀 者（孰敢不遵教命）。脫侖舌 至正 哈兒班 你刊
隨的每無　也 者　　　　　　　　初　　十　　一
daγaqčin ügei ajuγyu je törün jijeng arban nigendüger（nigedüger）
突額兒 [128] 桓 納察（自至正十一年）。兀魯思 亦兒堅 札撒合察 [129]
年 自　　　　　　　國　百姓 法度
on ača　　　　　　ulus irgen jasaq ača

亦訥 兀祿 阿雲。(民不畏威)。斡欒 斡莫黑壇 哈蘭舌 赫乞連 撒卯兀剌
他的 不 怕 多 雄 人 首先 亂了的
inu ülü ayun olan omuqtan qaran ekilen samuγuraqsan
黑三 突兒。(群雄倡亂)。客堆巴 兀里舌荅 大元 訥帖列舌 篾圖 額兒客秃
時分 雖是 在前 的那 般 威勢
dur kedüibe orida dai ön nu tere metü erketü
古出秃 不恢 突兒 不額惕。(雖昔元之威)。怯泥巴 牙兀巴 勤 額薛 赤荅
氣力 有的 時分 便 任誰行也 不撿什麼 做 不曾能
küčütü büküi dür büged ken i ba yaγu ba kin ese čidaqsan
黑撒 訥 秃剌。(亦不能誰何)。朵脫剌舌都 合中札的 竹克竹克 額兒客田
的 上頭 中原 地每 各處 威勢的
nu tula doturadu γajard i jügjüg erketen
古出帖 揑額者列溫丁迭周。(以致中土瓜分英雄鼎峙)。
氣力有的占據 着
küčüten ne ejelegüldejü

[128] “突額兒”(düger) 與“都額兒”(düger)、“都瓦兒”(duγar),都是“第”的意思,其中,“突額兒”、“都額兒”接續陰性詞之後,而“都瓦兒”則接續陽性詞之後。以“額”標記蒙古語“ge”音,以“瓦”標記蒙古語“γa”音。“突額兒”也有標記爲“秃額兒”。

[129] “合察”與“納察”相同。是標記蒙古語方位助詞“aša ”,有時標記爲“阿察”。是接續陽性詞之後。接續陰性詞之後的標記爲“揑扯”(eče)。現代蒙古語中只保留了“eče”這一種形式。

兀魯思 亦兒堅 哈兒班 桓惕 許列兀 孛魯塔剌 扯里舌昆 中合失溫
國 百姓 十 年 餘 到 軍的 苦

ulus irgen arban ond（on ud）ülegü bolutala čerig un γasiγun
勺孛郎 宜[130] 兀者古也扯[131] 呵魯舌古 因 禿剌(民憂兵苦十有餘年)。
生受 行見的 尤 的上頭
jobulang i üjeküye eče körügü yin tula
必 大將軍中山武寧王開平忠武王塔泥[132] 札魯舌周（朕遣大將軍中山
我 等行 差着
bi dai jang jun jung san uning ong kai ping jung u ong tan i jaruju
武寧王開平忠武王）。抹里舌壇 把 牙不罕扯里舌兀的[133] 兀都里惕中合
馬 幷步 軍的 教引
moritan ba jabuγan čerigüd i uduridγaγulju
溫丁周（率馬步）。貼迭 斡欒 斡莫黑塔泥[134] 土失額舌里惕格兀魯額惕
着 那的 多 雄 等行教平定了
tede olan omuqtan i tübsigeritgegülüged
（平群雄）。朵脫剌舌都 中合札的 阿鄰舌合中周（清華夏）。
中原 地每 淨着
doturadu γajard i arilγaju

[130]“宜”標蒙古語的賓格助詞“i”。一般情況下以漢字“宜”標記蒙古語中接續在元音結尾詞之後的賓格助詞“yi”。當以“ng”結尾的閉音節詞之後接續賓格助詞“i”時，以漢字“宜”標記賓格助詞“i”。

[131]“也扯”與“揑扯”相同。是標記蒙古語方位助詞“eče”，接續陰性詞之後。接續陽性詞之後的標記爲“納察”、“阿察”、“合察”（aša）等。

[132]“塔泥”是蒙古語“tan”加賓格助詞“i”時的連寫形式，單詞“塔”（tan）中的標記蒙古語“n”音與賓格助詞“i”連讀，以漢字“泥”標記“n”加賓格助詞“i”的連讀形式。

[133]“扯里舌兀的”（čerigüd i）是蒙古語單詞“扯里舌兀惕”（čerigüd）

接續賓格助詞“i”的連寫形式。以“d”結尾詞之後接續賓格助詞“i”時，標記詞尾“d”音的小字“惕”被省略，以漢字“的”標記結尾的“d”與賓格助詞“i”。

[134] “斡莫黑塔泥”（omuqtan i）標記蒙古語“斡莫黑壇”（omuqtan）接續賓格助詞“i”時的連寫形式。以漢字“泥”標記“斡莫黑壇”（omuqtan）中標記結尾“n”音與賓格助詞“i”連讀的形式。

豁亦納 巴撒 洪武 中豁鄰舌[135]都瓦兒 桓 中豁鄰舌 你刊都瓦兒 桓

後 再 二十 年 二十 一 年

qoina basa qung u qorinduγar（qoriduγar）on qorin nigedüger on

突兒（復於洪武二十年、二十一年）。將軍宋國公馮勝永昌侯藍玉

時分

dur jeng gün sung guo gung fung

塔泥（命將軍宋國公馮勝永昌侯藍玉）。中豁牙兒塔 兀也連 扯里舌

等行 二 次 軍每

sing yung šang qiu lamu tan i qoyarta üyelen čerigüd

兀惕 兀都里惕中合丁溫周（二次帥兵）。忙丁豁 中合札剌舌 古捏 斡羅舌周。

教引 着達達 地行深 入着

uduridγaγulju mongγul γajara güne oruju

（直抵深塞）。忙丁豁 那顏惕 把 兀魯思 亦兒格泥（將蒙古氏官民）。

達達 官每 并 國 百姓行

mongγul noyad ba ulus irgen i

不古迭 宜 中昆必周[136]。阿馬撒敦[137]朵脫剌舌 把 哈荅納 奥兀魯黑三

都 行 收着 口子 每的 裏 并 外 教住了

bügüde yi qumbiju（qumiju）amasad un dotura ba γadana aγuluqsan

突兒（盡行安於口內口外）。許列克先 也客思 土失篾惕 阿訥（其餘

時分　　　　　　　　　　　　　　　餘的　大　 臣每　他的

dur　　　　　　　　　　ülegsen　yekes　tüsimed　anu

大臣）。中合訥安[138]阿不阿惕兀篾克石 斡都阿速(奉駕北行)。和林[139]

皇帝行　將着　迤北　 去呵　　　　　　地名

qaγan　i yan　abuγad　umaqsi　odubasu qurum

古侖舌 兀都兀耶（未至嶺北）。兀中含撒兒 阿荅 額都周（禍生不

到　未　　　　　　　　　　不測　　禍　生着

gürün　üdügüye　　　　　　uqamsar　ata　edüjü

測）。中合罕 阿訥 中合剌舌除 土失篾侖[140]中合兒圖兒 豁羅黑荅巴速

皇帝　他的 下人　　　　　臣的　　　手裏　　　害被呵

qaγan　anu　qaraču　tüsimel un　γar tur　qorugdabasu

（君亡臣手）。

[135]“中豁鄰舌”（“qorin”二十的意思）在現代蒙古語中後續“都瓦兒”（“duγar”第的意思）時，“qorin”的“n”脱落，“qorinduγar”成爲“qoriduγar”。

[136]“中昆必周”中的“中昆”標記蒙古語的“hum”音，與“必”（bi）的“i”切音，以連讀形式標蒙古語的“humi”兩個音節。

[137]“阿馬撒敦”（amasad un）是蒙古語“阿馬撒惕”（amasad）接續屬格助詞“un”的連寫形式。以“d”結尾詞之後，接續屬格助詞“un”時，標記結尾的“d”的小字“惕”被省略，以漢字“敦”標記結尾音“d”和屬格助詞“un”。

[138]“安”標記的是蒙古語“yan”音，受蒙古語口語中輔音“y”脱落的影響。

[139]“和林”指元代嶺北的哈喇和林。

[140] “土失篾侖”（tüsimel un）是蒙古語單詞“土失丁篾”（tüsimel）接續屬格助詞“un”時的連寫形式，單詞“土失丁篾”（tüsimel）中的標記“l”音的小字“丁”被省略，成爲“土失篾”，“tüsimel”中的結尾的“l”音與屬格助詞“un”連讀，以漢字“侖”標記“l”加“un”的連讀形式。

中合黑察 揑怯來 扯里舌兀的 額兒 斡里舌[141] 顏 別乞列周（獨揑怯
獨 軍每 行 自己 固着
γaqča nekelei čerigüd i yer öber i yen bekilejü
來率精兵自固）。迭額列舌 騰吉里舌 因 約孫泥[142] 中合蘭舌（仰觀天
上 天 的 道理行 看
degere tengri yin yosun i qaran
道）。多羅舌 古溫 阿迷塔訥乃亦里舌[143] 孛魯中合阿周（俯察人事）。
下 人 生靈的 意思 體察 着
doura kömün amita nu nair i boluγaγaju
合中罕 突里舌顏中 豁兒 古兒格克先 中忽剌中孩 宜 兀祿 荅罕（不從弑
皇帝 他的行 害 到了的賊 行 不 隨
qaγan dur i yan qor kürgegsen qulaγai yi ülü daγan
君之賊）。卯溫 魯瓦 那可扯克先 揑列舌 圖兒 兀祿 斡欒舌（免同惡相
歹的 一同 做伴的 名 裏不 入去
maγu luγa nököčegsen neren dür ülü orun
濟之名）。挑兀別兒 斡欒你[144] 顏 兀祿 不塔剌舌兀侖 兀都里都阿
爲那般 多的 行 不 教潰散了引領着
tegüber olan i yen ülü botaraγulun oduriduγad
額木揑克石 亦列舌周（所以保衆南來）。納麻 大明 圖兒 額里先 亦舌列
往南 來着 我 裏 歸順來了的
emünegsi irejü nama dai ming dur elsen iregsen

克薛 訥 禿剌（歸我大明）。洪武 豁中鄰舌 豁中牙都瓦兒[145]桓 朵兒邊

上頭　　　　　　　　二十　二　　年　四

nü tula　　　　　　qung u qorin　qoyaduγar　on　dörben

撒剌 因 你刊 失你迭（已於洪武二十二年四月初一日）。

月　的　一　初日

sara　yin　nigen sinide

[141]“斡里舌”（öber i）標記蒙古語的“斡額兒”（öber）接續賓格助詞“i”的口語化形式。

[142]“約孫泥”是蒙古語“yosun”接續賓格助詞“i”時的連寫形式，單詞“約孫”（yosun）中的“n”音與賓格助詞“i”連讀，以漢字“泥”標記“n”加賓格助詞“i”的連讀形式。

[143]“乃亦里舌”（nair i）是標記“乃亦兒”（nair）接續賓格助詞“i”。“亦”字標記雙元音中的“i”。“里舌”標記結尾的“r”音和賓格助詞“i”。

[144]“斡欒你”與“斡欒泥”相同。標記“斡欒”（olan）接續賓格助詞“i”時的連寫形式，以“泥”或“你”字標記結尾的“n”音和“i”的連讀形式。賓格助詞“i”之後再接續“顏”（yen），牙兒（yar）等助詞時，用漢字“你”標記賓格助詞“i”。

[145]“中豁牙都瓦兒”是蒙古語的數詞“中豁牙兒”（quyar，二的意思）後續“都瓦兒”（“duγar”第的意思）時，“中豁牙兒”（quyar）的“r”脫落。

那顏剌忽 揑列 把 談中合思[146]斡克周 木惕 那顏惕 搠羅思 突里舌顏

官的　　名 并 印每　　與着 他每 官每 缺每　裏

noyalaqu nere ba tamγas（tamaγas） ögjü müd noyad čolos tur yan

牙不周 委列中合荅中合剌阿惕（給降印信各官受職任事）。客敦 撒剌

行着 事 管 幾 月
yabuju üile qadaγalaγad kedün saras
思 孛魯巴（又幾月矣）。
了也
boluba

[146] “談中合思”（tamaγas）是印的複數。《華夷譯語》器用門中記載“印”爲“談中合”（tamaγa）受口語影響。漢字“談”標記蒙古語“tam”音，漢字“思”標記蒙古語結尾的“s”音。

帖因 孛額帖列 斡欒 那顏荅察[147] 丞相 失列舌門（然群官中丞
既那般 呵 多 官 每
teyin bögetele olan noyad ača čing seng siremün
相失列門）。客敦帖 額別臣 客延（數稱有疾）。斡都黑三 額里臣
幾次 病 麼道 去的 使臣
kedünte ebečin kemen oduqsan elčin
魯瓦 額薛 兀毯丁都額惕（不與使臣相見）。
一同 不曾 相見
luγa ese üjeldüged

[147] “那顏荅察”（noyad ača）是蒙古語“那顏惕”（noyad 官的複數）接續使役助詞“ača”的連讀形式。

額朵額 禮部 額扯 必赤克 亦列周（禮部行文書去）。捏怯來耶
如今 裏 文書 行着
edüge libü eče bičig irejü nekileiye

篾迭丁溫禿該（教揑怯來知道）。失列門泥[148]亦列舌古 都剌舌禿 孛魯
教知道者 行 來的 心
medegültügei siremün i irekü duratu
阿速。（失列門意思煩來呵）。額揑 薛里舌兀 訥 兀赤里舌[149]額魯舌孫
有呵 這 凉的 時節 趁着
bolubasu ene serigün nu učir i erüsün
（趁此天凉時節）。斡羅舌周 亦列舌周 兀丁錟都禿該（入來厮見）。
入着 來着 相見者
oruju ireju üjeldütügei

[148] “失列門泥”是蒙古語人名“siremün”接續賓格助詞“i”時的連寫形式，單詞“失列門”（siremün）中的“n”音與賓格助詞“i”連讀，以漢字“泥”標記“n”加賓格助詞“i”的連讀形式。

[149] “兀赤里舌”（učir i）是蒙古語“兀赤兒”（učir）加賓格助詞“i”的連寫形式。以“r”結尾的閉音節之後加“i”以“里舌”標記。

客兒別 撒阿郎舌古 薛惕乞周（尚有猶豫）。兀篾克石 斡惕速該
若是 猶豫 想着 迤北 去的
kerbe saγarangγu sedkijü ümegsi odsuγai
客額速 別兒（意欲北行）。揑怯來 不 脫都額禿該（揑怯來可休止住）。
說呵 也 休 止當者
kebesü ber nekilei bü tödügetügei
亦訥 勺里舌吉 牙兒（聽其自然）。兀篾克石 塔里必周 亦列（且放
他的 志 依着 迤北 放着 教去
inu joriq i yar ümegsi talbiju ire
北行）。牙不恢 兀赤兒 圖兒 失列門 魯瓦 八闌舌都禿該（臨行當與失

行的 時節 裏　　　　　　　　一同 商量定者

yabuqui učir　tur　siremün luγa baraldutuγai

列門期)。兀篾都 中合札剌舌 斡惕周 馬哈 阿木中忽 扯揑秃孛額速(北

迤北　地行　去着 實　安妥　意思 有呵

ümedü　γajara　odju　maγa amuγu čenetü bögesü

行果然安妥)。赤塔中忽牙察[150] 委列 委列惕秃該(盡他作爲)。

盡爲的　勾當 做者

čidaquya ača　üile　üiledtügei

[150] "牙察"與"阿察"、"納察"同。

客兒別 別兒客 勺孛郎 孛魯周 牙奔 額薛 赤荅巴速(設若艱難

若是　艱難　生受　做着　行　不　能呵

kerbe　berke　jobulang boluju　yabun ese　čidabasu

趑趄)。只池 巴薩 中合里舌周 亦列舌速該 客額速 別兒(意欲復來)。

却 再回着　來要　說呵 也

jiči　basa qariju iresügei　kebesü　ber

亦訥 古 薛惕乞里 額兒 孛魯哈秃該(亦聽其自然)。客惕別兒 孛魯周

他的　心 依着　教來者任誰　做着

inu　qu　sedkil i　yer　boluγatuγai　kedber (qen ud ber)

兀篾克石 斡秃灰中 都剌舌壇 孛額速(凡百嶺往者)。額揑 約孫 阿兒

迤北　去的　心　有呵這　道理 依着

boluju ümegsi　oduqui　duratan　bökesü　ene　yosun yar

孛魯秃該(皆如此)。額兒迭揑扯 額只耶 古兒帖列(往古至今)。

做者　　　古　自　今　到

bolutuγai　　　erten eče　ejiye　kürtele

騰吉里舌 因 約孫泥 勺赤周（違天道）。別耶餘延[151] 阿剌黑荅阿惕

天　的 道理 行 逆着　　　身子 行 被殺

tengri yin yosun i jöčijü beye yügen alaqdaγad

格里舌延 額出里格周（殺身亡家）。揑列舌 中合舌而中合黑撒惕 備。

家　亡着　　　名字 出的　　有

ger i yen ečülgejü　　　nere γarγaqsad bui

（立名者有）。騰吉里舌 因 勺里舌吉荅合中周（順天道）。斡欒 途兒

天　的 意思 隨着　　　多 行

tengri yin joriq i daγaju　　　olan dur

亦協延 孛魯阿惕 別耶邊[152] 帖骨思格周（保衆全身）。迭列該 宜

保護 做着 身子 行 全 着　　　天下 行

ikegen boluγad beye ben tegüsgejü　　　delegei yi

阿木兒里溫丁都溫丁察黑三 別兒 斡欒（共安天下者多）。勺里舌黑

安寧了的　　也 多　　　志

amurliγulduγulčaqsan bar olan　　　joriq

亦訥客堆巴 斡兒迷扯 孛額速 別兒（志雖異途）。

他的雖是 各別 有呵 也

inu kedüiba örmiče bögesü ber

[151] “餘延”（yügen）是古代蒙古語助詞，與現在蒙古語中的“iyen”、“iben”相同。

[152]“別耶邊”（beye ben）與“別耶餘延”（beye yügen）意思是相同的。

額兒迭訥 必赤兀[153] 圖兒 兀者別速（較之方册）。兀禿 你刊

古 的　文書　裏　看呵　　　只　一　二

erte nu bičig üd tür üjebesü　　　ütü nigen qoyar

豁中牙兒 古溫 訥 委列都克先 不速 備(又非一二人耳)。額捏 必赤吉[154]

人 的 做了的 不是 有 這 文書行

kömün nü üiledügsen busu bui ene bičig i

失列門 兀者周（這文書失列門看了)。勺里舌吉 牙闌舌[155] 牙不禿

看着 志 任從 行 者

siremün üjejü joriq i yar yan yabutuγai

孩中（從其本情)。亦列舌古 宜 亦訥 兀祿 折惕古古（若來不止)。

來的 行 他的 不 當

irekü yi inü ülü jedgükü

斡惕中忽 宜 亦訥 兀祿 脫都格古（若去不留)。斡欒 哈蘭舌 兀中合禿

去的 行 他的 不 留 多 人 識者

odqu yi inu ülü tödügekü olan qaran uqatuγai

中孩 篾迭禿該（多人知道)。

知者

medetügei

[153] “必赤兀”（bičig üd）標記“必赤克”（bičig）的複數形式。“兀”字標記“bičig”的結尾音“g”和表示複數的“üd”的“ü”音。“üd”之後接續助詞“圖兒”（tür），標記“üd”的小字“惕”被省略。

[154] “必赤吉”標記“必赤克”（“bičig”）接續賓格助詞“i”時的連寫形式，“必赤克”（bičig）中標記結尾“g”音的小字“克”被省略，以“吉”字標記“g”加“i”的連讀形式。

[155] “牙闌舌”標記蒙古語的兩個助詞“牙兒”（yar）和“顏”（yan）。以“牙闌舌”標記蒙古語助詞“yar”和“yan”的連用形式，完全受口語的影響。

五、敕禮部行移安答納哈出

兀里舌荅 馬訥 大宋中合罕 迭列該 因 也客 委列 篾迭額惕（以前
在前 俺每 皇帝 天下 的 大 事 管
urida manu dai sung qaγan delekei yin yeke üile medeged
俺漢人大宋皇帝管天下的大事）。中忽兒班 札溫 哈兒班 桓惕 許列兀
三 百 十 年 餘
γurban jaγun arban ond（un ud）
孛魯黑三 突兒。（三百一十餘年）。可溫 哈赤 納兒 阿訥（因他的子孫）。
做了 時分 子 孫 他的
ülegü boluqsan dur köbekün ači nar anu
斡欒 兀魯思 亦兒格泥 兀祿 孩舌剌剌中忽 因 禿剌（多百姓上不愛恤的
多 國 百姓 行 不 愛恤 的上頭
olan ulus irgen i ülü qairalaqu yin tula
上頭）。騰吉里舌 札牙阿周 成吉思 中合汗泥 [156] 脫列舌丁溫周（天生
天 命着 皇帝行 生着
tengri jayaγaju činggis qaγan i törügüljü
元朝太祖皇帝）。忙丁豁 中合札剌舌 不古 中合里舌昔 [157] 不古迭 宜
達達 地行 有的 王子每 都 行
mongγul γajara bükü qaris i bügüde yi
中合木阿惕（將草地裏多有的達達王子每都收捕了）。巴撒 撒兒塔黑臣
收了 再 回回每
qamuγad basa sartaqčin
中合札剌舌 不古 中合里舌 塔泥中 合木主爲（又將回回田地裏王子每
地行 有的 王子等行 收了
γajara bükü qari tan i qamujuqui
都收捕了）。

[156]“中合罕泥”（qaγan i）標記“中合罕”（qaγan）接續賓格助詞“i”的連寫形式，以漢字“泥”標記結尾的“n”音和賓格助詞“i”的連讀形式。

[157]“中合里舌昔”（qaris i）標記“中合里舌思”（qaris）接續賓格助詞“i”的連寫形式。“昔”字標記“中合裏舌思”（qaris）中結尾的“s”和賓格助詞“i”。

豁亦納 巴撒 你刊 紐列舌[158] 思魁 阿不里舌禿 撒因 哈赤 可溫 脫列

後 再 一個 仁 德 好的孫 兒

qoina basa nigen nigülesgüi aburitu sain ači köbegün

舌周（他生一個有仁德的孫兒）。馬訥 朵脫剌舌 中合札剌舌 亦列舌周

生着 俺的 中原 地行 來着

törejü manu dotura γajara irejü

中合罕 孛魯阿惕（來俺中國做皇帝）。薛禪 中合罕 客延 揑列舌亦惕

皇帝 做了 皇帝 麽道 名字

qaγan boluγad sečen qaγan kemen

周兀（號做世祖皇帝麽道）。門 馬訥 宋 兀魯孫 亦兒格泥 兀祿

號了 他將 俺每 國的 百姓 行 不

nereidjügü mün manu sung ulus un irgen i ülü

孩剌舌剌黑赤 中合罕泥（將俺宋朝不愛恤那百姓的皇帝）。不古迭 宜

愛恤的 皇帝 行 都 行

qairalaqči qaγan i bügüde yi

土卜失額里舌都額惕（都平定了）。朵脫剌舌 因 兀魯思 把中合刀溫 不坤

平定了 中原 的 國 并 在外 有的

tübsigeridüged dotura yin ulus ba γadaγun bükün

阿里別 主因丁田 亦兒格泥 不古迭 宜 中合木周 谷兒 迭列該 宜 也魯舌

不揀什麽等　百姓 行 都　收着　普 天下 行總

aliba jüilten　irgen i　bügüde yi　qamuju　gür　delegei yi　yerü

籛迭額（統着中國并九夷八蠻）。札溫 亦剌石 桓惕 孛魯黑撒 訥 禿剌

管了　一百 近　年　做了的　上頭。

medeged　jaγun ilasi ond（on ud）boluqsan nu tula

(將及一百年來)。紐列[159] 思魁 阿不里舌 宜 亦訥 兀祿 都剌舌都黑臣

仁　德　行 他的 不　想的

nigülesgüi aburi　yi　inu　ülü duraduqčin

(仁德誰不思慕)。統合黑三 札撒吉 亦訥 兀祿 阿余黑三 兀該 阿主兀 者

發來的　法度 他的 不　怕的　無　也者

tungqaqsan jasaq i　inu　ülü　ayuqsan ügei ajuγu je

(號令誰不畏懼)。額揑 籛禿 阿兀 土撒 中合哈兒孩 札撒吉 亦訥

這　般 寬　恩　明白　法度　他的

ene　metü aγu tusa　qaqarqai　jasaq i　inu

(似這等恩德號令)。荅闌 許列兀 桓惕 孛魯塔剌 迭里格列舌周（七十

七十　餘　年　做及　布開着

dalan ülegü ond（on ud）bolutala　delgerejü

餘年)。兀魯思 亦兒堅 昂客 別兒只兒中合伯（人民安樂)。

國　百姓　太平 快活了

ulus　irgen　engke ber　jirγabai

[158]“列舌”應該是“列”，標記蒙古語的“l”音。

[159]“列”應該是“列舌”，標記蒙古語的“r”音。

中豁亦納 脫歡帖木兒 中合罕（自脫歡帖木兒皇帝）。中罕 孛魯

後 皇帝 皇帝 做

qoina toγon temür qaγan qan（qaγan）

黑三 兀赤兒 圖兒（他做皇帝時）。兀魯思 亦兒格泥 馬石 額薛 孩剌舌

時 裏 國 百姓 行 好生 不 愛恤了

boluqsan učir tur ulus irgen i masi ese qairalaqsan

剌黑撒 訥 禿剌（於多百姓上好生不愛恤麼道）。挑兀別兒 迭列該

的 上頭 爲那般 天下

nu tula tgüber delegei

迭額列舌 撒卯兀 孛魯阿惕（因此上天下人亂了）。着必 不里舌 札三

上 亂 做了 漸 漸 整治

degere samaγun boluγad jöb büri jasan

牙丹（積漸整治不得）。谷兒 迭額列舌 赫乞惕斡欒 孛魯周（豪杰

不得 普 上 頭多 做着

yadan gür degere ekid olan boluju

每 多）。兀魯思 亦兒堅 你客別兒 孛侖 牙荅中忽兀赤兒 圖兒（無那

國 百姓 一定 做 不能的 時節 裏

ulus irgen nigeber bolun yadaqu učir tur

一定的時節）。必 都里舌 因 揑列舌 別兒 阿中灰 突兒(我每在閑中坐地)。

我 閑 的 名字 裏 住 時分

bi düri yin nere ber aqui tur

斡欒 兀魯思 亦兒堅 阿木兒鄰 牙荅中忽 宜 兀者周（見多百姓每不能

多 國 百姓 安寧 不能 的 見着

olan ulus irgen amurlin yadaqu yi üjejü

勾寧息）。挑兀別兒 馬訥 中合札兒里 溫[160] 兀魯舌黑 塔里舌黑 把 闊兒

爲那般 俺每 鄉 裏 親 戚 幷 鄰

tegüber namu γajarli un uruq tariq ba körsis

失思斡欒 那闊惕 乞額惕 額也丁屯都周（因此上鄉中親戚并鄰里衆伴

多 伴當 等 商量 着

olan nököd kiged eyetüldüjü

當每商議者）。扯里舌克 中忽里舌牙周（收拾了些人馬）。朶兒班 塔奔

軍 收集 着四 五

čerig quriyaju dörben tabun

桓 訥 札兀剌舌 帖迭 撒卯兀剌舌黑撒的 不古迭 宜 土卜失額里舌都克薛

年的 間 那的 亂了的每 都 行 平定了的

on nu jaγura tede samuγuraqsad i bügüde yi tübsigeridügsen

別兒（將亂雄每四五年間都平定了）。忙丁豁 扯里舌兀惕 額里薛古泥[161]

上頭 達達 軍每 歸附 的

tula mongγul čerigüd elsegü i

額里薛兀魯額惕（達達軍馬每歸附的歸附了）。斡郎勤 兀籛克石 斡惕

歸附了 多的每 迤北 去

elsegülüged olangkin ümegsi odčuqu je

周兀 者（草地裏去了的多）。

[160] 漢字“溫”標記蒙古語屬格助詞之一的“un”。

[161] “額里薛古泥”是蒙古語“elsegü”加賓格助詞“i”時的連寫形式，單詞“額里薛古”（elsegü）中結尾的“n”音與賓格助詞“i”連讀，以漢字“泥”標記“n”加賓格助詞“i”的連讀形式。

洪武 豁中鄰舌都瓦兒 桓 豁中鄰舌 你刊突額兒 桓（洪武二十年、

二十 年 二十 一 年

qung u qoriduγar on qorin nigedüger on

二十一年)。中豁牙兒塔 兀也連 扯里舌克 牙不丁溫周(兩次遣兵)。

二 次 軍 教行 着

quyarta üyelen čerig yabuγulju

忙丁豁 中合札剌舌 古兒周(直到達達田地裏)。斡欒 忙丁豁 兀魯昔

達達 地面 行 到着 多 達達 百姓每

mongγul γajara kürjü olan mongγul ulus i

阿不阿惕 中合里舌溫丁周 亦列溫丁 周 阿木兒里丁溫伯(將有的達達每

將 回着 來着 安撫 了

abuγad qariγulju iregüljü amurliγulbai

帶回來撫綏了)。合中罕 孛倫黑三 脫中忽思帖木兒(那做皇帝的脫

皇帝 做了的

qaγan boluqsan toqus temür

忽思帖木兒)。土篋迭 許列兀 哈喇舌的 [162] 兀都里都阿惕(領着萬以

萬 餘 人每 引了

tümed ülegü arad i uduriduγad

上人)。也速迭侖 [163] 田迭 斡惕周(走往也速迭兒那裏去了)。也速

那裏 去着

yisüder un tende odču

迭兒 木惕 額赤格 可溫 豁牙兒把里舌黑撒泥 [164](被也速迭兒連孩兒

他的 父 子 兩個 拿了

yisüder müd ečige köbegü qoyar bariqsan i

都擒住)。額里臣 亦列舌周 兀古列侖 [165] 阿泥不古迭 宜 那克赤也別

使臣 來着 說呵 他每都 行 教過去

elčin irejü ügülerün ani bügüde yi nökčiyebe

客額木（使臣來說呵都廢了麽道）。

說有

kememü

[162] “哈喇舌的”（arad i）標記“哈喇舌惕”（arad）接續賓格助詞“i”的連寫形式。“d”結尾詞接續賓格助詞“i”時，標記詞尾“d”音的小字“惕”被省略，以漢字“的”標記結尾的“d”與賓格助詞“i”。

[163] “也速迭侖”（yisüder un）是“也速迭兒”（yisüder）接續蒙古語屬格助詞“un”的連寫形式。“也速迭兒”（yisüder）中標記結尾“r”音的“兒”字被省略，以“侖”字標記結尾的“r”音和屬格助詞“un”。

[164] “把里舌黑撒泥”（bariqsan i）標記“把里舌黑撒”（bariqsan）接續賓格助詞“i”時的連寫形式，以漢字“泥”標記結尾的“n”音加賓格助詞“i”的連讀形式。

[165] “侖”爲“侖舌”，標記蒙古語“r”音。

不古 扯里舌兀的（其餘人馬）。多禿額兒 知院 揑怯來國公

有的 軍每 第四

bükü čerigüd i dödüger jiön nekelei gui gung

老撒 丞相 失列舌門壇（第四知院揑怯來、國公老撒、丞相失列門）。

等

lausa čing seng siremün tan

塔速思 兀都里都阿惕 亦列舌周 額里薛克薛 訥 禿剌（盡數領來歸附了我每）。

盡 引了 來着 歸附了的 上頭

tasus uduriduɣad irejü elsegsen nü tula ani

阿泥 額別孫 兀速訥 勺琴只 巴兒 阿都孫 帖者兀魯額惕。
他每 草 水 的 順便 頭口 教養
ebesün usun un jokimji bar adusun（aduγusun）tejigülüged
塔里舌牙剌兀侖 撒溫丁合中巴（安札屯種、順水草牧放頭口）。不速 昂吉荅
屯種 教住了 別 處
tariyalaγulun saγulγaba busu anggita
扯里舌兀惕牙不丁溫荅中忽 中合札兒 兀該 因 禿剌（別無征戰的所在）。
軍每 教行的 地 無 的 上頭
čerigüd yabuγuldaqu γajar ügei yin tula
必 額朵額 迭列該 宜 篾迭克先 兀赤兒 圖兒（俺如今主宰天下的事務）。
我 今 天下 行 管了的 時節 裏
bi edüge delegei yi medegsen učir tur
額揑 乃亦里舌 僉院 土篾迭兒 副使 哈剌 塔泥 札魯舌周（這個意思差
這 意思 等行 差着
ene nair i čemön tümeder fusi qaratan i jaruju
僉院土篾迭兒、副使哈剌）。兀篾列舌 中合札剌舌 不古(往迤北田地裏)。
北 地面行 有的
ümere γajara büküi
安荅 納哈出 僉院揑 兀古列禿該 客延 札魯舌巴（說與安荅納哈出僉
行 說 也者 麼道 差了也
anda naqaču čem ön ne ügületügei kemen jaruba
院知道）。木惕 巴撒 黯巴兒 薛中惕丁勤 孛額速（他每有甚麽意思呵）。
他每 再 甚麽 意思 有呵
müd basa yambar sedkil bögesü
斡都黑三 額里臣 魯瓦 古溫 札魯舌周 中含禿 阿兒 亦列舌周 阿里別
去了的 使臣 一同 人 差着 一同 來着 不揀甚麽

oduqsan elčin luγa kömün jaruju qamtu bar irejü aliba

乃亦裏舌 顏 兀古列木者（差人與差去人一同來說備細也者）。

意思 說也 者

nair i yan ügülemü je

■ 注釋

1.（明）火源潔《華夷譯語》不分卷，收於《涵芬樓秘笈》第四集。

2.《元朝秘史》，四部叢刊三編本。

地中海和中國關係史

埃及文明的起源

——前王朝時期的埃及

溫　靜

埃及是神話中諸神起源的地方，據說在那裏人們最初觀察星辰，許多偉大人物的豐功偉績都在那裏記錄下來，所以當我們記錄歷史的時候，應當從與埃及有關的事件開始。

——西西里的狄奧多魯斯（公元前 1 世紀），

《歷史叢書》第一卷第 9 章第 6 節

古代埃及文明是世界上最古老的文明之一。從公元前 3050 年前後統一國家的誕生，到公元前 30 年，托勒密王朝結束，埃及成爲羅馬的一個行省，納入羅馬版圖，埃及文明歷經三千年，經歷了從萌芽到輝煌又走向衰落的過程。這一時期的埃及一直處於君主的統治之下，通常被學者稱爲王朝埃及；而在此之前，從新石器時代的原始村落到埃及國家統一與王權形成的一段時期，則稱爲前王朝時期（Predynastic）。這一時期是埃及文明的形成時期。近年來，隨着埃及考古學理論和實踐的不斷發展，對前王朝時期的瞭解也更爲深入，在埃及國家形成方面，出現了很多新的解釋與新的理論。本文將系統介紹前王朝時期埃及社會的發展狀況，結合考古發現與藝術史研究，討論埃及文明形成的過程與動因。

一、埃及前王朝時期的社會發展

早在舊石器時代，尼羅河流域就有古人類居住。公元前七千紀以後，埃及新石器文化如雨後春筍般發展起來，在下埃及，主要的遺址有法雍A文化、邁里姆德（Merimde）文化、埃爾－奧馬里（El-Omari）文化、馬阿迪（Maadi）文化等，在上埃及地區，主要有塔薩（Tasia）文化、巴達里（Badari）文化，以及後來成爲埃及文明源頭的涅伽達（Naqada）文化。[1]

古埃及文明的萌芽並非孤立事件，是各個文化互動的結果。公元前六千紀，非洲北部地方發生了乾旱。這場乾旱不僅影響到尼羅河谷地區，也影響到了尼羅河河谷以西撒哈拉地區的遊牧民族，迫使其遷移到尼羅河谷尋找水源。[2] 考古學家發現，公元前六千紀，尼羅河谷遊牧民族的生活遺跡大量增加（發現用火痕跡）。埃及的遺址中發現大量與撒哈拉遺址相似的器物，如扁斧（ground axes）、扁型燧石器（tabular flint）、碟狀雙面箭頭（lens-shaped bifacial arrowhead）、凹型箭頭等石制工具、鴕鳥蛋殼和羽毛製成的飾品、珠子，以及相同類型的陶器。撒哈拉遊牧民族與早期尼羅河居民相融合，形成了埃及前王朝文化。[3] 撒哈拉居民爲尼羅河河谷增添了新的經濟形態。尼羅河新石器文化以漁業爲主，而撒哈拉移民則帶來了畜牧業與基於植物採集的原始種植業。西亞地區文化的傳入也爲埃及文明的誕生作出了貢獻。在邁里姆德文化遺址與法雍文化遺址發現了具有西亞特點的器物，如鋸齒形帶翼箭頭（notched and winged arrowhead）和磨製石鑿。大約同一時期，最早在西亞地區得到馴化的二粒小麥、亞麻、綿羊與山羊，以及東地中海地區的紡織技術也傳入埃及。在法雍A遺址發現了迄今爲止埃及境內最早的紡織業遺跡，大約在公元前六千紀末至公元前五千紀初，在位於尼羅河三角洲地區的邁里姆德文化最古老底層發現了牛、豬與山羊等牲畜的骨骼，在法雍地區發現了改良過的大麥。[4] 陶器的出現則可上溯至距今9400年前的蘇丹中部地區（喀土穆附近）。相似的陶器類型也發現於距今9800至8000年前的納布塔培亞（Nabta Playa）遺址。非洲北部最早的陶器製造可能出現在蘇丹中部至撒哈拉東部的文化帶上。這一地帶即尼羅河—撒哈拉語系（Nilo-Saharan language family）所覆蓋的地區，對尼羅河谷古埃及文明的誕生產生了重要影響。公元前五千紀，在上埃及地區出現的巴達里文化所使用的波紋紅陶可能就是源自分佈在努比亞與上埃及地區的喀土穆新石器文化陶器的一個變種。[5] 納布塔培亞位於上埃及西部的沙漠中，在今天的埃及與蘇丹邊境以南。雖然地處沙漠內陸，但是在新石器時代，那裏氣候非常溫和，不但降水豐沛，還有季節性湖泊存在。早在距今一萬年前，納布塔培亞地區就已經馴化了牛，並且可能已經開始種植原始的作物。[6] 在該遺址發現了數個公元前六千紀至公元前五千紀的石墓，墓中發現完整或部分牛骨。這些墓葬沿一條乾涸的河床排列，一直通向一個季節性湖泊。[7] 有學者認爲，這些墓葬是遠古巨石陣的一部分。除此之外，還有小型砂岩石板圍成的石陣，可能是遠古的太陽曆。[8] 乾濕期交替的特殊氣候條件，使得這些遊牧民族與尼羅河流域各個文化之間的互動更爲頻繁。在乾旱時期，他們前往尼羅河流域尋找水源，並與當地的土著居民融合在一起，爲其發展帶來了新的動力。

公元前五千紀後期，埃及已經逐步進入農業定居社會。此時的典型遺址是上埃及的巴達里遺址。該遺址位於開羅以南大約 400 千米的埃爾巴達里，覆蓋了大約 35 千米的河谷地區。[9] 巴達里文化是上埃及地區最早的農業文化，目前發現了 40 餘處小型居住村落，600 余座位於河谷與沙漠邊緣地帶的墓葬。墓葬形式爲土坑葬（pit burial），埋葬方式爲左側身屈肢葬，頭頂南向，面朝西方。[10] 尼羅河與世界大多數河流不同，它發源於非洲大陸腹地，向北流入地中海，頭部指向南方可能與尼羅河的流向有關。古代埃及宗教文化將人的生死與太陽的東昇西落相聯繫，王朝時代的宗教文獻中有相關論述，[11] 陵墓也大多修建於尼羅河西岸的沙漠地帶，面朝西方的埋葬方式可能反映了這種宗教觀念。骸骨下通常墊有蘆席，頭部則墊有稻草或動物皮革（可能是羚羊）卷成的頭枕；骸骨一般用蘆席或獸皮覆蓋，少數情況下，在骸骨與獸皮之間還墊有一層麻布。從骸骨上殘留的衣物可以看出，死者入葬時穿着由亞麻或襯以亞麻的動物皮革製作的纏腰帶。大多數墓坑中，隨葬陶器覆蓋於獸皮之下，而少數墓坑中，陶器處於較高的位置，似乎是在埋葬了死者之後才將陶器隨葬。[12] 墓地中沒有發現幼童墓葬；可能的情況是，幼童一般埋葬于居住區而非墓地。[13] 巴達里文化典型的陶器是直口波紋紅陶缽。這種陶器是加炭陶，使用尼羅河淤泥手工捏製而成。大部分陶器的邊緣呈黑色，表面刨光，比後來涅伽達文化一期的黑口陶更爲光滑。這一時期陶器的特點是拋光後在表面以木梳刻劃波形紋飾。陶器少有繪飾，一般爲幾何紋飾，以摹倣籃子的紋理。[14] 也有學者認爲巴達里文化的陶器是摹倣早期皮革制器皿。[15] 粉砂岩研磨調色板（古代埃及人將礦石研磨成粉末用於化妝的石板）通常放置在骸骨旁邊，有時可以發現使用痕跡，即赭石或孔雀石粉末的殘留，同時發現的還有各種形狀的研磨器。[16]隨葬品中往往還有石器和骨器，如燧石刀、古針、骨梳、象牙女性小雕像等。骨梳是在巴達里文化墓葬中首次出現的。[17]這種骨梳帶有長齒，柄部常採用較爲抽象的動物形象，例如左右各飾有鳥頭形狀的突起。鴕鳥蛋殼通常用於製造珠子和小型器皿；來自紅海的貝殼，穿孔後用作項鏈墜。[18]從隨葬品的分佈可以看出，巴達里文化已經出現了初步的貧富分化，較富裕的墓葬與較貧窮的墓葬分別位於墓地的不同區域。[19]在巴達里還發現了動物墓穴，埋葬方式與人類墓葬基本相同，爲橢圓形土坑葬，遺骸有蘆席包裹。[20]在巴達里文化的生活遺址中，考古學家發現了石片與石葉製造工業，以及少量雙面器，如石斧、雙面石鐮與凹底箭頭等。在巴達里發現的單面打製石片（side-blow flake）也經常發現於西部沙漠的新石器文化遺址中，這表明了巴達里文化與西部沙漠文化的密切聯繫。此外，從巴達里文化開始，金屬銅走上了埃及文明的舞臺。[21]巴達里文化向南傳播至希拉孔波利斯（Hierakonpolis），向東傳播至哈馬馬特旱谷（Wadi Hammamat），向北傳播至阿爾蒙特（Armont）。[22]在巴達里遺址向南150千米的馬伽爾丹德拉（Mahgar Dendera）也發現了巴達里文化遺址。該遺址呈現出季節性使用的特徵：在每年的收穫季結束以後，居民可能會帶領牲畜遷移，以尋找新的牧場。該遺址的發現反映出巴達里文化的遊牧性。[23]由於尼羅河漁業資源非常豐富，捕魚業是重要的產業，狩獵此時仍然存在，但已經邊緣化。巴達里文化在來源上尚不明確。可以肯定的是其與西部沙漠文化密切相關，並通過位於下埃及地區的法雍文化和邁里姆德文化與東地中海地區進行貿易。[24]

關於這一時期的經濟形態，學術界有不同的看法，一部分學者認爲此時種植業已經成爲尼羅河河谷社會經濟的主導，其主要證據是穀倉的發現。巴達里文化的房屋與邁里姆德文化和法雍文化類似，結構牢固，並帶有用作穀倉的地窖，其中一些地窖較大，容積可達1.9立方米。[25]另一部分學者認爲，在巴達里文化中，遊牧與半定居的生活方式仍然佔據主要地位。尼羅河河谷地區所發現的巴達里文化的生活遺址非常少，這可能因爲此時期定居生活還比較少見。[26]此外，在努比亞地區也很少發現定居點遺址；由於努比亞新石器文化與埃及極爲類似，又往來頻繁，可以推定巴達里文化可能並沒有採用定居農耕的生產方式。就葬俗而言，巴達里墓葬多用獸皮包裹骸骨，並陪葬牛角，顯示出遊牧民族的習俗。[27]可以肯定的是，巴達里文化中保留了大量遊牧文化的痕跡。這極有可能是由於遊牧部落遷移到了尼羅河谷，與當地新石器時代採集社會相融合的結果。然而，究竟當時的社會經濟生活是以定居農耕爲主，還是以遊牧遷徙爲主，以目前的考古證據來看，還不足以下定論。筆者推斷，當時的社會很可能是偏重農耕，並以畜牧作爲補充的經濟形態。

在巴達里文化之後急速發展起來的是涅伽達文化。涅伽達文化可能是由巴達里文化發展而來，因爲兩者存在着很多共同點；在巴達里地區南部，涅伽達文化一期與巴達里文化存在並行時期。但是，這種傳承關係還有待證實。[28]涅伽達文化的分期和斷代最早是由埃及考古學之父弗林德·皮特里（W. Flinders Petrie）在20世紀20年代初確立的（圖1)。1895年至1896年冬天，皮特里在涅伽達附近發現了大型史前墓地（大約1.5万座墓葬），隨即將這一時期命名爲前王朝時期，開啓了埃及文明起源研究之門。皮特里根據陶器類型，採用相對年代序列法，將前王朝時期分爲阿姆拉特（Amratian）

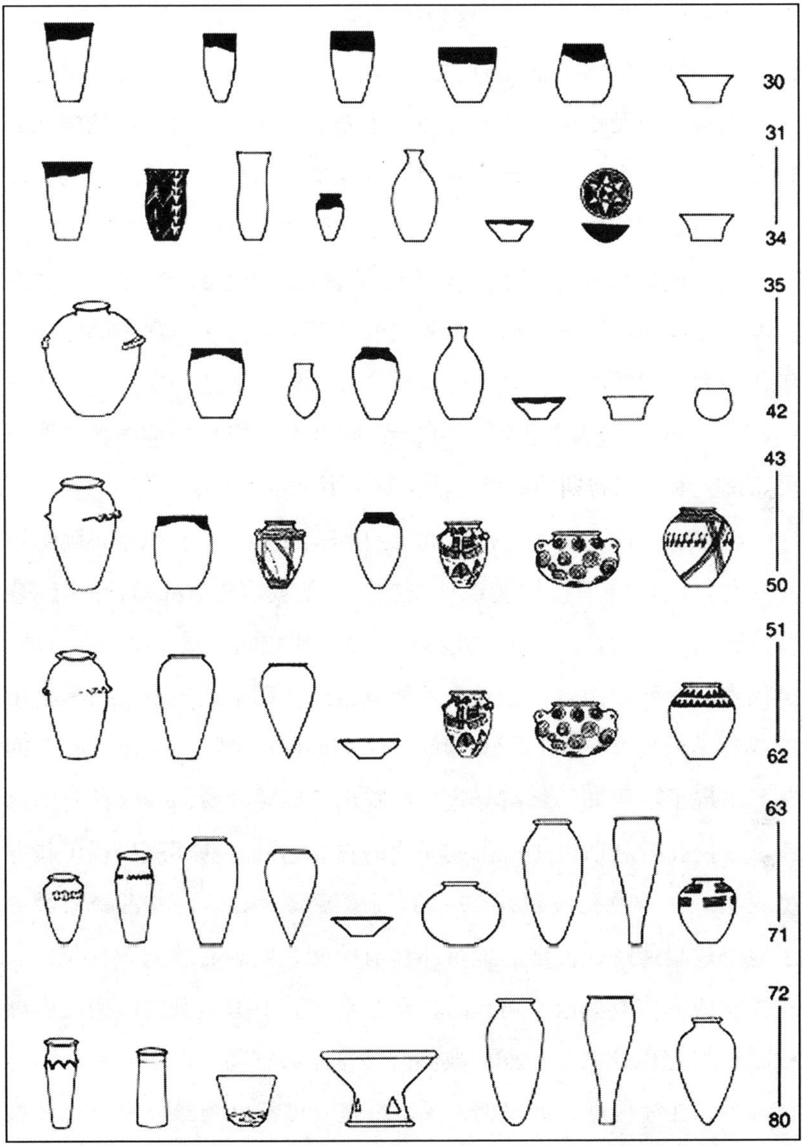

圖 1　皮特里的年代序列（Brewer, Douglas J. *Ancient Egypt: Foundations of a Civilization*, Harlow: Pearson Longman, 2005, p.76）

文化（年代序列31—37）、格爾津（Gerzean）文化（年代序列38—62）、與塞梅尼（Semainian）文化（年代序列63—76）。皮特里的年代序列法爲埃及史前史的研究奠定了基礎。然而，這一理論框架的缺點在於，一方面，沒有區分陶器分類法與斷代法，另一方面，沒有考慮到墓坑的水平分佈問題。後來的學者在皮特里的基礎上將前王朝埃及的斷代和分期進一步精確和細化。20世紀50年代，通過對涅伽達墓地的系統分析，用墓穴的水平分佈修正了前王朝時期的年代序列，同時將涅伽達文化分爲三期（即涅伽達一期、二期和三期），每一期又包含若干段；20世紀80年代，考慮到墓葬的空間分佈狀況，前王朝時期的斷代方法又有了進一步的改進。[29]

涅伽達文化一期（公元前4000年至前3500年），也稱爲阿姆拉特文化，由皮特里根據發現地埃爾－阿姆拉（El-Amra）命名。墓葬爲橢圓形土坑葬，埋葬方式與巴達里文化相同，爲左側身屈肢葬，頭頂南向，面朝西方，骸骨之下墊有蘆席、稻草或皮革（通常是山羊或羚羊的皮）。一般爲單人坑，多人坑也很常見。[30] 這一時期的墓葬出現了更明顯的貧富分化，反映出從原始社會向等級社會的過渡。希拉孔波利斯也是涅伽達文化的重要遺址，在那裏出現了長方型大墓。在希拉孔波利斯29號墓（編號爲HK29），考古學家發現了地上建築遺跡，推斷該地可能建有院牆，並附有壕溝與柱坑。[31] 墓葬使用木棺或泥棺，隨葬品相當豐富，其中兩處發現碟型斑岩權杖頭。[32] 涅伽達文化一期的典型陶器是黑口紅陶，以陶碗和鐘形陶杯爲主。在涅伽達一期早期，黑口紅陶（皮特里陶器分類中的B型器）較爲多見，隨後其數量逐漸減少，取而代之的是白色折紋彩繪紅陶。涅伽達文化一期的另一種典型陶器是拋光紅陶。[33] 石器的製作達到了更高水準。石制工具製作工藝精湛，甚至出現了精美的石制匕首。裝飾品也大量出現，包括骨器和象牙製品，如骨 / 象牙勺，骨 / 象牙梳等。[34] 在金屬工藝上，銅製裝飾品增加。[35] 在尼羅河谷也發現了涅伽達一期的居住遺址。在赫美尼亞（Hemenia）發現了直徑爲 1 米至 1.25 米的圓形棚屋，棚屋的牆壁由蘆葦織成，表面塗泥。較小的棚屋可能用於貯藏；較大的棚屋內一般設有火爐，可能用於居住。在涅伽達地區的埃爾－喀塔拉（El-Khattara）附近，類似的房屋構成大小不一的村落，面積在幾百平方米至幾公頃之間，居住時間超過 200 年。[36] 20 世紀 20 年代，在巴達里地區的哈馬米亞（Hammamiya），考古學家發現了帶有壁爐的長方形房屋，以及支撐房屋的柱子。[37] 20 世紀 90 年代，考古學家又在同一地點發現了圓形建築遺跡，內有大量牲畜糞便。[38] 這些圓形的建築遺跡可能是用於飼養牲畜的圈欄。在希拉孔波利斯附近的阿布蘇凡旱谷（Wadi Abu Suffian，距離泛濫平原大約 1.5 千米）還發現了排成半圓形直徑約 8 米的一系列木杆，以及由泥磚砌成的食槽和水槽，食槽內還發現了大麥的麥穗。考古學家認爲，這些建築可能是季節性飼養牲畜的場所，而附近排列成圓環狀的棚屋可能是畜牧者的居所。此外，在該遺址還發現了室內地面遺跡，由木杆支撐，表面塗泥的蘆葦籬笆，石製研磨工具，由石塊砌成的壁爐，以及安置大型貯藏陶罐的土坑。[39] 在社會經濟方面，因爲主要的遺址都是墓葬遺址，村落遺址發現比較少，[40] 所以很難全面瞭解當時社會的經濟狀況。就目前掌握的證據而言，小麥與大麥是主要的農作物，山羊、綿羊、牛和豬是主要的牲畜。

涅伽達文化二期（公元前 3500 至前 3200 年）又稱爲格爾津文

化，最初由皮特里發現於尼羅河西岸法雍綠洲東部的埃爾－格爾扎（El-Girza）。涅伽達文化二期由涅伽達一期發展而來。文化上的擴張是這一時期的主要特徵。涅伽達文化二期向南傳播到努比亞地區，向北傳播到尼羅河三角洲。在這一時期，墓葬不論是規模上還是隨葬品的豐富程度上都出現了明顯的差異，有簡單的橢圓形坑葬，只帶有零星的隨葬品，也有由泥磚砌成帶有多個墓室的長方形墓坑，隨葬品十分豐富。木棺與泥塑器皿也很常見。這一時期發展出了最早的木乃伊製作，雖然只是簡單的使用麻布條纏繞屍骨，卻是王朝時期木乃伊製作的先驅。這一時期最爲著名的大型墓葬是希拉孔波利斯 100 號墓，不僅隨葬品豐富，還有精美的壁畫。在這一時期，單人坑數量減少，多人坑數量明顯增加，最多可達 5 人，此外，還發現了前所未有的葬俗——肢解葬，可能是埃及最早的人牲。[41] 新的建築類型也出現了。例如，在希拉孔波利斯就發現了建築遺跡（考古區域編號爲 HK29A）。這一組建築遺跡包含一座橢圓形圍牆（大約 32×13 米），在圍牆內的區域，地面鋪有泥磚，地面上還有大量使用燧石工具加工產生的殘餘石料，包括來自東部沙漠的彩色石料。在這一區域內沒有發現石製器皿或首飾，但是發現了來自東地中海地區與下努比亞地區的陶器。因此，這裏很可能是石器加工工廠，而產品則用於與東地中海和努比亞地區進行貿易。[42] 同時發現的還有大量水生動物的骨骼，如烏龜，鰐魚與大型鱸魚等。這些動物很可能是用於祭祀的。[43] 在這一遺址內，還發現了早期的宮殿式建築，寬度大約 13 米，帶有柱子。這可能是後來埃及大型石製建築的原型。[44]

這一時期典型的陶器是紅色彩繪白硬陶（D 型器）。硬陶的產生體現了陶器製作的專門化。這種陶器所使用的是來自沙漠邊緣地帶的高嶺土礦（主要成分爲二水合硅酸鋁）。與尼羅河沉積淤泥相比，高嶺土顆粒更小（直徑小於二百五十六分之一毫米），燒製後呈乳白色。[45] 白硬陶的表面往往用赭石顏料描繪出各種圖案，不僅包括幾何圖形，還包括人物形象，神龕與船隻等。另外一種典型的陶器是加炭粗陶（R 型器）。在涅伽達文化二期的初期，加炭粗陶在墓葬中發現較少，主要出土於村落遺址中，在三角洲地區的村落，特別是在特爾埃爾－法喀（Tell el-Farkha）與布圖（Buto），粗陶很常見。時至涅伽達文化二期末期，加炭粗陶的生產大幅度增加，並且出現了專門化的工廠。墓葬中隨葬陶器的類型也發生了變化：之前大多以少數精美陶器隨葬，而涅伽達二期的中後期開始，逐步以大量粗陶代替，並盛有食物，如麵包、啤酒[46]、肉類，或者以沙土代替食物。與此同時，黑口紅陶趨於罕見。[47] 陶器製作的一個重要發展是陶器標記。陶器標記是燒製後刻在陶器上的特殊符號。這些標記種類繁多，包括人物形象、動物形象，以及抽象符號，如箭頭、三角形和月牙形等。在同一墓坑的陶器上可能刻有相同的符號，這就意味着這些陶器或出於同一工廠；另一種解釋是，該標記是墓主人身份的標識，代表了墓主人對這些隨葬陶器的所有權。[48] 在金屬工藝方面，銅製品數量增加，不僅包括各種飾物，如戒指、手鐲和珠子等，還出現了銅製工具，如銅斧和銅刀。值得注意的是，在古代埃及，金屬工具直到希臘化時代才得以完全取代石製工具。這並非由於古代埃及的技術水準低下，而是由於燧石工具有其獨特的優越性——不僅廉價，如果打磨得當，也非常鋒利。這一時期，金銀的使用也大幅度增加（主要是金，由於銀礦稀少，銀在古代埃及比黃金更昂貴）。調色板的製作工藝也更爲精良，在形狀上發展爲長方形或菱形，並刻有浮雕裝飾。同時，盤型權仗頭逐漸消失，取而代之的是梨型權杖頭。此時的石器更爲精美，出現了製作工藝極爲精湛的波刃燧石刀。最爲顯著的發展是石製器皿的大量出現。在石製器皿製作工藝上所採用的技術主要是旋挖鑽法，材質也多種多樣，包括角礫岩、粉砂岩、雪花石膏、石灰石，甚至堅硬的黑色玄武岩。[49] 毫無疑問，這些石製器皿的製作需要耗費大量人力，這就意味着當時的社會可能已經出現了專門爲統治階層服務的工匠。這些石製器皿不僅具有實用性，更具有儀式性，是大型墳墓中較爲常見的陪葬品。遠距離貿易也發展起來。在大型墓葬中，出現了大量外來物品，包括來自阿富汗地區的天青石、黎巴嫩的雪松、西奈地區的綠松石，以及埃塞俄比亞的黑曜石。[50]

此時，在北部的尼羅河三角洲存在着與涅伽達文化不同的文化，稱爲馬阿迪－布圖（Maadi-Buto）文化。馬阿迪文化遺址位於現在的開羅郊區，那裏的民居可以區分出三種不同類型：其一是帶有明顯的南巴勒斯坦特徵的岩洞穴居，正面砌有泥磚牆體，屋內設有火爐，還有半埋藏於地下的儲藏罐，這表明其居民已經採用定居生活方式；其餘兩種房屋類型與上埃及的涅伽達文化相似，分別爲圓形棚屋與長方形棚屋，均沒有使用泥磚的痕跡。牛、羊（包括山羊與綿羊）和豬是主要牲畜，小麥與大麥是主要作物。墓葬比較簡單，多爲橢圓形土坑屈肢葬，包裹有蘆席或麻布，隨葬陶器通常只有一至兩件，或沒有隨葬品。[51] 陶器和石器也與上埃及不同，具有明顯的東地中海地區特點。該文化受到巴勒斯坦地區的影響，更多使用金屬。金屬工藝與石器顯示出迦南特色。該地區還出土了具有努比亞特徵的陶器，來自上埃及地區的調色板，以及本地用石灰石製作

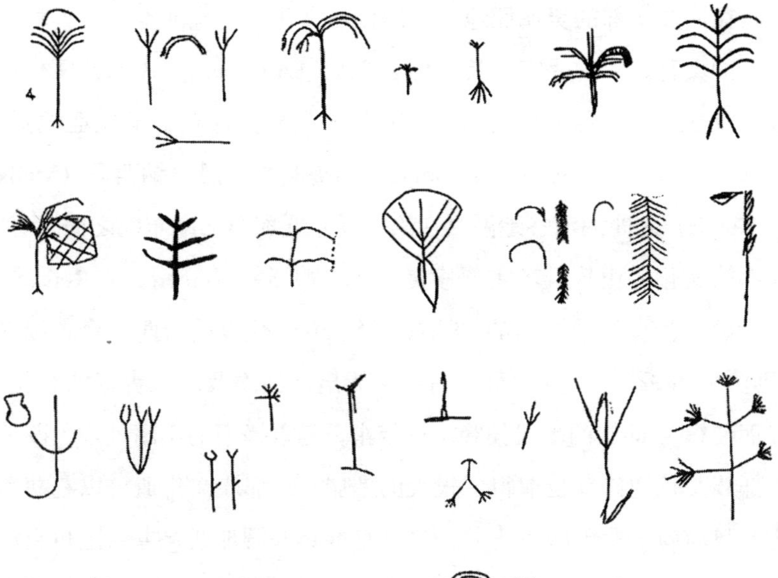

圖 2　最早的象形文字，涅伽達文化二期陶器刻畫符號（Brewer, Douglas J., *Ancient Egypt: Foundations of a Civilization*, Harlow: Pearson Longman, 2005, p.85）

的調色板；這些本地的調色板上多有使用痕跡。可以看出，三角洲地區是涅伽達文化與兩河流域文化之間溝通往來的橋梁。[52]

在埃及南部的努比亞地區，涅伽達文化一期後期也出現了較爲先進的文化。考古學家將其稱爲 A 部族（A-Group）。A 部族文化從公元前 3700 年延續到公元前 3150 年，主要分佈在下努比亞地區，從庫巴尼亞旱谷（Wadi Kubbaniya）到梅利克－恩－納西爾（Melik en Nassir）之間的河谷地區（在第一瀑布區與第二瀑布區之間）。[53] A 部族文化是由埃及考古學家喬治·A. 賴斯納（George A. Reisner）在大約一個世紀前命名的。[54] 20 世紀 50 年代以前，西方學者囿於“西方中心論”，一直認爲非洲不可能出現與埃及同樣古老的文化，從而使得 A 部族的斷代偏晚。近年來，隨着學術的不斷進步，關於 A 部族文化的研究也取得了很大的進展。A 部族文化遺跡以墓葬爲主，目前尚未發現居住遺跡。[55] 其墓葬爲橢圓形或長方帶圓角土坑葬。隨葬品有陶器、骨器、石製研磨用具，石製器皿和銅製工具等。接近上埃及地區的努比亞 A 部族文化與涅伽達文化更爲相似，墓葬中涅伽達風格陶器所佔比重更大；而在下努比亞南部的 A 部族文化墓葬中，涅伽達風格陶器相對較少。[56] 就總體而言，從 A 部族文化墓葬中還是可以看出其與涅伽達文化之間有着極爲頻繁的貿易往來。[57] 從墓葬來看，A 部族文化已經出現了相當程度的貧富分化，有些大墓甚至隨葬有金器。在庫斯圖爾（Qustul）發現了多座大墓，如 L 號墓地，其中含有 8 座大型墓葬，隨葬品非常豐富，甚至包含一些埃及“王家”標記，因此也有學者認爲這些墓葬屬於早期統治努比亞的王。[58] A 部族的陶器與埃及略有不同，主要是拋光黑口紅陶與紅色彩繪薄壁陶，所繪圖案多爲幾何圖形。

涅伽達文化三期（公元前3200年至前3050年）是埃及完成國家統一並建立起王權的時期，出現了早期王陵。目前發現年代最早的王陵是位於阿拜多斯（Abydos）U號墓地編號爲U-j的大型陵墓。該墓呈長方形，占地近70平方米，建有12間墓室，東北角較大的墓室可能是主墓室，其中發現木質神龕痕跡。在墓室之間的牆壁上留有窄縫，使得墓室彼此相通，這很可能是供墓主人靈魂出入的通道，是後來埃及墓室中“假門”這一建築結構的原形。[59] 墓室中隨葬品衆多，該墓在發現時已遭盜掘，但仍清理出大量隨葬物品，包括大量骨器、象牙器、陶器，僅來自巴勒斯坦地區的陶罐就有700餘件，其中還有殘留的酒。單隻陶罐的容量可達4至5升。這些陶罐都密封完好，帶有完整封泥，上面的封印爲滾筒印章所製，可以辨別出羚羊、隼、鶴和魚叉等圖案，這些圖案在古代埃及具有非常重要的象徵意義。同時發現的還有150餘枚帶孔象牙小牌，上面雕刻的圖案很可能是埃及各地城市的名稱。其中的一枚小牌上刻有布巴斯提斯（Bubastis，下埃及城市）的標誌。這些小牌可能是各個地區向國王進獻貢品時所使用的標牌，或者這些象牙小牌標明了墓主人莊園的所在地（或者說，他所擁有的土地）。根據刻於陶器上的蝎子圖案以及在墓中發現的象牙權杖，U-j墓可能屬於阿拜多斯早期的一位統治者，埃及學家稱其爲蝎王一世。[60] 滾筒印章的使用和象牙小牌表明當時已經出現了複雜的管理體系，並且出現了中央集權和對經濟資源的分配體系。[61] 王陵與王名的發現使得涅伽達文化三期又被稱爲第零王朝或原王朝。這一時期至少經歷了11代君主，[62] 依次爲隼王、尼－荷魯斯（Ny-Hor）、哈特－荷魯斯（Hat-Hor）、佩－荷魯斯（Pe-Hor）、荷德－荷魯斯（Hedj-Hor）、伊利－荷魯斯（Iry-Hor）、卡（Ka）、鰐魚王、蝎王二世、納爾邁[63]，以及更早期沒有留下姓名的君主。[64]

在原王朝之後，埃及文明就進入了早王朝時期（公元前 3050 年至前 2686 年），包括第一王朝與第二王朝。早王朝的各代君主均在阿拜多斯建有大型陵墓和享殿。此時，古代埃及象形文字的發展也日趨成熟，藝術規範得以確立，官僚體系也建立起來。

二、前王朝時期的藝術表達

傳統理論認爲，埃及的藝術並非由原始非洲藝術演進而來，而是受到了兩河文明的啓發。近年來，隨着結構主義方法在埃及藝術史中的運用，這些“原始”圖像與王朝時代埃及藝術的關係日漸清晰，傳統的觀點已經不再爲學者所接受。前王朝時期的藝術也具有其文化和宗教方面的內涵，是王朝時期埃及藝術的原型。[65] 前王朝藝術雖然在式樣上與王朝時期“規範”的藝術不盡相同，但是其內涵與主題是一致的。換言之，貫穿古代埃及文明的藝術主題都可以在前王朝藝術中找到原型。

（一）牛形與牛崇拜

受到納布塔培亞遺址的影響，埃及也產生了牛崇拜文化。而這種牛崇拜文化一直貫穿古代埃及文明的始終。遊牧民族由於氣候原因遷徙到尼羅河河谷開始定居生活後，也將牛崇拜帶到了尼羅河河谷，使其成爲埃及文化的重要組成部分。牛在古代埃及是神聖的動物，具有極爲重要的文化與宗教含義。在王朝時代的埃及，孟菲斯、赫爾門提斯（Hermonthis）與赫利奧波利斯（Heliopolis）都飼養神牛，女神哈托爾也化身爲母牛的形象出現在神廟與墓室壁畫中，公牛則是國王的象徵。在巴達里發現了涅伽達文化的牛頭形狀珠飾，某種程度上反映了當時社會的牛崇拜；在同一地區發現的石製調色板（涅伽達文化二期）上也刻有牛頭形狀淺浮雕，牛頭頂部，兩角與兩耳尖端都刻有“星號”圖案。星號的形狀可能是古代埃及代表王權的蓮花標誌。[66] 在古王國後期（第5王朝末期，公元前2350年前後）出現的《金字塔銘文》中，[67] 多次提及乳牛作爲國王的母親哺育國王，如“你的母親是涅喀伯（Nekheb）的偉大乳牛……她哺育你，永遠不會離開”。[68] 公牛是死去國王的象徵，國王稱呼自己爲“天空之牛”，“我（國王）是獨一無二的那一個（指奧塞里斯），我是天空之牛，我將反對我的踩在腳下，將其中的倖存者也消滅乾淨”。[69] 牛的文化含義在納爾邁調色板上得到了更好的體現。納爾邁調色板正面第一行刻有一對牛形人頭像，代表女神哈托爾；[70] 而在最下一行，正在踏踩敵人的公牛代表了君主制伏敵人的能力。從這些實例可以看出，王朝時期普遍出現的君主與牛的關聯，以及女性牛神的形象，早在前王朝時期就已經存在了。

（二）女神形象

除了牛頭所代表的哈托爾女神形象，考古學家還發現了前王朝時期的女性雕像。巴達里文化的女性雕像一般雙手下垂或抱在胸前。這些女性雕像一般爲裸體，性别特徵明顯。雖然關於巴達里文化中的社會生活細節尚不清楚，但女性可能在早期的宗教中扮演着重要的角色。[71] 這些代表女性生殖力的小型雕像可能用於女性祭司的秘密崇拜活動。[72] 在涅伽達文化二期，雙臂上舉呈環狀的女性形象較爲常見，例如在 D 型器上常繪有女性雙臂上舉環繞頭頂的形象，畫面的後方一般繪有船隻。這些女性形象通常畫得比別的人物更大，這表明她們是最重要的人物，可能是女性神祇。[73] 在美國紐約的布魯克林藝術博物館藏有一尊涅伽達文化二期的女性雕像，雕像爲陶製，上身赤裸，呈棕紅色，下身塗成白色，腿部抽象爲倒圓錐體；雕像雙臂上舉，手掌環向內側，頭部呈鳥喙形。這尊雕像與陶器上所繪女性形象是一致的。雙臂上舉的動作可能是摹倣鳥類飛翔。[74] 這些女神形象的具體含義尚不明確，但是其姿勢與王朝時代墓室壁畫中所描繪的婦女哀悼的姿勢——雙手舉過頭頂——是完全相同的。[75] 因此，哀悼女神形象的出現可能代表涅伽達文化已經形成了關於死亡與來世的觀念。聯繫王朝時代奧塞里斯（Osiris）與伊西斯（Isis）的神話，哀悼女神的形象很可能是伊西斯的原型，喻意伊西斯哀悼其死去的丈夫奧塞里斯。在《金字塔銘文》中也有女神伊西斯和她的姐妹奈弗提斯（Nephthys）哀悼死去國王的描寫。[76] 因此，或許可以認爲早在涅伽達文化二期，埃及宗教神話的基本框架就已經構成，即死後通過某種途徑（例如陪葬陶器上所繪船隻，代表通向死後世界的航行）而與神合一（表現爲女神的哀悼）。

（三）打擊敵人的形象與狩獵場景

在陶器上，狩獵與凱旋的場景總是同時出現，因此可以知道這兩種場景是具有相同意義的。在涅伽達文化一期的陶器上，經常出現成組的人物形象，一個體型較爲高大的人像連着一個或幾個體型較爲矮小的人像。這一圖像帶有軍事含義，可能代表首領制伏敵人，即“勝利”主題。[77] 在王朝時代，國王通常被刻畫爲手執權杖打擊敵人的形象，如新王國時期（公元前 1550—前 1069 年）底比斯的卡爾納克神廟浮雕。手持權杖打擊敵人是埃及國王的經典形象，這一形象代表了國王維護秩序的能力和對混亂狀態的控制力，維護宇宙秩序同時也是埃及國王所應當履行的使命 [78]，是國王能夠獲得永生的保證。狩獵場景有着相同的內涵。在早期的調色板上，通常繪有獵狗或獅子捕捉羚羊等野生動物的場景。現藏於英國牛津大學阿什莫林（Ashmolean）博物館的雙犬調色板（出土自希拉孔波利斯，涅伽達文化二期，见圖 3）就生動地刻畫了這一主題。在調色板的

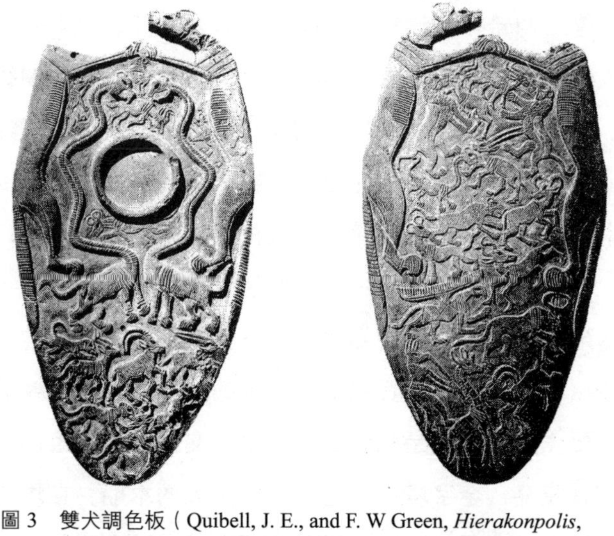

圖 3　雙犬調色板（Quibell, J. E., and F. W Green, *Hierakonpolis*, Vol. 2, London: Quaritch, Roth, 1902, pl.XXVIII）

正面，[79] 兩隻獵犬（也有可能是豺）佔據了調色板兩側及上方邊緣的位置，之下是一對長頸獸，其脖頸所圍繞成的圓環內的平面是調色板用於研磨的地方，[80] 長頸獸之下是獵犬捕捉羚羊的場景。上半部分對稱有序的圖像與下半部分混亂的狩獵場景形成了鮮明的對比。雙犬調色板正面下部與背面隨意緊密排列在一起的動物形象代表了一種無序的狀態；而秩序對混亂的控制是埃及價值觀的核心。[81] 獅子作爲國王的化身，代表着君主的威嚴和力量，如著名的獅身人面像。狩獵場景也是王朝時代墓室壁畫中常見的主題，表達了同樣的內涵——秩序對混亂的控制力。本尼哈桑（Beni Hasan，位於埃及中部）2 號墓屬於羚羊省長官阿蒙涅姆赫特（Amenemhat，中王國，公元前 1950 年前後）。[82] 該墓是岩刻墓，在禮拜堂中繪有精美壁畫，其中北牆第一行就是狩獵場景。獵人（墓主人）手持弓箭射殺羚羊等生活在沙漠地區的動物，同時，墓主人也化身爲獅子捕殺羚羊。[83]

涅伽達二期希拉孔波利斯 100 號墓的墓室壁畫中多處出現手持權杖的人物形象，在手持權杖的人面前，還排列着若干捆綁跪地的“俘虜”；同時，在畫面的左上方和右上方，都出現了狩獵的場景。在此處，狩獵場景並非對現實的描述或強調其經濟上的重要性，而是具有宗教與政治含義。[84] 值得一提的是，在壁畫的中部，排列着六條船，其中五條呈白色，一條呈黑色（见圖 4）。在船上可以看到類似神龕形狀的小棚。我們知道，在王朝時期的埃及，神像在節日由祭司擡出神殿時，是放置在船型轎中的。船在埃及的喪葬習俗中也具有重要作用，船隻是死者通向冥界的交通工具，第四王朝的法老胡夫在其陵墓（金字塔）附近陪葬有巨大的木船。在埃及的神話中，太陽神乘坐太陽船巡遊天空與地下世界。君主死後就將加入太

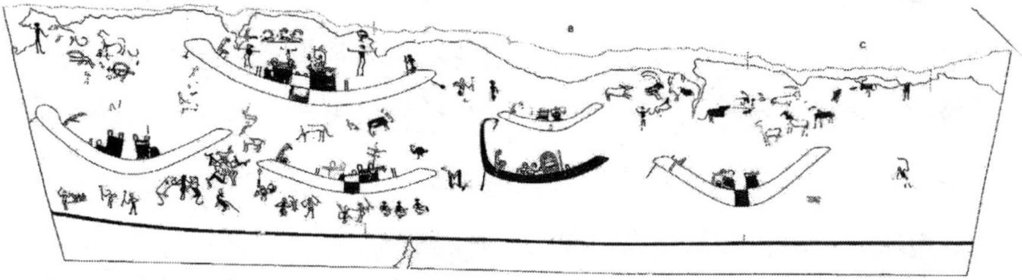

圖 4　希拉孔波利斯墓室壁畫（Quibell, J. E., and F. W Green, *Hierakonpolis*, Vol. 2, London: Quaritch, Roth, 1902, pl.LXXV）

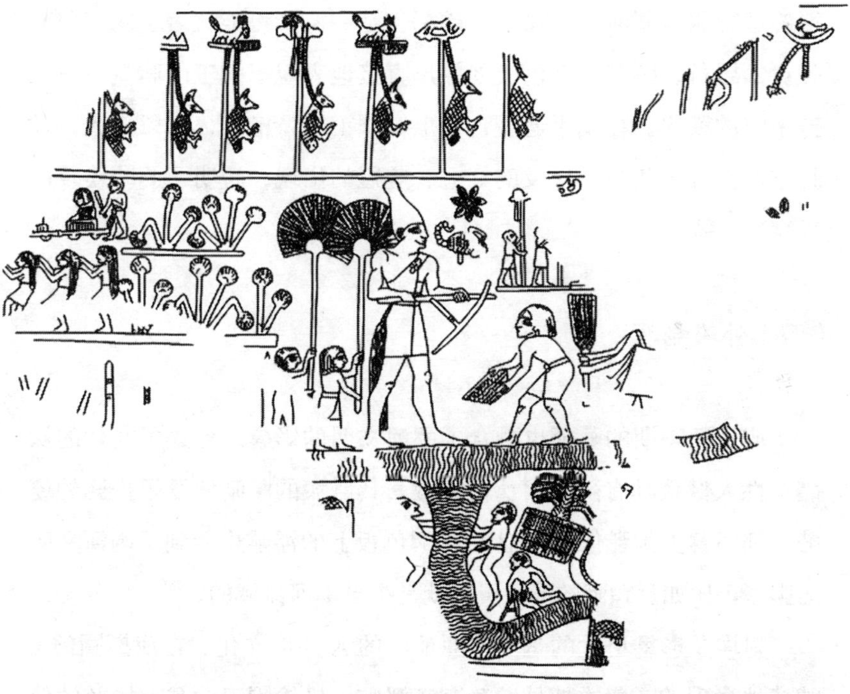

圖 5　蠍王權杖頭（Brewer, Douglas J, *Ancient Egypt: Foundations of a Civilization*, Harlow: Pearson Longman, 2005, p.114）

陽神的行列，在太陽船上與太陽神拉（Ra）一同巡遊。因此，此處帶有神龕的船隻明顯具有政治和宗教含義，並且與後來埃及藝術的主題一脈相承。前王朝時期與王朝時期在藝術形象表達上的延續性說明了國家形成之前，在意識形態領域已經形成了政治權力與宗教觀念，這些基本觀念是貫穿古代埃及文明始終的，而這些基本觀念的形成，可能在國家形成中起到了關鍵的作用。

涅伽達文化三期，王室象徵符號和禮器有了進一步發展，例如蝎王權杖頭與納爾邁調色板等。在蠍王權杖頭上，人物形象的刻畫（比例與佈局）已經與王朝時期極爲接近。蝎王頭戴白冠，手持一把鋤頭進行開鑿運河的儀式（见圖 5）。這一圖像可能代表了國王對其職責的履行。納爾邁調色板則更爲直接地表現了國王的職責——維持宇宙的秩序。在納爾邁調色板上，國王手持權杖，打擊敵人，並且首次佩戴了代表下埃及的紅冠。雙冠的出現，證明了此時埃及已經實現了統一。

（四）外來影響

前王朝時期的藝術也融合了兩河文明的影響。巴達里文化的裸體女性人像就具有蘇美爾藝術特徵，其巨大的眼睛與雙手抱胸的姿勢，都與蘇美爾雕像很類似。[85] 調色板上的浮雕也受到了兩河文明的影響，比如長頸獸的形象可能就是來自兩河流域的。[86]

對埃及影響更大的是努比亞地區的 A 部族文化。在庫斯圖爾 L 號墓地發現的一隻香爐外壁刻有淺浮雕，描繪國王頭戴上埃及的白冠坐在船上的神龕內，這是古代埃及國王舉行賽德節（*heb sed*）時的場景。代表王權的荷魯斯之鷹站立在王名框（serekh）上；在另外的一條船上，刻畫了一名捆綁的俘虜，代表王權的蓮花標誌，以及宮殿正面的形象；在第三條船上，刻畫了一頭獅子。哲貝爾什克蘇萊曼（Jebel Sheikh Suleiman）岩畫也表現了相似的主題：帶有神龕的船隻，宮殿正面，站在王名框上的荷魯斯之鷹，以及垂死的敵人。有學者認爲，埃及的王家象徵標誌和王權觀念是受到了努比亞 A 部族文化的影響而出現的。[87] 也有學者持反對意見，認爲努比亞的王家象徵符號是因爲受到埃及文化的影響而產生的。[88]

三、埃及統一國家形成的理論模型

埃及國家的形成可以分爲六個階段：[89]

第一階段，前行省時期（公元前 4000—前 3900 年），在上埃及地區形成獨立的自治村落。

第二階段，原始行省時期（涅伽達文化一期的前半段），形成跨村落政治聯盟，並且出現了首領，首領的權力開始迅速擴大，各村落政治聯盟之間可能會因爲爭奪土地而發生戰爭。根據陶器上和調色板上出現的旗標柱，早期上埃及可能存在 49 個原始行省。

第三階段，行省—前國家時期（涅伽達文化一期中後期至涅伽達文化二期中期），旗標柱數量明顯減少，到了涅伽達文化一期末期，在上埃及地區，大約出現了 8 個政治中心。其中阿拜多斯、涅伽達與希拉孔波利斯的實力最爲強大，逐漸兼併了其他政治中心。在這一時期的器物上，多出現凱旋、戰俘與獻祭等主題。權力的觀念也已經融入到涅伽達文化之中。

第四階段，上埃及原始國家時期（涅伽達文化二期中後期），此時，最爲強大的政治體是阿拜多斯或希拉孔波利斯。上埃及已經具備了國家的雛形，並且開始向北部擴張。在這一階段初期，北部的一些村落（如馬阿迪等）已經接受了涅伽達文化。

第五階段，早期統一國家（涅伽達文化二期末期至三期中期），在此階段，埃及形成了政治上的統一體，王權也已經形成。此時的統治者已經開始使用荷魯斯名和王名框，因此這一階段又被稱爲第零王朝或原王朝。此時，搖籃中的埃及文明已經擴張到東地中海南部。

第六階段，埃及帝國（涅伽達文化三期中後期），第一王朝開始，埃及形成龐大的統一國家。

儘管現代學者根據研究需要從考古學上將前王朝時期分爲涅伽達文化一至三期，又根據其可能的政治發展狀況作出了歷史發展階段分期，但歷史本身是延續的。這些分期方式旨在還原文明誕生的基本發展脈絡，揭示其發生發展的內在規律與根本原因。找到文明發展的原動力是早期文明研究所面臨的根本問題。埃及學家也在探求埃及能夠從新石器文化發展成統一的強大國家的根本原因。在這一問題上，不同學者提出了不同的理論模型來闡釋古代埃及文明誕生的動因與過程。

農業社會內在動力模型認爲國家是通過農業社會的內在驅動力產生的。[90] 由於埃及的農業生產完全依靠尼羅河氾濫帶來的淤泥，因此在早期的原始農業社區中，爲了控制生產的風險和波動，就推舉出首領來組織農業生產活動。隨着農業社區的擴大，在首領之間就產生了等級制度，從而產生了地區性的政治單元。政治權力的確立導致了陪葬品的產生，用以象徵身份。政治上的發展促進了貿易的產生，而周邊遊牧民族的侵擾刺激了軍事力量的發展，從而產生了更深層的政治觀念——首領是秩序的維護者，此時，就會發展出如權杖頭和調色板等禮器作爲權力與身份的象徵符號。到了公元前3300年，上埃及地區的兩大政治單元涅伽達與希拉孔波利斯合併，並且向北部擴張，控制北部三角洲的產糧地帶。而與西亞地區的貿易往來使政治中心從南部的阿拜多斯轉移到了位於尼羅河三角洲頂點的孟菲斯。國家與王權的形成是一個漫長的過程，從首領的產生到國家的形成，大約經歷了五個世紀。在早期的農業社區內，土地逐漸成爲氏族的共有財產，從而產生了原始的所有權觀念。世襲觀念也隨之產生，並在社會中發揮着重要的作用。伴隨着政治權力誕生的是原始巫術向宗教神權的轉化。

城市化模型強調城市化在國家形成方面的作用。[91] 尼羅河提供了便捷的交通，從而爲各地交通往來提供了極大的便利。在尼羅河沿岸逐漸形成了一系列城鎮，每一城鎮都管轄着周圍的土地，國家統一就是在這一基礎之上實現的。城市發展意味着農業生產水平的極大提高，有足夠多餘糧來養活城市內不直接從事農業生產的人口，如統治階層、祭司階層（可能與統治階層是相同的群體）、手工業者（如製陶、紡織、造船等行業的工匠）等。城市的出現同時也是政治體系進一步複雜化的表現，從而爲統一國家的出現提供了可能。在涅伽達文化後期，王名出現在陶器、印章與象牙小牌上，並寫入王名框。繫在陶罐上的小牌則表明當時社會已經出現了稅收體系，控制着遠程貿易。城市發展是伴隨着國家的形成並植根於官僚系統的。圍繞神廟的建造發展出以宗教爲中心的城鎮，圍繞着皇室莊園、地方行政税收和再分配體系則形成行政性城鎮。因此，城市化進程與國家的形成和統一是難以分割的。

貿易模型認爲埃及國家的形成與統一是貿易發展的結果。[92] 涅伽達文化是國家起源的中心，而其控制北部地區的目的是經濟上的，即控制通往東地中海地區的貿易線路。國家統一的過程絶不僅僅是簡單的武力征服，而是一個複雜的過程，甚至可能是南部的文化通過和平滲透方式統一了北方。建造大型船隻來進行大規模貿易需要大量木材，而埃及本土木材比較稀缺，需要從東地中海地區進口。上埃及地區擁有黄金和石材，下埃及地區卻缺少這些資源。因此，很可能涅伽達地區的某些居民逐漸向北部移民，充當了貿易中間人的角色，[93] 從而完成了國家和平統一進程。筆者認爲，貿易在埃及文明的形成過程中確實起到了非常重要的作用。貿易是文化傳播的重要途徑。前王朝時期埃及與東地中海地區貿易之發達，遠遠超乎人們的想像。當時的埃及，既没有馬匹（在第二中間期傳入埃及，大約公元前兩千紀中期），也没有駱駝（阿拉伯時代傳入埃及），卻與東地中海地區保持着頻繁的貿易往來，也與努比亞地區、東部沙漠來往密切，甚至來自阿富汗地區的天青石也可以通過轉手貿易成爲遠古埃及人的裝飾品。然而貿易模型並没有指出頻繁貿易往來背後的文化含義。另一方面，就兩河文明的情況而言，城邦國家之間也存在着頻繁的貿易往來，並因爲對貿易的控制權而經常發生戰爭。[94] 這與埃及的情況大不相同。貿易模型没有能夠解釋埃及爲何可以實現“和平貿易”與“和平統一”。

綜合因素模型認爲，埃及國家的形成是各因素共同作用的結果。[95] 手工業分工、遠距離貿易、經濟關係，城市化以及社會結構的複雜化，在國家統一之前就已經存在，其中最早出現的是手工業分工，因爲分工是貿易的前提。起初，手工業生產是以家庭爲單位並附屬於農業生產的。隨後，手工業從家庭中分離出來，形成專門的手工業生產者階層。隨着分工的發展，貿易也興盛起來。例如在馬阿迪就出現了專門生產玄武岩器皿的工業，這些高品質的器皿通過貿易傳播到埃及各地。上埃及所特有的硬陶也通過貿易流通到埃及各地，最遠可以到達東地中海地區。貿易的發展催生了對經濟進行控制的需求，臨近的村落開始爭奪貿易控制權。同時，專門化生產使得社會結構趨於複雜，繼而產生了社會階層，權力也逐漸落入少數人手中。在這種情況下，爲了應對社會的複雜性，書寫系統應運而生，以便對社會經濟進行管理。隨後，文字又被統治階層用於表達其身份，從而產生了一系列王家頭銜。[96] 孟菲斯由於地理位置上的優越性而成爲首都——向南通過尼羅河控制上埃及地區，向北控制三角洲面積廣闊的農業區，向東方便與西亞地區進行貿易。

政治擴張模型的基礎是對政治權力的爭奪，在涅伽達文化內部產生的權力觀念促使其走向擴張的道路，形成統一國家。埃及文明的誕生包括兩方面因素的共同作用，即自然因素（被動因素）與社會因素（主動因素）。尼羅河的基納（Qena）河套（從阿拜多斯到希拉孔波利斯的一段河谷，尼羅河在這一地區向西彎折形成河套）是涅伽達文化的發源地，洪水帶來的肥沃土壤以及強烈的日照使那裏的自然條件格外優越。此外，豐富的礦產，特別是來自東部沙漠的金礦也極大地促進了涅伽達文化的發展。尼羅河便利的水上交通使其成爲埃及南北交通的樞紐。在社會的層面，涅伽達文化內部蘊含着國家形成的主動因素，主要體現在“對秩序的維護”上。權力觀念產生後與宗教觀念相融合，進而導致王權與神權相結合，產生了神化的君主。而君主維護世界秩序的責任促使涅伽達文化不斷擴張，最終形成統一的國家。

文化統一模型認爲，埃及國家的形成與統一是以“文化統一”爲基礎的。[97] 埃及文明早期的發展與兩河流域不同，並不是基於城市化與官僚體系發展的。在兩河流域，出於對勞動力與資源控制的需要，管理技術不斷進步，因此出現了文明與城市。相反，早期埃及文化中保留了大量遊牧部落習俗與傳統，具有很大的流動性。另一方面，促使埃及文明誕生的是對宗教儀式的需要和對從周邊文化傳入的新宗教儀式的控制。

四、文化身份認同與觀念上的國家

國家的形成不僅指物質上的統一，如官僚體系的建立、地理上的統一、物質文化上的富足（專業化分工和貿易的發展）以及軍事上的征服，還體現在觀念上的國家形成，即人們在意識形態上實現了同一化，並對國家這一組織形態持普遍認同的態度，在宇宙觀與價值觀上也具有一致性。這些精神領域的發展是國家誕生的精神基礎。人們通過長期共同交往，形成共同的理念與價值觀，例如對權力的認知、對自身文化身份的認同以及類似的宗教觀念，這些理念促進了統一國家的形成。[98]

埃及國家統一的觀念，並非現代學者的想像，而是古代埃及人自身具有的觀念，通常表述爲 *sema tawy*，意爲“兩片土地的聯合”。

古代埃及國王的頭銜之一，就是上下埃及之王，國王擁有兩頂王冠，分別是代表上埃及的白冠與代表下埃及的紅冠。在埃及的神話中，也有關於國家統一的描述：統治上埃及的塞特神與他的侄子，統治下埃及的荷魯斯神進行了一場戰爭。國家形成的過程，雖然難免伴有武力和戰爭，但絕不是幾場戰爭所能主導的。正如政治擴張模型與文化統一模型所強調的，國家的統一不僅僅是地理上的統一，更重要的是文化上的統一，思想意識與宗教觀念都在埃及王權的形成過程中起到了重要的作用。在人類歷史上，有很多文明盛極一時，卻曇花一現；埃及文明延綿 3000 年，在文明誕生時期形成的各種思想觀念一直支撐着埃及文明的延續。筆者認爲，埃及文明得以長久延續的動因也是埃及國家形成的動因，這兩者在根本上是一致的。而這一動因，正是埃及人的文化身份認同。

文化身份的認同，既具有時間上的維度，又具有空間上的維度。時間上的維度是指，在某一歷史時間之後，生活在尼羅河河谷與三角洲各村落的居民可以被稱爲文化意義上的“古代埃及人”，而不再是人類學或考古學意義上的原始人類。雖然這種術語上的區分在多數學術著作中都無法體現出來，但從“原始人類”到“古代埃及人”的轉變無疑是具有劃時代意義的，這一轉變也體現了埃及文化身份認同的發展與演變。文化身份認同的形成過程，也是人們在文化層面“走出”家庭與村舍的過程。此時，個人需要在更爲廣闊的社會範圍內尋找自身的位置，其所面臨的文化處境更爲廣闊與複雜，不再僅僅局限於家庭與地方村舍。文化身份認同的另一方面是空間上的認同，即在給定的歷史時間內，埃及人如何區分“自己人”與“外邦人”。在王朝時代的墓室壁畫或神廟浮雕上，外邦人通常在相貌與穿着打扮上與埃及人有着明顯的不同，例如不同的髮型、首飾、服裝和武器。在文學作品中，對外邦人的描述通常是負面的，埃及人認爲外邦人相對於自己而言是劣等的。從中王國時期的一部文學作品《辛努海的故事》中，我們可以看到埃及人是如何看待本國與外國的。辛努海由於害怕受到宮廷政變牽連而逃往西亞，並在那裏功成名就，生兒育女，過着富足的生活。然而異鄉的生活卻不能使他滿足。當他年老時，他非常憂慮，不禁向神禱告，希望能夠回到他朝思暮想的埃及，他說道："請讓我看到那個我日夜思念的地方，還有什麼比埋葬在故鄉更爲重要的事情？"[99] 後來，辛努海受到國王的召喚，赦免他的一切過錯，請他回到埃及。當國王見到辛努海時，對王后說："辛努海回來了，（打扮得）像個敘利亞人！"[100] 隨後，他"剃乾淨了鬍子，梳了頭髮，衣服都還給了沙漠裏的外國人，穿上上好的細麻布，塗上上好的香油"，他"終於睡在了床上"，工匠爲他建造了金字塔，[101] 國王賜予他陵寢、田地與花園，還任命他爲首席顧問。[102] 從這一段描寫中，可以看出埃及人心目中對埃及國家與文化的認同感，這些認同不僅體現在生活習慣上，也體現在發自心內的優越感上；更重要的是，埃及的宗教與喪葬觀念影響着埃及人的宇宙觀與人生價值。對於埃及人而言，恰當的葬儀是時間意義上的人生價值，而國王則是空間意義上的人生價值，前者指向死後世界的永生，而後者決定了在此生與永生中所能獲得的位置。這些思想雖然在王朝時期歷經演化，但其原形卻植根於前王朝時期。

筆者認爲，埃及人的文化身份認同，決定了埃及人對統一國家的需要。埃及國家的精神基礎是"神聖秩序"，具體表現爲對過去的延續，將疆土統一神聖化與儀式化，以及對強有力統治者的需要。[103]

這三者實際上分別對應着文化身份認同的三方面內容：其一，文化身份認同的時間維度，通過對過去的重複實現認同感的延續；其二，由文化身份認同產生的空間上的認同感，即其空間維度；其三，對秩序的維護，以及文化身份認同的核心性。首先，文化身份認同誕生於國家之前，爲國家的到來準備了文化上的基礎。可能早在涅伽達文化一期，文化身份認同就在小範圍內產生，並隨着時間的推移，逐步在空間上擴大。另一方面，文化認同不斷自我強化而形成文化內核，其制度化的結果，就是需要強大的君主來維持埃及文化所期待的秩序。埃及君主不僅僅是政治上的君主，也是宗教上的君主，其神性佔有比政治性更重要的地位，同時也是埃及文化身份的象徵。文化內核的具體表現形式，則體現在各種文字與形象的表達之中。其次，文化身份認同發展的過程也伴隨着對周圍文化的吸收。涅伽達文化的來源是多方面的，包括對巴達里文化的繼承與對遊牧民族信仰的吸收（如牛崇拜），努比亞地區與兩河文明也爲埃及文明帶來了深刻的影響。在一系列的文化要素碰撞之下，涅伽達地區形成了具有多面性與包容性的核心文化。其包容性體現在能夠吸納各種文化要素上。例如，古代埃及宗教中神祇的數量衆多，不同的地區有不同的守護神，這很可能是由於早期各個地區相互融合形成統一國家時，保留了地方的宗教與文化。在吸收周邊文化各個要素的同時，也明確了自身與外部文化的邊界。文化邊界雖然與地理邊界相關，卻無法完全重合，因爲文化的邊界不是二維的，而是多維度的。正如在辛努海心中，埃及的土地並非僅僅指地理上的尼羅河河谷，還包含了植根於埃及文明中的一系列宇宙觀與價值觀。正是由於地方文化能夠得以保留，文化邊界得以明確，才使得埃及能夠形成文化上的統一，這也就是文化身份認同的形成過程。這一過程，很可能是在涅伽達文化二期完成的。第三，文化身份認同支持了埃及文明長達 3000 年的延續性。在這一漫長的歷史時期內，埃及文明雖然經過了一系列發展變化，但是其文明的內涵始終保持不變。這一點特別體現在藝術的連續性上。最後，埃及的統一在意識形態領域表現爲一位強有力的君主統治埃及，爲埃及帶來繁榮，也爲子民帶來通往來世的途徑，即通過國王作爲最高祭司的職能與神進行溝通，從而維護世界的秩序與通往來世的道路。正是這種文化與心理上的需求，最終使埃及走向統一國家的道路。

■ 注釋

[1] F. Hassan, "The Predynastic of Egypt", *Journal of World Prehistory* 2:2 (1988), pp.141-43.

[2] Diane L Holmes, *The Predynastic Lithic Industries of Upper Egypt: A Comparative Study of the Lithic Traditions of Badari, Nagada, and Hierakonpolis*, Oxford, B.A.R, 1989, p.374.

[3] Hassan, "The Predynastic of Egypt", p.144.

[4] Douglas J. Brewer, *Ancient Egypt: Foundations of a Civilization*, Harlow, Pearson Longman, 2005, p.64.

[5] Hassan, "The Predynastic of Egypt", p.145.

[6] Brewer, *Ancient Egypt: Foundations of a Civilization*, pp.69-70.

[7] David Wengrow, *The Archaeology of Early Egypt: Social Transformations in North-East,*

Cambridge, Cambridge University Press, 2006, p.57.

[8] Fred Wendorf and Romuald Schild, *Holocene Settlement of the Egyptian Sahara*, vol.1, New York, Kluwer Academic/Plenum Publishers, 2001, pp.463-520.

[9] Brewer, *Ancient Egypt: Foundations of a Civilization*, p.77.

[10] Ian Shaw, ed. *The Oxford History of Ancient Egypt*, New York, Oxford University Press, 2000, p.40. 以及 M. A. Murray, "Burial Customs and Beliefs in the Hereafter in Predynastic Egypt", *The Journal of Egyptian Archaeology* 42 (1956), p.88, Fig. 2.

[11] 如新王國時期的宗教文獻《亡靈書》。

[12] Brewer, *Ancient Egypt: Foundations of a Civilization*, p.78.

[13] Shaw, ed. *The Oxford History of Ancient Egypt*, p.40.

[14] Ibid., pp.40-41.

[15] Elise J. Baumgartel, *The Cultures of Prehistoric Egypt*, vol.1, London, Oxford University Press, 1955, p.17.

[16] Brewer, *Ancient Egypt: Foundations of a Civilization*, p.79.

[17] Wengrow, *The Archaeology of Early Egypt: Social Transformations in North-East*, p.51.

[18] Brewer, *Ancient Egypt: Foundations of a Civilization*, p.81.

[19] Shaw, ed. *The Oxford History of Ancient Egypt*, p.40.

[20] Guy Brunton and Gertrude Caton-Thompson, *The Badarian Civilization and Predynastic Remains near Badari*, London, British School of Archaeology in Egypt, 1928, p.12.

[21] Brewer, *Ancient Egypt: Foundations of a Civilization*, p.83.

[22] Ibid., p.77.

[23] Shaw, ed. *The Oxford History of Ancient Egypt*, p.43.

[24] Ibid., p.42.

[25] Hassan, "The Predynastic of Egypt", p.154.

[26] 對於這一點，傳統的解釋是由於尼羅河的氾濫與改道，遠古的居住遺址由於靠近河岸而被淹沒。此外，由於現代埃及城鎮多建於河岸，許多遺址在現代城鎮之下，難以進行考古發掘。

[27] Wengrow, *The Archaeology of Early Egypt: Social Transformations in North-East,* pp.63-71.

[28] Brewer, *Ancient Egypt: Foundations of a Civilization*, p.84.

[29] Stan Hendrickx, "Sequence Dating and Predynastic Chronology", in *Before the Pyramids: The Origins of Egyptian Civilization*, ed. Emily Teeter, Chicago, The Oriental Institute of the University of Chicago, 2011, pp.15-16.

[30] Shaw, ed. *The Oxford History of Ancient Egypt*, pp.47-48.

[31] Wengrow, *The Archaeology of Early Egypt: Social Transformations in North-East*, p.78.

[32] Shaw, ed. *The Oxford History of Ancient Egypt*, pp.50-51.

[33] Alice Stevenson, "Material Culture of the Predynastic Period", in *Before the Pyramids: The Origins of Egyptian Civilization*, ed. Emily Teeter, Chicago, The Oriental Institute of the University of Chicago, 2011, p.67.

[34] *Ibid.*, pp.69-73.

[35] Brewer, *Ancient Egypt: Foundations of a Civilization*, p.6. 另見 Paul T. Nicholson and Ian Shaw, eds., *Ancient Egyptian Materials and Technology*, Cambridge, Cambridge University Press,2000, pp.177-179。

[36] Brewer, *Ancient Egypt: Foundations of a Civilization*, p.91.

[37] Brunton and Caton-Thompson, *The Badarian Civilization and Predynastic Remains near Badari*, pp.82-88, pl.66.

[38] Wengrow, *The Archaeology of Early Egypt: Social Transformations in North-East*,

pp.78-79.

[39] Ibid., p.78.

[40] 埃及村落一般與墓地相分離，村落在尼羅河氾濫平原的邊緣處，而墓地則建在沙漠中，一方面可以節約耕地，另一方面可以保持遺體不腐。

[41] Shaw, ed. *The Oxford History of Ancient Egypt*, pp.53-54.

[42] Wengrow, *The Archaeology of Early Egypt: Social Transformations in North-East*, p.80.

[43] R. F. Friedman, "The Ceremonial Centre at Hierakonpolis Locality HK 29A", in *Aspects of Early Egypt*, ed. A Jeffrey Spencer, London, British Museum Press, 1996, p.24.

[44] Wengrow, *The Archaeology of Early Egypt: Social Transformations in North-East*, pp.81-82.

[45] Nicholson and Shaw, eds., *Ancient Egyptian Materials and Technology*, pp.131-132.

[46] 以大麥釀造的埃及啤酒比較黏稠，是古埃及人日常飲食的重要組成部分，與今日的啤酒不同。

[47] Stevenson, "Material Culture of the Predynastic Period", p.69.

[48] Brewer, *Ancient Egypt: Foundations of a Civilization*, p.85.

[49] Stevenson, "Material Culture of the Predynastic Period", pp.69-71.

[50] Günter Dreyer, "Tomb U-J, A Royal Burial of Dynasty 0 at Abydos", in *Before the Pyramids: The Origins of Egyptian Civilization*, ed. Emily Teeter, Chicago, The Oriental Institute of the University of Chicago, 2011, p.135.

[51] Shaw, ed. *The Oxford History of Ancient Egypt*, p.59.

[52] Ibid., pp.57-58.

[53] Maria C. Gatto and F. Tiraterra, "Contacts between the Nubian 'a-Groups' and Predynastic Egypt", in *Interregional Contacts in the Later Prehistory of Northeastern Africa*, ed. Lech Krzyżaniak, Karla Kroeper, and Michal Kobusiewicz, Poznań, Poznań

Archaeological Museum, 1996, p.331.

[54] G.A. Reisner, "The Archaeological Survey of Nubia", *Archaeological Survey of Nubia Bulletin*, National Printing Deptartment, Cairo, no. 1 (1908), pp.9-24.

[55] 由於阿斯旺大壩的修建，很多遺跡已經沒入水下，從而不可能進行進一步的考古發掘。

[56] Maria C. Gatto, "The Most Ancient Evidence of the A-Group Culture in Lower Nubia", in *Recent Research into the Stone Age of Northeastern Africa*, ed. Lech Krzyżaniak, Karla Kroeper, and Michał Kobusiewicz, Studies in African Archaeology, Poznań, Poznań Archaeological Museum, 2000, p.115.

[57] Maria C. Gatto and F. Tiraterra, "Contacts between the Nubian 'A-Groups' and Predynastic Egypt", in *Interregional Contacts in the Later Prehistory of Northeastern Africa*, ed. Lech Krzyżaniak, Karla Kroeper, and Michal Kobusiewicz, Poznań, Poznań Archaeological Museum, 1996, pp.331-334.

[58] Bruce B. Williams, "Forbears of Menes in Nubia, Myth or Reality?" Journal of *Near Eastern Studies* 46, no. 1, 1987, pp.20-23, 以及 Bruce B. Williams, "Relations between Egypt and Nubia in the Naqada Period", in *Before the Pyramids, The Origins of Egyptian Civilization*, ed. Emily Teeter, Oriental Institue Museum Publications, Chicago, The Oriental Institue of the University of Chicago, 2011, pp.77-78。

[59] Dreyer, "Tomb U-J, A Royal Burial of Dynasty 0 at Abydos", pp.128-130.

[60] *Ibid*., p.135.

[61] Wengrow, *The Archaeology of Early Egypt: Social Transformations in North-East*, p.203.

[62] Andelkovic, "Political Organization of Egypt in the Predynastic Period", in *Before the Pyramids: The Origins of Egyptian Civilization*, ed. Emily Teeter, Chicago, The Oriental Institute of the University of Chicago, 2011, p.25.

[63] 也有學者將納爾邁歸入第一王朝。與古代中國不同，古代埃及人並無“王朝”觀念，所謂“王朝”之説是希臘化時代（大約公元前 3 世紀）歷史學家曼尼托在撰寫《埃及歷史》時人爲劃分的，現代研究者沿用下來。

[64] Andelkovic, “Political Organization of Egypt in the Predynastic Period”, p.30. 古埃及早期的君主將其名字寫入王名框（serekh）中，“王名框”代表君主所居住的宫殿，在王名框上繪有棲息的隼。隼在古代埃及是荷魯斯神的化身，代表王權。最早期的這兩位君主只刻畫了王名框與荷魯斯，並未寫有名字。

[65] Stan Hendricks, “Iconography of the Predynastic and Early Dynastic Periods”, in *Before the Pyramids: The Origins of Egyptian Civilization*, ed. Emily Teeter, Chicago, The Oriental Institute of the University of Chicago, 2011, p.15.

[66] Carolyn Graves-Brown, *Dancing for Hathor: Women in Ancient Egypt*, London, Continuum Press, 2010, pp.15-16.

[67] 確切地説，《金字塔銘文》是在那時第一次記錄下來的，寫在金字塔墓室牆壁上，但在此之前，很可能已經存在。

[68] Raymond O. Faulkner, *The Ancient Egyptian Pyramid Texts*, Oxford, Clarendon Press, 1969, pp.79, 135, 214, 36.

[69] *Ibid.*, p.64.

[70] Graves-Brown, *Dancing for Hathor: Women in Ancient Egypt*, p.16.

[71] 在古代埃及，女性可以擔任祭司，社會地位較高。見 Henry George Fischer, *Egyptian Women of the Old Kingdom and of the Heracleopolitan Period*, 2 ed., New York, The Metropolitan Museum of Art, 2000, p.24, 45-46。

[72] Murray, “Burial Customs and Beliefs in the Hereafter in Predynastic Egypt”, pp.89-90.

[73] Graves-Brown, *Dancing for Hathor: Women in Ancient Egypt*, pp.17-18.

[74] *Ibid.*, p.18.

[75] Anne K. Capel and Glenn Markoe, eds., *Mistress of the House, Mistress of Heaven: Women in Ancient Egypt*, New York, Hudson Hills Press with Cincinnati Art Museum,1996, pp.13-14.

[76] 例如 Faulkner, *Ancient Egyptian Pyramid Texts*, p.119。

[77] Hendricks, "Iconography of the Predynastic and Early Dynastic Periods", p.75.

[78] Jaromír Málek, *Egyptian Art*, London, Phaidon Press, 1999, pp.98-99.

[79] 一般有研磨區域的一面爲正面。

[80] 實際上,這些調色板僅具有儀式性的功能。雙犬調色板高 42.5 釐米,最寬處 22 釐米。考慮其重量與體積，考古學家認爲這一類調色板是祭祀或陪葬用的禮器。

[81] Barry J. Kemp, *Ancient Egypt: Anatomy of a Civilization*, 2 ed., New York, Routledge, 2006, pp.93-99.

[82] 羚羊省是古代埃及的行省之一，是上埃及的第 16 個行省。

[83] Percy E. Newberry, *Beni Hasan*, vol. 1, London, Published under the Auspices of the Egypt Exploration Fund, 1893, Plate XIII.

[84] Hendricks, "Iconography of the Predynastic and Early Dynastic Periods", p.77.

[85] Dominique Collon, *Ancient near Eastern Art*, Berkeley, Los Angeles, University of California Press, 1995, pp.41-51.

[86] Michael Rice, *Egypt's Making: The Origins of Ancient Egypt*, 5000-2000 BC, London, Routledge, 1990, pp.104-105.

[87] Williams, "Forbears of Menes in Nubia, Myth or Reality?" pp.22-24.

[88] 例如 Williams Y. Adams, "Doubts About the 'Lost Pharaohs'", *Journal of Near Eastern Studies* 44, no. 3 (1985), pp.188-92, 認爲庫斯都香爐的斷代不夠嚴謹。

[89] Andelkovic, "Political Organization of Egypt in the Predynastic Period", p.28.

[90] Hassan, "The Predynastic of Egypt", pp.154-175.

[91] Kathryn Bard, "Urbanism and the Rise of Complex Society and the Early State in Egypt", in *In Emergence and Change in Early Urban Societies*, ed. L. Manzanilla, New York, Plenum, 1997, pp.59-78.

[92] Bruce G. Trigger, "The Rise of Egyptian Civilization", in *Ancient Egypt: A Social History*, ed. Bruce G. Trigger, et al., Cambridge, Cambridge University Press, 1983, pp.1-70.

[93] Bruce G. Trigger, "Egypt, A Fledgling Nation", *Journal of the Society for the study of Egyptian Antiquities* 17, 1983, p.61.

[94] Bruce G. Trigger, *Early Civilizations: Ancient Egypt in Context*, Cairo, The American University in Cairo Press, 1993, pp.71-72.

[95] E. Christiana Köhler, "The Rise of the Egyptian State", in *Before the Pyramids: The Origions of Egyptian Civilization*, ed. Emily Teeter, Chicago, The Oriental Institute of the University of Chicago, 2011, pp.123-125.

[96] 也有學者認爲，與兩河流域不同的是，埃及文字不僅僅起源於經濟的需要，也起源於宗教儀式的需要。David Wengrow, "The Invention of Writing in Egypt", in *Before the Pyramids: The Origins of Egyptian Civilization*, ed. Emily Teeter, Chicago, The Oriental Institute of the University of Chicago, 2011, p.99, 以及 John Baines, *Visual and Written Culture in Ancient Egypt*, Oxford, Oxford University Press, 2007, pp.281-297.

[97] Wengrow, *The Archaeology of Early Egypt: Social Transformations in North-East*, pp.82-83.

[98] Kemp, *Ancient Egypt: Anatomy of a Civilization*, p.60.

[99] R.B. Parkinson, *The Tale of Sinuhe and Other Ancient Egyptian Poems 1940-1640 BC*, New York, Oxford University Press, 1997, p.34.

[100] *Ibid.*, p.40.

[101] 得到國王喜愛的高級官吏可以在國王的金字塔附近建造小型金字塔。

[102] *Ibid.*, p.42.

[103] Kemp, *Ancient Egypt: Anatomy of a Civilization*, p.61.

参考文献

Adams, Williams Y., "Doubts About the 'Lost Pharaohs'", *Journal of Near Eastern Studies* 44, no. 3 (1985), pp.185-192.

Andelkovic, Branislav, "Political Organization of Egypt in the Predynastic Period", In *Before the Pyramids: The Origins of Egyptian Civilization*, edited by Emily Teeter. Chicago, The Oriental Institute of the University of Chicago, 2011.

Baines, John, *Visual and Written Culture in Ancient Egypt*, Oxford, Oxford University Press, 2007.

Bard, Kathryn, "Urbanism and the Rise of Complex Society and the Early State in Egypt", in *Emergence and Change in Early Urban Societies*, edited by L. Manzanilla, New York, Plenum, 1997.

Baumgartel, Elise J., *The Cultures of Prehistoric Egypt*, Vol. 1. London, Oxford University Press, 1955.

Brewer, Douglas J., *Ancient Egypt: Foundations of a Civilization*, Harlow, Pearson Longman, 2005.

Brunton, Guy, and Gertrude Caton-Thompson, *The Badarian Civilization and Predynastic Remains near Badari*, London, British School of Archaeology in Egypt, 1928.

Capel, Anne K, and Glenn Markoe, eds, *Mistress of the House, Mistress of Heaven: Women in Ancient Egypt*, New York, Hudson Hills Press with Cincinnati Art Museum, 1996.

Collon, Dominique, *Ancient near Eastern Art*. Berkeley, Los Angeles, University of

California Press, 1995.

Dreyer, Günter, "Tomb U-J, A Royal Burial of Dynasty 0 at Abydos", in *Before the Pyramids: The Origins of Egyptian Civilization*, edited by Emily Teeter, Chicago, The Oriental Institute of the University of Chicago, 2011.

Faulkner, Raymond O., *The Ancient Egyptian Pyramid Texts*, Oxford, Clarendon Press, 1969.

Fischer, Henry George, *Egyptian Women of the Old Kingdom and of the Heracleopolitan Period*, 2 ed. New York, The Metropolitan Museum of Art, 2000.

Friedman, R. F., "The Ceremonial Centre at Hierakonpolis Locality Hk 29A", in *Aspects of Early Egypt*, edited by A Jeffrey Spencer, London, British Museum Press, 1996.

Gatto, Maria C., "The Most Ancient Evidence of the a-Group Culture in Lower Nubia", In *Recent Research into the Stone Age of Northeastern Africa*, edited by Lech Krzyżaniak, Karla Kroeper and Michał Kobusiewicz, Poznań, Poznań Archaeological Museum, 2000. pp.105-117.

Gatto, Maria C., and F. Tiraterra, "Contacts between the Nubian 'A-Groups' and Predynastic Egypt", in *Interregional Contacts in the Later Prehistory of Northeastern Africa*, edited by Lech Krzyżaniak, Karla Kroeper and Michal Kobusiewicz, Poznań, Poznań Archaeological Museum, 1996, pp.331-334.

Graves-Brown, Carolyn, *Dancing for Hathor: Women in Ancient Egypt*, London, Continuum Press, 2010.

Hassan, F., "The Predynastic of Egypt", *Journal of World Prehistory* 2:2 (1988). pp.135-185.

Hendricks, Stan, "Iconography of the Predynastic and Early Dynastic Periods", in *Before the Pyramids: The Origins of Egyptian Civilization*, edited by Emily Teeter, Chicago, The Oriental Institute of the University of Chicago, 2011, pp.75-81.

Hendrickx, Stan, "Sequence Dating and Predynastic Chronology", in *Before the Pyramids:*

The Origins of Egyptian Civilization, edited by Emily Teeter, Chicago, The Oriental Institute of the University of Chicago, 2011, pp.15-16.

Holmes, Diane L, *The Predynastic Lithic Industries of Upper Egypt: A Comparative Study of the Lithic Traditions of Badari*, Nagada, and Hierakonpolis, Oxford, B.A.R., 1989.

Köhler, E. Christiana, "The Rise of the Egyptian State", in *Before the Pyramids: The Origions of Egyptian Civilization*, edited by Emily Teeter, Chicago, The Oriental Institute of the University of Chicago, 2011. pp.123-125.

Kemp, Barry J., *Ancient Egypt: Anatomy of a Civilization*, 2 ed, New York, Routledge, 2006.

Málek, Jaromír, *Egyptian Art*, London, Phaidon Press, 1999.

Murray, M. A., "Burial Customs and Beliefs in the Hereafter in Predynastic Egypt", *The Journal of Egyptian Archaeology* 42, (1956), pp.86-96.

Newberry, Percy E., *Beni Hasan*. Vol. 1, London, Published under the Auspices of the Egypt Exploration Fund, 1893.

Nicholson, Paul T., and Ian Shaw, eds., *Ancient Egyptian Materials and Technology*, Cambridge, Cambridge University Press, 2000.

Parkinson, R.B., *The Tale of Sinuhe and Other Ancient Egyptian Poems 1940-1640 BC*, New York, Oxford University Press, 1997.

Reisner, G.A., "The Archaeological Survey of Nubia", *Archaeological Survey of Nubia Bulletin*, National Printing Deptartment, Cairo, no.1 (1908), pp.9-24.

Rice, Michael, *Egypt's Making: The Origins of Ancient Egypt, 5000-2000 BC*, London, Routledge, 1990.

Shaw, Ian, ed, *The Oxford History of Ancient Egypt*, New York, Oxford University Press, 2000.

Stevenson, Alice, "Material Culture of the Predynastic Period", in *Before the Pyramids:*

The Origins of Egyptian Civilization, edited by Emily Teeter, Chicago, The Oriental Institute of the University of Chicago, 2011, pp.65-74.

Trigger, Bruce G., *Early Civilizations: Ancient Egypt in Context*, Cairo, The American University in Cairo Press, 1993.

Trigger, Bruce G., "Egypt: A Fledgling Nation", *Journal of the Society for the Study of Egyptian Antiquities* 17 (1983), pp.58-66.

Trigger, Bruce G., "The Rise of Egyptian Civilization", in *Ancient Egypt: A Social History*, edited by Bruce G. Trigger, Barry J. Kemp, David O'Connor and A. B. Lloyd, Cambridge, Cambridge University Press, 1983.pp.1-70.

Wendorf, Fred, and Romuald Schild, *Holocene Settlement of the Egyptian Sahara*, Vol. 1. New York, Kluwer Academic/Plenum Publishers, 2001.

Wengrow, David, *The Archaeology of Early Egypt: Social Transformations in North-East*, Cambridge, Cambridge University Press, 2006.

Wengrow, David, "The Invention of Writing in Egypt", in *Before the Pyramids: The Origins of Egyptian Civilization*, edited by Emily Teeter, Chicago, The Oriental Institute of the University of Chicago, 2011, pp.99-103.

Williams, Bruce B., "Forbears of Menes in Nubia, Myth or Reality?" *Journal of Near Eastern Studies* 46, no. 1 (1987), pp.15-26.

Williams, Bruce B., "Relations between Egypt and Nubia in the Naqada Period", in *Before the Pyramids: The Origins of Egyptian Civilization*, edited by Emily Teeter, Chicago, The Oriental Institue of the University of Chicago, 2011, pp.83-92.

An Asian Commercial Ecumene, 900–1300 CE

Geoff Wade
(Institute of Southeast Asian Studies, Singapore)

Recent studies in inter-Asian interactions are part of a welcome reintegration of regional histories following the gains made in area studies in recent decades. Southeast Asianists have paid some attention to the 9th to 13th centuries as a time of state-building, when the so-called charter polities dominated the region.[1] Several Southeast Asianists have also identified a kind of turning point in the 13th or 14th centuries (see below), and a recent volume has focussed on the 15th Century as marking a number of new beginnings for what Anthony Reid called Southeast Asia's "Age of Commerce".[2] Meanwhile China scholars have had difficulty extending beyond the dynastic periodisation of Tang, Song and Yuan, let alone seeing China as part of a broader set of networks. But when we shift the focus to the maritime networks that operated throughout Asian waters, the 9th to 13th centuries can be seen as marking a kind of maritime boom of a broader sort. While the commercial actors in the earlier part of the period were largely West, South and Southeast Asians, the sources from China are indispensable in identifying these networks.

From a background in Middle Eastern History, Janet Abu-Lughod has drawn attention to the last phase of this flowering,[3] though on a basis which appears to need adjusting for eastern Asia (see below). In this chapter it is argued that the entire four centuries from circa 900 to 1300 CE can be seen as a long period of expansion of maritime trade, which in turn induced political, social and economic changes throughout the region. The conjunction of a number of forces provided an environment where maritime trade boomed in Southeast Asia, but indeed also in the South China Sea as argued elsewhere. The period 900-1300 indeed has a number of similar features to those identified as marking an "Age of Commerce" for Southeast Asia in the 15th-17th Centuries.[4]

The factors giving rise to this flourishing of maritime trade can be grouped under four heads.

1. Financial and Trade Policies under the Song and Yuan Dynasties in China

The first series of changes to be examined are those which occurred in the polities and societies of China over this period. The Northern and Southern Song dynasties (960-1279), which existed for more than three of the four centuries examined here, constituted a period of great commercial and industrial growth in China, so much so that the changes which occurred during this period have been referred to as the "medieval economic revolution."[5] The period saw expanded money supply, creation of bills of exchange, new forms of credit and paper money, as well as new foreign trade policies.[6] In the 1060s, as a result of Wang An-shi's reforms,[7] the Song state pursued an expansionary monetary policy and in the 1070s and 1080s, state mints were producing 6 billion copper cash annually, the highest level at any time in Chinese history. The changes which most affected Southeast Asia were those which occurred in financial and trade policies, the two aspects being intimately linked.

Financial Policies in China

With the end of the Tang dynasty in the early 10th century and the emergence of competing polities (a period generally known as the Five Dynasties), many of these states pursued what Richard Von Glahn calls "bullionist" policies, whereby they accumulated copper coins and issued debased versions for commerce.[8] The emergence of the Song as the dominant polity among the competing states in the 960s saw that polity making efforts to prevent the flow of copper coins to the northern Tangut (Xi-xia) and Khitan (Liao) kingdoms. At the same time, the Song began minting large volumes of copper cash. In 996, 800,000 strings of cash (nominally 800 million coins)[9] were minted, well exceeding the maximum annual output of 327,000 strings during the Tang dynasty.[10] This expanded to 1.83 million strings in 1007, but mining restraints limited further growth and in 1021 a fixed output of

1.05 million strings per year was decided upon. However, much of this coinage disappeared as quickly as it was produced, because the value of the metal was greater than the face value of the coin.

Silver also flowed out of the Chinese economy, and this outflow was blamed on merchants from the South Seas as well as the steppes.[11] Von Glahn notes that the price of silver against gold was low in China compared to Japan and the Muslim world, which naturally induced outflow. But the demand for copper coins in Southeast Asia must have been enormous as Southeast Asian merchants brought silver to the ports of Southern China to trade for coin, reportedly offering one *liang* of silver for one string of coins, triple the domestic price.[12] The inability of the Song to keep their copper coins in circulation was exacerbated in the 12th and 13th centuries through further outflow via the maritime trade routes. This was stimulated by the increasing monetization of Asian economies from Korea and Japan to Southeast Asia, despite these economies producing little money of their own. The Song banned the export of coin to Korea and Japan in 1199, but with little effect. In the early 1250s, it was reported that 40-50 ships laden with nothing but coin departed Ningbo for Japan each year.[13] The Sinan wreck, found off the Korean coast and dated to the early 14th century, carried a cargo of about 8 million copper coins.[14]

It was during the Mongol Yuan dynasty (1271-1368) that the coin economy was really replaced by one in which silver and paper money were intimately linked. The silver ingot initially became the monetary standard of the Mongol empire. Despite the efforts of the capital administrators, it appears that the localities continued to utilize copper coin. In 1303, it was noted that in what is today Fu-jian, Guang-dong, Jiang-xi and Hu-nan, coin still prevailed as instruments of exchange despite having been demonetized 40 years previously.[15] It is certainly no coincidence that the two first-mentioned were the provinces most intimately tied by maritime trade to Southeast Asia.

Foreign Trade Policies in China

The major changes in the financial system over the Song/Yuan period were exceeded by even greater changes in the trade regime, and especially the foreign trade systems.[16] The importance of trade for the Song state was evident from its very beginnings, with the first emperor setting down regulations to govern trade in 960, the first year of his reign. With increasing control over the southern ports, the Song began to systematically utilize maritime trade for its fiscal advantage. Song maritime trade provided revenue to the Song through three avenues: [17]

1. Taxes were imposed on ocean-going ships. This income was devoted solely to military expenses.
2. Duties were levied on imports. In 1136 this was set at one-tenth for fine quality goods and one-fifteenth of coarse quality goods.
3. The majority of revenue came from purchase and sale of products, some of which were subject to government

purchase monopolies.

To coordinate the overseas trade and its taxation, the Song established maritime trade supervisorates at various ports.[18] These maritime trade supervisorates had a range of functions, including inspection of incoming ships and their cargoes, assessing the cargoes and charging duty, purchasing government monopoly products, registering Chinese ships going abroad, issuing certificates for merchants, enforcing prohibitions against export of controlled commodities such as copper, and providing accommodation for maritime merchants.[19] The large profits they made for the state are well-attested.[20] Wheatley also notes how the Southern Song developed new ports along the coast in the 12th century, including one at Tong-zhou near the mouth of the Yangtze and a new port in Hai-nan at Sha-jin.[21]

In addition to establishing these maritime trade offices, the Song state also actively encouraged foreign maritime traders to come to the Chinese ports. In 987, four missions were sent with imperial credentials to encourage "foreign traders of the Southern Ocean and those who went to foreign lands beyond the seas to trade" to come to the southern Chinese ports in order to obtain preferential licenses.[22] The first mention was to traders from places we today refer to as Southeast Asia.

The second part of the appeal seems to have been aimed at Chinese who had left to trade abroad. This action was taken just two years after Chinese merchants were banned from travelling abroad, in 985.[23] Other restrictions were imposed as part of the management of foreign trade. In 982, for example, an edict required that certain aromatics be restricted to ships calling at Guang-zhou, Quan-zhou and Zhang-zhou. There were, however, efforts to prevent officials from directly engaging in the obviously very lucrative trade. A 995 imperial order addressed to the Guang-zhou Maritime Trade Supervisorate prohibited officials, both central and local, from sending their servants abroad.[24]

As noted above, from 1069 onwards, economic and fiscal reforms were promulgated for the purpose of expanding and monetizing Chinese economic activities. One of the effects of this was that Song overseas trade in the 11th century saw increasing monetization – that is, an increased use of copper cash. Three years later, further reforms relating to maritime trade were implemented as part of the restructuring of the Trade and Barter Regulations. These changes were aimed at expanding economic exchange between the Song and economies beyond China, thereby benefiting the Song through taxation of maritime trade and sale of foreign products that were subject to state monopoly. The following year, in 1074, a ban on the export of copper coins, which had been instituted in 960, was lifted to further encourage maritime trade. This resulted in massive exports of copper coins to Southeast Asia. As a result, the minting of copper cash had to be greatly increased from 1.3 million strings annually at the beginning of the 11th century to 6 million strings by 1078.

By the late 11th century, envoys to Song China were paid for their goods in copper coin and silver bullion, and no longer in the gold, silver or copper objects previously provided.[25] Such payments were provided, for example, to missions from Champa (1072 and 1086), an Arab polity (1073), the Cōla polity (1077), and Srivijaya (1078). In 1087, a new maritime Trade Supervisorate was opened in Quan-zhou, and the year 1090 saw further liberalization of maritime shipping regulations.

After the Song were forced to retreat to their new capital of Hang-zhou, south of the Yangtze, more conservative trade policies were pursued by the court. In 1127, the first year of the new administration, the export of copper coins was banned, and quotas were instituted for goods imported from the South Seas.[26] Foreign traders who came to the Song polity were still paid in copper cash, but they were expected to convert their cash into other Chinese products before leaving.[27] This reversal of maritime trade encouragement was to bite hard over the following century with the result that "Song China's once-thriving maritime trade with Japan and Korea, Southeast Asia and the Indian Ocean withered in the thirteenth century." [28]

It is obvious that the enthusiasm for maritime trade so evident in Northern Song policies, the opening of the various maritime trade offices and the pursuit of the diverse financial policies had a great promotional effect on maritime trade throughout the major port cities of Southeast Asia. It is equally obvious that the withdrawal of encouragement by the Southern Song Court after 1127 had a major braking effect on official trade to those ports. These trends are directly reflected in the figures below which show the relative frequencies of the Southeast Asian (both mainland and maritime polities') missions to the Song by 20-year periods.

Table 1 Official Southeast Asian missions to the Song court (by 20-year periods)

Dates	Number of Missions	Dates	Number of Missions
947-966	7	1127-1146	5
967-986	34	1147-1166	12
987-1006	3	1167-1186	10
1007-1026	33	1187-1206	6
1027-1046	15	1207-1226	0
1047-1066	12	1227-1246	2
1067-1086	21	1247-1266	3
1087-1106	11	1267-1276 (10 yrs)	2
1107-1126	7		

Source: Hans Bielenstein, *Diplomacy and Trade in the Chinese World 586-1276*, Leiden, Brill, 2005, pp.80-81.

The major partners in this official trade are detailed in Table 2.

Table 2 Maritime polities which sent official trade missions to the Song court

Polity	960–1087	1087–1200	1200–1276
Srivijaya	20	8	—
Champa	44	7	
The Arab lands	30	5	
Annam	4	10	6
Butuan	3		
Cōla	4		
Java	2	1	
Brunei	2		
Cambodia	2	3	
Fu-lin (Rum)	2		
India	2		

Note: The Arab lands (Da-shi), the Cōla polity, India and Rum (Byzantium) are included in this list as there are indications that the envoys claiming to represent these places traded through or from ports in Southeast Asia.

Source: Based on Billy So, *Prosperity, Region and Institutions in Maritime China*, p.56, adjusted through reference to Robert Hartwell, *Tribute Missions to China 960-1126*, Philadelphia: R.M. Hartwell, 1983.

The range of products traded into and out of China by merchants—foreign and Chinese — during the Song has been dealt with in detail by Paul Wheatley.[29] Ceramics were one of the Chinese products apparently in high demand in Southeast Asia during this period. One major effect of the increased overseas markets for Chinese ceramics was a growth in kiln sites in China, a diversification of products, increased adjustment for market demand, and great influence on ceramic industries in Southeast Asia.[30] Another important side-effect of the increased interest in maritime trade by the Chinese state during the Song was the rise of a powerful merchant class in coastal regions. It was these people who were to continue to push the southern provinces toward the ocean and attract traders from beyond China's shores.

Following the defeat of the Southern Song by the Mongols, the Yuan established their own Maritime Trade Supervisorates, with the first being established in Quan-zhou in 1277, under Pu Shou-geng, the ex-Song Maritime Commissioner. By 1293, there existed seven such bureaus, in obvious efforts to copy the Song and derive increased revenue from maritime trade.[31] But their efforts were not to be equally rewarded, due to a number of factors.

Much of the maritime trade during the Yuan was controlled by the foreign, mainly Muslim, merchant resident in the southern ports, often in *ortogh* (*wo-to* 斡脱) partnerships with Mongol imperial family or government officials. There was a joint-venture system established, combining government ships with merchant expertise, and with profits being shared in a 7:3 ratio. In 1285, the Yuan government allocated

100,000 ding (more than 20 tons) of silver to build ships for joint ventures. [32] In an interesting proposal of 1286, which foreshadowed what was to happen 100 years later under the early Ming dynasty, one of Khubilai Khan's advisers, Lu Shi-rong, urged the banning of all private foreign trade, so as to allow a monopoly of this by the government and *ortogh* merchants. The proposal did not proceed, but the fact that it was suggested at all suggests something of the importance of these *ortogh* partnerships.[33]

At the same time, trade in Chinese copper cash had declined to a low level by the second half of the 13th century and yet the Yuan still issued edicts in 1283 and 1286 prohibiting the use of copper coins in maritime trade. The decline in maritime trade in the second half of the century was a product of diverse factors, but the Yuan military missions which were sent throughout the seas of East and Southeast Asia during the last decades of the century were to seal the fate of maritime trade in this period. These missions appear to have been aimed at both achieving political domination of the maritime realm and gaining monopoly control of maritime trade. Both efforts were to fail, and East Asian maritime trade seems to have experienced a hiatus at the end of the 1200s through the first half of the 1300s.

2. Socio-economic Changes in Southern China

In tandem with the changes in state monetary and trade policies discussed above, a great many changes were occurring locally in various parts of China during this period, with some of the most profound being seen in southern Fu-jian. As noted above, the period between 750 and 1250 is referred to by some as a period of economic revolution in China,[34] and during this period, there was a great explosion in the population of areas south of the Yangtze. Hartwell gives figures for the population of southeast China, which included the Fu-jian coastal regions, of 286,000 households in the year 742 CE, 654,000 households in 980, 1,537,000 in 1080 and 1,777,000 in 1290.[35] The population density of the core of this region, centred on Quan-zhou, increased from 2.61 households per square kilometre in 742 to 16.71 in the year 1200.[36] This enormous growth was both a product of and a stimulus for increased maritime trade with the regions to the south and beyond.

Associated with this great population growth was a new vibrancy in markets. As von Glahn, in summarizing the accumulated researches of Katō Shigeshi, Miyazaki Ichisada, Robert Hartwell and Mark Elvin, puts it "the monetary and fiscal innovations of the Song dynasty (960-1276) complemented advances in agricultural and industrial productivity in creating a vibrant market economy." [37] Mark Elvin specifically wrote of a "financial revolution" where "the volume of money in circulation vastly exceeded that in earlier times, and the monetary economy reached right down into the villages." [38]

Southern Fu-jian

For the specifics of how South China changed during this age I rely particularly on Billy So and Hugh Clark.[39] So stresses the local growth which began in the latter half of the 10th century, proceeding from changes in agriculture and the increased surpluses, and the relationship of this with commercial expansion.[40]

Firstly, in southern Fu-jian, agriculture saw development in the 10th century through the widespread planting of double-harvest rice, the introduction of Champa rice (an early-ripening variety) and new transplantation techniques. More economic crops such as hemp, ramie, silk, cotton and lychees were also intensively developed. It has also been suggested that the concentrated ownership of much agricultural land in the hands of monasteries at this time had a promotional effect on agricultural development.

Secondly, in this 10th-11th century period, we see a shift of the maritime trade centre from Guang-zhou to Quan-zhou. In 1087, an official Song maritime trade supervisorate was established in Quan-zhou, suggesting that maritime trade was already well-developed and the Song state recognised the importance of the southern Fu-jian merchants in the overseas trade economy. The maritime trade situation in Quan-zhou in about 1100 is described in a funerary inscription of the period:

> Maritime merchants visited this port twice a year. Each voyage comprised twenty ships. Exotic goods and government-monopoly items were so abundant as to be piled up like hills. Those officials who privately traded with them were able to pay but one-tenth or one-fifth of the regular

price. Who could possibly refuse such a fortune! Officials of the entire prefecture rushed to trade with these merchants.[41]

It appears that this economic prosperity which was reflected in the establishment of the maritime trade supervisorate in Quan-zhou toward the end of the 11th century continued through to the end of the 12th century, with evident effects on the markets and other aspects of the southern Fu-jian economy, as well as markets abroad. The increased external commerce in the 12th century seems to have been associated with commercialization of agriculture in southern Fu-jian, and the growth of local industries including ceramics, textiles, wine, sugar, minerals and salt.

During the 12th century, the relations of Quan-zhou merchants with Southeast Asia were intensified. Links with Muslim merchants also obviously grew and the recorded relations between Srivijaya, Champa and Quan-zhou suggest a special relationship, with Muslims from Srivijaya and Champa, as well as places further west taking up residence in Quan-zhou. The person who built a cemetery for foreigners in Quan-zhou in the 1160s was named Shi Na-wei and he, like many other merchants in the city, had his origins in Srivijaya.[42]

Concurrently with these changes in southern China, there was an expansion of Hokkien maritime trade into both Southeast Asia and into Northeast Asia. Chang Pin-tsun suggests that some Hokkiens were travelling to Southeast Asia on Muslim ships in the late 10th century, and that great Hokkien merchants only began to emerge in the 11th century.[43] The people of southern Fu-jian were verifiably venturing abroad in large numbers by the 11th century, with Champa as a major destination, and foreign merchants were also frequenting Quan-zhou. James Chin mentions the case of Mao Xu (毛旭) who travelled repeatedly between Fu-jian and Java in the 980s and 990s. Chin's work also reveals the extensive Hokkien trade links with Korea in the 11th Century and Champa in the 12th.[44]

There is also evidence that it was during this period that some of the Hokkien began to sojourn overseas. Chin provides the account of Wang Yuan-mao who travelled to Champa in the 1170s. He had reportedly learned the Cham language in a mosque in Quan-zhou and later became a trusted confidante of the ruler of Champa and married a princess in that country. He made a fortune there and then returned to Quan-zhou to trade, organizing a large group of Hokkiens to trade overseas. This supports the idea of an Islam/Hokkien nexus during the 12th and 13th centuries in Fujian and Southeast Asia.[45]

That Chinese were also resident in Cambodia in the 13th century is attested by Zhou Da-guan, whose work Zhen-la feng-tu-ji ("An Account of the Customs of Cambodia"), which was completed in the early 14th century, details the activities of Chinese traders at Angkor, some of whom had been there for many decades. Fukami Sumio [46] suggests that, by the 13th century, settlements of Chinese persons could be found on the Malay Peninsula and by 1267 even across the Bay of Bengal in Nagapattinam on the Coromandel Coast of Southern India.[47] He suggests that the Cinam mentioned in the Pandya inscription of 1265 as a polity conquered by King Vira-Pandya referred to one of these overseas Chinese communities. He further suggests that forces from one of these communities were used by Chandrabhanu Sridhamaraja of Tambralinga in his attack on Sri Lanka.

The Hokkiens were also involved in the politics of the places they operated, including 11th-century Vietnam. Chinese texts record that a Hokkien named Li Gong-yun became the first Lý dynasty ruler in 1010, though later Vietnamese texts claim him as a Vietnamese named Lý Công Uẩn (Lý Thai To). It appears that there were intimate links between the Lý court and the Hokkiens, both merchants and literati, presumably bolstering commercial links between southern China and the maritime trade routes passing by Đại Việt. A Hokkien origin is also assigned by both Chinese and Vietnamese sources to the founder of the Vietnamese Trần dynasty (1225-1400). At the end of the 13th century, the Chinese encyclopaedist Ma Duan-lin (馬端臨 1245–1322), wrote of the Viet polity as follows: "The local people are generally illiterate, and therefore the Hokkien merchants who travel to the kingdom by sea-going vessel will be given exceptionally good treatment and will be appointed as court officials and participate in policy-making. All the official documents of this kingdom have thus been drafted by these sojourners." [48]

3. The Burgeoning of Islamic Trade to Southeast Asia and Southern China

André Wink argues that the 8th to eleventh centuries constituted a period of expansion of Muslim (Arab and Persian) commerce on all main routes in the Indian Ocean, turning the Indian Ocean into an "Arab Mediterranean".[49] Initially settling in Konkan and Gujarat, the Persians and Arabs extended their trading bases and settlements to Southern India and Sri Lanka by the 8th century, and to the Tamil lands of the Coromandel Coast by the 9th century, [50] with the trade route extending to Guang-zhou in southern China. The 10th century saw the development of further trade linkages between the Middle East and Southeast Asia through these ports of the Indian subcontinent, with Arabs, Persians and Jews trading along these routes. One of the few named 10th-century Jewish traders was Ishaq ibn Yahuda, a merchant from Sohar in Oman, who is mentioned by Buzurg ibn Shahriyar as having travelled to China from Sohar between the years 882 and 912, returning to Oman with great wealth. He then travelled for China again but was killed en route in Sumatra.[51] George Hourani notes that this route must have grown in importance in the 10th century "when Egypt was gradually replacing Mesopotamia as the center of population and wealth in the Islamic world." He quotes al-Maqdisi, who wrote not long after the Fātimid conquest of Egypt (969) as follows: "Know further that Baghdād was once a magnificent city, but is now fast falling to ruin and decay, and has lost all its splendour ... Al-Fustāt of Misr in the present day is like Baghdād of old; I know of no city in Islam superior to it." [52] Muslim merchants established convoy merchant fleets (Karim) for trading to the Indian Ocean and beyond, and the new Fātimid caliphate provided armed escorts for these fleets. The increased security and thus growth of the merchant participants in this endeavour – the so-called Karimis – meant that the convoy system extended further through the Arab lands and that trade between this region and the Indian Ocean increased.[53] At the same time there is much evidence of a growth in Islamic connections between China and Southeast Asia. Chinese texts of the 10th century record the arrival at the Northern Song court (at Kai-feng) of missions from Da-shi (the Arab lands), the Cōla empire, Zabaj/Zabag[54] (likely Srivijaya) and Champa, all comprising envoys who bore names which can be reconstructed as being Islamic. These arrivals reflect the great maritime trade route which connected the Arab lands with China, passing through Southern India, Zabaj/Srivijaya in Sumatra, and Champa in what is today Central Vietnam.

Arab texts also provide us with details of the ports visited by Middle Eastern traders during this period. For example Abū Zaid (916 C.E.) mentions Zabaj and Qmār; Mas'udi (10th century) mentions Zabaj, China, India, Kalah, Sirandib, Sribuza and the sea of Sanf; Abu Dulaf (c. 940 C.E.) recorded Sandabil, China, Kalah, and Qamrun; Ibn Serapion (c. 950) mentions Kalah, Zabaj, Harang and Fansur; Ibn al-Nadīm (988 C.E.) notes Qmar, Sanf, and Luqin; the anonymous Aja'ib al-Hind (c. 1000 C.E.) mentions Malayu, China, Sanf, Mait, Sribuza, Zabaj, Lamuri, Fansur, Kalah, and Qaqulla; the Mukhtasar al-Aja'ib (c.1000 C.E.) which records Sanf, Kalah, Jaba, Salahit, and Zabaj; Biruni (early 11th cent.) records Zabaj, and Qmar; Marwazi (c.1120 C.E.) records Zabaj and Lankabalus; and Idrisi (mid-12th century) lists Zabaj,

Karimata, Ramni, China, Qmur, Niyan, Balus, Kalah, Harang, Jaba, Salahit, Ma'it, Tiyuma, Sanf, Qmar, Luqin and China.[55] Claudine Salmon has detailed the trade of Arabs and Persians to China through the ports of India and Southeast Asia.[56] Some evidence of Jewish traders in Indian Ocean trade, extending to Southeast Asia, over the 11th-13th century can be gleaned from the letters found in the Cairo Geniza and translated by S.D. Goitein.[57]

It appears that many of the Muslim trader-envoys who are "surnamed" Pu in the Chinese texts were based in Champa, from where some hundreds moved to Hai-nan, others to Guang-dong and still others to Fu-jian over the late 10th to 12th centuries. The Champa Muslims who settled in Hai-nan appear to have been key links between Islamic communities in Champa and those in China. A 17th-century Chinese encyclopaedia Gu-jin tu-shu ji-cheng, which brings together much earlier material, informs us of the following about Ai-zhou, which was located on the southern coast of Hai-nan:

> The foreigners [here] were originally from Champa. During the Song and Yuan dynasties (10th-13th centuries), because of great disorder, they brought their families in ships and came to this place. They settled along the coast and these places are now called 'foreigners' villages' or 'foreigners' coast'. The people now registered in San-ya village are all of this tribe. Many of them are surnamed 'Pu' and they do not eat pork. Within the home, they do not worship their ancestors,

but they have a deity hall, where they chant scriptures and worship their deity. Their language is similar to that of the Hui-hui.[58]...They do not marry the natives and the latter do not marry them.

Here, then we have strong evidence of a Muslim community in Hai-nan, including many members of the Pu clan, tied by kinship and trade to both Champa and China and located on the maritime route linking southern China with Southeast Asia.[59]

The last envoy from San-fo-qi to China for the 11th century was recorded as arriving in 1028, just after the early Tamil raids on that area, while missions to China from Da-shi (the "Arab lands") saw a hiatus from 1019 until the 1050s. It thus appears that Islamic trading links with the Straits were affected by the attacks on and possible capture of the major ports in the region by Cōla forces, even though Arabs appear to have been the suppliers of horses to the Cōlas to support their cavalry.[60] We also have evidence for the expansion of Tamil guilds in Southeast Asia during the 11th century.[61]

By the second half of the 11th century, envoy-merchants from the Arab lands were again arriving in China by sea. This period also saw a major shift in the region's maritime trade, with the Fu-jian port of Quan-zhou eclipsing the former trade centre of Guang-zhou.[62] Quan-zhou quickly became the site of mosques[63] and a Tamil temple, as the maritime merchants from lands extending all the way to Asia Minor brought trade products to China and took Chinese products on their return journeys through the Southeast Asian archipelago. By the late 12th century, the 'southern sea trade' was essentially in the hands of Muslim traders. Further, Wink following Andrew Forbes suggests that "it is from 1200 AD that the number of emigrants from Southern Arabia to many parts of the Indian Ocean littoral, especially South India, but also, slightly later, East Africa and Southeast Asia, becomes large." [64] Links between Quan-zhou and the eastern archipelago through Brunei during this period are evidenced by material remains.[65] A grave of a Song dynasty official surnamed Pu and likely from Quan-zhou has been found in Brunei. Dated to the equivalent of 1264 C.E., it is the earliest Chinese-script gravestone in Southeast Asia as well as one of the earliest Muslim tombs of any kind.[66]

By the 13th century, when the Mongols ruled over China, it appears that Quan-zhou was being administered as an almost independent polity, funded through its trade with Southeast Asia and beyond. The boom in maritime trade during the 12th and 13th centuries underwrote Islamic power in Quan-zhou, and in this Pu Shou-geng (蒲壽庚)[67] and his family were major players. Reportedly for his assistance in suppressing pirates in the region of Quan-zhou, Pu Shou-geng was rewarded by the Song court in 1274 with the position of maritime trade supervisor in the port. All maritime trade through Quan-zhou was subject to his control, and as this was the major port of the entire Chinese coast, the opportunities for gain would have been enormous. He and his brother also operated many ships. Pu Shou-geng was subsequently appointed to even higher office with a provincial post, only a few years before the Yuan armies crushed the Southern Song capital at Hang-zhou and the Song dynasty came to an end. Even before they took Hang-zhou, the Yuan generals had recognised the power of Pu Shou-geng and his brother in south-eastern China and had sent envoys to invite them to side with the Yuan. The Pu brothers knew where their future lay, and they gave their allegiance to the incoming Mongols, probably by 1276. Pu was tasked with assisting the Mongols in both promoting maritime trade and providing ships and personnel for some of the Mongol invasions of overseas polities. It is not surprising that the first countries to respond to Pu Shou-geng's invitation to resume trade were Champa in Southeast Asia and Ma'abar on the subcontinent —both major trading polities with large Muslim populations. One of the latest reports we have of Pu Shou-geng, dating from 1281, notes that he had been ordered by the Yuan emperor to build 200 ocean-going ships, or which 50 had been finished.

After the decline resulting from the Yuan naval expeditions at the end of the 13th century, Quan-zhou went on to become a great port again in the 14th century, known to the Arabs (and Marco Polo) as Zaitun.[68] Ibn Battuta spoke in the mid-14th century of the harbour of Zaitun as "one of the greatest in the world – I am wrong: It is the greatest!" [69] Merchants from here sailed as far as the port of Quilon in India in the middle of the 14th century, as attested by Ibn Battuta.[70] We might consider these revived interactions from the 14th century as the beginnings of Anthony Reid's Age of Commerce.

At approximately the same time, on the other side of the archipelago, we begin to see evidence for the emergence of Muslim rulers in northern Sumatra. There seems little doubt that the emergence of such Islamic rulers in Sumatra was intimately tied to their control over the maritime trade connecting the subcontinent ports and perhaps the Middle Eastern ports with Southeast Asia. Why Islamic polities should have emerged in northern Sumatra precisely in the 13th century remains an enigma. It is obvious that Muslim traders had been passing and stopping at these port-polities for centuries before this. It is likely that the rise of Islamic states in Sumatra was linked with the decline of the Cōla dynasty in southern India, the collapse of that country into war and the end of the integrated regional economy which incorporated the northern Sumatran polities, allowing the independent Muslim polities to arise.

4. The Tamil Trade Networks

Maritime trade between the Indian subcontinent and the ports of what is today Southern China extends back at least 2,000 years. In his seminal work The Nanhai Trade,[71] Wang Gungwu references the texts which describe early Chinese voyages to Huang-zhi (likely Kancipuram) on the subcontinent. More recently, Haraprasad Ray has brought together a collection of Chinese historical texts describing links over the last two millennia between polities which today are parts of India and China.[72]

It was through their earlier links with Southeast Asia that

the Tamil and other Indian merchants were to reach China. Tamil merchants had spread through Southeast Asia from at least the 3rd century, leaving inscriptions on the peninsula. The existence of South Indian communities in the southern Chinese ports is recorded from at least the 6th century,[73] and large communities existed in Guang-zhou by the 8th century. A Tamil inscription was erected at Takuapa in the present southern Thailand by a trade guild in the 9th century.[74]

With the emergence of the Cōla polity and its merchants during the 10th century in southern India, a major new player entered into Asian maritime trade. Wink stresses the external factors of this change, suggesting that the shift of political power from the Rāshtrakūtas of the Deccan to the Cōlas on the Coromandel coast in the final quarter of the 10th and early 11th centuries can be traced to global processes occurring at this time—the deterioration of the Persian Gulf trade and the Abbasid Caliphate, and the ascendancy of Song China and the expansion of Chinese maritime commerce which gave greater weight to Southeast Asia.[75] Tansen Sen gives the Cōla kingdom some credit for the 'emergence of a world market'. The trading ports and mercantile guilds of the Cōla kingdom, he suggests, played a significant role in linking the markets of China to the rest of the world.[76] He cites the following passage from a Cōla ruler as the rationale for participating in and encouraging maritime trade:

> Make the merchants of distant foreign countries who import elephants and good horses attach to yourself by providing

> them with villages and decent dwellings in the city, by affording them daily audience, presents and allowing them profits. Then those articles will never go to your enemies.[77]

While Nilakanta Sastri suggests that the Cōlas developed a centralized bureaucratic state,[78] Burton Stein put forward the idea that there existed more localized and dispersed administrative nadus, with powerful secular Brahman authority, held together by a ritual sovereignty of the Cōla dynasty. Meera Abraham avers that intimate links among the Cōla state, merchant guilds, and religious institutions was one of the "vital elements of the Cōla state synthesis of the eleventh century." [79] The powerful Cōla guilds and corporations which engaged in trade during the 11th and 12th centuries are described by Nilakanta Sastri,[80] while Champakalalakshmi[81] has detailed the process of the emergence and development of the commercial towns (nagaram) and stressed their expansion in the period 985-1150. Subbarayalu discusses the activities of the guilds in Southeast Asia and specifically that at Barus in the first third of the 11th century.[82] Sen also notes the intimate relationship between the temples, merchant guilds, Brahman communities and the Cōla rulers, how the Cōla rulers frequently turned over conquered regions to Brahman communities for developmental purposes, and how these communities then involved the merchant guilds in temple construction.[83] To support and protect the Aiññurruvar, Vaḻanjīyar and Nānādeshi merchants both at home and abroad, there were bodies of Tamil fighters, drawn from both the valangai and idangai caste groups.[84]

The relationship between the state and the merchant groups indeed appears to have been close. The conquest of southern Karnataka by the Cōla ruler Rājēndra in 1032 was likely aimed at securing internal trade routes in southern India for the Tamil merchant guilds. At the same time, there seems little doubt that the Cōla attacks waged on Southeast Asia port polities in the early part of the 11th century and again in the 1070s, as well as the occupation of Sri Lanka in 1080, were all intended to expand the commercial interests of the polity's merchants and thereby of the polity itself.[85] Sarkar suggests that in collaboration with the Cōla ruler Rājarāja I, another southern Indian ruler sent forces against Java in the early 11th century. He suggests that the ruler of the polity of Baruvara/Varuvari, which he locates in southern India, attacked and defeated the Javanese kingdom of Dharmmavamśa in 1007 CE, but was ultimately defeated and killed by king Airlangga of Mataram. Sarkar further suggests that this was the reason Airlangga imposed restrictions on the trade of foreigners in the temple zone.[86] Champakalakshmi puts the Southeast Asian expansion in a broader context, claiming: "guild activities spread to the Andhra and Karnataka regions in the wake of Chola conquests and in Sri Lanka and South-East Asia due to conscious Chola policy of facilitating the movement of traders and acquiring a trading presence in these regions."[87] The commercial towns of the Cōla polity appear to have reached a zenith between the late 12th and mid-13th, possibly as a result of the wealth realised through these overseas markets.

It is also likely that the Cōla-China links reached an apex at about the same time. From the mid-13th century we have the Dao-yi zhi-lue account which records the Chinese-sponsored pagoda at Nagapattinam which bore an inscription in Chinese noting that it was completed in the equivalent of 1267. This was balanced by a Tamil temple in Quanzhou dated by inscription to 1281, suggesting quite a community of Tamils in the city during this period of effervescence.[88] The trade between the ports of South China and the Cōla polity is also evidenced by the 11-12th century Chinese ceramic remains found widely in Sri Lanka and Tamil Nadu.[89] Classical Chinese texts also inform us that the Chinese obtained all of their pepper from Indian ports, and there was apparently a strong trade in textiles travelling both ways.[90]

Tansen Sen suggests that, "In fact, Tamil merchant guilds may have been as active on the Sino-Indian circuit of Indian Ocean commerce as were their Arab counterparts. More importantly, however, the coastal region of India and Northern Sri Lanka under Cōla rule provided a well-organised trading mechanism through which commodities could flow from China, on the one end of the global market, to the Persian Gulf and Mediterranean ports on the other." [91] Here then we have a further factor promoting Asian maritime trade in the 11th-12th centuries.

Shipwreck Evidence

Evidence of the diversity of commodities transported between these ports is becoming increasingly available as maritime archaeologists discover more shipwrecks. Five wrecks provide us with a variety of trade evidence extending from the 9th to the 13th centuries. Though located in Southeast Asia, these recovered cargoes include products from Southeast Asia, China, the Middle East and South Asia. The descriptions below reflect the breadth of commodity sources which supplied the elites in these regions.

The Batu Hitam/Belitung/Tang Wreck (9th century)

The Belitung wreck was discovered off the Indonesian Island of Belitung in 1998, and appears to be the only example of an ancient Arab or Indian ship ever found, an origin reflected in the hull of this ship being stitched. The wreck has been dated to c.826 through a dated ceramic bowl found in the cargo. On board was a huge volume of Chang-sha bowls, possibly produced specifically for an Islamic market. In addition, the ship carried a range of other Chinese ceramics, including some of the earliest blue and white wares known, as well as exquisite gold and silverwork.[92]

Five Dynasties/Cirebon wreck (10th century)

A 'lashed-lug' vessel,[93] this Southeast Asian ship was carrying cargo from throughout Eurasia when it sunk in the second half of the 10th century. The range of goods usefully reflects the broad commercial links Southeast Asia enjoyed during this period. Again Chinese ceramics formed the major part of the cargo, but Fātimid glassware from the Middle East, many thousands of pearls and precious stones probably from Indian Ocean ports, bronzes from India, Javanese polished bronze mirrors, Southeast Asian kendis and even an Islamic jewellery mould show the diversity of the origins of the trade goods carried by this ship.

Intan Wreck (10th century)

The Intan wreck[94] is apparently the oldest Southeast Asian wreck found with its cargo virtually complete. Dating through ceramic analysis, coins and carbon dating suggest a 10th-century CE wreck. Michael Flecker suggests that the ship was an Indonesian lashed-lug craft, possibly bound from the Srivijayan capital of Palembang to Java. The recovered cargo was extremely diverse, comprising thousands of Chinese ceramic items, Thai fine-paste-ware, base metal ingots of bronze, tin, lead and silver, Indonesian gold jewellery, bronze religious and utilitarian artefacts, Chinese mirrors, Arab glass, iron pots, and a wide range of organic materials. It has been suggested that it was supplying metal-deficient Java with a range of material necessary for its religious, ceremonial and commercial life.[95] The wreck is a wonderful laboratory for examining the diverse range of commodities being traded throughout the archipelago during this Early Age of Commerce.

Pulau Buaya Wreck (12th/13th century)

This ship, found in the Riau Archipelago, was likely of Southeast Asian origin, but may have been travelling from Southern China to a port in Southeast Asia, possibly in Sumatra or Java. The vessel was laden with Chinese products, including ceramics, iron wares, bronze gongs and lead slabs. Cast-iron cooking vessels as well as bundles of iron blades were found on board, but few coins.[96] One of the interesting facets of this wreck is the silver ingots which were found in the cargo. The inscriptions on the silver ingots indicate that these were salt tax payments intended for submission to a local authority in China. These were then redirected, legally of otherwise, for maritime trade purposes.

Java Sea Wreck (13th Century)

The Java Sea Wreck is thought to have been an Indonesian lashed-lug craft of the 13th century.[97] She was likely voyaging from China to Java with a cargo of iron and ceramics. As much as 200 tonnes of iron was shipped in the form of cast-iron pots and wrought iron bars.[98] The original ceramics cargo may have amounted to 100,000 pieces. Thai fine-paste-ware kendis and bottles were also recovered. The level of consumption necessary to support such cargoes can be imagined.

New Ports and Networks

Interregional maritime trade connecting the ports of West Asia to those of East Asia and through the myriad hubs along the route has been an element of the global economy for at least 2,000 years. But how do we periodize it? Jan Christie suggests a succession of trade booms in western maritime Southeast Asia, each larger than the former, interspersed with trade depressions. She sees this pattern as already established in the 7th-8th century, when there was minor expansion of trade in response to Chinese interest in Southeast Asian exports and Southeast Asian interest in South Asian exports. Most relevant to the present investigation, she suggests that "between the early tenth and mid-thirteenth centuries, a boom occurred in the trade linking the seas of maritime Southeast Asia to the Indian Ocean and the South China Sea." [99] After the mid-13th century, she suggests, maritime trade fell due to domestic problems in both China and India. Then there was a resurgence which began in the 15th century which ended with 17th century crisis. The present investigation tends to support the aspect of her thesis that posits a trade boom between the 10th and 13th centuries.

In addition to the increased trade, we see the emergence of new trade ports and/or trade-based polities. These included the Sumatran ports, the new peninsular ports, Thị Nai (modern Quy Nhòn) in the Cham polity of Vijaya, the Viet port of Vân Đồn, and the ports of Java, all in the 11th-12th centuries.

The maritime character of Austronesian centres on the major trade route between the Indian Ocean and China, such as Champa and Srivijaya, has long been recognised. There is growing evidence, however, that even polities with later reputations for agrarian neo-traditionalism, notably Đại Việt and Java, were invigorated by maritime networks and new cosmopolitan ports in the 10th to 13th centuries.

Momoki Shiro, John Whitmore and Li Tana have all accumulated evidence that point in this direction for Đại Việt.[100] The Vietnamese polity was rich in the 12th century, with the "tribute" offered to the Song court including 1200 taels of gold wares, pearls as big as aubergines, huge amounts of aromatic woods, textiles and other products.[101] Much of this wealth appears to have come from maritime trade. A new port arose to serve the trade at Vân Đồn on the estuary of the Bạch Đằng River, the main waterway connecting the Đại Việt capital with the sea. It may well have emerged in the 11th century, but certainly burgeoned in the 12th and 13th centuries, serving Đại Việt trade with Hai-nan, southern China and Southeast Asia.[102] Li stresses the importance of the links between maritime Đại Việt and the port of Qin-zhou (in today's Guang-xi) during the 12th century, where traders came from as far afield as Si-chuan to trade with maritime merchants, and where many of the trade goods used by the Vietnamese were traded in from. Chinese commercial networks played a major role in tying Vân Đồn into both international and internal markets, but Muslims were also involved in the 13th century, notably connecting Đại Việt with Hai-nan.[103] In the 13th century Song refugees from the Mongols fled to Đại Việt, further strengthening these networks, and probably contributing to the doubling in population of the Red River Delta between 1200 and 1340, and the adoption of more Sinic forms of administration.[104]

In Champa, a new port arose at Thị Nại (modern Quy Nhòn) at

about the same time as the Viet port of Vân Đồn, both thriving on the trade between eastern Java and China.[105] Champa's centrality in the maritime trade to early Song China is apparent from Table 2 above. It appears that Cham, Arab and Persian Muslim traders were operating out of Champa from the 10th century onwards. Champa envoys to the Song court at various times also represented the Arab lands-Da-shi (大食). Pu Ma-wu, for example, who was recorded as an envoy of Champa in 1068, appears again at the Song court in 1076 as the envoy of the country of Da-shi.[106] The Chinese lists of commodities traded (as "tribute") from Champa include not only local Cham products but camphor, cloves, sandalwood and so forth from the Indonesian Archipelago and various aromatics and ceramics from the Arab world. Even accepting the long maritime traditions of Champa, it seems likely that it was Arabs or Persians who were the managers of the trade along the long-distance routes from the Middle East and to China, although not necessarily of the routes which connected Champa with the various archipelagic collection and trading centres.

In the Gulf of Thailand there is also Chinese evidence of new maritime port-polities emerging in the 12th-13th centuries, notably Xian (Siam) from 1282[107] and Phetchaburi（必察不里）, recorded as having sent a mission to the Yuan capital in 1294.[108] Xian is recorded as having expanded southward and clashed with the polity of Malayu in Sumatra in the 1290s. Excavations at Si-Satchanalai and elsewhere have shown that the production of export wares in the Menam valley began about the middle of the 13th century, and production for local markets some time earlier.[109] Chris Baker has made the case for seeing the Siamese capital of Ayutthaya as essentially maritime in origin, owing its success in dominating the Gulf of Thailand to the maritime networks of which it was part.[110]

Jan Christie has similarly made a powerful case that the 10th to 13th centuries marked a flourishing of maritime networks in the Java Sea linking the Indonesian Archipelago to the expanding China market. [111] Early in the tenth century, as a result, economic power and population in Java shifted towards the ports of the Brantas delta (modern Surabaya region). A mid-11th century charter of the Brantas port of Manañjung listed rice and other foodstuffs stored for export in the port's warehouses.[112] The comparable imports were in part status markers within the increasingly wealthy and socially fluid east Javanese society—gold and silver items, ceramics, iron goods, lacquer-ware, silks and damasks—in part materials used in Java's own manufacturing for export–orris root (for perfume-making), cinnabar (used in cosmetics and dyes), copperas (dyeing), alum (dyeing), arsenic (metalworking) and borax (glass and glazing).[113]

The effects of this commercial boom were reflected in changes in the pattern of Javanese production. Javanese potters began to abandon their older paddle-and-anvil potting techniques in favour of Chinese wheel-throwing techniques, and by the thirteenth century were producing copies of Chinese ceramic shapes. Javanese textiles on the other hand began to replicate the patterns and techniques of India.[114] Standardised currency and weights were introduced.[115]

The inscriptions of Java are particularly interesting for their evidence of the trade networks operating in the ports of the Brantas delta during this 10th-13th Century period. The Kaladi inscription of 909 CE mentions foreigners from South Asia (Kalingga, Singhala, Dravidians) and mainland Southeast Asia (Campa, Kmir [Khmer] and Rman [Mons]).[116] An earlier inscription from Kuti had added foreigners from Gola (Bengal) and Malyalā (Malabar) to a similar list.[117] The restrictions placed on these foreigners in the inscriptions suggests that they were found in large numbers.[118] By the 11th century, new ports like Japara, Tuban and Gresik had emerged in the Brantas River delta, and further inscriptions record foreigners there from Kling, Aryya, Singhala, Pandikira, Drawida, Campa, Remen and Kmir. The addition of the category Drawida (replaced in the middle of the century by Colika = Cola) reflects the rising power and interest of the Cōlas in maritime trade. Chinese do not appear in the list of foreigners until 1305 CE.[119] In contrast to later royal monopolies on trade, privileges were assigned in inscriptions of the 10th and 11th centuries to highly-capitalised merchants and merchant associations (banigrāma). This Indian name suggests close links with the ports of southern India, as does the name Kali Keling for a tributary of the Brantas River, by which goods were transported inland.[120]

Finally, the ports of Sumatra and the Peninsula, guarding as they did the strategic passages between the Indian Ocean and the South China Sea, were always part of the long-distance trading networks. The prominence of San-fo-qi (usually understood as the Srivijaya "empire", though equivalent to the more generic Arabic term Zābaj)[121] in tribute missions to Song China, and of Chinese ceramic and shipwreck evidence, makes clear that the area traded to China from at least the 9th Century. [122] But it was South Asian, Arab, Persian and Malay trading networks that made the links at the beginning of our period. The Cola naval raids of the 11th century appear to have greatly changed the political topography of the area, and thereafter we find Chinese traders also playing a major role in linking Southeast Asia to China.

A Chinese text informs us that c.1100 "the land has a great deal of sandalwood and frankincense that are traded to China. San-fo-ch'i [San-fo-qi] ships send the frankincense to China and the Chinese Maritime Trade Office at the port of call would handle such goods as a government monopoly and purchase the entire shipment after receiving a proportion of it as customs duty. In recent years San-fo-ch'i has established its own monopoly in sandalwood and the ruler orders merchants to sell it to him... . The country is exactly at the centre of the southern ocean. The Ta-shih [Arab] countries are far away to its west... . Merchants from distant places congregate there. The country is thus considered to be the most prosperous one." 123] Claudine Salmon shows how Chinese commercial brokers were involved in the building of a Buddhist temple in Srivijaya in honour of the Song emperor in the early 11th century, further visits to China by Srivijayan envoys, the restoration of a temple in Guang-zhou by Srivijaya in the 11th century and the seeking from China of 30,000 copper tiles by Srivijayan envoys in the 12th century. The role of China-based merchants in maintaining these links is also underlined.

Other ports arose in the area of the straits during the busy 900-1300 period. Kota Cina, on the east coast of north Sumatra, flourished from the 11th to 14th centuries. Its coins and statuary suggest close links with Sri Lanka, southern India, and by the 13th Century the Middle East. And yet, a large number of Chinese coins were also found there, suggesting Chinese cash as a basic currency. [124] Miksic suggests that Chinese immigration to the site began in the early 12th century.[125] The area on the northwestern tip of Sumatra was also a major trade port in the 12th and 13th centuries. Zhao Ru-gua in 1225 noted how foreign ships travelling from Quan-zhou to the Arab lands would stop at Lan-li (Lamuri/Lambri) to trade and then, in the following year, take to sea again on their westward journey.[126]

In the peninsula the principal beneficiary of the period's commerce was the new port-stat of Tambralinga, known to the Chinese as Danma-ling. Near modern Nakhon Si Thammarat, it arose as a trade centre in the 10th century, flourished in the 12th and 13th centuries, and sent an independent diplomatic mission to China in 1196.[127] Commercial and religious ties to Sri Lanka are suggested by reported attacks on that island in 1247 and 1262 by Chadrabhanu, one of Tambralinga's named kings. Fukami proposes the idea, which is supported by the Lanna chronicle Jinakālamālī, that Theravada came to Sukothai from Sri Lanka via Tambralinga/Nakhon Si Thammarat in the 13th century through the efforts of Chandrabhanu.[128] In some form of symbiosis with Kedah, at the other end of trans-Peninsula trade routes, Tambralinga's wealth in this period was founded on its trade links with China (especially), India and the Middle East.[129]

Even in the Philippine Archipelago, away from the major Asian trade routes, the new commercial links are demonstrated by the circulation of a bullet-shaped gold coins, identified as piloncito coins in contemporary excavations, between the 9th and the 12th centuries. These were similar to those which circulated in Java over the same period.[130] The principal new port was Butuan (蒲端), appearing as a tributary to China in the first decade of the 11th century. Among the tropical produce it conveyed to China was cloves, suggesting that it was a port on an eastern route linking the southern Chinese ports with the Spice Islands in what is today eastern Indonesia.[131]

A Commercial Ecumene

This article has argued that the four centuries from circa 900 to 1300 CE can be seen as an early phase of globalisation, in which maritime networks linked eastern Asia with the Indian Ocean world to an unprecedented degree. As Jan Christie notes, the "dramatic growth in the volume of sea trade in the 10th century, which continued at a high level until the mid-13th century," was partly in response to the opening of Chinese ports and a boom in sea trade in the Indian Ocean.[132] I have suggested that the changes derived collectively from the economic revolution which occurred during the Song dynasty (960-1276) in China, social changes in Southern China, the burgeoning of Islamic trade in Southeast Asia and southern China, and the increased role of both Tamil and Chinese merchants and networks.

As we have seen, new ports arose throughout the maritime regions to serve the growing trade networks. In some cases, including Đại Việt, Java and the Gulf of Thailand, political power also shifted towards these new ports. There was a great increase, but very difficult to quantify, in the maritime interactions between societies of southern China, Southeast Asia itself and the societies of the subcontinent. All evidence suggests that new trade routes were being opened and new links were being created by societies which had earlier not been so closely linked. The growing links between Champa, Cambodia, Java, Đại Việt and southern China, the direct links between Butuan and the Song, and between the various ports of the eastern seaboard of the peninsula suggest that this must have been a time of great cultural flux.

The new commercial networks linking maritime Asia were often held together by shared religious beliefs. Among the obvious winners of this process were the Islamic commercial ecumene, linking the Middle East, southern India, Southeast Asia and southern China over these several centuries, and the Theravada Buddhist one, linking Sri Lanka through Tambralinga and cities of the Irrawaddy Delta to the Southeast Asian Mainland and Peninsula. However the Hindu merchant guilds also reached their peak in the this same 10th-13th century period, with the Hindu temple of Quanzhou dated to 1281, and inscriptions around the Indian Ocean region honouring the merchant guilds. Finally, it should be remembered how important common religious affiliations were to the Chinese networks which expanded throughout eastern Asia in this period.

The growing interactions throughout the region were made possible by the monetization of many economies in this period. Many coinages, such as the bullet-shaped weights, cowries, and the "sandalwood" flower coinage struck in silver, gold and electrum, crossed the political and religious boundaries. In particular, Chinese copper cash becoming a major element in many Southeast Asian economies. Song cash had become the major currency of Đại Việt by the 12th century, and was an important component of the Champa economy in the 11th-12th centuries. By the 11th century, pressure from Javanese and Balinese markets for quantities of even smaller denomination coinage than that provided by the silver coinage also led to large-scale imports of Chinese copper coinage, and later local production of a similar coinage

The vehicles of this growing commercial ecumene were often merchant associations, which require much more research. Christie provides for Java some exemplary evidence that royal monopolies on trade were revoked and privileges assigned to highly-capitalised merchants and merchant associations (banigrāma). These merchant associations are recorded in inscriptions of the 10th and 11th centuries and appear to have had royal sanction and to have been linked to the abakul wholesalers, who were purchasers and wholesalers of agricultural produce.[133] The Indian name suggests that these merchants had close links with the ports and mercantile guilds of southern India. It is in fact quite possible that the system derived from the intimate state-merchant structures which characterised the Cōla Empire, and further research might be conducted to examine the links between the Tamil commercial towns (nagaram) with their merchant guilds, and the commercial organisational forms which emerged in Java during this period.

The various facets of change over the 10th to the 13th century noted above suggest that we truly can consider this period to have been much more than simply a trade boom. It was a period of great political, economic and social change, deriving from and further fuelling the expansion of trade, such as would justify an epithet such as the Early Age of Commerce.[134] While Victor Lieberman does note that "the first synchronized [political] consolidation, which saw extremely rapid demographic and commercial growth across much of Europe and Southeast Asia, began in the 10th or 11th centuries," [135] he downplays "international trade" as a major factor in Pagan's political economy,[136] and as a major element in Khmer patronage structures or the general economy.[137] Further, he suggests that, in the Red River Delta during this period, that maritime exchange of export manufactures did not have "more than a marginal impact on demography or rural production." [138] Instead, Lieberman sees the mainland Southeast Asian polities during his "charter era" prior to 1350 as being characterised by domestic pacification, agricultural colonization, increased population and marked religious edifice and water control construction. Maritime trade, in his thesis, is relatively unimportant prior to 1350. The materials presented above do, I feel, suggest that this aspect of Lieberman's thesis needs to be re-examined, with the aim of recognising an important and burgeoning maritime trade during this period, and the social changes which derived from that trade.

Janet Abu-Lughod paints a picture of booming maritime trade across Eurasia from 1250-1350 CE,[139] but Southeast Asian evidence suggests that her thesis can be critiqued from two angles. Firstly, the later half of this period (1300-1350 CE) appears to be a period of relative depression in Southeast Asian maritime trade, for reasons discussed above. Secondly, she suggests that during the 13th century the maritime commerce zone which included Southeast Asia (her Circuit III) "was primarily 'Hinduized' in culture, at least within its ruling circles, although there were also Buddhist connections and Chinese influences. Although Islam made major inroads from the 14th century onward, during the thirteenth century Muslim influences were still decidedly secondary."[140] The evidence I have presented above suggests that much of the maritime trade being transacted through Southeast Asia and into the ports of southern China during the period over the 10th-13th centuries, was in fact in the hands of Muslims, even if the religion was not widely adopted in Southeast Asia at this time.

What were the key factors behind the growth of this increasingly effective ecumene? George Coedès claimed that the rise of powerful empires in Indianized Southeast Asia was usually correlated with a decline in Chinese centralized power. Commerce has, however, imperatives separate from those of state-building, and the Asian commercial ecumene appears to have derived not from any state weakness, but rather from a combination of state policies, greater merchant knowledge of markets, improved nautical technologies and greater demand for luxuries in various societies across Eurasia. Tansen Sen also suggests the complementary role of blocked overland trade routes through Central Asia, Tibet and Burma in promoting the use of maritime routes.[141] The enthusiasm for commerce among the rulers and bureaucrats of Song China, the Cōla state's support for merchants and creation of new nagarams, as well as the growth of Fātimid power and that Caliphate's reliance on maritime trade, were all major external factors. The collocation of these political and commercial changes across maritime Eurasia encouraged the commercial ecumene from the early 10th century.

It is apparent from the Chinese and Southeast Asian evidence that the period from the last decades of the 13th to the first few decades of the 14th century was a period of relative stagnation in eastern Asian maritime trade, possibly as a result of the years of warfare the Mongols waged against the Southern Song in China, the Yuan efforts to tightly manage maritime trade, and the major Yuan military missions launched in the maritime realm. Undoubtedly new commercial networks arose later, and new phases of commercial ecumene can be observed as early as the mid-14th century. But in examining the long-term patterns of Asian trade, the period from 900 to 1300 deserves its own place as a time of remarkable expansion.

NOTES

[1] Victor Lieberman, *Strange Parallels: Southeast Asia in Global Context, c. 800-1830*, Cambridge, Cambridge University Press, Vol. I, 2003; David Marr and A.C. Milner (eds.), *Southeast Asia in the 9th to 14th Centuries* (Singapore: ISEAS, 1986).

[2] Geoff Wade and Sun Laichen (eds.), *Southeast Asia in the Fifteenth Century: the China Factor* (Singapore: NUS Press, 2010).

[3] Janet L. Abu-Lughod, *Before European Hegemony: the World System A.D. 1250-1350*, New York and Oxford, Oxford University Press, 1989.

[4] Reid, *Southeast Asia in the Age of Commerce*, Two Vols., (New Haven, Yale University Press, 1988–93). The case for an earlier Age of Commerce is argued more fully in Wade, "An Early Age of Commerce" (2009).

[5] Mark Elvin, quoted in Richard von Glahn, *Fountain of Fortune: Money and Monetary Policy in China 1000-1700*, Berkeley: University of California Press, 1996, p.48.

[6] Von Glahn, *Fountain of Fortune*, p.48.

[7] For a study of the court official Wang An-shi and his financial and other reforms of Song administration, see H.R. Williamson, *Wang Anshih: A Chinese Statesman and Educationalist of the Sung Dynasty*, London: Arthur Probsthain, 1935.

[8] Von Glahn, *Fountain of Fortune*, p.49.

[9] But sometimes only 600-700 coins per string. See von Glahn, *Fountain of Fortune*, p.52.

[10] Von Glahn, *Fountain of Fortune*, p.49.

[11] *Xu zi-zhi tong-jian chang-bian*, juan 85.19b.

[12] Von Glahn, *Fountain of Fortune*, p.54.

[13] *Idid.*, pp.53-54.

[14] D.H. Keith, "A fourteenth century shipwreck at Sinan-gun (Korea)", *Archaeology*, 33:2

(1980).

[15] Von Glahn, *Fountain of Fortune*, p.65.

[16] A seminal work on the Song trading systems is that by Shiba Yoshinobu, partially translated by Mark Elvin as *Commerce and Society in Sung China*, University of Michigan Press, 1969.

[17] Paul Wheatley, "Geographical Notes on some Commodities involved in Sung Maritime Trade", *JMBRAS* Vol. XXXII, 2 (1959), pp.22-23.

[18] The successive maritime trade port offices were established in the following order: Guang-zhou 廣州 (971 C.E.); Hang-zhou 杭州 (989); Ding-hai 定海 (992); Quan-zhou 泉州 (1087); Ban-qiao 板橋 (1088); and Hua-ting (Shang-hai) 華亭 (1113). After the Song were pushed south of the Yangtze a further two offices were established: Wen-zhou 溫州 (1131) and Jiang-yin 江陰 (1146). The majority of these offices were engaged with trade to and from Southeast Asian ports.

[19] Billy K.L. So, Prosperity, *Region and Institutions in Maritime China: The South Fukien Pattern, 946-1368*, Cambridge Mass., Harvard University Press, 2000, pp.46-47.

[20] Ibid., pp.68-70. See also Hugh Clark, "The Politics of Trade and the Establishment of the Quanzhou Trade Superintendency", pp.387-390.

[21] Wheatley, "Geographical Notes", 1959, p.393.

[22] Wheatley, "Geographical Notes", p.24. References to these missions can be seen in *Song hui-yao ji-gao* juan 44.2b.

[23] *Song Shi*, juan 5.

[24] *Song hui-yao ji-gao*, juan 44-2a-3b.

[25] Derek Thiam Soon Heng, "Export Commodity and Regional Currency: The Role of Chinese Copper Coins in the Melaka Straits, Tenth to Fourteenth Centuries", *Journal of Southeast Asian Studies* 37 (2006), p.183.

[26] Michel Jacq-Hergoualc'h, *The Malay Peninsula: Crossroads of the Maritime Silk Road*, Leiden: Brill, 2002, p.393.

[27] Heng, "Export Commodity and Regional Currency", p.187.

[28] Von Glahn, *Fountain of Fortune*, p.55.

[29] Wheatley, "Geographical Notes", *passim*.

[30] John S. Guy, *Oriental Trade Ceramics in South-East Asia: Ninth to Sixteenth Centuries*, Singapore, Oxford University Press, 1986, pp.13-22.

[31] Elizabeth Endicott-West, "The Yüan Government and Society", in Herbert Franke and Denis Twitchett (eds.), *The Cambridge History of China: Vol. 6 – Alien regimes and border states, 907-1368*, pp.599-600.

[32] Gang Deng, *Maritime Sector, Institutions and Sea Power of Premodern China*, Westport, Greenwood Press, 1999, p.122.

[33] Endicott-West, "The Yüan Government and Society", p.599-600.

[34] Robert M. Hartwell, "Demographic, Political and Social Transformations of China, 750-1550", *Harvard Journal of Asiatic Studies*, Vol. 42, No. 2 (Dec 1982), pp.365-442. See p.366.

[35] Ibid., p.369.

[36] Hartwell, "Demographic, Political and Social Transformations of China, 750-1550", p.384.

[37] Richard von Glahn, "Revisiting the Song Monetary Revolution: A Review Essay", in *International Journal of Asian Studies* 1:1 (2004), pp.159-178. See p.159.

[38] Mark Elvin, *The Pattern of the Chinese Past*, Stanford, Stanford University Press, 1973, pp.146, 149. See also Von Glahn, "Revisiting the Song Monetary Revolution", p.159.

[39] So, *Prosperity, Region and Institutions* (2000); Hugh Clark, *Community, Trade and Networks: Southern Fujian Province from the Third to the Thirteenth Century*,

Cambridge, Cambridge University Press, 1991.

[40] So, *Prosperity, Region and Institutions*, pp.27-50.

[41] So, *Prosperity, Region and Institutions*, p.40.

[42] So, *Prosperity, Region and Institutions*, pp.53-54.

[43] Chang Pin-tsun, "The Formation of a Maritime Trade Convention in Minnan" in Claude Guillot, Denys Lombard and Roderich Ptak (ed.), *From the Mediterranean to the China Sea*, Wiesbaden, Harrassowitz Verlag, 1998, p.149.

[44] See James K. Chin, "Junk Trade, Business Networks, and Sojourning Communities: Hokkien Merchants in Early Maritime Asia", *Journal of Chinese Overseas*, 6 (2010), pp.157-215; James K. Chin, "Merchants and Other Sojourners: The Hokkiens Overseas, 1570-1760", Unpublished Ph.D. Dissertation, University of Hong Kong 1998, pp.9-11.

[45] See James Kong Chin, "Merchants and Other Sojourners: The Hokkiens Overseas 1570-1760", PhD Thesis, University of Hong Kong, 1998, pp.14-15. See also Geoff Wade, "Early Muslim Expansion in Southeast Asia from 8th to 15th centuries", in *The New Cambridge History of Islam*, Vol. 3: *The Eastern Islamic World 11th -18th centuries*, ed. David Morgan and Anthony Reid (Cambridge: Cambridge University Press, 2010) pp.366-408.

[46] Fukami Sumio, "The Long 13th century of Tambralinga: From Javaka to Siam", in *The Memoirs of the Research Department of the Toyo Bunko*, Vol. 62 (2004), pp.45-79. See pp.55-56.

[47] The pagoda at Nagapattinam, according to the *Dao-yi zhi-lue*, bore an inscription in Chinese reading: "Completed in the eighth month of the third year of the Xian-chun reign" (咸淳三年八月，畢工), corresponding to August/September 1267, and suggesting quite some settlement of Chinese in that port city in the second half of the 13th century. See Fukami, "The Long 13th century of Tambralinga", p.56.

[48] James Chin, "Merchants" , 1998, pp.17-19.

[49] André Wink, *Al-Hind: the Making of the Indo-Islamic World*, Three Vols, Leiden, Brill, 1991-2004, Vol. I, p.65; Vol. II, p.1.

[50] Wink, *Al-Hind*, Vol. I, pp.72-86.

[51] For further details, see Denys Lombard, *Le Carrefour Javanais: Essai d'histoire globale,* (Paris: EHESS, 1990), Vol. II. p.28. For an English version of the tale, see the translation by Peter Quennell, *The Book of the Marvels of India*, London, Routledge and Sons, 1928, pp.92-97.

[52] George F. Hourani, *Arab Seafaring in the Indian Ocean in Ancient and Early Medieval Times*, Princeton, Princeton University Press, 1995, p.79.

[53] Xinru Liu and Lynda Norene Schaffer, *Connections across Eurasia: Transportation, Communication and Cultural Exchange on the Silk Road*, New York, McGraw Hill, 2007, pp.196-201.

[54] For details of which see Michael Laffan, *Finding Java: Muslim nomenclature of insular Southeast Asia from Śrîvijaya to Snouk Hurgronje*, Asia Research Institute Working Paper Series, No. 52, November 2005.

[55] See G.R. Tibbetts, *A Study of the Arabic Texts Containing Material on South-East Asia*, Leiden, Brill for the Royal Asiatic Society, 1979 and Gabriel Ferrand, *Relations de voyages et texts relatifs à l'Extrême Orient*, 2 vols., Paris, 1913-1914. See also, for some new interpretations, Michael Laffan, *Finding Java: Muslim Nomenclature of Insular Southeast Asia from Śrîvijaya to Snouk Hurgronje.*

[56] Claudine Salmon, "Les Persans à l'extrémité orientale de la route maritime (IIe A.E. - XVIIe siècle", *Archipel*, 68 (2004), pp.23-58.

[57] S.D. Goitein, *Letters of Medieval Jewish Traders*, New Jersey, Princeton University Press, 1973. See pp.175-230 for the letters from India traders, including details of those

who had travelled as far as Sumatra and Kalah.

[58] Referring mainly to Islamic peoples of Central Asia.

[59] Hirth also cites from the *Tu-shu ji-cheng* (juan 1380) a 14th-century reference to a temple at the port of Lian-tang on Hai-nan, where the deity was know as *Bo-zhu* (舶主), or Lord of the Ships, where pork was forbidden and where everyone referred to the temple as the *fan-shen-miao* (蕃神廟), or "temple of the foreign deity". See Kuwabara Jitsuzo, "On P'u Shou-keng", *Memoirs of the Research Department of the Toyo Bunko*, II (1928), p.21.

[60] K.A. Nilakanta Sastri, *The Cōlas*, Madras, University of Madras, Second edition (revised) 1955, p.607.

[61] See, for example, Y. Subbarayalu, "The Tamil Merchant-Guild inscription at Barus: A Rediscovery", in Claude Guillot (ed.) *Histoire de Barus, Sumatra: Le Site de Lobu Tua, I - Études et Documents*, Paris, Cahier d'Archipel 30, 1998, pp.25-33. The inscription is dated to the equivalent of 1088 CE. A useful overview of the inscriptions can be found in Jan Wisseman Christie, "The medieval Tamil-language inscriptions in Southeast Asia and China," *JSEAS* Vol. 29:2 (1998), pp.239-268.

[62] Possibly in part as a result of the Nong (Tai) attacks on Pan-yu (Guang-zhou) in 1052. See Tan Yeok Seong, "The Śri Vijayan Inscription of Canton (A.D. 1079)", *Journal of Southeast Asian History,* Vol. 5, No. 2 (1964), pp.17-24. See pp.17 and 23.

[63] The oldest mosque in Quan-zhou –the Qing-jing Mosque - reputedly dates from the 11th century when the port began to rise in importance.

[64] Wink, *Al-Hind*, Vol. II, pp.276-277, citing A.D.W. Forbes, "Southern Arabia and the Islamicisation of the Central Indian Ocean Archipelagoes", *Archipel* 21 (1981).

[65] Chen Da-Sheng, "A Brunei Sultan in the early 14th century: Study of an Arabic gravestone", *Journal of Southeast Asian Studies*, 23:1 (1992), pp.1-13.

[66] W. Franke and Ch'en T'ieh-fan, "A Chinese Inscription of A.D. 1264 Discovered Recently in Brunei", *Brunei Museum Journal*, 3:1 (1973), pp.91-99.

[67] Kuwabara "On P'u Shou-keng", II (1928), and VII (1935). See also So, *Prosperity, Region and Institutions* (2000), "Appendix B – P'u Shou-keng: A Reassessment", pp.301-305.

[68] Angela Schottenhammer, "The Maritime Trade of Quanzhou (Zaitun) from the Ninth through the Thirteenth Century", in Himanshu Prabha Ray (ed.) *Archaeology of Seafaring: The Indian Ocean in the Ancient Period*, Delhi, Pragati Publications, 1999, pp.271-290.

[69] Schottenhammer, "The Maritime Trade of Quanzhou", p.272.

[70] H.A.R. Gibb, *The Travels of Ibn Battuta A.D. 1325-1354*, London, The Hakluyt Society, 1994. See Vol. IV, p.817. "This city [Kawlam/Quilon] is the nearest of the Mulaibār towns to China and it is to it that most of the merchants [from China] come."

[71] Wang Gungwu, "The Nanhai Trade: a study of the early history of Chinese trade in the South China Sea", *JMBRAS*, 31:2 (1958).

[72] Haraprasad Ray, *Trade and trade routes between India and China, c. 140 B.C.-A.D. 1500*, Kolkata: Progressive Publishers, 2003; and Haraprasad Ray, *Chinese sources of South Asian history in translation: data for study of India-China relations through history*, Kolkata, Asiatic Society, 2004.

[73] John Guy, "Tamil Merchant Guilds and the Quanzhou Trade", in Angela Schottenhammer (ed.), *The Emporium of the World: Maritime Quanzhou, 1000-1400*, p.287.

[74] Wolters, *Early Indonesian Commerce*, p.250.

[75] André Wink, *Al-Hind*, Vol. I, pp.309-311.

[76] Tansen Sen, *Buddhism, Diplomacy and Trade: The Realignment of Sino-Indian Relations 600-1400*, Honolulu: University of Hawai'i Press, 2003, p.156. See also

Tansen Sen, "Maritime Contacts between China and the Cola Kingdom (A.D. 850-1279)", in K.S. Mathew (ed.), *Mariners, Merchants and Oceans: Studies in Maritime History*, Delhi, Manohar, 1995, pp.25-42.

[77] Sen, *Buddhism, Diplomacy and Trade*, p.156.

[78] K.A. Nilakanta Sastri, *The Cōlas*, Madras, University of Madras, Second edition (revised) 1955, pp.460-480.

[79] Meera Abraham, *Two Medieval Merchant Guilds of South India*, New Delhi, Manohar, 1988, p.87

[80] Nilakanta Sastri, *The Cōlas*, pp.595-598.

[81] R. Champakalakshmi, *Trade, Ideology and Urbanization: South India 300 BC to AD 1300*, Delhi, Oxford University Press, 1996.

[82] Y. Subbarayalu. "The Tamil Merchant-Guild Inscription at Barus", pp.25-33.

[83] Sen, *Buddhism, Diplomacy and Trade*, p.158.

[84] Wink, *Al-Hind*, Vol. I, p.320.

[85] Sen, *Buddhism, Diplomacy and Trade*, p.156-158. See also Wink, *Al-Hind*, Vol. I, p.323-327.

[86] H.B. Sarkar, "South India in Old Javanese and Sanskrit Inscriptions", BKI 125 (1969), pp.202-204.

[87] R. Champakalakshmi, "State and Economy: South India Circa A.D. 400-1300", in Romila Thapar (ed.), *Recent Perspectives of Early Indian History*, Bombay: Popular Prakashan, 1995, p.289.

[88] John Guy, "Tamil Merchant Guilds", pp.295-302.

[89] For which see the various contributions in Noboru Karashima (ed.), *In Search of Chinese Ceramic sherds in South India and Sri Lanka*, Tokyo, Taisho University Press, 2004.

[90] For details of Chinese texts on Southern India during the Yuan, see Roderich Ptak,

"Yuan and Early Ming Notices on the Kayal Area in South India", *Bulletin de l'Ecole Française d'Extrême-Orient*, 80 (1993), pp.137-155.

[91] Sen, *Buddhism, Diplomacy and Trade*, p.158.

[92] Michael Flecker, one of the excavators, suggests that "Its location in Indonesian waters, and its cargo of Chinese ceramics, provide compelling archaeological evidence for direct trade between the Western Indian Ocean and China in the first millennium". http://maritime-explorations.com/belitung.htm.

[93] For which see Pierre-Yves Manguin, "Trading ships of the South China Sea: shipbuilding techniques and their role in the development of Asian trade networks", *Journal of the Economic and Social History of the Orient*, Vol. 36 (1993), pp.253-280.

[94] Located some 40 nautical miles off the coast of Sumatra, nearly half way between Bangka and Jakarta. It was excavated in 1997.

[95] Michael Flecker, *The archaeological excavation of the 10th Century Intan shipwreck*, Oxford, England: Archaeopress, 2002. See also: http://maritime-explorations.com/intan.htm.

[96] The only published study of this wreck is: Abu Ridho and E. Edwards McKinnon, *The Pulau Buaya Wreck: Finds from the Song period*, Jakarta, The Ceramics Society of Indonesia, 1998.

[97] William Mathers and Michael Flecker (eds.), *The Java Sea Wreck Archaeological Report*, Annapolis: Pacific Sea Resources, 1997.

[98] http://maritime-explorations.com/java%20sea.htm.

[99] Jan Wisseman Christie, "Javanese Markets and the Asian Sea Trade Boom of the Tenth to Thirteenth Centuries A.D.", *Journal of the Social and Economic History of the Orient*, Vol. 41, No. 3 (1998), pp.344-381.

[100] Momoki Shiro, "Đại Việt and the South China Sea trade from the 10th to the 15th

Century", *Crossroads*, 12:1 (1998), pp.1-34; Li Tana, "A View from the Sea: Perspectives on the Northern and Central Vietnamese Coasts", in *Journal of Southeast Asian Studies* 37:1 (2006), pp.83-102; John K. Whitmore, "The rise of the coast: Trade, state and culture in early Dai Viêt", *Journal of Southeast Asian Studies*, Vol. 37:1 (2006), pp.103-122.

[101] Li Tana, "A View from the Sea", p.88.

[102] Yamamoto Tatsuro, "Vân Đồn, A Trade Port in Vietnam", *Memoirs of the Research Department of the Toyo Bunko*, No. 39 (1981), pp.1-32.

[103] Li Tana, "A View from the Sea", p.92.

[104] Li Tana, "A View from the Sea", p.96; Whitmore, "The Rise of the Coast", p.118.

[105]. Whitmore, "The Rise of the Coast", p.110.

[106] See *Song Hui-yao*, "Fan yi" section, Book 199, Vol. 8, p.7846.

[107] The first reference to Xian（暹）in Chinese sources appears to be that contained in *juan* 418 of the *Song Shi* (History of the Song Dynasty), where in the biography of the Song loyalist Chen Yi-zhong（陳宜中）, it is noted: "In the 19th year of the Zhi-yuan reign (1282/83), the Great Army [i.e. the Mongol forces] attacked Champa, and [Chen] Yi-zhong fled to Xian. He subsequently died in Xian."

[108] Yamamoto Tatsuro, "Thailand as it is referred to in the *Da-de Nan-hai zhi* at the beginning of the fourteenth century", *Journal of East-West Maritime Relations*, Vol. 1 (1989) p.51.

[109] Don Hein and Mike Barbetti, "Si-Satchanalai and the Development of Glazed Stoneware in Southeast Asia", *Siam Society Newsletter* 4 (3), 1988, p.12.

[110] Chris Baker, "Ayutthaya Rising: From Land or Sea", *Journal of East-West Maritime Relations* 34 (2003), pp.41-62.

[111] Jan Wisseman Christie, "Javanese Markets and the Asian Sea Trade Boom of the Tenth

to Thirteenth Centuries A.D.", *Journal of the Social and Economic History of the Orient*, Vol. 41, No. 3 (1998), p.344.

[112] Christie, "Javanese Markets", pp.352, 373-374.

[113] Hirth and Rockhill, *Chau Ju-kua*, p.78.

[114] Christie, "Javanese Markets", p.356-357.

[115] Jan Wisseman Christie, "Patterns of Trade in Western Indonesia: Ninth through Thirteenth Centuries A.D." (Ph.D thesis, University of London May 1982), p.146. See also Robert S. Wicks, "Monetary Developments in Java between the Ninth and Sixteenth centuries: A Numismatic Perspective", in *Indonesia*, Vol. 42 (Oct. 1986), pp.42-77. See p.44.

[116] M. Barrett Jones, *Early Tenth Century Java from the Inscriptions*, Dordrecht, Foris Publications, 1984, pp.186-187.

[117] Himanshu Bhusan Sarkar, *Corpus of the Inscriptions of Java*, Calcutta, Firma K.L. Mukhopadhyay, 1971. Vol. I, p.86. See also Denys Lombard, *Le Carrefour Javanais: Essai d'histoire globale*, (Paris: EHSS), Vol. II. p.22.

[118] H.B. Sarkar, "South India in Old Javanese and Sanskrit Inscriptions", BKI 125 (1969), pp.193-206. See p.201.

[119] Jan Wisseman Christie, "Asian Sea Trade between the Tenth and Thirteenth Centuries and its Impact on the States of Java and Bali", in Himanshu Prabha Ray (ed.), *Archaeology of Seafaring: the Indian Ocean in the Ancient Period*, Delhi, Pragati Publications, 1999, p.247-248.

[120] Sarkar, "South India in Old Javanese and Sanskrit Inscriptions", p.201.

[121] Sumio Fukami argues that the Chinese term San-fo-qi, often rendered as Srivijaya, was actually a generic name for polities or tributaries in the Melaka Straits, and is equivalent with the Zabaj of the Arabs. He offers evidence with names in the Chinese

texts including San-fo-qi Zhan-bei (Jambi) and San-fo-qi Zhu-nian (Cōla). See Sumio Fukami, "San-fo-qi, Srivijaya, and the historiography of Insular Southeast Asia", in Nguyen The Anh and Yoshiaki Ishizawa (eds.), *Commerce et navigation en Asie du Sud-Est, XIVe-XIXe siècle*, Paris & Montréal (Québec): l'Harmattan, 1998, pp.31-46. See also Laffan, Finding Java.

[122] Pierre-Yves Manguin, "Sriwijaya and the Early Trade in Chinese Ceramics, Observations on Recent Finds from Palembang (Sumatra)", in *Report, UNESCO Maritime Route of Silk Roads, Nara Symposium '91*, Nara: The Nara International Foundation, 1993, pp.122-133.

[123] Extracted from Ping-zhou ke-tan. in So Kee-long, "Dissolving Hegemony or Changing Trade Pattern? Images of Srivijaya in the Chinese Sources of the Twelfth and Thirteenth Centuries", *Journal of Southeast Asian Studies* 29: 2 (1998), p.299.

[124] Heng, "Export Commodity and Regional Currency", pp.194-195.

[125] John Miksic, "The Classical Cultures of Indonesia", in Ian Glover and Peter Bellwood, *Southeast Asia: From Prehistory to History*, Oxfordshire: Routledge Curzon, 2004, pp.234-256.

[126] Hirth and Rockhill, *Chau Ju-kua*, p.114.

[127] Michel Jacq-Hergoualc'h, *The Malay Peninsula: Crossroads of the Maritime Silk Road*, Leiden, Brill, 2002, Chapters 12 and 13.; Fukami, "The Long 13th century of Tambralinga", pp.51-59.

[128] Fukami, "The Long 13th century of Tambralinga", pp.57-59.

[129] Jacq-Hergoualc'h, *The Malay Peninsula*, pp.443-88.

[130] Wicks, "Monetary Developments in Java between the Ninth and Sixteenth centuries", p.55.

[131] William Henry Scott, *Filipinos in China before 1500*, Manila, China Studies program, De

La Salle University, 1989, pp.3-4, 27-28; Roderich Ptak, "China and the Trade in Cloves, circa 960-1435", in *Journal of the American Oriental Society*, Vol. 113 (1993), p.7.

[132] Christie, "Javanese Markets", pp.344-381.

[133] See above, and Christie, "Asian Sea Trade", pp.245-248.

[134] The case for which is argued more fully in my "An Early Age of Commerce" (2009).

[135] Lieberman, *Strange Parallels*, I, p.2.

[136] Lieberman, *Strange Parallels*,I, pp.92-94.

[137] Lieberman, *Strange Parallels*, I, p.223. "... there is no indication that maritime commerce was central to patronage structures of the general economy, certainly not in the critical period 950-1150... Claude Jacques concludes succinctly, 'Everybody agrees that the Angkorean economy was based only upon agriculture.' Given that Angkor—like Pagan—arose not at the coast, but in an interior rice zone, and that after Angkor fell Cambodia's commercially-oriented rulers turned toward the coast, can anyone be surprised by this scholarly consensus?" And yet, the luxury exotica exported and the ceramics imported do suggest that maritime commerce was a not inconsiderable aspect of the economy.

[138] Lieberman, *Strange Parallels*, I, p.365.

[139] Abu-Lughod, *Before European Hegemony* (1989).

[140] Abu-Lughod, *Before European Hegemony*, pp.251-253.

[141] Tansen Sen, *Buddhism, Diplomacy and Trade*, pp.213-214.

海交史視野下的元代青花瓷輸出方式與性質

黄　珊

成熟的青花瓷器的燒造，是元代製瓷業的一大成就。一般認爲中國陶瓷發展的轉捩點在元代，不論是從燒成溫度、成型技術還是裝飾方式等方面考慮，元代都比前朝有了長足的進步，在元代景德鎮窑的基礎上才發展出鼎盛的明清瓷器。論其表現，其一在於元代景德鎮的瓷胎開始採用瓷石加高嶺土的二元配方，這種配方直接引起了瓷器品質的飛躍。清末傳教士殷宏緒將二元配方的技術從景德鎮帶回歐洲，從而啓發了現代陶瓷業的發生。[1] 其二是釉下藍彩的成功創燒，引起了中國古代陶瓷裝飾方法的重大轉折，即以釉色和器型裝飾爲主轉向以彩繪紋樣裝飾爲主。這兩項成就正是通過青花瓷得以實現的。

這種瓷器之所以引起中外學者的共同矚目，除了技術精進、存世量稀少之外，更在於其甫一燒製成功，便迅速散佈到亞、非各地，在中外文化交流史上具有突出的意義。

一、元代青花瓷輸出線路與市場取向

元代景德鎮瓷器生產的主流是青白瓷和卵白釉瓷，相比而言，青花瓷既創燒晚，亦產量小，國內發現的元青花存世量並不豐富，完整器不到 200 件 [2]，而國外收藏的元青花整器據估計近 300 件 [3]。考古發現證明，元代青花瓷輸出的範圍很廣，從東南亞、南亞、西亞直到北非和東非等地的沿海城市和重要內地城市都有發現。這些地區的元青花有傳世藏品和出土物兩類，其中傳世藏品主要集中於土耳其托普卡普宮博物館（Topkapu Sarayi）[4] 和伊朗德黑蘭考古博物館 [原藏于伊朗阿爾德比神廟（Ardebil Shrine）] [5]，出土數量最大的是印度德里圖格拉克宮殿遺址（Tughlaq）[6]。這三地收藏或出土的都是體型巨碩、青色鮮麗、繪製精美的大型青花瓷器（見圖 1）。此外，東南亞也出土或傳世不少元代青花瓷器或殘片，例如中爪哇發現的“麻諾巴歇（Madjapahit）王都遺址”等。[7] 波斯灣和紅海附近的許多城市都發現不少元青花碎片，最具有代表性的例子是埃及開羅北部的福斯塔特（Fostat）遺址，據推測，20 世紀以來，在福斯塔特出土的中國瓷片的數量，可能超過兩萬片，而且中國各名窑瓷器幾乎應有盡有。[8] 敘利亞位於從港口城市到伊朗高原的交通要衝，那裏也發現許多珍藏了數個世紀的元青花。[9]

總而言之，海路沿線發現的元青花構成了一條連貫完整的行銷路線。[10] 對於陶瓷運輸和銷售而言，海運無疑是更合適的選擇。陶瓷沉重且易碎，陸路運輸顯然成本高、難度大，但是海船不僅容載量大，而且裝載陶瓷還能起到壓艙的作用，是陶瓷外銷的主要途徑。而陸路上目前只有數個城址有相關發現，彼此之間關係並不緊密，至中西亞地區甚至會失去線索，無法架構出一條有始有終的銷售路線，想要進行更深入的研究，尚有待於考古材料的進一步豐富。

1

2

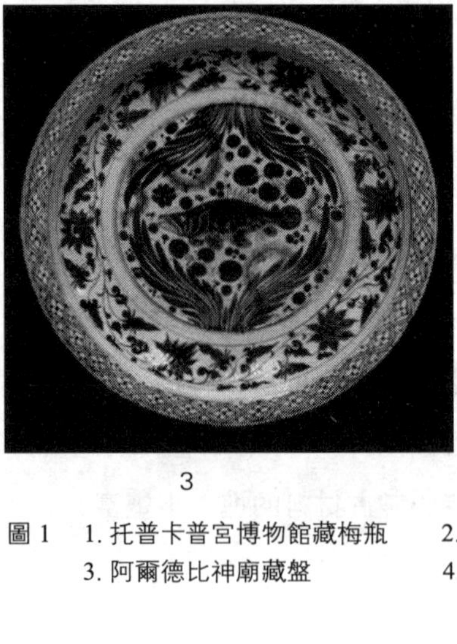

3

4

圖 1　1. 托普卡普宮博物館藏梅瓶　2. 托普卡普宮博物館藏八方葫蘆瓶
3. 阿爾德比神廟藏盤　4. 圖格拉克宮殿遺址出土盤

相比於境外的發現來看，國內發現的元青花器型多種多樣，品相差異較大，不見於國外的類型包括飲具（例如高足杯、匜、盞、勸盤、執壺、鳳首壺、梨形壺等）、生活用器（例如筆架、粉盒、鳥食罐等）、禮器（香爐、淨瓶、觚、蒜頭瓶等）和明器（塔式罐、塑像）等。[11]（見圖2）土耳其、伊朗以及印度最常見的碗、盤、瓶、罐在國內出土品種中比例較小，許多藍地白花的器物，以及繪製有庭院景觀和動物紋樣的盤，都不見於國內窑址以外的地方出土，應該是專供這些海外國家使用的。而且同類器物相比較而言，國內的體量不及國外的大，例如伊、土兩國收藏的直徑達40—50釐米的盤，在國內僅見于湖南常德市出土兩件魚藻紋盤（口徑45釐米左右）[12]，內蒙古林西窖藏出土的蓮池鴛鴦紋盤口徑僅13.6釐米，龍紋盤口徑僅15.9釐米 [13]，景德鎮落馬橋出土的淡描龍紋盤口徑僅27.7釐米 [14]（見圖3）。我們試將國內出土元青花和國外（伊朗、土耳其和印度三地）的器物類型和數量作一簡單統計，見表一。

從表一可以看出，元青花的銷售有鮮明的市場取向，供應給國內市場和國外市場的元青花在種類和品質上都存在一定差異。可資參考的是，國內在元代統治中心和富庶地區發現的元青花，品質比景德鎮周邊地區要好得多，還有一些元代的窖藏，保存了大量青花瓷，例如保定和高安窖藏 [15]（見圖4）。窖藏此物，說明元青花在當時也是比較新奇和珍貴的品種，那麼在海外發現的大量高品質元青花，應該與國內一樣，不是一般平民階層所能夠消費的。當然，這一時期也有頻繁的民間貿易，《島夷志略》的作者汪大淵就是一名附商舶出海的平民 [16]，從他的描述中，我們可以窺見當時海運貿易的盛況，故而我們也能在東南亞和北非地區發現一些民間燒製的元青

1

2

3

圖 2　1. 內蒙古集甯路窖藏出土高足杯

2. 浙江杭州窖藏出土筆架水盂

3. 江西萍鄉市福田鄉窖藏出土帶座香爐

1

2

3

4

5

圖 3　1–2. 湖南常德市出土盤

3–4. 內蒙古林西窖藏出土盤

5. 景德鎮落馬橋出土盤

1 2 3 4

圖 4　1、2. 河北保定窖藏出土　　3、4. 江西高安窖藏出土

花瓷器及碎片。相比較而言，這些小件青花瓷器要絕少於大件器物，在中東地區幾乎沒有完整器留存下來。這仍然表明大件元青花銷售的對象主要是中東和南亞等地區。

表一　國內外元青花種類統計對比

用途	器類	國內（總計 164 件）		伊、土、印（總計 138 件）	
餐具	大盤	7	4.3%	82	59.4%
	大碗	6	3.7%	29	21.0%
儲藏器	罐	15	9.1%	7	5.1%
	梅瓶	14	8.5%	10	7.3%
	玉壺春瓶	14	8.5%	1	0.7%
	葫蘆瓶	0	0	4	2.9%
	盤口瓶	0	0	1	0.7%
	扁壺	0	0	3	2.2%
飲具	高足杯	47	28.7%	0	0
	匜	5	3.0%	0	0
	盞	9	5.5%	0	0
	勸盤	2	1.2%	0	0
	托盞	2	1.2%	0	0
	執壺	3	1.8%	0	0
	鳳首壺	2	1.2%	0	0
	梨形壺	2	1.2%	0	0
生活用器	盒	2	1.4%	0	0
	鳥食罐	2	1.2%	0	0
禮器	淨瓶	4	2.4%	0	0
	蒜頭瓶	3	1.8%	0	0
	觚	3	1.8%	0	0
	香爐	4	2.4%	0	0
明器	塔式罐	1	0.6%	0	0
	塑像	1	0.6%	0	0

元青花的市場取向，關係到其行銷背景和市場角色，如果我們承認這種鮮明的差別在當時就已經存在的話，是什麼原因造成了這種局面呢？學者們關於這個問題已經提出過許多設想，大件元青花到底是元政府爲獲得經濟利益而生產的外銷瓷，還是與政府間的政治活動有關？

二、元伊關係與青花瓷的燒造

作爲蒙古帝國的一部分，位於伊朗高原的伊兒汗國長期與元朝中央保持密切聯繫。公元 1252 年（憲宗蒙哥汗三年），拖雷之子旭烈兀揮師西征，西征軍的主力于 1256 年抵達呼羅珊，之後迅速席捲西亞，先後擊潰亦思馬因人固守的伊朗西北部、阿拔斯哈里發王朝的首府報達以及伊拉克和伊朗西部的一些中等城市。1259 年，旭烈兀在西亞牢固地建立起了拖雷系蒙古人的統治，即所知的伊兒汗國。[17] 由於伊兒汗國與元朝的統治者同出於拖雷一系，雙邊關係一直比較親密，伊兒汗承認大汗是他們的君主。對比起曾經困擾忽必烈一朝將近半個世紀之久的窩闊台後汗海都和察合台後汗篤哇之亂，伊兒汗國不僅沒有與元朝政府之間有過任何不睦，相反一直有頻繁的使團往來。相互之間交通的便利，不難想像。據《元史》記載，伊兒汗所遣來元使節，一年中往往有兩三次，大德年間（1297—1307）合贊汗遣使來貢一次；泰定年間（1324—1328），元朝遣使兩次，不賽因遣使獻貢多達十一次；至順年間（1330—1333），不賽因遣使六次，元朝政府遣使一次。[18]

從 14 世紀初合贊汗開始，伊兒汗國轉而奉伊斯蘭教爲國教，一直以來，關於元青花與伊斯蘭文化的關係的探討頗多，許多學者都認同這種瓷器的燒造可能與伊斯蘭世界的需要相關。尤其值得注意的是，雲南玉溪窑也能燒製青花瓷，而雲南地區在元代也是穆斯林的集中地之一，這應該不只是巧合。劉新園先生已經就此問題提出過“賜賚瓷”的概念，認爲在元青花的燒造過程中，元朝政府起到了較大的主導作用，是專門爲伊兒汗國燒造的官窑產品。[19] 劉先生的觀點對我們的研究很有啓發性，將元青花的外銷從以往的“銷售”的眼光中解脫了出來。但是這又向我們提出了一個問題：既然是專供伊兒汗國的官方禮物，爲什麽在東南亞和南亞，以及非洲各處都有發現呢？從伊本·白圖泰的遊記中，我們瞭解到，順帝時期，元朝政府與德里蘇丹之間尚有往來。[20] 那麽，也不能排除元廷將青花瓷作爲禮物贈送給圖格拉克蘇丹的可能性。至於其他零星遍佈於各地的元青花，我們認爲，應該從元朝海路運營方式的角度來解釋。

三、元代海上交通盛況與青花瓷外銷性質

從 13 世紀早期開始，成吉思汗及其子孫的鐵蹄席捲舊大陸，迅速建立起“混一聲教，無遠弗屆”的超級帝國。其版圖東起太平洋，西達地中海，超過了地理大發現以前人類歷史上的任何世界帝國，極大地促進了這個地理單元內的人群活動與文化交流。自五代十國以來，由於內地政治局面步入長期的分裂對峙階段，以及西北地方政權的崛起，漢唐時期往來絡繹不絕的絲綢之路一度歸於沉寂，轉

而發展海路交通。進入蒙元時期以後，不僅陸上通道重新得到恢復，航海貿易也臻於極盛。但是，由於元朝與西北諸王海都、篤哇的長期戰爭，以及察合台汗國與伊兒汗國不時發生爭奪領地的戰爭，使得蒙元時期的陸上交通時斷時續，而海路則相對暢通許多。

元朝政府重視海外貿易，採用了許多具體政策，廣開海路。元世祖至元十四年（1277）取浙、閩等地後，就沿襲南宋制度，在泉州、慶元（寧波）、上海、澉浦四地設立市舶司，重用南宋時期管理泉州市舶的官員蒲壽庚。[21] 從忽必烈時期到英宗至治二年（1322）的46年間，元代的航海政策經歷了前後“四禁四開”，但四次海禁加起來不過十年時間。[22] 至治二年“復置市舶提舉司於泉州、慶元、廣東三路”。[23] 之後直到元代滅亡，沒有再發生過變動。在政府扶持和商業利益驅動下，元代海外貿易得到空前大發展，當時的史籍和筆記中記錄的參與海路貿易的國家、地區的名稱，在200個以上，這些國家和地區，遍佈中南半島、馬來半島、菲律賓群島、印尼群島、印度次大陸及其周圍地區、波斯灣和阿拉伯半島、東非和北非。其中相當一部分是以前不見於記載的。[24]（見圖5）

有元一代湧現出大批著名的使臣、航海家和旅行家，關於海路交通的記載較爲豐富，這些都使我們相信，元代航海技術得到極大發展，通往波斯灣甚或北非的航線已趨成熟。

世祖至元二十年（1283），蒙古朵兒邊氏貴族孛羅奉命出使伊兒汗國，當時正值海都叛亂，陸路不通，孛羅一行遂取海道，在忽魯謨子（今霍爾木茲）登陸。[25] 至元二十八年，伊兒汗阿魯渾遣使者兀剌台、阿卜思哈、火者等三人入朝世祖，請求從其已故王妃卜魯罕之族部伯牙烏氏中選女子爲續弦，次年此三使者即奉旨與馬可·波

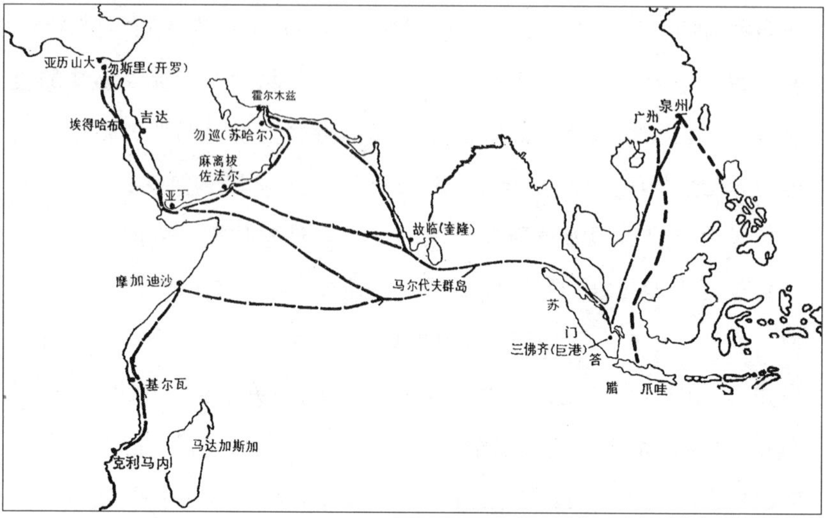

圖 5　元代航海範圍示意圖

羅一家一同護送所選女子闊闊真，取海道回波斯。他們從泉州起程，經過蘇門答臘和印度，最後從忽里模子（今霍爾木茲）登陸。[26] 成宗大德三年（1299），成宗遣使者懸帶金字海青牌前往伊兒汗國火魯沒思（今霍爾木茲），其往返皆由海道。[27] 大德八年（1304），成宗派楊樞護送伊兒汗國合贊汗的使臣那懷歸國覆命，他們同樣經過海路，抵達忽魯謨斯（今霍爾木茲）。[28] 雖然元朝與伊兒汗國之間的使臣往來的路線並沒有附記於其中，但是我們參考上述出使伊兒汗國的記錄，可以猜測，其中走海路者必不在少數。這些政府派遣的使者各自都身負重任，但是他們選擇海路，並且基本上都是冬季從泉州出發，在霍爾木茲港登陸伊兒汗國，說明當時這條路線已經相當成熟。不過值得一提的是，由此並不能得出元代已經能夠直航波斯灣的結論。

印度西南海岸可能是宋元時代中國船隻所能夠到達的最遠處，此處以西再到波斯灣和紅海地區，都需要換乘阿拉伯或波斯人的船隻，這裏最重要的港口城市是故臨（Quilon，今奎隆）和喀里古特（Calicut，今寇里科德）。宋人周去非在《萍州可談》中介紹從中國到阿拉伯半島的海路爲："中國舶商欲往大食，必自故臨易小舟而往，雖以一月南風至之，然往返經二年矣。"[29] 反方向亦然："大食之來也，以小舟運而南行，至故臨國，易大舟而東行。"[30] 元世祖曾經遣畏兀兒人亦黑迷失兩次出使招諭八羅孛，即印度西南部馬拉巴爾海岸，即今奎隆所在；稍後還有四次出使俱藍（亦爲奎隆）的楊庭壁。[31] 世祖時期政府派遣的大規模的出使活動範圍主要限於東南亞和印度半島南端，說明當時的航海技術仍然與宋代相去不遠，中國船隻行動的範圍僅止於此。同時期的西方旅行家行紀也向我們透露了這一點。1342 年，摩洛哥旅行家伊本·白圖泰（Ibn Battuta）奉德里蘇丹之命，與中國使團一起回訪中國。他們從喀里古特出發，當時港口內停泊有 13 艘中國船隻，起航後不久遇險，生還者逃到奎隆，中國使臣就此乘船歸國。[32] 值得一提的是，印度市場在中國的陶瓷外銷中扮演着重要的角色。《島夷志略》中記載小唄喃（奎隆）、古里佛（喀里古特）、朋加剌（恒河口）和天竺（印度河口）都消費中國瓷器。[33]

考查上述人士的出海歷程可知，農曆十二月從泉州出發，次年三月正好到達印度西南的俱藍（Quilon），全程耗時僅四個月而已。[34] 此時離霍爾木茲港已不算遙遠，基本上已經走完了一半的路程。馬可·波羅、孛羅、楊樞、成宗使者等人的目的地都是伊兒汗國，大都是冬季出發，登陸的港口都是霍爾木茲港。其中航行時間最長的是楊樞，大德八年（1304）出發，十一年到達，來回共五年。馬克·波羅與其接近，全程兩年零兩個月。比照楊庭璧的速度，我們很難相信，橫渡印度洋北部的時間竟然會是從泉州到印度的五倍，而這一點也很難用等候季風來解釋。在這種情況下，再看孛羅，至元二十年冬（1283）出發，次年登陸之後沿波斯法爾斯北上，於二十一年十月就到達了阿蘭（阿塞拜疆），加上陸路行程，全程不到一年。

要瞭解楊樞和馬可·波羅速度如此緩慢的原因，需要仔細審查他們途中的經歷。楊樞的航海事蹟見於其墓誌銘。[35] 從文中我們可以得知，楊樞遠航至霍爾木茲港是他的第二次航海，他於第一次航海歸國時結識了伊兒汗國合贊汗的使臣那懷，並以商船載其至中國。後來那懷歸國時要求楊樞同行，得到了元朝政府的同意。楊樞第一次出海是爲了經營官本船，第二次出海身負政治任務，元朝政府對楊樞也有所封誥，但是楊樞在這個過程中“又用其私錢市其土物、白馬、黑犬、琥珀、葡萄酒、蕃鹽之屬以進”。即是說，他同時仍然在從事商業活動。

陳得芝先生曾經總結過元代海外貿易空前興盛的三個原因：其一，元朝統治者，尤其是世祖忽必烈，採取了積極進取的海外政策；其二，元朝政府重視海運貿易所帶來的盈利，官方以及貴族都參與這一商業活動，這也與元朝政府取用色目人理財相關；其三，元朝與伊兒汗國的統治者同是拖雷後裔，兩家關係至爲密切。[36] 第二點是元代海外貿易中尤其突出的一個特點，阿拉伯人歷來就是活躍在南海貿易上的重要角色，到了元朝，位居第二等公民之列的色目人在元朝航海事業和經濟活動中更是發揮着舉足輕重的作用，例如宋末降元的泉州市舶使司蒲壽庚，關於蒲壽庚及阿拉伯人與宋元時代海外貿易的關係，日本學者桑原騭藏的著作《蒲壽庚考》已廣爲人知。[37] 陳高華先生則從楊樞入手，討論元代著名的航海世家，除蒲壽庚以外，還有掌管泉府司和市舶司的沙不丁和合不失。[38] 泉府司“掌領御位下及皇太子、皇太后、諸王出納金銀事”[39]，即爲皇族理財。除此以外，這個機構還一度專領海運。我們不難想像，正是因爲色目人的參與，面向廣大伊斯蘭地區的海外貿易才能順利開展，元朝政府依賴他們爲自己謀取利益。

《經世大典》中記載了同馬可·波羅一起護送闊闊真到伊兒汗國的使團歸國時乘船的情況：“平章沙不丁上言：今年三月奉旨，遣兀剌台、阿卜思哈、火者取道馬八兒，往阿魯渾大王位下。同行一百六十人，內九十人已支分例，餘七十人，聞其諸王所贈遺及買得者，乞不給分例口糧。奉旨：勿與之。”[40] 從這一條記錄我們可以看出，這個使團中只有 90 人領有經費，其餘 70 人以贈與諸王的歲賜（或禮物）和貨物爲自己的經費。這些歲賜和貨物如何支付這 70 人航海期間的支出呢？那當然是要將其投入到海路貿易中贏得利潤了。

關於歲賜的性質，學者們已經作過一系列研究。根據波斯文獻記載，1298 年合贊汗派使節前往中國，向元成宗貢獻珍寶異物。使臣留中國四年，回國時元成宗厚賜之，“並以答書及蒙哥汗時代以來旭烈兀應得之歲賜付使者，遣官一人送使者回國”[41]。前文提到的與楊樞同行的那懷，於大德八年（1304）來到中國，同年，元朝政府設立了“管領本投下大都等路打捕鷹房諸色人匠都總管府，秩正三品，掌哈贊大王位下事……”[42] 蒙古制度，宗王在中原各有分地、封戶，旭烈兀與于蒙哥汗七年（1257）分封時，他的名下“分撥彰德路二萬五千五十六戶”[43]。他應得的貢賦由元政府代爲收存，前文提到的 1298 年使團帶回的歲賜，可能就是 40 年來積攢的從彰德路收得的貢賦。一般歲賜的形式爲封戶貢的絲、鈔以及皇帝每年賞賜的定額銀幣，狹義的僅指後者。[44] 最近林梅村老師提出針對伊兒汗國的歲賜，可能用以訂燒青花瓷。

綜上，元代船隻不具備直航能力，除了不時靠岸補給並買賣貨物之外，到印度西海岸時還需要換乘阿拉伯或波斯人的商船。在這種條件下，顯然不可能有專門的供使臣使用的非營利性船隻，使臣只能搭載商船完成政治使命，伊兒汗國的使臣那懷搭載海商楊樞的商船來到中國就是例證之一。元朝所謂官方經營的船隻“官本船”是營利性的商船，[45] 常常委託給商人（其中不乏色目商人）進行，爲皇室和貴族謀取利潤。在這種前提下，很難保證“供給伊兒汗國”的禮物青花瓷在長途跋涉以及流轉貿易中不被轉賣到其他地區。印度的許多地方都消費中國瓷器，順帝時期，元朝政府與德里蘇丹之間尚有往來。可以說，如果真的有攜帶元青花作爲禮物的使團，這個使團在行進過程中難免被商業活動所影響，部分青花瓷器不可避免地要進入市場流通，成爲“銷售”瓷。以上是我們的一點推測，其中有許多不成熟之處，期待將來更有力的文獻和考古證據來加強論證，以補不足。

■ 注釋

[1] 劉新園、白焜：《高嶺土史考——兼論瓷石、高嶺與景德鎮十至十九世紀的製瓷業》，

《中國陶瓷》1982 年 7 期《古陶瓷研究專輯》。

[2] 黃珊:《元青花與中外文化交流》附表一、二,2009 年北京大學碩士研究生學位論文。

[3] 陳克倫:《略論元代青花瓷器中的伊斯蘭文化因素》,《上海博物館集刊》第 6 期,上海古籍出版社 1992 年版。

[4] Pope, J.A., *Fourteenth-Century Blue-and-White, a Group of Chinese Porcelians in the Topkapu Sarayi Muzesi*, Istanbul. Washington: The Lord Baltimore Press, 1952.

[5] Pope, J.A., *Chinese Porcelains from the Ardebil Shrine*, Washington: The Lord Baltimore Press, 1956.

[6] Smart, E.S., "Fourteenth Century Chinese Porcelain from a Tughlaq Palace in Delhi", *Transactions of the Oriental Cerarnic Society*, Vol.41(1976-1977), p.230.

[7] 朱裕平:《元代青花瓷》,文匯出版社 2000 年版,第 280—281 頁,圖版 5。

[8] 秦大樹:《埃及斯塔特遺址中發現的中國陶瓷》,《海交史研究》1995 年第 1 期。

[9] Carswell, J., China and Islam in the Maldive Island, *Transactions of the Oriental Cerarmic Society*, 1975-1977, p.121.

[10] 黃珊:《〈陶瓷之路〉與元代外銷青花瓷研究》,北京大學日本研究中心編:《卡樂 B 日本研究基金 2007—2008 年度研究課題成果彙編》,2008 年,第 104—120 頁。

[11] 同注 2。

[12] 古湘:《介紹幾件元、明青花瓷器》,《文物》1973 年第 12 期,第 64—66 頁。

[13] 林西縣文物管理所:《內蒙古林西縣元代瓷器窖藏》,《文物》2001 年第 8 期。

[14] 香港馮平山博物館、景德鎮陶瓷考古研究所編:《景德鎮出土陶瓷》,香港大學馮平山博物館 1992 年版,圖版 158。

[15] 河北省博物館:《保定市發現一批元代瓷器》,《文物》1965 年第 2 期。劉金成編:《高安元代窖藏瓷器》,朝華出版社 2006 年版。

[16]（元）汪大淵著、蘇繼廎校釋:《島夷志略校釋》,中華書局 1981 年版。

[17]（明）宋濂等撰，《元史》，中華書局 1976 年版。卷三《憲宗本紀》，第 46、47、51 頁；卷一四九《郭侃傳》，第 3523—3524 頁。

[18] 同注 17，卷二一《成宗本紀》，第 460 頁。卷二九、三〇《泰定帝本紀》，第 643—678 頁。卷三四、三五、三六《文宗本紀》，第 760—805 頁；卷三七《寧宗本紀》，第 812 頁。

[19] 劉新園：《元文宗—圖帖睦爾時代之官窑瓷器考》，《文物》2001 年第 11 期。

[20]〔摩洛哥〕伊本·白圖泰著，馬金鵬譯：《伊本·白圖泰遊記》，寧夏人民出版社 1985 年版，第 485—491 頁。

[21] 同注 17，卷九、一〇《世祖本紀》，第 175—219 頁。

[22] 陳高華：《元代的海外貿易》，《歷史研究》1978 年第 3 期，第 61—69 頁。

[23] 同注 17，卷二八《英宗本紀》，第 621 頁。

[24] 陳高華、陳尚勝：《中國海外交通史》，文津出版社 1997 年版，第 94 頁。

[25] 孛羅名見《元史》卷九《世祖本紀》，只提到他在世祖年間的任職："至元十四年二月，以大司農、御史大夫、宣慰使兼領侍儀司事孛羅爲樞密副使兼宣徽使、領侍儀司事。"據余大鈞先生考證，孛羅是蒙古朵兒邊部人，1283 年夏，奉旨出使波斯伊利汗國，於 1284 年末或 1285 年初到達，從此一去不返。見余大鈞：《蒙古朵兒邊氏孛羅事輯》，《元史論叢》第 1 輯，中華書局 1982 年版，第 179—199 頁。

[26]〔法〕沙海昂注，馮承鈞譯：《馬可波羅行紀》，中華書局 2004 年版。第一卷第十七、十八章。

[27] 該使者回泉州之後，立碑記出使事。此碑現存泉州市海外交通史博物館。

[28]（元）黃溍：《松江嘉定等處海運千戶楊君墓誌銘》，《四部叢刊·金華黃先生文集》卷三五。

[29]（宋）周去非著、楊武泉校注：《嶺外代答校注》，中華書局 1999 年版，卷二"故臨國"條。

[30] 同注 29，卷三“航海外夷”條。

[31] 同注 17，卷一三一《亦黑迷失傳》，第 3198 頁；卷一二《世祖本紀》，第 250 頁。

[32] 同注 20。

[33] 同注 16。

[34] 楊庭璧至元十六年十二月出發至元十七年三月（1280 年）順利到達俱藍，次年他再次出使，正月出發，舟行三月到達至僧伽耶山（斯里蘭卡）時，北風已經停止，只能滯留在印度東南海岸。

[35]《松江嘉定等處海運千戶楊君墓誌銘》：楊氏之先，世有顯人，宋之盛時，有自閩而越而吴，居澉浦者，累世以材武取貴仕。入國朝，仕益顯，最號巨族。今以占籍爲嘉興人，君諱樞，字伯機，贈中憲大夫、松江府知府、上騎都尉、追封弘農郡伯春之曾孫，福建道安撫使、贈懷遠大將軍、池州路總管、輕車都尉、追封弘農郡侯發之孫，嘉議大夫、杭州路總管致仕梓之第二子。母陸氏，所生母徐氏，陸以封，徐以贈，並爲弘農郡夫人。徐夫人，溫之宦家女，生君甫數歲而歿，陸夫人撫君不啻如己出。君幼警敏，長而喜學，一不以他嗜好接於心目，刮摩豪習，謹厚自將，未嘗有綺紈子弟態，其處家雖米鹽細務皆有法，僕隸輩無敢以其年少而易之，諸公貴人多稱其能。大德五年，君年甫十九，致用院俾以官本船浮海。至西洋，遇親王合贊所遣使臣那懷等如京師，遂載之以來。那懷等朝貢事畢，請仍以君護送西還。丞相哈剌哈孫荅剌罕如其請，奏授君忠顯校尉、海運副千戶、佩金符，與俱行。以八年發京師，十一年乃至其登陸處曰忽魯模思云。是役也，君往來長風巨浪中歷五星霜，凡舟檝糗糧物器之湏，一出於君，不以煩有司，既又用私錢市其土物白馬、黑犬、琥珀、蒲萄酒、蕃鹽之屬以進，平章政事察那等引見宸慶殿而退。方議旌擢以酬其勞，而君以前在海上感瘴毒，疾作而歸。至大二年也，閱七寒暑，疾乃間。尋丁陸夫人憂，家食者二十載，益練達於世，故絶圭角，破崖岸，因自號默默道人。泰定四年，始用薦者起家爲昭信校尉、常熟江

陰等處海運副千戶。居官以廉介稱，被省檄，給慶紹溫台漕輓之直，力剗宿蠹掊尅之弊，絶無所容，天曆二年部運抵直沽倉，適疾復作，在告滿百日，歸就醫於杭之私廨，疾愈劇，不可爲。俄昇松江嘉定等處海運千戶，命下，君已卒。至順二年八月十四日其卒之日也，享年四十有九……

[36] 陳得芝：《元代海外交通的發展與明初鄭和下西洋》，收入《蒙元史研究叢稿》，人民出版社 2005 年版，第 414—418 頁。

[37]〔日〕桑原騭藏著、陳裕菁譯：《蒲壽庚考》，中華書局 1929 年版。

[38] 陳高華：《元代的航海世家澉浦楊氏》，見《元史研究新論》，上海社會科學出版社 2005 年版，第 238—261 頁。

[39] 同注 17，卷一一《世祖紀八》，第 227 頁。

[40]《經世大典·站赤》，見《永樂大典》卷一九四一八，第 15 頁。

[41]《瓦撒夫書》，見：〔瑞典〕多桑著、馮承鈞譯：《多桑蒙古史》下冊，中華書局 1962 年版，第 319 頁。

[42] 同注 17，卷八五《百官志一》，第 2141 頁。

[43] 同注 17，卷九五《食貨志三》，第 2417 頁。

[44] 同注 38。

[45] 政府給本讓商人出海舶易，回國後政府得七，商人得三。見同注 17，卷九四《食貨志·市舶》："二十一年，設市舶都轉運司于杭、泉二州，官自具船、給本，選人入蕃，貿易諸貨。其所獲之息，以十分爲率，官取其七，所易人得其三。"第 2417 頁。

"Hand and Feet of Us All": Chinese and Mixed Parentage Jesuits from the China Mission(1589–1689)

Isabel Murta Pina
(Macau Scientific and Cultural Centre, Lisbon, Portugal)

Based on my Ph.D. dissertation entitled *Jesuítas Asiáticos e Mestiços da Missão/Vice-Província da China (1589-1689)* [1], the purpose of this paper is to focus on the role played by Chinese and mixed parentage Jesuits in the running of the China mission in the period between 1589 and 1689.

The starting point corresponds to the first proposal of a model for admitting Chinese to the Society, in a letter from the Jesuit visitor Alessandro Valignano to the Father General, dated October 1589. As for 1689, one year after the first ordinations of Chinese Jesuits in mainland China by a Chinese bishop[2], two controversial incidents took place: one admission that came very close to being annulled (Domingos Lozome/Lu Xiyan 陸希言, 1630-1704); and the desertion of one of the new Chinese priests (Wan Qiyuan/Paulo Banhes 萬其淵, 1634/1635-1700).

During this 100 year period, 28 Chinese and mixed parentage

men joined the Society of Jesus for the China mission (see table I), under two distinct models for admission. The first, under which 20 members of the group were admitted, was instituted by Alessandro Valignano in his aforementioned letter dated 10th October 1589 [3]. Here, the visitor defined the rules for admission: exclusively Chinese youths born in Macau of Christian parents; educated by the Jesuits; and whose access was to be limited to the level of coadjutor brother. This was the framework in which the first two Chinese, Sebastião Fernandes/Zhong Mingren 鍾鳴仁 (*ca.* 1563-1622) and Francisco Martins/Huang Mingsha 黄明沙 (*ca.* 1570-1606), entered the Society on 1st January 1591.

This model, in which Macau clearly emerged as a central pivot, would remain in force for about 85 years although circumstances required some slight modifications to be made. Indeed, Valignano's model was strictly followed for approximately 35 years after his letter and the profile of the ten Chinese who joined the Society was precisely as Valignano had stipulated. The first of the minor changes which followed was in 1627 when individuals of mixed parentage were admitted for the first time (two Chinese-Portuguese[4] and one Chinese-Javanese[5]). Nevertheless, all three were from Macau. The second change was in 1640 when the first individual from mainland China, Xu Fuyuan/Crisóstomo Fuyuem 徐復元 (*ca.* 1593-1640), entered the Society. However, this did not represent a radical break from Valignano's model because Xu Fuyuan was Cantonese, had lived with the missionaries since the age of ten and died just four months after he was admitted. Moreover, until the mid-1670s, the five Asians that joined the Society for the Vice-Province of China were all from Macau.

The failure of Valignano's model became quite apparent by the mid-1660s when an intense debate began about the Chinese Jesuits. This culminated in the redefinition of their profile and the start of a new model for admission, that was inaugurated in 1675/1676 when Wan Qiyuan/Paulo Banhes joined the Society: he was a Chinese from the mainland, of an advanced age (ca. 40-42 years old), had not been raised by the Jesuits and had access to the priesthood. The seven men admitted from this date until 1689 formed a more heterogeneous group in which the prominent role of Macau as a place for recruitment dissipated completely: over this 13/14 year-period, only one of the eight admissions was from Macau, and the others from mainland China (see table I).

There is therefore a sharp contrast between the twenty individuals admitted under Valignano's model and the eight who joined under the second model. The former can be broadly described as young Asian men from families settled in Macau, connected to Europeans, notably to Jesuits and thus baptized. They can also be defined as youths who had been educated under the tutelage of the Jesuits at their teaching establishments, predominantly in Macau. Moreover, due to the old ties with the Europeans and their education in Jesuit schools, these twenty individuals achieved a significant level of acculturation which was reflected in their knowledge of Portuguese or even Latin so that some could write with remarkable fluency. After their training in Macau, most of these Macanese youths were sent to mission stations in mainland China where they studied Mandarin and Chinese writing, as well as the main Confucian books. Lastly, with the exception of Manuel de Sequeira/Zheng Weixin 鄭維信 (1633-1673) who was ordained priest in Portugal (Coimbra) on completing his theological preparation[6], the other members of the group remained as coadjutor brothers just as Valignano had foreseen and their studies permitted.

As for the eight individuals admitted under the second model, the majority were from mainland China (seven), as stated above, and their family background was not Christian (six). This group was also more diverse in terms of age—it included both youths and individuals of advanced age at the time of admission. Their educational background also differed, as some of them had been educated by the Jesuits from an early tender age while others had had a classical Chinese education. There was even diversity in terms of acculturation as some of them presented a high degree and others almost none. Francisco Xavier do Rosário/He Tianzheng 何天章 (1667/1668-1736)[7], the only Macanese of the group, is the most remarkable example of the acculturated members. In one of his several letters written in Portuguese, he proclaimed that despite his "sad Chinese appearance", which he deeply regretted, he was a subject of the King of Portugal. [8] The eight members of this group remained in the Society for the rest of their lives and five of them were ordained priests. [9]

"Hand and Feet of Us All"

The 28 native Jesuits provided the China mission with a support structure that proved highly effective. Their Chinese features, together with their mindset and language skills made them a great asset in the running of the mission, so that they proved fundamental to it. This is why, in 1617, in the "Relação dos Irmãos Chinenses naturais de Macau" / "Report on the Chinese brothers from Macau", Niccolò Longobardo expressively referred to them as "hands and feet of us all, without whom we could not function or move". [10] Or, as Manuel Dias *Junior* repeated a year later, nothing could be done without them since they were "our feet and hands", without whom "we will be all mutilated". [11]

However, it must be stressed that this support structure was small in number as the group comprised only 28 men over the long 100-year period. Indeed, there were never more than eight of these Jesuits within the mission at one time; this was the number reached between 1608 and 1611, when European missionaries varied between a minimum of eight (1610) and a maximum of 13 (1608-1609). During the 1610s and 1620s there were times when the number of Asian Jesuits rose to seven coadjutors, but the difference between them and the Europeans had widened at that time. In contrast, the presence of these Asian Jesuits in the mission was at its minimum in the 1660s and 1670s: just one in 1665 and 1671-1673 and none at all in 1666-1670 and 1674-1675.

Despite their numbers, this group played a crucial role in the running of the mission, as mentioned above; they collaborated in a wide range of activities, several of which were strategic and involved great sensitivity. Their work can be seen on two different levels: religious and temporal.

Religious Activity

As Jesuits, it was natural that the 28 individuals were engaged in the religious activities for which they had been trained. However, although a significant number were reported as active in the religious domain or referred to as catechists, not all of them acted in this level. In fact, the religious work carried out by the Asian Jesuits varied greatly; it is known that nine of them i.e. one third of the group, did not act as catechists, or at the best, had a very minor role.

In some cases, this can be explained by premature death, but in others it was intentional. The most evident example of the latter is that of Jacobe Niva/Ni Yicheng 倪一誠 (1579-1638), who was entirely devoted to painting. There is also scarce evidence of religious activity for Domingos Mendes/Qiu Liangbing 邱良稟 (1579-1652), Manuel Pereira/You Wenhui 游文輝 (1575-1633), João Fernandes/Zhong Mingli 鍾明禮 (b. 1581) and Luís de Faria/Cai Siming (?) 蔡思命 (b. 1594), most likely due to their great engagement in the temporal affairs.

As for the remaining 19 individuals, there are countless testimonies of their participation in religious activity. Their catechetical work stands out in particular e.g. religious instruction of the catechumens and neophytes; preaching; assisting the converts, namely those who the European missionaries found more difficult to reach such as women (due to the strict social rules); providing assistance in brotherhoods; supporting the European priests in their missions throughout China; baptizing in urgent cases. From 1688, after being ordained priests, they also baptized non-urgent cases, as well as celebrated mass and heard confessions.

Other religious activities can be added to this catechetical work, such as investigating the possibility of establishing a mission post in a certain place; or exploring the existence of and predisposition to conversion of particular religious groups such as the Jews or the so-called Christians of the Croce/*shizijiao* 十字教； distribution of religious material (books, images); composing religious texts (as was the case of Domingos Mendes, Wu Li/Simão Xavier da Cunha 吴藶，1632-1718[12], and Lu Xiyan/Domingos Lozome); or participation in religious debates with non-Christians.

At least one of them, Pascoal Mendes/Qiu Lianghou 邱良厚 (1584-1640), was actively involved in the controversy of the Chinese Christian terms. This Chinese born in Macau, probably the brother of another Macanese Jesuit, Domingos Mendes, was deeply engaged in religious work. He is not only classified in the catalogues as a "catechista optimus"[13], but Danielo Bartoli refers to him as

Niccolò Longobardo's Chinese catechist[14]. Pascoal Mendes is the only member of the group for whom there is documentary evidence of involvement in the controversy of the terms, which had already divided the missionaries in China by the 1620s. First, we know of his involvement through references made by João Rodrigues *Tçuzu* (1561-1633) in 1626, when he includes Mendes among the opponents of Matteo Ricci's terms along with Longobardo, the priest to whom he was associated[15]. But we also know of his involvement through some documents he wrote in the context of that dispute: the "Advertimentos de alguns nomes para nosso Deus em China" / "Some remarks on some names for Our God in Chinese"[16] and "Sobre Tien ti chu, e Van Ve chu de seus inconvenientes em usar assim como estão sem mais aditamentos" / "On Tien ti chu, and Van Ve chu objections to the use of these expressions without any further explanation"[17], both dated 1633 and addressed to visitor André Palmeiro (1569-1635). The incomplete, original documents are kept in Madrid, and the copies, completed, are found in the Ajuda Library, in Lisbon. In these texts Mendes introduced what he considered the most correct terms to express the concept of God, defending their careful selection in order to avoid meanings other than those intended by the missionaries.

The religious work performed by natives in China was not exclusive to Jesuits. This would obviously have been impractical due to their low numbers, especially since the mission grew both geographically and in terms of Christians. Therefore, Chinese lay catechists were also in charge of this kind of activity and their number grew greatly from the early 17th century [18].

Temporal activity

The collaboration of Chinese and mixed parentage Jesuits went far beyond the religious level and was particularly important within the temporal domain. It is mainly in this broad area that their contribution or their role as "hands and feet" proved to be crucial in terms of ensuring the viability of the mission.

It should be noted that it was during the mission's most difficult moments that they gain greatest visibility in the sources and are strongly defended. For instance, it is in the context of the expulsion of the missionaries from Zhaoqing in 1589 that the first proposal for the admission of Chinese to the Society was immediately prepared, and that we first hear about Sebastião Fernandes and Francisco Martins, the two young men promptly sent to the field to help Ricci and António de Almeida in whatever they needed[19]. Later, it is during the Nanjing affair of 1616-1617[20] that the "Informação dos irmãos chinenses naturaes de Macau" ["Report on the Chinese brothers from Macau"] appears. In this document, the mission superior Niccolò Longobardo, supported by another 11 European missionaries, made a strong apology of the Chinese Jesuits from Macau; this came in reply to the attack launched by the missionaries from Japan who were then strongly contesting the admission of Asians to the Society, be they Japanese or Chinese. Subsequently, during the persecution of 1664-1671[21], the debate on the Chinese Jesuits reappeared with renewed vigor, though characterized by new main lines[22].

The available sources provide us with several testimonies that categorically confirm the significant role played by these Asian Jesuits in the mission's logistic, financial, legal, operational, and general day-to-day viability.

For example, we can often see them engaged in business dealings with varying degrees of significance. This was a sensitive area where European missionaries were discouraged from participating directly. It was, therefore, particularly necessary to have the collaboration of the native Jesuits, namely as the European missionaries' underground agents who were better at dealing and achieving lower prices. Thus, we find them buying or renting houses or land, such as the house in Beijing 北京 bought in 1605 apparently by António Leitão/Xu Bideng 徐必登 (*ca.* 1581-1611)[23]; or two years later the house in Nanchang 南昌 , most likely negotiated by Pascoal Mendes, the coadjutor who, in 1612, was involved in a conflict with the previous owner, who then requested more money for the sale after realizing that the actual buyers were foreigners. [24] In the 1680s, the Chinese bishop Luo Wenzao 羅文藻 /Gregorio López, O.P.(*ca.* 1615-1691)[25] confirmed the role played by the Chinese when he noted it was much easier for him to buy a house than for the Europeans.[26] Around that time, Wan Qiyuan bought a piece of land to bury Feliciano Pacheco[27] – it should be noted that financial issues arising on that occasion led to the desertion of this Chinese priest.

We also see these Asian Jesuits engaged in the daily purchase of food and other goods in markets. This included buying silk at the fairs around Hangzhou 杭州 so it could be sold illegally in Guangzhou. This was what João Fernandes was doing in 1621. Due to his long experience in business dealings and journeys, Fernandes was chosen to execute the controversial plan engendered by Trigault which had the support of Niccolò Longobardo and Yang Tingyun's 楊廷筠 (1577-1628) financial backing. After buying the silk, Fernandes headed South with Trigault. Already accompanied by Manuel Pereira, they reached Guangzhou before the merchants from Macau. The two coadjutor brothers, who entered the city together without the priest, then parted to avoid raising the suspicions of Chinese authorities. [28] This was Fernandes' last journey as finance issues arose when he was alone in Guangzhou led to his expulsion from the Society the following year – he was actually the first Chinese to be expelled.

In addition, the native Jesuits were involved in another less relevant kind of business dealings, though no less important for the daily running of the mission, such as the chartering of boats and leasing of chairs, or negotiating the accommodation of Europeans missionaries at inns while traveling. These dealings, and their difficulties, are particularly well illustrated on the occasion of the procurator Nicholas Trigault's (1577-1628) journey to Macau with João Fernandes in 1612. In Guangzhou, the usual inn owned by a friend of Fernandes was unavailable and so he took the priest to another inn where the owner proved so hostile and distrustful that he insisted on seeing Trigault, who had retired alleging to be ill. Confronted with the threat of being denounced to authorities, the two Jesuits almost had to flee from the inn, leaving at daybreak in a boat Fernandes had meanwhile chartered. However, when the boatwoman realized that Trigault was a foreigner, she threatened not to take them, and it was reported that Fernandes had to "growl at her" while adding some more money to the previously negotiated price. [29]

Travelling was in fact a task that was primarily the responsibility of the native Jesuits. It involved not only travel within the mission, but also the liaising trip with Macau. The latter was particularly important because it was a strategic link and also due to the key role played by Asian Jesuits. Indeed, besides some generic references to their role in this voyage, there is specific documentary evidence that testifies the involvement of half of the group (see table II). Thus Asian Jesuits are clearly protagonists in this kind of journey and it was mainly through them that funds as well as European missionaries and all sorts of goods and correspondence were brought into the mission.

The liaising trip to Macau was highly risky and the Jesuit in charge would be travelling for at least one or two months. Usually he went only as far as Guangzhou. Once he arrived there he would anchor the boat in a discreet place outside the city, and then meet the group of traders that came from Macau for the twice-yearly fairs, the so-called "eleitos de Cantão" / "Guangzhou elected". It was this restricted group of traders that usually took the new missionaries to

Guangzhou (as well as the missionaries returning to Macau), money, letters and other goods, and entrusted all it to the Asian Jesuit. When this one was unable to reach the fairs in time, he could continue to Macau in one of the so-called "risk" boats that circulated illegally on the Pearl River.

João Fernandes is one of the Jesuits that stands out most in this liaising trip according to surviving sources. Known as "prattico in si fatti viaggi", in other words an expert in these journeys[30], he was documented in four: in 1607, 1612, 1613 and 1621. Following the last of these journeys, he was sent down as mentioned above. It should be noted that the Chinese Jesuit in charge of the trip immediately after Fernandes expulsion, Luís de Faria, became the second Chinese to be expelled from the Society, in 1628. [31] Domingos Mendes also stands out for his part in these liaising trips to Macau, that he continued to do, as well as several others within mainland China, even after being transferred to the Province of Japan[32]. We can also highlight the mainland Chinese Liu Yunde/Brás Verbiest 劉蘊德 (1628/1629-1707), a former official indicated in 1691 as "driver of the newly arrived priests"[33] to whom many journeys are ascribed. [34]

The available sources also record these Asian Jesuits as experts in stratagems for deceiving and bribing guards and other authorities, which in the context of the journeys for example, enabled them to pass the check points with the Europeans. Once again we can refer the case of João Fernandes, when he brought Giulio Aleni (1582-1649), Pierre Van Spiere (1584-1628) and Francesco Sambiasi (1582-1649) into mainland China in 1613 as this journey provides records of one of the various schemes João used to deceive the guards. When the control guards boarded to inspect the boat, João told them that there were three literati to the Court on board and proceeded to show them the priests: Aleni and Van Spiere, with beards and long hair, were bent over some books, pretending to be engrossed in what they were reading; and Sambiasi, whose hair and beard had not yet grown long enough, was in bed with his head covered pretending to be ill. Fernandes then exhibited a safe conduct document signed by Xu Guangqi 徐光啓 (1562-1633) whilst bribing the guards with money.[35]

Also with regard to their ability to elude the authorities, mention can be made of a spying episode in 1609 in which one of these Jesuits, most likely António Leitão, bribed some guards to gain access to the Guangzhou archive in order to see clandestinely some reports about a courier from Macau that had been arrested with letters from that port city.[36]

In addition to being greatly involved in all kinds of journey, these Asian Jesuits were also actively engaged in various tasks within the missionary residence. For instance, they managed and supervised the Chinese staff; welcomed guests; or assisted the European missionaries through difficult times such as illness or old age. A couple of them therefore appear as the authors of accounts on the priests' deaths; this was the case of Francisco Martins regarding António de Almeida[37]; and Manuel Pereira about Johann Ureman (1583-1621).[38]

We can also see these Asian Jesuits collaborating in a range of language activities, such as interpreting and translating, teaching, writing and revising texts, or even printing books. For instance, Sebastião Fernandes, noted as very knowledgeable of the Chinese language, helped Ricci and Lazzaro Cattaneo in 1598 to prepare a vocabulary – the second Portuguese-Chinese dictionary, which has not survived. He also helped them to compose some treatises in which the language rules were systematized.[39]

Domingos Mendes, referred to as an excellent interpreter/"Ottima lingua"[40], was fluent in both Chinese or Portuguese. In the case of the latter idiom, this is proved by a letter he sent to Manuel Dias *Senior* in September 1611 while in prison[41]; years later, around 1651, he translated two documents related to Macau from Chinese to Portuguese, one by the Shunzhi emperor 順治 (1644-1661), and the other by the Regional Prince Geng Jimao 耿繼茂.[42] Domingos Mendes is also one of the Asian Jesuits who stands out as a teacher of his European confreres: it is likely that he had helped João Rodrigues *Tçuzu* in the study of Chinese during the six months they spent together in Beijing in 1614. Mention can be made of some other native Jesuits, such as the Chinese from Macau Francisco de Lágea who taught Álvaro Semedo and Pedro Ribeiro in Jiading 嘉定 in 1623[43]; also the Chinese-Portuguese Francisco Ferreira who taught Giovanni Francesco de Ferraris (1609-1671) in Shanghai 上海 in 1641.[44] Ferreira probably also taught Martino Martini (1614-1661), with whom he lived in Shanghai and Hangzhou between 1643 and 1648 during a period in which the priest was studying.[45] The Chinese-

Javanese Manuel Gomes explained the *Four Books/Sishu* 四書 to Francesco Brancati (1607-1671) in 1637-1638 in Shanghai.[46] Brancati's annotations throughout these lessons can be observed in his surviving copy of that Confucian work, kept in the Archivum Romanum Societatis Iesu.[47] In 1641, Gomes was teaching Gabriel de Magalhães in Hangzhou.[48] We must also mention António Fernandes, who taught Philippe Couplet (1622-1693) and Christian Herdritch (1625-1684) in Ganzhou 赣州 in 1660.[49]

Wan Qiyuan/Paulo Banhes may have taught the Italian Prospero Intorcetta Chinese after he entered the mission. Their association since 1667[50] is confirmed but it may have dated back to at least 1662. In this same year, Wan Qiyuan a "Printer of Books"[51] born in Jianchang 建昌 , may have been involved with Intorcetta in the edition of *Sapientia Sinica*, published in that city and year. Moreover, it is precisely Wan Qiyuan who appears with Intorcetta in Guangzhou and Goa in 1667 and in 1669, collaborating with him in the edition of the two volumes of the work *Sinarum Scientia Politico-Moralis*.[52] Some years later, in 1691, José Monteiro (1646-1720) suggested that Wan should teach the Portuguese priest Francisco Pinto (1662-1731).[53] It should be noted that Wan was associated to Monteiro for seven years and so might have influenced him in his "Princípios da Lingua Sinica Mandarim".[54]

Another domain in which the Asian Jesuits were noteworthy was as intermediaries with the authorities. Among several others, we must highlight Pascoal Mendes, a Macanese coadjutor that was assigned for long periods to just two residences: 13 years in Nanchang and 23 years in Beijing, the main center of the missionaries' political activity. In both cities there are several references to his role in the contacts with the authorities.[55] For instance, he was the main link in Beijing between the undercover priests and the favorable officials, such as Xu Guangqi, Li Zhizao 李之藻 (1565-1630) and the *gelao* Ye Xianggao/葉向高 (1562-1627)[56], after the expulsion of the Europeans priests from 1617 to 1622.

Another good example of this at a later date is Liu Yunde/Brás Verbiest. As a former official, he was in a very good position to act in the local circles of power, as demonstrated by several records. The sources show him constantly moving from one place to another so as to make contact with the authorities, for instance in areas where the Jesuits intended to established themselves or to prevent other European missionaries obtaining permission to do so.[57]

Some of these Asian Jesuits were also engaged in artistic activities like music or painting. The sources provide us with information about three of these Jesuits in relation to music: João Fernandes[58], Pascoal Fernandes[59] and Crisóstomo Fuyuan/Xu Fuyuan. The latter is recorded as a harpsichord tuner, and it was precisely due to this skill that he was summoned from Henan 河南 province to Beijing in 1640, the year of his admission, to fix the harpsichord that Matteo Ricci had offered emperor Wanli 萬曆 , from the Ming dynasty, around 40 years earlier.[60]

Jacobe Niva and Manuel Pereira are the most prominent names

linked to painting. Niva a Chinese born in Japan, studied painting there under the direction of the Italian master Giovani Niccolò (1560-1626)[61]. It should be noted that he was the only Jesuit in the group devoted exclusively to one activity: painting.[62] Indeed, the Jesuit's catalogs always classified him as a painter, and there are plenty of references to his work in the most flattering terms. The other painter in the group, Manuel de Pereira, did not work exclusively in painting like Niva, and whenever compared, his work is always classified as less artistic.[63] However, the only (known) surviving painting was by Pereira: the well-known picture of Matteo Ricci, from 1610. Luís de Faria as well as Pascoal Fernandes also worked as a painters: although their work remains unknown, Faria is referred to in the secret catalogue for 1626, and Fernandes in the catalogue for 1654, as having some skills in painting[64]. Wu Li, a celebrated painter, did absolutely no work in this field as he was devoted essentially to religious activities.

All in all, the sources show that most of the 28 Chinese and mixed parentage Jesuits who belonged to the China mission/vice-province between 1591 and 1689 took part in various temporal activities; religious functions were added to this to varying degrees according to needs and possibilities. All the 28 Jesuits, some more than others, were key pieces in a mechanism which, despite the intervention of others, was strengthened by their active and valuable collaboration.

Table I Chinese and mixed parentage Jesuits from the China mission (1591–1689)

ame	Nacion	Place of recruitement	Religious background	Mission	Admission	Priest	Vows	Expulsions/ transferences	b.	d.
Sebastião rnandes / hong Mingren 鳴仁	Chinese (Xinhui, Guangdong)	Macau	2nd generation	Nov 1589	1/1/1591 Shaozhou		Temp. coad. 1/11/1617 (Hangzhou)		c. 1563	1622 Hang zhou
Francisco artins /Huang ingsha 明沙	Chinese	Macau	2nd generation	Nov 1589	1/1/1591 Shaozhou				c. 1570	31/3/1606 Guangzhou
António Lei- o /Xu Bideng 必登	Chinese	Macau	2nd generation	Already in 1598	15/8/1605 Beijing				c. 1581	10/6/1611 Guangzhou
Domingos endes / Qiu angbing 良稟	Chinese (Zhejiang)	Macau	2nd generation	Already in 1598	15/8/1605 Beijing		Temp. coad.1628/ 1629 (?)	Transf. c.1621	1579-1581	15/4/1652 Macau
Manuel reira / You enhui 文輝	Chinese	Macau	2nd generation	ca. 1597	15/8/1605 Beijing		Temp. coad. 25/12/1617 (Hangzhou)		1575	1633 Nanjing
João Fer- ndes / Zhong ngli 鍾明禮	Chinese (Xinhui, Guangdong)	Macau	2nd generation	Already in 1606	March 1608 Nanchang			Expelled 1622	1581	?
Francisco Lágea /Shi ongji 石宏基	Chinese	Macau	2nd generation	1601	March 1608 Nanchang		Temp. coad. 12/4/1626 (Jiading)		1585	2/2/1647 Macau
Pascoal endes / Qiu anghou 良厚	Chinese (Zhejiang ?)	Macau	2nd generation	1600	March 1608 Nanchang		Temp. coad. 2/12/1624		1584	26/71640 or August 1640
Jacobe Niva i Yicheng 一誠	Chinese (born in Japan)	Japan/ Macau	2nd generation	1602	March 1608 Nanchang				1579	26/10/1638 Macau
. Luís de ria /Cai ming (?) 思命	Chinese (Xinhui, Guang- dong?)	Macau	2nd generation	Already in 1610	1620 Beijing			Expelled in 1628	1594	?
. Francisco rreira / Fei ngyu 藏裕	Chinese-Portuguese	Macau	2nd generation	1622/ 1623	October 1627 Jiading		Temp. coad. 1648 (Hang zhou)		1605	Sept 1652 Macau
. Manuel mes/ Lu uji 陸有基	Chinese-Javanese	Macau	2nd generation	1622	October 1627 Jiading				1608	1648/1649
. Luís Gon- lves / Pang ji 龐克己	Chinese-Portuguese	Macau	2nd generation	Before Oct. 1627	October 1627 Jiading				1606	1630
. Pascoal rnandes /Fan uxing 有行	Chinese	Macau	2nd generation	1624 ou 1626	1636 Hangzhou		Temp. coad. 5/2/1657	c.1651 transfer. for the Prov- ince of Japan	1610	11/8/1681 Macau

(

Name	Nacion	Place of recruitement	Religious background	Mission	Admission	Priest	Vows	Expulsions/ transferences	b.	d.
15.Crisóstomo Fuyuem/ Xu Fuyuan 徐復元	Chinese (Guang-dong)	Guangzhou	1st generation	1603	March/May 1640 Beijing				c.1593	20/7/1640 o 4/9/1640
16. Luís de Figueiredo /Fei Cangyu 費藏玉	Chinese-Korean	Macau		1641 ou 1642	1646 Shanghai		Coad. temp.form. 19/11/662 (Macau)		1621 ou 1622	18/7/1705 Macau
17. António Fernandes/ Cai Anduo 蔡按鐸	Chinese	Macau		1645	1651 (?) Yenping			1666 – transfer. for the Province of Japan	c. 1620	18/6/1670 Guangzhou
18. Manuel de Sequeira/ Zheng Weixin 鄭維信	Chinese	Macau	2nd generation		17/10/1651 Rome	1664 Coimbra			25/5/ 1633	26/5/1673
19. Manuel da Costa/Ka Site 卡斯特	Asian	Macau	2nd generation (?)	1654	1652 Macau			Left for getting married (?)	1621	?
20. Sebastião Correia	Asian	Macau	2nd generation (?)	Referred in 1650	1657 Fuzhou			Left for getting married (?)	1634	?
21. Paulo Banhes/ Wan Qiyuan 萬其淵	Chinese	Jianchang (Jiangxi)	1st generation	Referred in 1667	1675/1676	1/8/1688 Nanjing	Coad.esp.	Disappears between Sept 1689 and July 1691	1634/ 1635	8/10/1700
22. Julião da Cruz ou Gonzaga/ Zhang Ruliang 张儒良	Chinese	Jiangxi	1st generation		21/6/1679 Hangzhou				1650 or 17/2/ 1651 or 1655	2/3/1730 Guangzhou
23. Simão Xavier da Cunha/ Wu Li 吴黁	Chinese	Changsu (Jiangnan)	1st generation		31/7/1682 Macau -Hang zhou(?)	1/8/1688 Nanjing			1/8/ 1632	24/2/1718
24. Francisco Xavier do Rosário / He Tianzhang 何天章	Chinese	Macau	2nd generation	Early 1691	1685 or 28/9/1686 Macau	Jan/Feb 1691 Guang zhou	Coad.esp. 1/11/1700		1667	11/5/1736
25. Brás Verbiest/ Liu Yunde 劉蘊德	Chinese	Huguang	1st generation		2/2/1686 Macau	1/8/1688 Nanjing	Coad.esp. 15/8/1703		1628/ 1629	1707
26. Tomé da Cruz/ Gong Shangshi 龚尚實	Chinese	Zhejiang			29/9/1686 Macau	1694 Macau	2/2/1709		18/12/ 1666 or 1668	1745 or 174
27. Miguel Afonso/ Shen Fuzong 沈福宗	Chinese	Jiangnan	2nd generation		9/10/1688 Lisbon				c. 1658	2/9/1691
28. Domingos Lozome/ Lu Xiyan (Simo) 陸希言	Chinese	Shanghai or Huading (Jiangnan)	1st generation		2/4/1689 Nanjing				1630	19/6/1704

Table II Journeys to Guangzhou/Macau: native Jesuits mentioned in the sources

Name	Liasing trip with Macau
Sebastião Fernandes/ Zhong Mingren	1597: introduced Niccolò Longobardo to mainland China. 1600: took to Nanjing Lazzaro Cattaneo and Diego Pantoja (from Macau/Guangzhou?). 1601/1602: took Manuel Dias Senior and Jacobe Niva, from Macau/Guangzhou (?), to Beijing. 1604: took Gaspar Ferreira to Beijing (from Macau/Guangzhou?).
Francisco Martins/ Huang Mingsha	1595: introduced João Soeiro and took him to Nanchang. 1604/1605: took Alfonso Vagnone to Nanjing. 1606: went to Guangzhou to pick Alessandro Valignano up.
António Leitão/ Xu Bideng (?)	"Irmão pratico na jornada"/"Expert in the journey" (AE II). 1609: drove Dias Sénior, Jerónimo Rodrigues and Tedeschi's dead body to Guangzhou; returned to the mission with the silver.
Domingos Mendes/ Qui Liangbin	1611: intended to took the funds from Macau (but he was arrest). 1615: journey to Macau. 1621: planned to introduced Terrenz Schreck and Francisco Furtado. 1622: Dias Senior, Adam Schall and Rodrigo de Figueiredo waited his arrival in Macau, in order to get into the mission. December 1628: introduced visitor André Palmeiro and accompanied him throughout the vice-province. 1629: took Palmeiro in his way back to Macau. 1630: introduced the priets Etienne Faber, Tranquillo Grassetti, Michel Trigault, Bento de Matos and Pietro Canevari in mainland China.
Manuel Pereira/ You Wenhui	1633: indicated as the responsible for the annual fund.
João Fernandes/ Zhong Mingli	Indicated as "prattico in si fatti viaggi" (Sambiasi, 1613). 1607/1608: took from Beijing to Macau the Armenian Isaac, companion of brother Bento de Góis, S.J. 1612: took procurator Nicholas Trigault to Macau and then introduced the funds. 1613: introduced Aleni, Van Spiere and Sambiasi in mainland China. 1621: took to Guangzhou the silk bought in Hangzhou.
Francisco de Lágea/ Shi Hongji	1638-1647: journeys to Macau.
Luís de Faria	1623: annual funds and correspondence.
Francisco Ferreira/ Fei Cangyu	1652: annual funds (died). It seems he did several times the journey.
Crisóstomo Fuyuem/ Xu Fuyuan	until 1640: several journeys to Guangzhou/Macau.
António Fernandes/ Cai Anduo	1658: went to Macau, to collect the annual funds.
Paulo Banhes / Wan Qiyuan	1677/1678: went to Macau, to collect the annual funds and correspondence.
Julião da Cruz ou Gonzaga/ Zhang Ruliang	1688: introduced the funds and correspondence.
Brás Verbiest / Liu Yunde	1684: journey to Guangzhou, in order to introduce some priests. 1689: introduced the annual funds and correspondence. 1690: introduced the annual funds and the priests Francisco Simões, Pieter Van Hamme, Francisco Pinto, Manuel Rodrigues, Miguel do Amaral and Xavier do Rosário. 1691: Indicated as "driver of the newly priests".

NOTES

[1] [Asian and mixed parentage Jesuits from the China Mission/Vice-Province] Published with the title *Jesuítas Chineses e Mestiços da Missão da China (1589-1689)*, Lisbon: CCCM, 2011.

[2] The Jesuits ordained in Nanjing on 1 August 1688 were Wan Qiyuan/Paulo Banhes, Wu Li/Simão Xavier da Cunha and Liu Yunde/Brás Verbiest.

[3] Letter from Alessandro Valignano to Father General, Macau, 10/10/1589, *Archirum Romanum Souètatis Iesu (henceforth ARSI)*, Jap.Sin. 11 II, ff. 183-183v.

[4] Francisco Ferreira/Fei Cangyu 費藏裕 (1605-1652) and Luís Gonçalves/Pang Keji 龐克己 (1606-1630).

[5] Manuel Gomes/Lu Youji 陸有基 (1608-1648/1649).

[6] The study of reference on Manuel de Sequeira, and which I followed closely, was written by Rouleau 1959, 3-50; See also Pfister 1932-34, 381; and D'Elia 1927, 34.

[7] On Rosário see Margiotti 1958 and Witek 2009, 59-73.

[8] Letter from Francisco Xavier do Rosário to José Soares, Jiangzhou, 26/9/1716, ARSI, Jap.Sin. 177, f. 388v.

[9] Besides the already mentioned Wan Qiyuan, Liu Yunde and Wu Li, the remaining individuals who were ordained priests were Francisco Xavier do Rosário and Tomé da Cruz/Gong Shangshi 龚尙實 (1666/1668-1745/1746). As for the others, they were not ordained either because they died young e.g. Miguel Afonso/Shen Fuzong, or due to ineptitude, e.g. Julião da Cruz or Gonzaga/Zhang Ruliang 张儒良 (1650/1651/1655-1730).

[10] Hangzhou, 1617, ARSI, Jap.Sin. 17, f. 91v.

[11] Letter from Manuel Dias Junior to the Portuguese assistant, Macau, 12/1/1618, ARSI, Jap.Sin. 17, f. 131. The expression "feet and hands" also appears in the "Regimento do

Lingua da Cidade e dos Jurubaças menores e Escrivaens", from 1627, referring to the Chinese (Christian) clerk as the "feet and hands of the city [of Macau] between us and the Chinese" ("pés, e mãos da Cidade [de Macau] entre nós, e os Chinas"). Biblioteca da Ajuda-Jesuítas na Ásia (henceforth BAJA) 49-V-6, ff. 460v-461. We can also find this expression in the "Compendio da Historia Profana do Imperio da China", where the Chinese from Macau were indicated as the "feet and hands" of the city. N.d., Porto Municipal Public Library, Reserved Item Section, ms. 663.

[12] For Wu Li there are several studies. See for example: Chaves 1993; Culture, Art, Religion. Wu Li (1632-1718) and His Inner Journey, 2006; or Xiaoping Lin 2001.

[13] "Primus Catalogus Patrum ac Fratrum [...] Viceprovincia Sinensi Anno 1626", ARSI, Jap.Sin. 134, f. 304; "Primus catalogus Patrum ac Fratrum [...]Viceprovincia Sinensi Anno 1628", ARSI, Jap.Sin. 134, f. 308.

[14] See Bartoli IV 1825 [1663], 288.

[15] Letter from João Rodrigues Tçuzu to Father General, Macau, 21/11/1626, ARSI, Jap. Sin. 18 I, f. 72v.

[16] [Beijing], 12/7/1633, Real Academia de la Historia, Madrid (henceforth RAHM), Jesuitas Leg. 21, 21, 9/ 7236 (II), ff. 1049-1051; BAJA 49-V-11, ff. 147-147v.

[17] BAJA 49-V-11, ff. 148-150v.

[18] On the lay catechists see Biais 1997, 101-110 ; Bornet 1944, "A propos d'un text de la China Illustrata", 24-34; Ibid., "Aux 17e et 18e siècles", 74-87; Golvers 1999, 413-437; Brockey 2007, 330-331, 350-357; Standaert 2003, 82-86.

[19] Letter from Alessandro Valignano to Father General, Macau, 10/10/1589, ARSI, Jap. Sin. 11 II, ff. 183-183v.

[20] See Kelly 1971. Dudink 1996, 119-157.

[21] On the persecution, see Young 1983, 77-96; Pingyi Chu 1997, 7-34; Zhang Dawei 1998,

475-495.

[22] See Bontinck 1962. Hsia 2006, 190-194. Pina 2011, 141-177.

[23] Ricci, Fonti Ricciane II (henceforth FR), NN. 767-768, 352-353.

[24] Niccolò Longobardo, ânnual letter of china for 1612, Nanxiong, 20/2/1613, ARSI, Jap. Sin. 113, ff.241-244.

[25] On Gregorio López see González, 1966; Cheng, 1973; San Román, 2001, 133-152.

[26] Letter from Gregorio López to the Propaganda Fide's cardinals, Nanjing, 3/10/1688, Archivio Storico Congregazione per l'Evangelizzazione dei Popoli (henceforth ASCEP), Indie Orientali Cina 5, f. 195v.

[27] Juan António Arnedo, annual letter of China for 1685-1690, Ganzhou, 30/9/1691, BAJA 49-V-19, f. 664v; "Transunto da Carta do Padre Van Paulo Banhes para o Padre Visitador Francisco Nogueira [...] vertida fielmente Pello Padre Jozé Monteiro da Lingua China em Portuguez", Pucheng, 11/7/1691, BAJA 49-IV-65, f. 376v.

[28] Letter from Nicolas Trigault, China, 31/10/1622, ARSI, Jap.Sin. 114, f. 340v; letter from Gabriel de Matos to Father General, Macau, 1/11/1622, ARSI, Jap.Sin. 18 I, ff. 14-14v.

[29] Niccolò Longobardo, annual letter of China for 1612, Nanxiong, 20/2/1613, ARSI, Jap. Sin. 113, ff. 260v-262.

[30] Letter from Francesco Sambiasi, Nanjing, 18/5/1614, ARSI, Jap.Sin. 116, f. 14.

[31] For reasons unknown to us. Annual letter of China for 1628, Hangzhou, 22/8/1629, BAJA 49-V-6, f. 584v.

[32] Sabatino de Ursis, "Principiam as noticias do ano de 1613", Beijing, 1614 (?), BAJA 49-V-5, f. 144; letter from Niccolò Longobardo to Father General, Nanxiong, 14/5/1613, ARSI, Jap.Sin. 15 II, f. 269.

[33] "Conductor dos padres que entrão de novo". Letter from Miguel do Amaral to Father General, Guangzhou, 1/1/1691, ARSI, Jap.Sin. 164, f. 201. This letter is wrongly dated

from 1690.

[34] Letter from Francesco Saverio Filippucci to Gregorio López, Guangzhou, 31/12/1688, BAJA 49-IV-63, ff. 268v; letter from Gregorio López to Francesco Saverio Filippucci, Hangzhou, 26/8/1690, ASCEP, Indie Orientali Cina 5, f. 33; letter from Gregorio López to Francesco Saverio Filippucci, Hangzhou, 28/8/1690, ASCEP, Indie Orientali Cina 5, f. 637.

[35] Letter from Francesco Sambiasi, Nanjing, 18/5/1614, ARSI, Jap.Sin. 116, f. 14v.

[36] Niccolò Longobardo, annual letter of China for 1609, Shaozhou, 21/12/1609, ARSI, Jap.Sin. 113, f. 116v.

[37] Letter from Francisco Martins to Duarte de Sande, Shaozhou, 21/11/1591, Opere Storiche(henceforth Os) II, 457-462.

[38] Francisco Furtado, annual letter of China for 1620, Hangzhou, 24/8/1621, ARSI, Jap. Sin. 114, ff. 241v-242. Gouveia, AE III, 76-77.

[39] FR II, N. 526, 32. In 1595, he had given Cattaneo language support when Ricci left Shaozhou (letter from Matteo Ricci to Duarte de Sande, Nanchang, 29/8/1595, OS II, 128).

[40] Bartoli IV, 309.

[41] Letter from Domingos Mendes to Manuel Dias Sénior, Guangzhou prison, 16/9/1611, ARSI, Jap.Sin. 161 II, ff. 69v-76.

[42] "Chapa e mandado do emperador e Raynha avo del Rey da China" (Macau, 1650, ARSI, Jap.Sin. 161 II, ff. 360-360v) and "Treslado da carta del Rey de Cantão pera a Cidade de Macao" (f. 361). See Boxer 1991, 149-151. According to Gabriel de Magalhães, this coadjutor was the author of several books on religious and Chinese topics in which he was "very well versed". Gabriel de Magalhães, annual letter of China for 1640, Hangzhou (?), 30/8/1641, ARSI, Jap.Sin. 116, f. 50.

[43] Francisco Furtado, annual letter of China for 1623, Hangzhou, 10/4/1624, BAJA 49-V-6, f. 106v.

[44] João Monteiro, annual letter of China for 1641, Hangzhou, 7/9/1642, Biblioteca Nacional de Portugal, cod. 722, f. 5v. João Monteiro, annual letter of China for 1637, Nanchang, 16/10/1638, BAJA 49-V-12, f. 37v.

[45] António de Gouveia, annual letter of China's Southern Residences for 1644, Fuzhou, 16/8/1645, *Cartas* Ânuas da China, 196-197.

[46] Francisco Furtado, "Novas da China", Nanchang, 1/1/1638, BAJA 49-V-12, f. 200v; João Monteiro, annual letter of China for 1638, 20/9/1639, BAJA 49-V-12, f. 312.

[47] ARSI, Jap.Sin. I 10. See Chan 2002, 9-11.

[48] João Monteiro, annual letter of China for 1641, Hangzhou, 7/9/1642, Biblioteca Nacional de Portugal (Lisbon), cod. 722, f. 13.

[49] Annual letter of Ganzhou for 1658-1660, 1660 (?), BAJA 49-V-14, f. 656.

[50] "Sacerdotes nostra societatis nationes sinica...", s.d., BAJA 49-IV-6, 229v. Wan Qiyuan was baptized in his hometown, Jianchang, on a date unknown to us. According to Bishop Luo Wenzao, it was during his childhood, and he had been been brought up in the Catholic faith. However, it should not be forgotten that the Bishop was justifying the ordination of that Jesuit (Nanjing, 3/10/1688, ASCEP, Indie Orientali Cina 5, 197v).

[51] Navarrete said that when Intorcetta left for Goa "He took with him a good Christian, a Printer of Books, named Paul. In Goa, later, I heard that this Man had returned thence to His Country". Cummins 1962, 232.

[52] After the book has been published in Goa, Wan Qiyuan returned to Macau, while the priest left for Europe. See Mungello 1988, 252-272. Based on the information provided by Tomás Pereira and Navarrete, Wan Qiyuan is precisely the same Chinese Christian, named Paulo, that Boxer indicated as the printer of *Sapientia Sinica* and *Sinarum scientia politico-moralis* (Mungello 1988, 199).

[53] Which never happened. Letter from José Monteiro to Francisco Nogueira, Pucheng,

11/7/1691, BAJA 49-V-23, ff. 11-11v.

[54] Academia de Ciências, Lisbon, Série Azul, Ms. 421.

[55] Trigault, HECRC, 619; Niccolò Longobardo, annual letter of China for 1612, Nanxiong, 20/2/1613, ARSI, Jap.Sin. 113, ff. 241-244v; "Novas das Casas da China", Macau, 12/10/1613, ARSI, Jap.Sin. 15 II, f. 319.

[56] Francisco Furtado, annual letter of China and Cochinchina for 1619, Macau, 1/11/1620, ARSI, Jap.Sin. 114, f. 220; Francisco Furtado, annual letter of China for 1620, Hangzhou, 24/8/1621, ARSI, Jap.Sin. 114, ff. 241, 245, 246-247v.

[57] Letter from Prospero Intorcetta to Francesco Saverio Filippucci, Hangzhou, 3/7/1688, BAJA 49-IV-63, ff. 195-195v; letter from Giandomenico Gabiani to Francesco Saverio Filippucci, [Nanjing], 8/8/1688, BAJA 49-IV-63, f. 209v; Giandomenico Gabiani to Francesco Saverio Filippucci, Nanjing, 12/1/1689, BAJA 49-IV-65, ff. 18v-19; letter from Miguel do Amaral to José Soares, Guangzhou, 13/12/1690, ARSI, Jap.Sin. 164, f. 361.

[58] Niccolò Longobardo, annual letter of China for 1612, Nanxiong, 20/2/1613, ARSI, Jap. Sin. 113, ff. 255-256v.

[59] "Secund. Catalogus de Qualitab. Patrum ac fratrum qui sunt in Provinciam Japonicam", 1654, ARSI, Jap.Sin. 25, f. 167.

[60] Gabriel de Magalhães, annual letter of China for 1640, Hangzhou (?), 30/8/1641, ARSI, Jap.Sin. 116, ff. 44-44v.

[61] Niccolò Longobardo, annual letter of China for 1612, Nanxiong, 20/2/1613, ARSI, Jap. Sin. 113, f. 225v; Niccolò Longobardo, "Informação dos Irmãos Chinenses naturaes de Macao", Hangzhou, 4/10/1617, ARSI, Jap.Sin. 17, f. 91v; Trigault, *HECRC*, 522.

[62] "Catalogo das emformações comuas dos Padres e Irmaons que estam dentro na China", December 1614, BAJA 49-V-7, f. 82v; "Primr^{o} Catalogo das informações comuas dos Padres e Irmãos que estam dentro na China [···]", September 1620, BAJA 49-V-7, f. 189v.

[63] Letter from Manuel Dias Junior to Father General, Nanchang, 1/11/1633, ARSI, Jap.Sin. 18 I, f. 141v; Niccolò Longobardo, "Pº Catalogus Patrum ac Fratrum [...] Missione Sinensi Anno 1621", Hangzhou, 30/11/1621, ARSI, Jap.Sin. 134, f. 301v ; "Pº Catalogus Patrum ac Fratrum [...] Viceprovincia Sinensi Anno 1626", ARSI, Jap.Sin. 134, f. 304 ; João Fróis, annual letter of China for 1633, China, 20/9/1634, BAJA 49-V-11, f. 50v.

[64] "Potet mediocriter cathequizare et pingere". "2º Cathalogus secretus Patrum ac Fratrum Societates Jesu, qui sunt in Viceprovcia Sinensi Anno 1626", ARSI, Jap.Sin. 134, f. 306. "Secund. catalogus de qualitab [...] 1654", ARSI, Jap.Sin. 125, f. 167.

REFERENCES

Printed Primary Sources

BARTOLI, Daniello. 1825 [1663]. *Dell'Historia della Compagnia di Gesù: Della Cina, terza parte dell'Asia – La Cina*, Turin.

Cartas Ânuas do Colégio de Macau (1594-1627). 1999. João Paulo Oliveira e Costa and Ana Fernandes Pinto, [Macau], CTMCDP – Fundação Macau.

CUMMINS, J.S. 1962. *The Travels and controversies of Friar Domingo Navarrete (1618-1686)*, Cambridge.

GOUVEIA, António de, S.J. 1995-2005. *Ásia Extrema* [*AE*]: *Primeira Parte – Livros I a VI*, ed. Horácio P.Araújo, [Lisbon:] Fundação Oriente, 3 vols.

—. *Cartas Ânuas da China (1636, 1643 a 1649)*. 1998. Horácio P.Araújo (ed.), Macau-Lisbon: Instituto Português do Oriente-Biblioteca Nacional.

RICCI, Matteo. 1942-1949. *Fonti Ricciane* [*FR*]: *Storia dell'Introduzione del Cristianesimo in Cina, scritta da Matteo Ricci*, ed. Pasquale M. D'Elia, S.J., Rome, 3 vols.

—. 1911-1913. *Opere Storiche* [*OP*] *del P.Matteo Ricci,* ed. P.Pietro Tacchi Venturi, S.J., Macerata, 2 vols.

SEMEDO, Álvaro, S.J. 1994. *Relação da Grande Monarquia da China* [*RGMC*], Macau: Fundação Macau.

TRIGAULT, Nicolas, S.J. 1978. *Histoire de l'Expédition Chrétienne au Royaume de la Chine* [*HECRC*] *1582-1610*, Paris: Desclée de Brouwer.

Research Works

BARRETO, Luís Filipe. 2006. *Macau: Poder e Saber, Séculos XVI*^{e} *XVII*^{e}, Lisbon: Editorial Presença.

BIAIS, Arnaud. 1997. "L'organization des catéchistes chinois par les jésuites au XVIIe siècle" in Raymond Brodeur & Brigitte Caulier (eds.), *Enseigner le catéchisme: Autorités et institutions XVI*^{e}*-XX*^{e} *siècles,* Paris: Cerf.

BONTINCK, François. 1962. *La lutte autour de la liturgie chinoise aux XVII*^{e} *et XVIII*^{e} *siècles*, Leuven-Paris: Éditions Nauwelaerts.

BORNET, Paul. 1944. "A propos d'un texte de la China Illustrata (1667): Le catéchiste en Chine dans les missions des jésuites au 17e siècle" in *BCP* 31, 24-34 ; "Aux 17e et 18e siecles", 74-87.

BOXER, Charles Ralph. 1991. *Estudos para a História de Macau, séculos XVI a XVII*, Lisbon: Fundação Oriente.

BROCKEY, Liam Matthew. 2007. *Journey to the East: the Jesuit Mission to China, 1579-1724*, Cambridge-London: Harvard University Press.

CHAN, Albert, S.J. 2002. *Chinese Books and Documents in the Jesuit Archives in Rome, a descriptive catalogue: Japonica-Sinica I-IV*, London-New York: An East Gate Books.

CHAVES, Jonathan. 1993. *Singing of the Source: Nature and God in the Poetry of the Chinese Painter Wu Li*, Honolulu: University of Hawaii Press.

CHENG, T.H. 1973. *A historical collectanea on the Most Rev. Gregorio Lopez, O.P.*, Gaoxiong.

Culture, Art, Religion. Wu Li (1632-1718) and His Inner Journey. 2006. International Symposium organized by the Macau Ricci Institute, Macau: Macau Ricci Institute.

D'ELIA, Pasquale. 1927. *Catholic Native Episcopacy in China, being an outline of the formation and growth of the Chinese Catholic Clergy, 1300-1926*, Shanghai.

DEHERGNE, Joseph, S.J. 1973. *Répertoire des Jésuites de Chine de 1552 à 1800*, Rome-Paris: Institutum Historicum-Letouzey & Ané.

DUDINK, Ad. 1996. "The inventories of the Jesuit House at Nanking made up during the Persecution of 1616-1617 (Shen Que, Nangong shudu, 1620)", in Federico Masini (ed.), *Western humanistic culture presented to China by Jesuit missionaries: XVII-XVIII centuries*, vol. 49, Rome: Bibliotheca Instituti Historici (SI).

GOLVERS, Noël. 1999. *François de Rougemont, S.J., Missionary in Ch'ang-shu (Chiang-nan). A Study of the Account Book (1674-1676) and the Elogium,* Leuven: Leuven University Press.

GONZÁLEZ, Fr. José María, O.P.1966. *El Primer Obispo Chino, Exc.mo Sr. Fray Gregorio Lo, o López, O.P.*, Villava-Pamplona: Editorial OPE.

HSIA, Ronnie Po-chia. 2006. "La questione del clero indigeno nella missione cattolica in Cina nel sedicesimo e diciassettesimo secolo" in *Studia Borromaica*, 20, Milan: Bulzoni Editore, 185-194.

KELLY, Edward Thomas. 1971. *The Anti-Christian Persecution of 1616-1617 in Nanking*, Ph.D. diss. Columbia University.

MARGIOTTI, Fortunato. 1958. *Il cattolicismo nello Shansi dalle origini al 1738*, Rome: Edizioni "Sinica Franciscana".

MUNGELLO, David E. 1988. "The Seventeenth-Century Jesuit Translation Project of the Confucian Four Books" in Charles E. Ronan & Bonnie B.C. Oh (ed.), *East Meets West, The Jesuits in China, 1582-1773*, Chicago: Loyola University Press.

O'NEILL, Charles E., SI & Joaquín Mª Domínguez SI (ed.). 2001. *Diccionario Histórico de la Compañia de Jesus*, Rome-Madrid: Institutum Historicum-Universidad Pontificia Comillas, 4 vols.

PFISTER, Louis. 1932-1934. *Notices Biographiques et Bibliographiques sur les Jésuites de l'Ancienne Mission de Chine*, 2 vols., Shanghai, 2 vols.

PINA, Isabel Murta. 2011. *Jesuítas Chineses e Mestiços da Missão da China (1589-1689)*, Lisbon: Centro Científico e Cultural de Macau.

PINGYI Chu. 1997. "Scientific Dispute in the Imperial Court: The 1664 Calendar Case" in *Chinese Science*, No. 14.

ROULEAU, Francis A. 1959. "The first Chinese Priest of the Society of Jesus, Emmanuel de Siqueira, 1633-1673", in *Archivum Historicum Societatis Iesu* 28, Rome.

SAN ROMÁN, Miguel Angel. 2001. "Luo Wenzao: A Unique Role in the Seventeenth Century Church of China" in Ku Wei-Ying (ed.), *Missionary Apprroaches and Linguistics in Mainland and Taiwan,* Leuven: Leuven University Press.

STANDAERT, Nicolas. 2003. *L'«autre» dans la mission*, Brussels: Éditions Lessius.

—, (ed.). 2001. *Handbook of Christianity in China I, vol. 1: 635-1800*, Leiden-Boston-Köln: Brill.

WITEK, John. 2009. "Confucian Practices and Christian Principles in the Qing Period: A Jesuit Pastor, Francis Xavier do Rosario He Tianzhang (1667-1736)", in Rachel Lu Yan and Philip Vanhaelemeersch (eds.), *Silent Force: Native Converts in the Catholic China Mission*, Leuven: Ferdinand Verbiest Institute.

XIAOPING Lin. 2001. *Wu Li (1632-1718), His Life, His Paintings*, Lanham-New York-Oxford: University Press of America.

YOUNG, John D. 1983. *Confucianism and Christianity: The First Encounter*, Hong Kong: Hong Kong University Press.

ZHANG Dawei. 1998. "The 'Calendar Case' in the early Qing Dynasty re-examined" in Roman Malek (ed.), *Western Learning and Christianity in China: The Contribution and Impact of Johann Adam Schall von Bell, S.J.*, vol. 1, Sankt Augustin: China-Zentrum & the Monumenta Serica.

环太平洋史

Family Business and Chinese Immigrant Entrepreneurs of the Western Pacific: A Historical Perspective*

Qian Jiang (錢　江)

Social scientists have long emphasized the importance of family business and its relations with ethnic economy and immigrant entrepreneurship.Such a phenomenon, nevertheless, is not new, and many cases relevant to the topic of Chinese family business could be gleaned from history. With a brief account of five Chinese immigrant families and their business activities on the Malay Peninsula of the Western Pacific in the period from late 18th to the early 20th centuries, this article would like to explore the reasons for the success of Chinese immigrant entrepreneurs in an alien environment with a focus on the strategies employed by the Chinese immigrant merchants in their commercial development, such as political patronage, intermarriage and ethnic networks.

* This is part of the ongoing research project entitled "Maritime Trade between Hong Kong and Southeast Asia". The author wishes to thank the generous support from RGC GRF of Hong Kong SAR Government (Project Code: HKU 742509H).

The Koh Family of Kedah and Penang

Penang was a British colony founded by Captain Francis Light in 1786. It is estimated that in 1811 the population of Penang was 25,000, comprising 10,000 indigenous Malays, 7,000 Chinese immigrants, 6,000 Indian immigrants and 2,000 others (K.G. Tregonning, 1958: 131). Shortly after the new British colony was established on the west coast of Malay Peninsula, Captain Francis Light adopted the Dutch system of *Kapitan* founded in the Dutch East India to assist in the administration of different ethnic groups in the new settlement. In other words, each ethnic immigrant community would have had a *Kapitan* or head man appointed to administer justice, keeping registers and regulating the social order within its respective ethnic community (J.R. Logan, 1851: Vol.5, 106).[1]

There is abundant evidence to show that the first Chinese *Kapitan* in Penang of Northern Malay Peninsula was Koh Lay Huan (Gu Lihuan). Koh Lay Huan was a Hokkien immigrant from Zhangzhou of south Fujian, and he has been the *Kapitan* of Chinese community of 60 Chinese families for some years in the nearby Kedah before the arrival of the British. On 18th July 1786, Koh Lay Huan paid a visit to Francis Light in Penang with a present of fishing net on behalf of the local Chinese immigrant community (V. Purcell, 1948: 115; C.S. Wong, 1963: 12-13). In official British documents, Koh Lay Huan was recorded as Cheko or Chewan.[2] In traditional Malay society, *Che* stands for *Inche*, and it is a normal Malay practice to address a respectable person with *Inche* or its abbreviated version *Che*. In his letter to the Bengal headquarters dated 7th May 1787, Francis Light reports: "I have appointed Cheko, the most respectable member of the Chinese to be their Captain" (C.S. Wong, 1963: 12). But why the British colonial authorities had to appoint the early Hokkien immigrant Koh Lay Huan to be the first *Kapitan* of local Chinese community of Penang? Another report sent by Francis Light provides us with the answer (K.G. Tregonning, 1965: 79):

> *Tuanka China* [i.e. Koh Lay Huan][3] is an old fox. He has little to do with the government, but being rich, and having married a daughter of the old King, he bears a considerable sway in their Becharas or Council.

It turns out that Koh Lay Huan had forged a close tie with the indigenous Malay Sultan regime through marriage before the coming of the British and had thus become part of the local ruling class while enjoying economic and political influence in local society. As a consequence, the British authorities had to use Koh's private connections with the Malay Sultan in the hope to develop a friendly collaborative relationship with the local ruling regime. Anyhow, Koh Lay Huan moved from Kuala Muda of Kedah to Penang and quickly rose up as a leading merchant and planter in Penang with the support and assistance of the British authorities. He was granted the licence of arrack (liquor) tax farm for James Town (now known as Sungei

Province of Ligor in Northern Malay Peninsula, opposite the modern Phuket. Kok Kok Chye became the agent of the Siamese government and in that capacity he entered Perak in a ship with 200 men to collect Siamese debts in 1837 (R.O. Winstedt, 1934: 17).

Koh Kok Chye had several grandsons. Of them, Koh Seang Tat needs to be particularly noted. Koh Seang Tat was born in 1833 in Penang. He started his career as a subordinate officer in the Penang Supreme Court. Through his thrift he accumulated some capital and managed to enter into business (Arnold Wright and H.A. Cartwright, 1908). Shortly afterwards, Koh Seang Tat teamed with Foo Tye Sin and jointly they established a firm named Tyesintat & Co. dealing and became the ship-chandlers. He was for some years a licensed farmer of revenue farms in Penang. In 1880, he was the boss of a new Opium Farm Co. with a capital of $500,000 in Singapore. It is interesting to note that Koh Seang Tat married Oon Geok-teah Neoh, who was sister of Oon Gan Thay, the *Kapitan* of Chinese immigrant community in Deli, Sumatra (C.S. Wong, 1963:16-17).

The best known of Koh Seang Tat's sons was Koh Cheng Sian. Born in 1863, Koh Cheng Sian was educated in Penang of British Malaya and Calcutta of India respectively before returning to Penang to launch his own business with his brother Koh Cheng-hooi and became a ship-chandler. What is interesting is that Koh Cheng Sian even extended his business to Hong Kong, another British colony on the South China coast, and became an opium revenue farmer of Hong Kong in 1899. He engaged in this tax farming business for only four

Kluang) in 1806 and for George Town in 1810-11 under his popular name Chewan (Wong Lin Ken, 1964-65: 56-127). In 1807, the British Penang Government established a Roads Committee, one of the Asian members elected was Che Wan (Koh Lay Huan), showing that Koh was actively involved in the early development of Penang as a Chinese immigrant entrepreneur (C.S. Wong, 1963:14).

Koh Lay Huan died in 1826 and left surviving him six sons and two daughters by his Penang wife, Saw It Neoh, and two sons and one daughter by his Kedah Wife, Guan Boey Neoh. What Koh Lay Huan achieved in the early 19th century laid a solid foundation for the development of the Koh family business on the Malay Peninsula. One of his granddaughters, Koh Keng Yean, for instance, was arranged to be married to Khoo Cheng Lim (C.S. Wong, 1963:14). Since the Khoo family was another influential Chinese immigrant family of Penang, such a marriage could be perceived as an important strategy to form a commercial partnership within the distinguished cognate group on the Malay Peninsula.

Koh Lay Huan's eldest son, Koh Kok Chye alias Koh Kok Chai was even more illustrious than his father in terms of political career. He was one of those who accompanied Sir Stamford Raffles to Singapore in 1819 when the British took possession of the island (A.E.H. Anson, 1920:292). Between the years 1821 and 1841, when Kedah was under the Siamese suzerainty, Kok Kok Chye was appointed Governor of Kuala Kedah (G.M. Khan, 1958: 99). He was also the Raja or indigenous ruler of Pungah in Ligor. Pungah is the ancient capital of the years and returned to Penang to manage his father's family business. While inhabiting in Penang, Koh Cheng Sian was secretary and adviser to the Penang Chinese community for two years and became secretary of the Chinese Chamber of Commerce. While his wife was Cheah Keow Moh from the well-known Cheah family in local society, he married his elder daughter Koh Chooi Peng to Chung Thye Seong, eighth son of the Chinese *Kapitan* Chung Keng Kwee in Perak. What is more intrigue is that *Kapitan* Chung Keng Kwee was also the leader of a Chinese secret society Hai San in Perak (Arnold Wright and H.A. Cartwright, 1908; C.S. Wong, 1963: 17-18).

Koh Leap Cheng, the third son of Koh Seang Tat, also needs to be noted. He further developed the Koh family business and entered into partnership with Quah Beng Kee, Ooi Hong Lim, Yeoh Seng Lye and Yeoh Seng Soon with a capital of $400,000 to start the Bean Wan Lee Oil Mill, acclaimed to be the biggest oil mill in Southeast Asia of that time. In December 1935, this oil mill was sold to Yeap Chor Ee and changed name to Ban Hin Lee Oil Mill Ltd. Koh Leap Cheng then took to agricultural pursuit and became the proprietor of Anam Batu Setengah Rubber Estate in Kuala Ketil. In the meantime, he became Assistant Manager of the Eastern Shipping Co., Ltd. (C.S. Wong, 1963:19)

One of *Kapitan* Koh Lay Huan's distinguished descendants of the sixth generation was Koh Sin Hock, who was a banker and an ex-compradore of the Hong Kong and Shanghai Banking Corporation in Penang. He served the banking sector for more than 33 years before retiring from the bank in 1961 (C.S. Wong, 1963:19).

Koh Aun Peng was *Kapitan* Koh Lay Huan's second son. When young, he was sent back to China to receive traditional Chinese education. He successfully passed the imperial civil service examination and became as a Jingshi. As a result, Koh Aun Peng entered the Qing government service under the famous Lin Zexu or Commissioner Lin of anti-opium. Later he was transferred to work in Taiwan, and some of his descendants followed him and settled down on the island, gradually becoming successful businessmen there (C.S. Wong, 1963:20). In other words, the prominent Koh or Gu family in present Taiwan is actually a lineage branch originated from the early Chinese immigrant community of Penang.[4]

The Khaw Family of Penang and Southern Thailand

The origin of the Khaw commercial empire in Southern Thailand could be traced back to its founder Mr Khaw Soo Cheang (Xu Shizhang 1797-1882), who was born in Xia Yu She Village, Longxi district, Zhangzhou prefecture of south Fujian, not far from Xiamen (Amoy), an area from which huge number of Hokkiens emigrated to Southeast Asia (Xushi zongpu, 1963). In other words, Khaw Soo Cheang was also a Hokkien immigrant, sharing the same homeland with *Kapitan* Koh Lay Huan of Penang. With a humble family background in rural south Fujian, Khaw Soo Cheang and his older brother Khaw Soo Foo perhaps joined the secret society the Xiao Dao

Hui (Small Dagger Society), and forced to flee to Penang at the age of 25 when the organisation was suppressed by the Qing government in 1822 (Wang Zhongyan, 1965: 47). Khaw Soo Cheang's rise from poverty to wealth and power, as pointed out by Yen Ching-hwang, "typified the 'rags to riches' story of struggling Chinese immigrants" (Yen Ching-hwang, 2008: 296-297). He started off as a pedlar of fruits and vegetables in Penang. With diligence and thrift, he accumulated some capital and invested in land, and then extended his business to Southern Thailand while trading with the indigenous authorities along the peninsula. In the early 1830s, Khaw Soo Cheang moved to settle in Southern Thailand, probably in Phangnga or Takuapa, where he was given assistance in his early business ventures by a woman named Thao Thepsunthorn (Chatthip et al., 1978:102). This woman was later identified as a wife of Noi Na Nakhon, the most important political figure and a Siamese high-ranking officer on the peninsula. What is more interesting is that this woman was the descendant of a prominent Hokkien Chinese immigrant from Penang as she was one of the daughters of *Kapitan* Koh Lay Huan. As corrected observed by Jennifer W. Cushman, such a relationship would tie Khaw Soo Cheang back into the Penang Chinese world and point to his inclusion in a network of other Hokkien Chinese (J.W. Cushman, 1991:10-11). The connections among ethnic Hokkien Chinese would thus have given Khaw Soo Cheang an edge over others. As it turned out, Khaw Soo Cheang's alliance with the Na Nakhons in the middle decades of the 19th century did helped him consolidate his position and seize important commercial opportunities on the peninsula, most notably the regional tax monopoly.

Koh Lay Huan's daughter Thao Thepsunthorn was a lady possessed considerable capital based in Takuapa and she lent Khaw Soo Cheang funds to start trading in the states of Northern Malaya and Southern Thailand. In 1844, he succeeded in acquiring the sole right to farm the taxes and later he was granted the tin monopoly rights in Ranong of Southern Thailand. Khaw's growing economic power and political influence were recognized by the Siamese court and he was admitted into the Siamese bureaucracy by given the noble title of "Luang Rattanasetthi". In 1854, he was appointed Governor of Ranong with the title of "Phra Rattanasetthi", which was followed in 1862 with another more elevated title of "Phraya", the second highest rank of conferred nobility in the kingdom.

Apart from his business and political career, Khaw Soo Cheang's family marriage is also quite interesting to be noted. According to the relevant records, Soo Cheang probably had at least seven Thai or Sino-Thai wives and a number of Thai or Sino-Thai partners from the time he settled in Southern Siam. While the mother of his male heirs was Sino-Thai, the principal wives of his second-generation sons were all ethnic Chinese from Penang. For example, his sons Khaw Sim Kong and Khaw Sim Tek married sisters from the Cheah family, prominent in Penang business circles, while another son Khaw Sim Chua married a woman from the Yeoh family of Penang, and Sim Chua's brothers Sim Khim and Sim Bee married women of the Lim family. Even his only daughter married a Penang man, Lim Cheng Gow (J.W. Cushman, 1991: 20). And all the families mentioned above belong to the wealthy and influential Hokkien Chinese immigrant community of Penang, underlining the importance of ethnic entrepreneurial networks built up on the basis of Southern Chinese dialect groups.

A poor Hokkien immigrant from south Fujian, Khaw Soo Cheang gradually developed from produce merchant to tax farmer, from prosperous trader to a nobleman of Thailand, and finally built up the Khaw business empire in Southern Thailand and Penang in three decades. By the middle of 1850s, Khaw Soo Cheang had emerged as a wealthy and politically powerful Chinese capitalist on the Malay Peninsula (C.S. Wong, 1963; J.W. Cushman, 1986, 1990, 1991; Yen Ching-hwang, 2008: 296-297).

The Chang Family of Java and Penang

The Chang family business was founded by Chang Pi-shih or Thio Thiau Siat as he was locally known in Penang, an early Hakka immigrant and the best-known Chinese capitalist from Southeast Asia in the late 19th century. Born in 1840 in a Hakka family in Dapu, East Guangdong province of South China, Chang Pi-shih immigrated to Java in 1857 at the age of 17. Like many other fellow countrymen from South China, Chang worked as an apprentice in a rice shop.With the aid of his relatives, he had established his first business in Batavia

(Jakarta of Indonesia) at the age of 19. Trading largely in foodstuffs, he became a provisioner for the Dutch army and navy, and by gradually gaining the favour of the Dutch colonial authorities, he used his position to advantage and made successful bids for a number of monopolies made available in Western Java including opium, tobacco and spirits.

In addition, with the Dutch supplying most of the capital, tools as well as the market, Chang Pi-shih furnished the coolie labour and managerial supervision and established his first major company, the *Sjarikat Yu Huo Tidak Terhad* (the Yu He Company), involving in the coconut and rice plantations. In 1875, only twenty years after his initial arrival in Java, Chang Pi-shih became one of the most prominent Chinese immigrant entrepreneurs in Indonesia. Taking advantage of Dutch expansion of plantations to the island of Sumatra, Chang, with the strong cooperation of the colonial power, extended his business to embrace the whole northern half of Sumatra. He was soon farming all the major revenue farms. In Deli (modern Medan), the leading trader centre of Northwest Sumatra, Chang set up a company to plant land in coconut palms, rubber and tea. Meanwhile, he expanded his family business to British-ruled Penang of Northern Malay Peninsula as Penang was the strategic transhipment point for the produce of Sumatra. In partnership with his fellow Hakka immigrant businessmen, Chang Pi-shih founded the Li Wang Company in 1877 with branches in both Deli and Penang to expedite the export of Sumatran products while being actively involved in the planting of coconuts, rubber and coffee (Kuang Guoxiang, 1958:104; Michael R. Godley, 1981:10-12).

Chang Pi-shih continued to be the major provisioner for the Dutch in their conquest of the Atjehnese Sultanate at the western tip of Sumatra. The Dutch colonial authorities in return honoured him on many occasions and enabled him to secure a number of commercial plums. Not only did Chang receive the opium farm at Atjeh when the Dutch occupied the trading town, but he was also permitted a virtual monopoly of coastal shipping in Sumatra. In 1879, Chang Pi-shih set up his first steamship company. His first steamer, *Rajah Kongsee Atjeh*, flew the Dutch flag and made a good sum of profit all along the west coast, and by the mid 1880s his three steamers were said to have dominated the area's maritime trade and to be reaping a fabulous profit. Chang then became keenly interested in the business opportunities on the other side of the Malacca Straits. He moved the operation base of his family business to Penang in 1886 by establishing the Chop Ban Joo Hin (The Wan Yuxing Company). In 1886, Chang obtained the pawn-broking monopoly in Penang, and in 1889, he went into a lucrative opium and spirits farming business by joining the syndicates formed by Gan Ngoh Bee, a Hokkien immigrant merchant based in Penang. By 1895, Chang's steamship business had expanded to the English port of Penang in northern Malay Peninsula, where he started a company with nine more steamers running along the Sumatra and Malay coasts between Penang, Perak and Deli.

Penang became Chang Pi-shih's launching-pad in Southeast Asia and from Penang he started his business activities in south China by getting involved in construction of railways in Guangdong and wine making in Qingdao of Shandong province. With the expansion of his family business in both the Dutch East Indies and British Malaya, Chang realised the urgent need of modern financial institutions such as banks to smooth the operation of his business empire. As a result, in 1907, he founded the Deli Bank by pooling the resources of well-known tax farmers on both sides of the Malacca Straits (Michael R. Godley, 1973, 1975, 1981, 1993).[5]

The Seah Family of Singapore

The founder of the Seah family business was Seah Eu Chin (Siah U Chin), the leader of the Teochew Chinese immigrant community in Singapore. Seah Eu Chin was born in Chenghai County, Teochew (Chaozhou) prefecture of Eastern Guangdong in 1805. He immigrated to Singapore at the age of 17. His father, Seah Keng Liat was a secretary of local government in Puning County, which would probably explain why Seah Eu Chin was good at the Chinese writing. What distinguished him from his fellow immigrants thus were his literacy and business acumen, which gave him a competitive edge. On the recommendation of the junk owner, he became a clerk to several Chinese trading vessels for five years, and established business contacts with the indigenous Malays on the Malay Peninsula and the Riau Archipelago. When he was scarcely the age of 25, Seah Eu Chin started his own business in Kling Street and later in Circular Road as a commission agent, supplying the junks with provisions and trading in local produce. He then invested his profits in real estate. It is said that Seah Eu Chin was the first to start gambier and pepper planting on a large scale on the island, and as a result he became one of the most successful Chinese immigrant entrepreneurs in Singapore (Song Ong Siang, 1967: 19-20; P'an Hsing-nung, 1950: 78-79).

In 1837, Seah Eu Chin married the eldest daughter of Tan Ah Hun. What is important in this marriage is that Tan Ah Hun was a rich merchant and the *Kapitan* of Chinese immigrant community in Perak. Tan Ah Hun's son, Tan Seng Poh, was for many years one of the leading revenue farmers in opium and spirit in Singapore (Song Ong Siang, 1967:21). While conducting business in Singapore, Seah Eu Chin cultivated close ties with the British colonial government, and was frequently asked to act as a grand juror in local court. He rendered valuable services to the British colonial regime and played a key role in resolve the great Hokken and Teochew riot of 1854 in Singapore (Song Ong Siang, 1967:20-21).

Being a prominent merchant in the British colony, Seah Eu Chin managed to organise a group of well-to-do fellow Teochews from his homeland to found the Ngee Ann Kun in about 1830, a Teochew umbrella institute based on the locality and dialect network which was the predecessor of the famous Ngee Ann Kongsi in Singapore. Apart from the Seah family, twelve influential Teochew clans immigrated from Chenghai and Haiyang of Teochew region were invited to form the committee with Seah Eu Chin himself appointed as Chief Director (zongli). The activities of Teochew Chinese immigrant community in Singapore had thus been firmly controlled by the Seah family for nearly 100 years. Seah Eu Chin was a smart immigrant entrepreneur and a man of foresight, and he saw the danger of his leadership status disappearing after his death. He realised the importance of the perpetuation of the Seah family fortune, and its dominant status within the Teochew community, and all these had to hinge on the continuation of his family business by his children. As a consequence, his two sons Seah Cheo Seah and Seah Liang Seah were particularly arranged to accept strict English education and became the Chief Director of the Ngee Ann Kongsi and the *de facto* leader of the Teochew Chinese immigrant community one after the other in the 19th century (Wu Hua, 1975; Yen Ching-hwang, 2002:273-306).

The Tan Family of Malacca and Singapore

Unlike other Chinese immigrant entrepreneurs mentioned above, the Tan family had been settled down on the Malay Peninsula for several generations, and thus was economically more powerful as compared with new immigrants from China. Tan Tock Seng was a child of Hokkien immigrant and a Straits-born *baba* (local born Chinese). He was born in Malacca in 1798, and came to Singapore shortly after 1819, when Sir Stamford Leonora Raffles formally found this British colony, to start his life as a vendor for vegetable, fruit and fowl. By dint of frugality and hard work, he contrived to save a small sum of money with which he established a small shop on the side of Singapore River. Collaborated with a British businessman J.H. Whitehead in some speculations, Tan Tock Seng gradually made his fortune, and became the early leader of Hokkien immigrant community in Singapore. When Tan Tock Seng died in 1850 at the age of 52, his family business was inherited by his eldest son Tan Kim Ching, who was born in Singapore in 1829. Kim Ching expanded the Tan family business further north with a focus on the rice trade with Saigon and Bangkok. His company was based at riverside of Singapore River, and Kim Ching owned a number of steamers plying between Singapore and harbours of mainland Southeast Asia, and operated rice mills in Siam and Saigon (C.B. Buckley, 1965: II, 530). Consequently, he became the Singapore "Rice King" in the 1870s (Li Tana, 2004:265). In the meantime, Tan Kim Ching was the chairman of the Hokkien Association in Singapore, which was located in the Chinese temple *Thian Hok Kiong* (Tianfu gong) in Telok Ayer Street, and, by virtue of his leadership, he was called "*Kapitan* China" by his fellow Hokkien Chinese immigrants. One of his duties was to issue the marriage certificates bore his seal to Hokkien immigrants. Because of his contributions made towards the Siamese economy and his influence in the British Straits Settlements, Tan Kim Ching was Consul-General and Special Commissioner for Siam in the British Straits Settlements and had the title of "Phya Anukul Siam-kitch Upanick Sit Siam Rath" conferred on him by the King of Siam (Song Ong Siong, 1963:92; C.S. Wong, 1964:35-37).

Concluding Remarks: Political Patronage, Intermarriage and Ethnic Networks

Mass immigration of Chinese into Malay Peninsula of Western Pacific was encouraged by the British colonial government in the 19th century. These early immigrants were mainly Hokkiens from south Fujian and Teochews from east Guangdong, and they dwelled principally in urban areas on the west coast of the peninsula while being actively involved in regional trade, agriculture, artisanry and tin mining (Gullick and Gale, 1986:52-56). Since financial institutions were not available in host society, the founders of Chinese immigrant business enterprises had to rely primarily on their own resources to develop their businesses. As a result, Chinese immigrant businesses, most of which were small or medium-sized, soon came to be identified with particular families.

The five cases briefly illustrated above have clearly revealed that habitually early Chinese immigrant entrepreneurs would try their best to seek out patrons among those of influence, either economically or politically, as a means to adapt to an alien economic environment that had often been rather hostile to them. Thus, in Penang, *Kapitan* Koh Lay Huan had to forge a close tie with the Malay Sultan before the arrival of the British. However, as soon as the British colonial authorities were established in Penang in 1786, Koh Lay Huan paid a visit to Francis Light with gift in the hope to search out for a new political patron as he probably realised that the political scenario on the Malay Peninsula was being changed with the coming of Europeans. As expected, Koh Lay Huan not only moved from the nearby Kedah together with his family but also accepted the appointment from the British to become the first *Kapitan* of Chinese immigrant community in Penang. In Takuapa of Southern Thailand, the success of the Khaw family business should mainly attribute to the client-patron relationship formed between Khaw Soo Cheang and his Thai patron Noi Na Nakhon. With Noi Na Nakhon's support and assistance, the Khaw family succeed in seizing a number of tax monopolies in Ranong while consolidating its economic power and political influence in Southern Thailand, culminating in the noble titles conferred by the Siamese court in 1854 and 1862 with Khaw Soo Cheang himself was appointed Governor of Ranong. The Chang family in Java, on the other hand, practised along the same line by forming alliance with the Dutch colonial authorities. From a provisioner for the Dutch army and navy to a tax famer for the Dutch colonial government in Western Java, from a coolie labour provider to an economic products planter and a shipping owner, Chang Pi-shih gradually expanded his family business and finally monopolized all the major revenue farms in Sumatra while dominating the regional maritime trade with the strong support from his Dutch patron, as evidenced by the fact that his steamer flew the Dutch flag. The Tan family of Malacca and Singapore in fact tapped the resources of two political patrons. While in Singapore the Tan family was seeking out the protection and assistance from local British colonial government, in mainland Southeast Asia Tan Kim Ching formed unique ties with the Siamese court in order to advance their business interests in local market. Like what his fellow Hokkien immigrant Khaw Soo Cheang had obtained in Ranong, Tan Kim Ching was appointed Consul-General and Special Commissioner for Siam in the British Straits Settlements and had the noble title of "Phya Anukul Siam-kitch Upanick Sit Siam Rath" conferred on him by the King of Siam. As depicted above, the Seah family of Singapore followed a similar track with the British colonial government to be sought out as its political patron in local society.

Bureaucratic capitalism is a concept that encapsulates the relationship between the government or state and commerce. Successful Chinese immigrant entrepreneurs listed above who allied themselves with indigenous rulers, senior officials or local authorities in a form of client-capitalism could thus be described as bureaucratic capitalists. And through a particularly arranged patronage, Chinese immigrant merchants and entrepreneurs could reap the profits of trade and commerce with a reduced cost. But why did these early Chinese immigrant entrepreneurs have to seek out the political patronage on foreign soil? Two factors could be advanced to account for such a phenomenon – weak and dependent. Early Chinese immigrant entrepreneurs were normally politically weak and economically dependent in an alien environment. They were weak because, with few exceptions, they had little or no political power of their own. They were dependent because their monopoly power in tax farming, tin production and trade derived from the special relationship it enjoyed with indigenous Sultans, local colonial government or senior officials at court. And frequently they had to share profits and tax revenue with the local ruler or colonial authorities. Without the blessing and protection of, and often in the face of direct opposition from imperial Chinese court, early Chinese immigrant entrepreneurs had no option but searching out for reliable and strong political patronage, which is understandable.

Another interesting aspect to be noted is the marriage arrangement among these early Chinese immigrant entrepreneurs. In traditional Chinese society, where two unrelated merchants decided to establish relations of mutual trust and would like to maintain their business relationship on a longer-term or permanent basis, the most convenient and direct choice for them was to form real kinship ties through marriage. Early Chinese immigrant entrepreneurs on the Malay Peninsula frequently adopted this traditional business strategy, and used intermarriage as a tool to increase political security while reducing the transaction cost. Sometimes unrelated immigrant entrepreneurs may resort to a legal fiction via the creation of fictive or artificial ties of kinship on the basis of mutual agreement. Thus, as revealed above, the Koh family established kinship ties with almost all the leading Hokkien families in Penang via intermarriage. And one of the daughters from the Koh family, Koh Chooi Peng, even married to the son of the Chinese *Kapitan* and the leader of a Chinese secret society in Perak. In case the Koh family was in trouble, the resource of secret society in the nearby Perak would be tapped. The Chinese ethnic network on foreign soil was thus quietly expanded.

The strategy of intermarriage, however, was not confined to the Chinese immigrant community, and quite often it transcended the ethnic boundary to form a transnational kinship connection with members of local elites. The Koh family and the Khaw family are two good examples in point. Koh Lay Huan's daughter Thao Thepsunthorn married with the influential Thai official Noi Na Nakhon based in Takuapa, who played a key role in the rise of the Khaw family in Southern Siam. Meanwhile Khaw Soo Cheang himself had at least seven Thai or Sino-Thai wives and a number of Thai or Sino-Thai partners, and his sons had Thai wives as well, some of them were give by King Chulalongkorn (Jennifer W. Cushman, 1991:20). The marriages to Thai wives in the Khaw family, especially the royal bestowals, no doubt served to bind the family to members of the Thai aristocracy, which in turn could greatly enhance the profile of the Chinese immigrant family in the kingdom while considerably advancing their economic interests in host societies.

NOTES

[1] While the term *Kapitan* could be used interchangeably with the word *Capitan* (Spanish), *Capitano* (Italian), or *Captain* (English), it has nothing to do with the captain of a ship or an army. It is widely believed that the spelling *Kapitan* in Southeast Asia is most likely

adapted from the Dutch word *Kapitein*. In colonial Southeast Asia, a *Kapitan* was the recognised chief or headman of an ethnic community on foreign soil, and the *Kapitan* himself was vested with certain executive, administrative and, in some cases, judicial powers by the colonial authorities to rule over his own people while playing a bridge role between the colonial government and the ethnic community.

[2] *Ko* is another way of spelling *Koh* while *Wan* stands for *Huan*.

[3] *Tuanka* is a corrupted spelling for "*towkay*" or "*toujia*", a term meaning boss or chief in Hokkien dialect.

[4] The famous scholar Koh Hong Beng or Gu Hongming was one of the grandsons of Koh Leong Tee while Koh Leong Tee was the third son of *Kapitan* Koh Lay Huan.

[5] Michael R. Godley's research remains the best work in the study of Chang Pi-shih's career and activities both in Southeast Asia and mainland China. For the details, see Michael R. Godley, "Chang Pi-shih and Nanyang Chinese Involvement in South China's Railroads, 1896-1911", *Journal of Southeast Asian Studies*, No.4, 1973, pp.16-30; "The Late Ch'ing Courtship of the Chinese in Southeast Asia", *Journal of Asian Studies*, No.34, 1975, pp.361-385; *The Mandarin-capitalists from Nanyang: Overseas Chinese Enterprise in the Modernization of China, 1893-1911*, London: Cambridge University Press, 1981; "Chinese Revenue Farm Networks: The Penang Connection", in John Butcher and Howard Dick eds., *The Rise and Fall of Revenue Farming: Business Elites and the Emergence of the Modern State in Southeast Asia*, New York: St. Martin's Press, 1993, pp.89-99.

REFERENCES

Anson, A.E.H. (1920), *About Others and Myself*, London: John Murray.

Buckley, C.B. (1965), *An Anecdotal History of Old Times in Singapore, 1819-1867*, Kuala

Lumpur: University of Malaya Press, reprint, 2 Volumes.

Chatthip, Nartsupha, Suthy Prasartset and Montri Chenvidyakarn eds., (1978), *The Political Economy of Siam, 1910-1932*, Bangkok: Social Science Association of Thailand.

Cushman, Jennifer W. (1986), "The Khaw Group: Chinese Business in Early Twentieth-century Penang", *Journal of Southeast Asian Studies*, Vol.17, No.1, pp.58-79.

—, (1990), "Chinese Enterprise in Early Twentieth-century Penang", *Asian Culture, No.14: A Special Issue on Ethnic Chinese Abroad*, pp.77-87.

—, (1991), *Family and State: The Formation of a Sino-Thai Tin-mining Dynasty, 1797-1932*, Singapore: Oxford University Press.

Godley, Michael R. (1973), "Chang Pi-shih and Nanyang Chinese Involvement in South China's Railroads, 1896-1911", *Journal of Southeast Asian Studies*, No.4, pp.16-30.

—,(1975), "The Late Ch'ing Courtship of the Chinese in Southeast Asia", *Journal of Asian Studies*, No.34, pp.361-385.

—, (1981), *The Mandarin-capitalists from Nanyang: Overseas Chinese Enterprise in the Modernization of China, 1893-1911*, London: Cambridge University Press.

—,(1993), "Chinese Revenue Farm Networks: The Penang Connection", in John Butcher and Howard Dick eds., *The Rise and Fall of Revenue Farming: Business Elites and the Emergence of the Modern State in Southeast Asia*, New York: St. Martin's Press, pp.89-99.

Gullick, John and Bruce Gale. (1986), *Malaysia: Its Political and Economic Development*, Petaling Jaya: Pelanduk Publications.

Khan, G.M. (1958), *History of Kedah*, Penang: Premier Press, 1958.

Kuang, Guoxiang. (1958), *Bincheng sanji* (An Anecdotal History of Penang), Singapore: The World Bookstore.

Li, Tana. (2004). "Rice from Saigon: The Singapore Chinese and the Saigon Trade of the Nineteenth Century", in Wang Gungwu and Ng Chin-keong eds., *Maritime China in Transition, 1750-1850*, Wiesbaden: Harrassowitz Verlag, pp.261-270.

Logan, J.R. (1851), "Notices of Penang", *Journal of the Indian Archipelago* (JIA), Singapore, pp.106-109.

P'an, Hsing-nung. (1950), *Malaiya chaoqiao tongjian* (Teochews in Malaya: A Survey), Singapore: Nandao Publishing Company.

Purcell, Victor. (1948), *The Chinese in Malaya*, Kuala Lumpur: Oxford University Press, reprint 1967.

Song, Ong Siang. (1963), *One Hundred Years' History of the Chinese in Singapore*, Singapore: University of Malaya Press, reprint.

Tregonning, K.G. (1958), *The Founding and Development of Penang (1786-1826)*, unpublished Ph.D. thesis, University of Malaya.

—,(1965), *The British in Malaya: The First Forty Years 1786-1826*. Tucson: The University of Arizona Press.

Wang, Zhongyang. (1965), "Taiguo Linlangjun junhou Xu Shizhang kaituoshi" (On the Opening of Ranong by Khaw Soo Cheang), *Nanyang wenzhai (The Nanyang Digest)*, Singapore, Volume 6, No.9, pp.47-49.

Winstedt, R.O. (1934), "A History of Selangor", *Journal of the Malayan Branch Royal Asiatic Society*, Vol.12, Part 3.

Wong, C.S. (1963), *A Gallery of Chinese Kapitans*, Singapore: Dewan Bahasa Dan Kebudayaan Kebangsaan, Ministry of Culture.

Wong, Lin Kin. (1964-65), "The Revenue Farms of Prince Wales Island, 1805-1830", *Journal of the South Seas Society*, Singapore, pp.56-127.

Wright, Arnold and H.A. Cartwright. (1908), *Twentieth Century Impressions of British Malaya: Its History, People, Commerce, Industries, and Resources*, London: Lloyd's Greater Britain Pub.

Wu, Hua. (1975-77), *Xinjiapo huazu huiguanzhi (History of Chinese Associations in Singapore)*, Singapore: The South Seas Society, 3 Volumes.

Xushi zongqinghui compil. (1963), *Xushi zongpu (A Genealogy of the Xu [Khaw] Clan)*, Singapore.

Yen, Ching-hwang. (2002), *The Ethnic Chinese in East and Southeast Asia: Business, Culture and Politics*, Singapore: Times Academic Press.

—,(2008), *The Chinese in Southeast Asia and Beyond: Socioeconomic and Political Dimensions*, Singapore: World Scientific Press.

其他

《20 世紀內陸歐亞歷史文化研究論文選粹》前言

李錦繡

蘭州大學出版社《內陸歐亞歷史文化文庫》請主編余太山先生考慮編一部論文集，收錄一些有代表性的中國學者的論文，以體現內陸歐亞學豐富的內涵，也展示我國學者在這一領域的累累碩果。余先生將編選工作交給我來承擔。

我國的內陸歐亞學是在對抗西方殖民侵略的進程中萌芽的。自清代後期以來，面臨亡國滅種威脅的中國學人，胸懷救亡圖存之志，迫切關注西北邊疆，進而發展成“西北輿地之學”。20 世紀前半葉，我國學者向西方和日本學習，吸收西方近現代“東方學”研究精華，融會貫通，推陳出新，極大地推動了我國的內陸歐亞研究。近半個世紀，特別是 1978 年以來，科學的發展在高度分化的基礎上呈現高度綜合的大趨勢，內陸歐亞學的誕生迎合了這一趨勢。長期以來的研究實踐一方面使中亞、北亞、東北亞歷史文化研究成果數以萬計，另一方面也使越來越多的研究者擴大視野，認識到局部研究與整體研究相結合的重要性，將內陸歐亞歷史文化視作一個整體加以研究的觀念日益深入人心，從而催生了我國的內陸歐亞學。國際歐亞學研究，在歐美、日韓等國歷史悠久，蔚爲大宗。我國的內陸歐亞學雖然起步較晚，但 20 世紀末也逐漸與國際接軌，進入了新的構建和發展時期。隨着歐亞考古的逐漸向縱深發展，歐亞學研究日新月異的進步，日益衆多領域的不斷開闢，國際合作的進一步加強，新世紀的內陸歐亞學展現了更加廣闊的研究前景。

百餘年來，我國學者在歐亞歷史文化研究領域卓有成績。以沈曾植、王國維、陳寅恪、陳垣爲代表的第一代學人，承接“西北輿地之學”餘緒，篳路藍縷，以啓山林，開“塞表殊族之史”研究風氣，取得了與當時西方學者分庭抗禮的成果。以向達、季羨林、邵循正、韓儒林、夏鼐爲代表的第二代學者，或遠赴重洋，綜匯中西，或在烽火連天、顛沛流離的戰爭歲月中弦歌不輟，在歐亞歷史文化研究領域發揮了承前啓後、繼絕扶衰的作用。以亦鄰真、周連寬、馬雍爲代表的第三代學者，守志不移，在艱苦卓絕的環境下，更闢天地，爲歐亞研究的發揚光大奠定了基礎。1978 年以後成長起來的第四代學者，預蓬勃鋭進的世界學術之流，踵事增華，層樓再上，不但拉開了內陸歐亞學這一新興學科的序幕，而且將我國的內陸歐亞研究推進到嶄新的階段。

《20 世紀內陸歐亞歷史文化研究論文選粹》，就是要精選我國四代學者的經典作品，結集出版。這不僅是因爲這些文章時間跨度近百年，發表各處，難以尋覓，集中編纂可提供便利，以省讀者翻檢之勞；而更主要的是，我國 20 世紀的內陸歐亞歷史文化研究主要按照傳統的概念分地區（如中亞、北亞和東北亞等）進行，單篇分散發表，不能集中體現內陸歐亞學的特點。只有彙編在一起，才能從不同層面和角度，勾勒近百年來我國內陸歐亞學史的整體面貌。

因此，蘭州大學出版社要求編纂的這部論文集，雖是論文選編，卻也有構建內陸歐亞學體系的目的在焉。這也就是說：不僅要藉此展示和總結中國20世紀歐亞研究歷程，爲內陸歐亞學研究的深入提供學術史的借鑒，同時也可爲新時代的歐亞學研究示以軌則。

編纂這樣一部論文集，壓力、難度可想而知。由於編者能力有限，雖知不可爲而努力爲之，但距出版社所懸之目標，相差甚遠，這是我首先要向作者、讀者和出版社致歉的。

20世紀有關內陸歐亞歷史文化研究的成果浩如煙海，汗牛充棟。經過一年多的醞釀準備、搜集資料、反復研討，我們確立了幾項編輯標準：

1. 入選者爲20世紀公開發表的論文，基本不選專著。進入21世紀後佳作雖多，不在收錄範圍之內。

2. 入選作者，要求是一個領域的代表學人，同一個作者只選一篇。一些學者治學範圍廣闊，融會貫通，遊刃有餘，在多領域均有建樹，但本書只選其最有代表性的一篇。

3. 入選論文，要求是能反映學者治學旨趣，且又影響較大的優秀作品，儘量選能夠成爲經典或接近經典者。學術研究，一如積薪，自然後出轉精。本書所選論文，要求在學術史上起過作用，產生過重大影響，尤其強調有方法論上的意義，即開創了新的方法或具有示範性質等。編選時儘量挑篇幅短小的。有些一再入選各種選本的文章，這一次盡可能回避，以期更加全面地反映學者的水準。

4. 本書的編選，力求對所選代表作和歐亞歷史文化的內涵統籌兼顧。同一主題，雖名作衆多，各自成家，但基本上只選一篇，儘量避免重複。所選論文，還要根據全書內容輕重、佈局謀篇特點等進行調整，力求盡可能全面地展示內陸歐亞學的範圍、內容和面貌。

5. 1978年後成長起來的歐亞學研究者人數衆多，群星燦爛，佳作層出不窮，難以取捨。我們只好將收錄論文作者年齡限定在 1960 年前出生者。“60 後”精彩紛呈的論文之編選，將另行考慮。

6. 爲了同時盡可能展示歐亞研究學術史，本文集所收論文，按公開發表時間排序，但有些也參考了論文的完成時間。

我們在近百年已出版的衆多歐亞歷史文化研究論文中精選了近百篇。又經過統合及聯繫版權等，最後確定爲 84 篇，呈現在讀者面前的就是這部不無遺憾的《20 世紀內陸歐亞歷史文化研究論文選粹》。

衆所周知，內陸歐亞學是一門新興學科。它的成立、發展、取得的成就，對於學科創新、學術觀點創新和科研方法創新，均具有示範作用。

新學科成立的重要途徑之一是舊學科的交叉融合，形成新的生長點和新的學術規範。內陸歐亞學的成立是若干傳統學科綜合的結果，具體而言，有以下兩個層次：第一層次：中亞史、北亞史、東北亞史和東、中歐史等。第二層次：歷史學、語言學、考古學、人類學、遺傳學等。這既是內容的綜合，也是方法的綜合。綜合的基本原因主要是，由於歷史上遊牧部族的存在和活動，使得以上各地區和文化單元融成了一體，無論在語言、宗教、文化、制度等方面，都你中有我，我中有你，無法割裂開來。至於遊牧成爲古代內陸歐亞起主導作用的生活、生產方式，則是歐亞草原的生態環境所決定的。而以上各傳統學科長期以來共同關心、共同研究的重要問題，即古代東西文化、經濟的交流、衝突和融合，也成了這一綜合趨勢的催化劑。

內陸歐亞學範圍廣闊，從東北亞直到歐洲東部。本書選編論文，關於中亞、北亞、東北亞的論文占 88%，而東、中歐史研究論文屈指可數，研究成果東強西弱。這體現了我國 20 世紀的研究現狀，這正是今後歐亞學研究中亟待改善者。

內陸歐亞學涉及學科衆多。這次收入本書者，歷史、考古、民族、語言學等論文自不必論，本書也編選了涉及民俗、藝術、法律、社會、哲學、宗教、文學、圖像學以及種族人類學、社會人類學、醫學、建築學、經濟學、地理學、植物學、自然科學等諸多領域的論文。這也是內陸歐亞學綜合性特點的體現。

內陸歐亞幅員遼闊，自古以來繁衍生息着無數的民族，創造了千姿百態的文化。這是一個種族、語言、文字、宗教、生產、生活方式千差萬别的地區。本書收錄論文主要涉及的民族有鬼方、獫狁、東胡、山戎、匈奴、丁零、堅昆、吐火羅、嚈噠、鮮卑、突厥、可薩、粟特、回鶻、黠戛斯、契丹、女真、蒙古、汪古、滿族、布魯特等；所涉及的宗教主要有佛教、摩尼教、火祆教、景教、伊斯蘭教、薩滿教等。不同的歷史時期，活躍在內陸歐亞歷史舞臺上的是不同的主角，他們來自不同的民族，具有不同的信仰，創造了不同的習俗和文化。

研究內陸歐亞學需要利用多種語言的原始史料，本書收錄有關原始史料涉及的語言文字除漢語外，有梵文、希臘語、拉丁語、阿拉伯語、波斯語、叙利亞語、粟特語、吐火羅語（焉耆語、龜茲語）、于闐塞語、佉盧文、藏文、八思巴文、契丹文、女真文、西夏文、蒙古文、滿文等，其中不少已是所謂“死文字”。內陸歐亞原始史料除傳統文獻和出土資料外，還包括錢幣、碑銘、簡牘、文書、印璽等等。20世紀的四個重大考古發現，即甲骨文、漢簡、敦煌吐魯番文書和清朝大內檔案，也極大地推進了內陸歐亞歷史文化研究。本書收錄論文中，也包括了介紹與研究這些新資料的經典之作。內陸歐亞學研究所利用的多語種、多形式的原始資料，體現了內陸歐亞學的高難度和複雜性的特點。

內陸歐亞學上下千年，縱橫萬里的時空範圍，綜合性和複雜性的學科特點，決定了其研究方法的特殊性，即需要聯繫的方法、比較的方法、綜合的方法、貫通的方法。這表明內陸歐亞學研究需要不同國家、不同民族和不同學科學者的通力合作。只有合作研究，才能克服語言的障礙、突破專業的畛域，使不同學科、不同領域、不同範圍的知識融會貫通，從而向更廣闊、更縱深的方向發展。本書收錄了 91 位學者的 84 篇論文，有 4 篇是合著。其中，耿世民與張廣達先生合著的《唆里迷考》，就是不同領域學者的合作，具有典範意義。

內陸歐亞學從誕生伊始，就是一門國際性的學問，多國學者參與其中。除英、日、德、法、俄等內陸歐亞研究的大國外，印度、伊朗、巴基斯坦、土耳其、波蘭、匈牙利、羅馬尼亞，甚至尼泊爾都有悠久的傳統，都有自己的學者隊伍。於是產生了各種語言的論著。限於本書體例和編者能力，我們這次只選編了中國學者的論文，未能體現內陸歐亞學的國際性特點。希望今後條件成熟，能有國際內陸歐亞學研究論文選本問世。

20 世紀是一個新舊交替和社會急劇變動的時代。其學術發展史，百轉千折，盪氣迴腸。本書選編論文時間跨度近 80 年，由於年代久遠，所選論文格式、體例不一，注釋各異。爲了展示歐亞學術史面貌，本書對所選論文，除了必要的編輯加工，一仍其舊。文末注出了所選論文的最初發表之處。發表後有修訂者，則根據最後修訂本排印，以期給讀者提供一個較爲翔實的文本。

在本書編選過程中，前輩學者，我們一般徵求最瞭解他們的後人的意見。在世學者，我們盡可能聯繫了作者本人。可以説，没有這些作者及其親屬、學生的大力支持，也就没有這本選集。謹此致以深深的謝意！

本書的編選，始終得到余太山先生的關心和指導。陳高華、陳健文、陳淩、陳爽、定宜莊、關樹東、郭物、劉曉、樓勁、馬怡、青格力、宋鎮豪、楊軍、張弓等先生，都對入選論文提供了寶貴意見，賈衣肯、李豔玲也在複印論文等方面提供很大幫助，在此表示誠摯的感謝！但選擇不當和編輯中的失誤均由我個人負責。

雖然編選論文時儘量挑選短的，但本書篇幅仍遠遠超過最初預計。爲此，一些較長的經典之作，如向達先生《唐代長安與西域文明》未能入選；有些長文作了節選；有些表格、附録省略；文末所附致謝等語，亦皆略去。

經過一年多的瑣碎工作，《20世紀内陸歐亞歷史文化研究論文選粹》編選任務終於告一段落，但編者未感到任何輕鬆。限於版權，一些學者，如陳寅恪先生的論文未能收入，只得割愛；還有些先生，因聯繫不上，未敢貿然收録其文，也只能暫時放棄。總之，本書的編選，不盡如人意之處太多太多，懇請廣大讀者不吝賜正！

這部書稿不但卷帙浩繁，而且因涉及語言衆多，字裏行間充滿難以排版的各種文字和字母，這是我迄今爲止所見過的最爲難排的一部書。衷心感謝蘭州大學出版社，尤其感謝爲《内陸歐亞歷史文化文庫》叢書嘔心瀝血、竭盡全力的施援平女史。没有她頑強的毅力和敬業的奉獻，這部書稿永遠不會和讀者見面了。

2012年3月5日

編後記

編　者

本刊的宗旨是通過相關地區史的研究，開拓古代中外關係史研究的新局面。因此，來稿內容不一定與中外關係直接掛鉤。這樣做，似乎迂曲，實爲捷徑。

至於刊名《絲瓷之路》，則不僅點明了我們研究地區史的出發點和歸宿都是古代中外關係，而且強調了在古代，中外關係是通過“絲路”和“瓷路”實現的，“絲路”和“瓷路”應是古代中外關係史研究的重點。質言之，刊名《絲瓷之路》，表明本刊特別希望通過相關地區史的研究，開拓“絲路”和“瓷路”研究的新局面。

這新局面不僅應該體現在“絲路”研究或“瓷路”研究本身，而且體現在結合兩者進行的研究上。譬如：歷來相傳“瓷路”的開闢導致了“絲路”的衰落，就可以通過相關地區史的研究進一步探討之。

除了將“絲路”和“瓷路”的研究結合起來，還可以進行“絲路”和“瓷路”的比較研究。“絲路”必須通過無垠的沙漠，“瓷路”必須越過茫茫大海。“瓷路”是點點孤島連接而成，“絲路”則由片片綠洲串聯起來。兩者環境頗有類似之處。戈壁有“瀚海”之稱，駱駝號爲“沙漠之舟”，顯然不能簡單地視作文學的比喻。我們認爲：這也許構成了“絲路”和“瓷路”比較研究的基礎。

我們衷心希望，本刊真正成爲名副其實的絲瓷之路研究刊物。

2012年3月6日